LMD Expertise comptable
COLLECTION

DCG 9

Introduction à la comptabilité

Comptabilité financière

Manuel

•Cours•Synthèses•Conseils•Exercices

6e ÉDITION

Sous la direction d'Alain Burlaud

Henri Davasse

Michel Parruitte

Sébastien Paugam

Sup'FOUCHER

ISBN 978-2-216-12115-1 (nouvelle édition)
ISBN 978-2-216-10619-6 (première édition)

Préface

Collection LMD Expertise comptable :
répondre à tous vos besoins de formation.

➤ L'expérience de la réforme des études supérieures comptables

Les diplômes comptables supérieurs ont été profondément réformés à la rentrée 2007. Les premières sessions d'examens ont eu lieu en 2008. Après ces trois années d'expérience, un arrêté du 8 mars 2010 [1] a ajusté les programmes et les a mis à jour afin de prendre en compte les évolutions les plus récentes. Par ailleurs, la validation des acquis de l'expérience (VAE) a été mise en place début 2011 [2].

La mise à jour régulière des ouvrages s'inscrit dans une démarche de qualité, de recherche d'excellence qui se construit pas à pas, souvent grâce au dialogue que nous entretenons avec nos lecteurs et les professeurs des différentes disciplines concernées sur le site internet.

➤ Rappel : pourquoi un nouveau cursus ?

L'apparition de normes mondiales pour la formation initiale des professionnels de la comptabilité (International Federation of Accountants applicables au 1er janvier 2005), la réorganisation des études universitaires en trois niveaux (licence, master, doctorat ou LMD) dans la plupart des pays du monde et l'évolution rapide des disciplines ont rendu nécessaire une refonte totale de l'architecture et des contenus des études comptables supérieures. [3]

Elles comportent aujourd'hui trois diplômes :

– le diplôme de comptabilité et de gestion, **DCG** (bac + 3), conférant le grade de licence ;
– le diplôme supérieur de comptabilité et de gestion, **DSCG** (bac + 5) conférant le grade de master [4] ;
– le diplôme d'expertise comptable, **DEC réformé en 2009 et 2010** [5].

Ce cursus conserve l'**esprit d'ouverture** qui a fait le succès du précédent : des unités d'enseignement indépendantes, capitalisables sans contrainte de temps, des entrées possibles à différents niveaux avec des dispenses d'épreuves [6], des sorties à chaque niveau avec des débouchés professionnels clairement identifiés, des diplômes reconnus et appréciés, délivrés par l'Etat. Enfin, le nouveau cursus intègre pleinement le dispositif de validation des acquis de l'expérience.

➤ Qu'apporte la collection LMD Expertise comptable ?

Depuis trente ans, les éditions Foucher publient des ouvrages de référence préparant aux examens comptables de l'État également très appréciés par les étudiant des universités,

1 Cf. Bulletin officiel du ministère de l'Enseignement supérieur et de la Recherche (BO) nº 11 du 18 mars 2010.

2 Cf. BO n 4 du 28 janvier 2010, circulaire sur la VAE en vue de l'obtention du DCG et du DSCG.

3 Décret du 22 décembre 2006 remplaçant celui du 12 mai 1981 modifié et arrêté du 8 mars 2010 abrogeant l'arrêté du 22 décembre 2006.

4 Décret du 17 novembre 2010 (JO du 19 novembre 2010).

5 Décret du 30 décembre 2009 (JO du 1er janvier 2010) et arrêté du 8 mars 2010 (BO nº 11 du 18 mars 2010).

6 Arrêtés du 28 septembre 2010 (BO nº 36 du 7 octobre 2010).

écoles de commerce ou de gestion, IUT, classes post-baccalauréat des lycées et largement utilisés dans le cadre de la formation continue.

Aujourd'hui, la collection « LMD Expertise comptable » répond totalement aux ambitions du nouveau cursus et s'inscrit résolument dans le l'esprit du LMD.

Chaque ouvrage est **un outil multimédia** utilisant au mieux l'ergonomie de plusieurs supports. Le livre offre le meilleur confort de lecture, des possibilités d'utilisation nomade, la facilité d'appropriation et de mémorisation des contenus en annotant et en surlignant. Le numérique apporte la possibilité de mises à jour instantanées et d'applications dynamiques comme l'utilisation du tableur.

Le contenu des ouvrages, fruit du travail des meilleurs auteurs et spécialistes des différentes disciplines, est mis en valeur par une présentation particulièrement soignée.

Outre les manuels et les applications et cas, mis à jour régulièrement, la collection qui couvre l'ensemble des treize unités d'enseignement du DCG et des sept unités d'enseignement du DSCG, offre une série « Le meilleur du DCG / DSCG » avec des « fiches mémo » et des batteries d'exercices corrigés pour vous aider dans vos révisions.

Enfin et surtout, **les ouvrages de la collection « LMD Expertise comptable » ont pour ambition de donner un sens à la connaissance ; ils privilégient le raisonnement sur la description, la déduction sur l'énumération. Ils développent une pratique raisonnée des différentes disciplines qui, conformément à l'esprit du LMD, conduit à la réussite académique et professionnelle.**

➤ Quelles perspectives universitaires et professionnelles ?

Le nouveau cursus est marqué par une triple ouverture.

Ouverture sur **l'université** : les ECTS [7] associés à chaque épreuve du DCG ou du DSCG et le grade licence pour le DCG ou master pour le DSCG permettent des passerelles dans l'ensemble des universités de l'Espace européen de l'enseignement supérieur.

Ouverture sur **les métiers** : les nouveaux diplômes comptables de l'État ayant le grade licence ou master, correspondent à des repères précis et appréciés des employeurs pour tous les métiers de la comptabilité : comptabilité financière, contrôle de gestion, audit, finance. De plus, l'année 2011 a été marquée par la mise en place, pour la première fois, de la validation des acquis de l'expérience (VAE). Pour évaluer vos compétences et préparer votre dossier, appuyez-vous sur le « Guide de la VAE » publié dans cette collection et aussi sur les différents manuels.

Ouverture sur **le monde** : les professions comptables, y compris la finance, le contrôle de gestion et l'audit, sont celles qui sont le plus ouvertes sur le monde, qu'elles soient exercées en entreprise ou en cabinet.

➤ Quel projet personnel ?

Que faut-il de plus pour réussir dans cette voie ? Simplement un peu d'ambition, les moyens de ses ambitions et de bons outils. Cet ouvrage de la collection « LMD Expertise comptable » est un excellent outil.

Alain BURLAUD

Professeur du Conservatoire national des arts et métiers.

7 European Credit Transfer System. Les ECTS sont une unité commune de mesure des acquis académiques, reconnue dans l'Espace européen de l'enseignement supérieur.

[Programme]

DCG UE 9
INTRODUCTION à LA COMPTABILITÉ
Comptabilité financière

Niveau L : 150 heures – 12 crédits

Thèmes	Notions et contenus	Manuel
1. Introduction (15 heures)		
1.1. Histoire, définition et rôle de la comptabilité	Diversité des définitions Relations comptabilité-économie Relations comptabilité-droit Évolution des relations dans le temps	"Histoire"
1.2. La normalisation et la réglementation comptables (PCG et IAS/IFRS)	La normalisation : • définition • intérêts et limites Présentation du PCG : principes comptables, nomenclature, systèmes de comptes (abrégé, de base, développé)	"Normalisation"
2. La méthode comptable (20 heures)		
2.1. Analyse des opérations en flux et stocks	Flux, stocks Compte Débits, crédits	Chapitre 3
2.2. Le mécanisme de la partie double	Le principe de la partie double et les conséquences de son application Écritures comptables	Chapitre 4
2.3. Les contrôles comptables	Regroupement dans les comptes Classification comptable : actif, passif ; charges, produits Établissement d'une balance Première approche des documents de synthèse	Chapitre 2 et 4
3. Analyse comptable des opérations courantes (50 heures)		
3.1. Opérations avec : • les clients • les fournisseurs, les prestataires divers • le personnel et les organismes sociaux • les banques • les administrations	Les achats et ventes de biens et services (en prenant en compte les modalités de crédit et de règlement) La rémunération du personnel : composantes du bulletin de paie, comptabilisation de la paie et des taxes assises sur les salaires Le suivi du compte « banque » La comptabilisation de la déclaration de TVA et de l'impôt sur les bénéfices	Chapitres 5, 6, 7, 8, 9 et 10

Thèmes	Notions et contenus	Manuel
3.2. Opérations d'investissement et de placement	Les immobilisations : définition et typologie L'entrée d'immobilisations : acquisition à titre onéreux et à titre gratuit, immobilisations produites par l'entreprise Les valeurs mobilières de placement : acquisition, cession et perception des revenus	Chapitre 11
3.3. Opérations de financement	Les capitaux propres L'emprunt bancaire Les subventions d'équilibre, d'exploitation et d'investissement	Chapitre 11
4. Travaux d'inventaire (40 heures)		
4.1 Opérations d'inventaire	Principes d'évaluation à l'inventaire Inventaire intermittent et variation des stocks Amortissements Dépréciations Provisions Ajustements de charges et de produits Prise en compte des variations de change Sorties d'immobilisations	Chapitres 12, 13, 14, 15, 16, 17, 18, 19 et 20
4.2. Passage d'un exercice à l'autre	Clôture et réouverture des comptes Notion d'affectation du résultat	Chapitre 21
5. Organisation pratique de la comptabilité (10 heures)		
5.1. Les pièces comptables et la preuve	Contraintes légales sur l'établissement et la conservation des pièces et documents comptables Dématérialisation des supports d'information	Chapitres 22 et 23
5.2. Organisation et contrôles comptables	Système classique, système centralisateur, comptabilités informatisées Généralisation des traitements informatisés ; conséquences sur l'organisation de la saisie et le contrôle des comptes	Chapitres 22 et 23
6. Les documents de synthèse (15 heures)	Règles générales d'établissement des documents de synthèse Bilan, compte de résultat, annexe	Chapitres 24, 25, 26

Sommaire

Histoire, définition et rôle de la comptabilité

▶ Ce chapitre d'introduction sera limité aux grandes lignes de l'évolution de la comptabilité, à sa définition et à l'importance de son rôle dans l'entreprise et dans le monde économique en général.

1 Histoire

Jusqu'au Moyen-Âge, les transactions et les échanges monétaires qui en découlaient étaient uniquement transcrits en termes de recettes et de dépenses ; il s'agit alors d'une **comptabilité en partie simple**.

A. La partie double. Les résultats

Vers la fin du Moyen-Âge, de nombreux règlements commencent à s'effectuer à crédit, si bien que les partenaires commerciaux sont amenés à tenir :

– des comptes de recettes et de dépenses (*de trésorerie*),

– mais aussi des comptes de créances et de dettes (*de tiers*).

Il faut donc enregistrer les règlements, à la fois :

– dans un compte de trésorerie qui augmente ou diminue,

– mais aussi dans un compte de tiers qui a payé ou que l'on a payé.

C'est l'apparition de la **comptabilité en partie double**, attribuée à Luca Pacioli. Cette méthode se généralise à partir du XVIe siècle, où apparaît alors la notion de **résultat** (**profit et perte**) : une opération commerciale peut alors se traduire par l'utilisation de *deux comptes* :

– un compte de trésorerie pour noter la recette ou la dépense,

– un compte de perte ou de profit pour noter le résultat.

B. Les documents comptables : Journal – Grand Livre – Bilan

À partir du XVIIe siècle, on voit apparaître la différenciation entre les différents documents établis :

– le **journal** enregistre *chronologiquement* les opérations en respectant le principe de la partie double,

– le **grand-livre** est le *répertoire* de tous les comptes de l'entreprise : on y reporte toutes les sommes inscrites au journal,

– en fin d'année, on établit le **compte de pertes et profits et le bilan**.

C. La réglementation actuelle

Le développement de la comptabilité dans les entreprises se faisant de façon individuelle, subjective et anarchique, il était inévitable que le législateur intervienne, d'abord dans une optique d'harmonisation, puis dans un souci de normalisation et de réglementation.

Le **Code de commerce**, promulgué en 1807, a repris à l'origine l'ordonnance de Colbert sur le commerce. Les dispositions de l'époque sont restées en vigueur jusqu'au milieu du XXe siècle, puis ce code a été profondément remanié par « **la loi comptable** » de 1983.

Par ailleurs, un décret de 1983, dit « **décret comptable** » a apporté des compléments de réglementation, repris en grande partie dans le code.

Parallèlement à ces textes est né le **Plan comptable général (PCG)**. En 1947, le premier plan établit et impose des règles comptables. Il est modifié en 1957, puis revu en 1982 en application de la **quatrième directive européenne** prescrivant de nouvelles règles. Le PCG a ensuite été entièrement refondu en 1999 (arrêté ministériel du 22 juin).

Ses articles sont numérotés à l'image d'un code. Aujourd'hui encore, le PCG est fréquemment modifié en raison des normes internationales. Il comprend cinq grandes divisions.

Le Plan comptable général

TITRE I. Objet et principes de la comptabilité
- Champ d'application
- Principes
- Définition des comptes annuels

TITRE II. Définition des actifs, des passifs, des produits et des charges
- Actifs et passifs
- Charges et produits
- Résultat

TITRE III. Règles de comptabilisation et d'évaluation
- Actifs, passifs, produits et charges : comptabilisation
- Actifs et passifs : évaluation

TITRE IV. Tenue, structure et fonctionnement des comptes
- Organisation de la comptabilité
- Enregistrement
- Plan de comptes
- Fonctionnement des comptes

TITRE V. Documents de synthèse
- Comptes annuels
- Modèles de bilan et de compte de résultat
- L'annexe

2 ▶ Définition

Le Plan comptable général définit la notion de comptabilité (Titre I Objet et principes de la comptabilité). Il s'agit de la comptabilité légale obligatoire, appelée « comptabilité générale » ou actuellement « **comptabilité financière** ». Mais la gestion de l'entreprise s'appuie aussi sur des outils de comptabilité, non obligatoires, appelés « **comptabilité de gestion** ».

A. La comptabilité financière

La comptabilité financière (ou comptabilité générale) a pour but de fournir des informations chiffrées pour rendre compte de la gestion et de la situation financière de l'organisation auprès des principaux acteurs internes et externes.

Elle permet d'établir des états ou documents comptables qui présentent une image fidèle et sincère des performances et du patrimoine de l'entité.

La comptabilité financière doit respecter les règles en vigueur. Elles garantissent la qualité de l'information transmise et améliorent la compréhension des utilisateurs des comptes.

B. La comptabilité de gestion

La comptabilité de gestion a pour but d'élaborer des informations pour améliorer le pilotage de l'organisation. Celles-ci sont destinées à des utilisateurs internes : contrôleurs de gestion, responsables de services, dirigeants de l'organisation.

Ces outils de gestion, non obligatoires, s'adaptent aux besoins des utilisateurs et aux caractéristiques de l'organisation. On distingue notamment :

– La comptabilité budgétaire : elle permet de chiffrer les prévisions d'activité et de suivre les dépenses et les recettes par activité.

– La comptabilité analytique : elle enrichie l'analyse des coûts et des résultats de chaque activité.

3 ▶ Rôle de la comptabilité

Au-delà de l'aspect technique qui sera abordé dans les chapitres suivants, la comptabilité participe au développement de l'entreprise et de l'économie.

A. Aspect juridique : la comptabilité encadrée par la loi

Cette question doit être étudiée sous deux aspects ; la comptabilité :

– enregistre les **faits juridiques** de la vie économique et commerciale de l'entreprise (achats, ventes, investissements, etc.),

– est soumise à des **règles juridiques** qu'elle doit respecter (Code de commerce, Plan comptable, etc.).

1. Comptabilité et faits juridiques

Les documents comptables présentent le patrimoine propre de chaque entreprise. Ce patrimoine augmente ou diminue en fonction des bénéfices ou des pertes traduits en comptabilité. Le patrimoine de l'entreprise est le gage des créanciers. Ces derniers doivent rester vigilants face à l'évolution de la situation financière. Le droit commercial a donc prévu, pour certaines entreprises, des **obligations de publicité** des comptes par dépôt auprès du tribunal de commerce.

La comptabilité peut donc être utilisée comme **moyen de preuve** en faveur ou en défaveur du commerçant.

> CDC 123-23 La comptabilité régulièrement tenue peut être admise en justice pour faire preuve entre commerçants pour faits de commerce. Si elle a été irrégulièrement tenue, elle ne peut être invoquée par son auteur à son profit.

De plus, le Code général des impôts impose à une grande majorité des entreprises de fournir à l'administration une déclaration de résultat établie sur la base de la comptabilité (CGI art. 53 A). Cette déclaration sert au calcul de l'impôt. La comptabilité est aussi un moyen de preuve en cas de contrôle de l'administration fiscale (CGI art. 54).

2. Comptabilité et règles juridiques

a. Les trois sources de la réglementation

L'établissement des comptes annuels est une obligation légale applicable à tous les commerçants. Cette obligation est prescrite par trois sources principales de réglementation :

- le Code de commerce,
- le Décret comptable,
- le Plan comptable général.

b. Caractère obligatoire de la tenue d'une comptabilité

> CDC 123-12 Toute personne physique ou morale ayant la qualité de commerçant doit procéder à l'enregistrement comptable des mouvements affectant le patrimoine de son entreprise. Elle doit établir des comptes annuels à la clôture de l'exercice au vu des enregistrements comptables et de l'inventaire.

c. Les comptes annuels : trois documents de synthèse

> CDC 123-12 Les comptes annuels comprennent le *bilan*, le compte de *résultat* et une *annexe* qui forment un tout indissociable.

d. Les trois livres obligatoires

> PCG 410-6 Toute entité tient un *livre-journal*, un *grand livre* et un *livre d'inventaire*.

La loi de simplification et d'amélioration de la qualité du droit du 17 mai 2011, a supprimé l'obligation de communication du livre d'inventaire.

B. L'aspect économique : la comptabilité au service de l'économie

La comptabilité améliore la **transparence** et renforce la **confiance entre les principaux partenaires** de l'organisation : associés, établissements de crédit, clients, fournisseurs, salariés, administrations...

Elle permet aux utilisateurs de l'information financière de prendre des décisions sur la base de documents normalisés qui traduisent la performance et la situation financière de l'organisation : attribution d'un crédit, participation à une augmentation de capital, signature d'un contrat...

La comptabilité est aussi un **outil d'aide à la décision** pour la gestion interne. Elle participe au choix en matière de politiques de production, de prix, d'investissements, de recrutement du personnel... Elle fournit des informations de base utiles à la gestion courante de l'entreprise : gestion des clients, des fournisseurs, de la trésorerie...

Enfin, la comptabilité permet l'élaboration de statistiques économiques au niveau national : statistiques d'entreprises INSEE, fichier bancaire des entreprises, comptabilité nationale...

La comptabilité contribue donc à la transparence et aux développements des activités économiques.

C. Le système d'information comptable

La comptabilité est un système d'information qui participe à l'organisation et au traitement de l'information financière d'une entité.

> PCG 120-1 La comptabilité. est un système d'organisation de l'information financière permettant de saisir, classer, enregistrer des données de base chiffrées et présenter des états reflétant une image fidèle du patrimoine, de la situation financière et du résultat de l'entité à la date de clôture

Le système d'information comptable est un ensemble de moyens (personnel, logiciel, matériel) et de procédures (saisie, classement, enregistrement) qui organise le traitement de l'information pour traduire les flux économiques de l'organisation sous forme monétaire.

Ce système comptable permet de collecter, de classer, de stocker, de consulter, et de communiquer des données de base chiffrées.

Ces informations de base vont être diffusées auprès d'utilisateurs externes ou vont alimenter d'autres systèmes d'information internes. Il est donc capital d'assurer la qualité du traitement de l'information.

Le Plan comptable général a donc prévu des règles contraignantes d'organisation et de tenue de la comptabilité. On peut citer notamment :

- Traçabilité de l'information

> PCG 420-2 Tout enregistrement comptable précise l'origine, le contenu et l'imputation de chaque donnée ainsi que les références de la pièce justificative qui l'appuie.

- Respect de la chronologie

> PCG 420-4 Les mouvements affectant le patrimoine de l'entité sont enregistrés sur le livre-journal :
>
> – soit jour par jour, opération par opération ;
>
> – soit par récapitulation au moins mensuelle.

- Irréversibilité des enregistrements

> PCG 420-6 Une procédure de clôture destinée à figer la chronologie et à garantir l'intangibilité des enregistrements est mise en œuvre.

La normalisation et la réglementation comptable

1 ▶ Définition, objectifs et limites

A. Définition

La normalisation est un processus d'élaboration des normes comptables qui cherche à prescrire des **principes et règles**, applicables à toutes les organisations soumises à l'obligation d'établir des comptes.

Les normes comptables comportent notamment des objectifs, des principes, des définitions, des méthodes d'évaluation et de présentation.

Les objectifs et les principes priment généralement sur les règles. Ils forment un **cadre conceptuel** plus ou moins explicite, qui insiste sur la nécessité de traduire de façon fiable la réalité économique.

B. Objectifs

La normalisation a pour objectif principal d'améliorer la qualité de l'information comptable fournie par les organisations.

Elle favorise la **transparence et la fiabilité** des états comptables. Elle renforce la confiance des utilisateurs externes de l'information comptable : investisseurs, établissements de crédit, clients, fournisseurs, administrations...

Le caractère obligatoire de la norme permet d'encadrer le comportement des responsables de l'établissement des comptes. Il garantie, en théorie, la **standardisation** des pratiques comptables.

L'harmonisation des pratiques améliore la comparabilité des comptes dans le temps et entre entreprises soumises aux mêmes règles.

Le processus de normalisation permet, en outre, d'améliorer la **pertinence** de l'information comptable. Elle doit répondre aux besoins des utilisateurs qui cherchent à apprécier les risques et les opportunités financières attachés à une organisation.

C. Limites

La production des normes comptables est un processus relativement lent, formé d'étapes d'échanges, de consultation, de délibération collégiale entre les pouvoirs publics et les professionnels de la comptabilité. Pour proposer des normes de qualité, il est légitime de respecter un certain **délai de maturation**.

Il est possible de rencontrer des situations pour lesquelles il n'existe pas encore de règle adaptée. En France, le Plan comptable général ne définit pas la notion d'instruments financiers. Les articles du PCG concernant la comptabilisation des actifs et passifs financiers doivent être complétés.

La normalisation cherche à proposer des normes applicables à toutes les organisations. Il est parfois difficile de proposer des règles adaptées aux PME et aux grandes entreprises. Par exemple, la comptabilisation des immobilisations par composants est plus difficile à mettre en œuvre dans les petites entreprises.

Il est alors nécessaire de proposer des **méthodes optionnelles** ou des adaptations des règles comptables qui nuisent à la standardisation des pratiques. Il existe, par exemple, des Plans comptables professionnels adaptés à certains secteurs d'activité : industrie hôtelière, bâtiment travaux publics, assurance, association...

Quelle que soit la rigueur du processus de production, les normes peuvent laisser des espaces de liberté ou des **difficultés d'interprétation** qui conduisent à une mise en pratique différente d'une entreprise à l'autre. Ces modalités de mise en œuvre peuvent rendre difficile la comparaison entre entités et réduire la pertinence de l'information pour le lecteur des comptes.

Les utilisateurs adoptent parfois des comportements déviants. Ils utilisent les options comptables et l'ambiguïté de certaines règles pour favoriser une présentation des comptes conforme à leurs objectifs. On parle alors de « comptabilité créative ».

2 ▶ Les sources de la réglementation comptable

Depuis 1996, les organismes français de normalisation ont engagé un processus de convergence vers les normes comptables internationales. Le plan comptable général évolue régulièrement sous la pression des normes internationales et européennes.

A. La normalisation comptable internationale et européenne

Au niveau international, le processus d'élaboration des normes comptables est confié à un organisme privé. L'International Accounting Standards Board (IASB) élabore et publie les normes comptables internationales : International Financial Reporting Standards (IFRS) et anciennement International Accounting Standards (IAS).

En Europe, **la Commission européenne** adopte les directives et les règlements.

Les directives no 4, pour le comptes annuels, et no 7, pour les comptes consolidés, encadrent le droit comptable européen. Elles sont transposées par les États membres en droit interne.

D'autre part, la Commission européenne homologue les normes IFRS, sous forme de règlement. Ces règlements s'imposent aux États membres.

Les normes comptables internationales (IFRS) sont obligatoires pour les comptes consolidés des sociétés cotées européennes depuis le 1er janvier 2005 Elles sont optionnelles dans les comptes consolidés des sociétés non cotées, en France. Elles ne sont pas applicables aux comptes individuels.

Remarque. Le 25 octobre 2011, la Commission européenne a proposé une directive pour remplacer et moderniser les directives comptables existantes. Les États membres devront mettre en vigueur ces dispositions législatives au plus tard le 1er juillet 2014.

Sources internationales et européennes du droit comptable

Sources	Organismes	Textes	Description du contenu
Sources internationales	IASB International Accounting Standards Board	Normes IFRS/IAS International Financial Reporting Standards	Le référentiel IFRS/IAS est obligatoire pour les comptes consolidés des sociétés cotées et optionnel pour les sociétés non cotées depuis le 1er janvier 2005. Elles ne peuvent pas être utilisées pour les comptes individuels.
Sources européennes	Commission européenne Conseil de l'Union européenne Parlement européen	4e directive 25 juillet 1978	Dispositions générales sur les comptes annuels et notion d'image fidèle.
		7e directive 13 juin 1983	Obligation de consolidation pour certaines sociétés (faisant partie d'un groupe) Dispositions générales sur les comptes consolidés.
	Règlements pour adoption des IFRS/IAS	La Commission européenne homologue et publie les normes internationales sous forme de règlement au journal officiel de l'Union européenne (JOUE). Les règlements s'imposent aux États membres.	

B. La normalisation comptable en France

Les **pouvoirs publics** jouent un rôle important dans la normalisation comptable française. Les dispositions législatives et réglementaires restent la source principale du droit comptable en France. On distingue notamment :

– la loi 83-353 du 30 avril 1983 relative à la mise en harmonie des obligations comptables des commerçants et de certaines sociétés avec la IVe directive ;

– le décret 83-1020 du 29 novembre 1983 pour la mise en application de la loi du 30 avril 1983 ;

– les arrêtés ministériels du 22 juin 1999 qui homologuent le règlement 99-03 du 29 avril 1999 substituant le Plan comptable général 1999 au PCG de 1982 et le règlement 99-02 relatif aux comptes consolidés.

L'Autorité des Normes Comptables (ANC) est l'organisme de normalisation comptable en France. Il regroupe les compétences qui étaient précédemment partagées entre le Conseil national de la comptabilité (CNC) et le Comité de la réglementation comptable (CRC).

Depuis le 1er janvier 2010 (ordonnance no 2009-79 du 22 janvier 2009), l'ANC établit sous forme de règlements les règles comptables générales et sectorielles que doivent respecter les personnes physiques ou morales soumises à l'obligation légale d'établir des documents comptables.

L'ANC émet aussi des avis et donne des recommandations sur la modification ou sur l'application du Plan Comptable Général.

Le Plan comptable général fait donc l'objet de modifications régulières : par exemple, le règlement de l'ANC no 2011-02 du 9 juin 2011 a adopté le modèle abrégé d'annexe des comptes annuels.

Les **organisations professionnelles** jouent un rôle important dans le processus de normalisation. Elles participent à l'évolution de la **doctrine comptable**.

On distingue notamment :

– l'Ordre des experts-comptables (OEC),

– la Compagnie nationale des commissaires aux comptes (CNCC).

Ces organismes fournissent des avis, des recommandations, des réponses à des questions techniques utiles aux professionnels de la comptabilité. Ainsi, en mars 2012, la CNCC a analysé la question de la reconnaissance du chiffre d'affaires d'un contrat incluant un forfait « vendu ou remboursé » (EC 2011-16).

Sources Françaises du droit comptable

Sources	Organismes	Textes	Description du contenu
Sources législatives	Parlement	Loi du 30 avril 1983	Mise en harmonie des obligations comptables des commerçants avec la 4e directive
Sources réglementaires	Gouvernement	Décret du 29 novembre 1983	Mise en application de la loi comptable
		Arrêtés du 22 juin 1999	Homologation des règlements nº 99-02 sur les comptes consolidés et 99-03 sur le Plan comptable général 1999.
	ANC Autorité des Normes Comptables	Règlements homologués par arrêtés ministériels	L'ANC émet régulièrement des règlements homologués par arrêté ministériel ; ces règlements modifient parfois le Plan comptable général.
Doctrine nationale	ANC Autorité des Normes Comptables	Avis, recommandations, Communiqués	Relatifs à certains traitements comptables pour l'application d'un règlement ou d'une loi.
	OEC Ordre des Experts Comptables	Normes professionnelles, Recommandations, Réponses.	Relatifs aux missions de l'expert-comptable et sur certains points de technique comptable.
	CNCC Compagnie Nationale des Commissaires aux Comptes	Normes d'exercice professionnel Réponses	Relatifs aux missions du commissaire aux comptes et sur des questions techniques.

3 ▶ Le Plan comptable général (PCG)

Le Plan comptable général prescrit notamment :

– des objectifs et principes comptables ;

– un plan de comptes ou nomenclature comptable ;

– des systèmes de comptes ;

– des méthodes d'évaluations.

Les méthodes d'évaluation seront abordées au cours des chapitres suivants.

Il est important de distinguer :

• **Le Plan comptable général** : c'est un cadre général qui s'impose à toutes les organisations soumises à l'obligation d'établir des comptes annuels.

• **Les plans comptables professionnels** : ce sont des adaptations du plan comptable général homologués par arrêtés ministériels pour certains secteurs d'activité : industrie hôtelière, bâtiment travaux publics, assurance, association...

• **Le plan de comptes de l'entreprise** : c'est une liste de comptes adaptés aux besoins de l'entreprise. Par exemple, une entreprise de services n'utilisera pas un compte de stock de matières premières bien que ce compte soit prévu au PCG.

A. Les objectifs et principes comptables

1. Les objectifs du plan comptable général

La régularité. La régularité est la conformité aux règles et procédures en vigueur. Par exemple, le remplacement d'un composant important d'une immobilisation doit être comptabilisé dans un compte d'immobilisation et non dans un compte de charges.

La sincérité. La sincérité est l'application de bonne foi des règles et procédures en fonction de la connaissance que les responsables des comptes doivent normalement avoir de la réalité et de l'importance des opérations. Par exemple, la comptabilisation de toutes les recettes, sans aucune dissimulation dans la perspective d'une fraude fiscale.

Une image fidèle. Les comptes annuels doivent donner une image fidèle du patrimoine, de la situation financière ainsi que des résultats de l'entité. Cette image fidèle résulte de l'application des principes de régularité et de sincérité.

L'image fidèle est un objectif qui prime parfois sur la règle comptable.

PCG 120-2 Dans le cas exceptionnel où l'application d'une règle comptable se révèle impropre à donner une image fidèle, il doit y être dérogé.

Il peut ainsi exister **plusieurs images fidèles** de la même situation économique. Compte tenu du niveau de connaissance élevé mais non absolu des opérations et de l'existence de méthodes comptables optionnelles, les utilisateurs peuvent, avec sincérité, traduire des opérations de façon différente.

2. Les principes comptables

La prudence. La comptabilité est établie sur la base d'appréciations prudentes, pour éviter le transfert, sur des périodes à venir, de risques ou de pertes probables. L'application de ce principe conduit aussi à ne pas comptabiliser les gains probables.

Probabilité de perte → cette probabilité est comptabilisée

Probabilité de gain → cette probabilité n'est pas comptabilisée

Exemple

En cours d'exercice, acquisition d'une action X et d'une action Y.

Cours des actions X et Y		
Actions	**Cours à l'achat**	**Cours à l'inventaire**
X	**52**	**39**
Y	95	118

Action X : perte probable : 13 €, elle sera comptabilisée (sous l'appellation de dépréciation, elle sera abordée dans un chapitre ultérieur).

Action Y : gain probable, il ne sera pas comptabilisé. On constate simplement une plus-value latente hors comptabilité : 23 €.

Le coût historique. La valeur d'un bien en comptabilité est déterminé, en premier lieu, sur la base de la valeur à la date entrée dans le patrimoine de l'entité (PCG 321-1). Lorsque la valeur de marché est supérieure à la valeur d'entrée, l'entreprise ne doit pas enregistrer les gains latents.

La permanence des méthodes. L'entreprise doit appliquer les mêmes règles et procédures au cours des périodes successives.

L'entreprise peut exceptionnellement déroger à ce principe pour donner une meilleure information financière. Par exemple, pour l'adoption d'une « méthode préférentielle » : méthode considérée comme conduisant à une meilleure information par l'organisme normalisateur.

L'indépendance des exercices. Les comptes annuels sont établis pour une période comptable, appelée exercice comptable (généralement un an). Seules les charges et les produits relatifs à l'activité réalisée durant l'exercice comptable peuvent être inscrits dans les comptes annuels. Ce principe conduit l'entreprise à comptabiliser certains ajustements pour retenir tous les produits et les charges de l'exercice. Par exemple, en fin d'année, l'entreprise doit comptabiliser les factures fournisseurs non parvenues concernant des prestations réalisées durant l'exercice.

La non-compensation. D'une manière générale, toute compensation au niveau de la présentation des postes d'actif et de passif ou entre des postes de charges et de produits est interdite. Par exemple, des opérations d'achats et de ventes réalisées auprès du même partenaire ne doivent pas être compensées. Les charges et les produits, les dettes et les créances sont enregistrés séparément.

L'intangibilité du bilan d'ouverture. Les documents comptables d'ouverture d'un exercice s'appuient sur les bases des documents comptables de l'exercice précédent.

La continuité d'exploitation. La comptabilité permet d'effectuer des comparaisons périodiques et d'apprécier l'évolution de l'entité dans une perspective de continuité d'activité (PCG 120-1).

L'importance relative. Les documents comptables doivent donner à leurs utilisateurs une description pertinente, sincère, claire, précise et complète des opérations. Le Plan comptable général prévoit de mentionner dans les documents comptables toute information significative susceptible de modifier l'opinion du lecteur des comptes (PCG 130-4). Aussi, si la comptabilisation ne suffit pas à transcrire la réalité économique, des informations complémentaires devront être données en annexe.

B. Le plan de comptes ou nomenclature comptable

Il s'agit de la liste des comptes susceptibles d'être utilisés par une entité, avec pour chacun, un numéro et un intitulé.

1. La codification décimale

Principe général :

Un exemple permet de comprendre facilement la procédure utilisée.

CLASSE	2	– COMPTE D'IMMOBILISATIONS
compte	21	– Immobilisations corporelles
compte	218	– Autres immobilisations corporelles
compte	2182	– Matériel de transport

Dispositions particulières :

Le chiffre **8** intercalé en deuxième position caractérise un compte d'amortissement.

Exemple 1

213 – Constructions
2813 – Amortissements des constructions

Le chiffre **9** intercalé en deuxième position caractérise un compte de dépréciation.

Exemple 2

503 – Actions
5903 – Dépréciation des actions

Le chiffre **0** en dernière position dans un compte à trois chiffres ou à plus de trois chiffres indique que ce compte regroupe plusieurs comptes de même niveau.

Exemple 3

410 – Clients et comptes rattachés
- 411 – Clients
- 413 – Clients Effets à recevoir
- 416 – Clients douteux ou litigieux

Le chiffre **9** en dernière position dans un compte à trois chiffres indique un compte enregistrant des opérations de sens contraire.

Exemple 4

411 – Clients
419 – Clients créditeurs

Par exemple, enregistrent une dette envers le client qui a versé une avance à la commande de marchandises.

Il faut également respecter une certaine analogie et une certaine symétrie.

Exemple 5

compte de stock	**37**	– Stock de marchandises
compte de charges	**607**	– Achats de marchandises
compte de produits	**707**	– Ventes de marchandises

2. Les classes de comptes

Les classes seront présentées avec quelques exemples de comptes.

La signification des comptes sera explicitée au fur et à mesure de l'étude du traitement des opérations comptables. Nous conseillons à l'étudiant de se procurer une édition du *Plan comptable général* [1].

Les comptes de bilan

▶ **CLASSE 1 COMPTES DE CAPITAUX**

Exemple : **101** Capital

▶ **CLASSE 2 COMPTES D'IMMOBILISATIONS**

Exemple : **213** Constructions

▶ **CLASSE 3 COMPTES DE STOCKS ET D'EN-COURS**

Exemple : **355** Produits finis

▶ **CLASSE 4 COMPTES DE TIERS**

Exemple : **401** Fournisseurs

▶ **CLASSE 5 COMPTES FINANCIERS**

Exemple : **512** Banques

Les comptes de résultat

▶ **CLASSE 6 COMPTES DE CHARGES**

Exemple : **616** Primes d'assurance

▶ **CLASSE 7 COMPTES DE PRODUITS**

Exemple : **707** Ventes de marchandises

Les comptes spéciaux

▶ **CLASSE 8 COMPTES SPÉCIAUX**

Exemple : **801** Engagements donnés par l'entreprise

1 Plan comptable général. Liste intégrale des comptes, coll. Foucher Dépliants, Éditions Foucher.

3. Les systèmes de comptes

Le Plan comptable général prévoit trois systèmes de comptes :

– **le système de base** : le plus fréquent, généralement appliqué par les entreprises de taille **moyenne** ;

– le **système abrégé** : plus particulièrement appliqué par les **petites** entreprises ;

– le **système développé** : appliqué par les **grandes** entreprises.

À titre d'exemple, la présentation des documents annuels (compte de résultat, bilan, annexe) est plus ou moins détaillée suivant le système utilisé par l'entité.

À RETENIR

1. Le droit comptable français est encadré essentiellement par le Code de commerce, le décret comptable et le Plan comptable général.

2. Le Plan comptable général évolue régulièrement pour s'adapter aux normes internationales (IAS/IFRS), aux directives et règlements européens.

3. En France, l'Autorité des normes comptables (ANC) et les organismes professionnels (OEC, CNCC) participent à l'évolution de la doctrine comptable.

4. Les objectifs de la comptabilité : régularité, sincérité, image fidèle.

5. Les principes comptables à retenir : prudence, coût historique, permanence des méthodes, non-compensation, indépendance des exercices, intangibilité du bilan d'ouverture, continuité d'exploitation, importance relative.

6. Dans le Plan comptable général (PCG) les comptes sont rangés en **8 classes** :

1.	Comptes de capitaux	→ Comptes de BILAN (classes 1 → 5)
2.	Comptes d'immobilisations	
3.	Comptes de stocks et en cours	
4.	Comptes de tiers	
5.	Comptes financiers	
6.	Comptes de charges	→ Comptes de RÉSULTAT (classes 6 et 7)
7.	Comptes de produits	
8.	Comptes spéciaux	

Les conseils

1.➤ Les règles comptables évoluent régulièrement. Il est nécessaire d'actualiser ses connaissances.

2.➤ Ne pas oublier le principe de prudence : comptabiliser les pertes probables, mais ne pas comptabiliser les gains probables.

3.➤ Il est nécessaire de se procurer une liste intégrale des comptes (Éditions Foucher).

4. Bien connaître et distinguer :
- les comptes de Bilan : comptes des classes 1 à 5 ;
- les comptes de Résultat : comptes des classes 6 et 7.

5. Se rappeler les repères de codification :
- le **8** en deuxième position ;
- le **9** en deuxième position ;
- le **0** en troisième position ;
- la terminaison **9**.

4 Applications

QCM

Les affirmations suivantes sont-elles vraies ou fausses ?

1. Un procès en cours va déboucher sur une issue défavorable, en l'occurrence le paiement de dommages et intérêts. Cette constatation engendre une comptabilisation.

2. La hausse du cours d'une action par rapport au cours d'achat engendre une comptabilisation.

EXERCICE 00.01

Les questions 1 à 5 seront traitées sans l'aide de documentation.

On extrait du PCG :

1. Le compte **2182** – Matériel de transport.
Quel est le numéro du compte Amortissement du matériel de transport ?

2. Le compte **37** – Stock de marchandises.
Quel est le numéro du compte Dépréciation des stocks de marchandises ?

3. Le compte **607** – Achats de marchandises.
Quel est le numéro du compte Rabais, remises et ristournes obtenues sur achats ?

4. Le compte **666** – Pertes de change.
Quel est le numéro du compte Gains de change ?

5. Le compte **40** – Fournisseurs et comptes rattachés.
Quelle est la signification du compte **400** ?

6. Donner pour chacun des comptes suivants le numéro et le nom de la classe à laquelle il appartient :
- Achats de marchandises
- Fournisseurs
- Clients

- Emprunts
- Résultat
- Ventes de marchandises
- Banque
- Capital
- Matériel de bureau et matériel informatique

exos

EXERCICE 00.02

Thème : Regroupement des comptes de charges. Écritures de virement

L'entreprise Pivoine vous fournit l'extrait de la balance des comptes correspondant à la classe 6.

BALANCE AU 31-07-N (extrait)

N°	COMPTES	MOUVEMENTS		SOLDES	
		Débits	Crédits	Débiteurs	Créditeurs
613	Locations	18 500		18 500	
615	Entretien et réparations	39 780	2 345	37 435	
616	Primes d'assurances	24 200		24 200	
622	Rémunérations intermédiaires	11 400		11 400	
623	Publicité	6 235		6 235	
624	Transports de biens	42 638	18 227	24 411	
627	Services bancaires	3 235		3 235	
631	Impôts, taxes sur rémunérations	2 400		2 400	
635	Autres impôts et taxes	4 600		4 600	
641	Rémunérations du personnel	83 159		83 159	
645	Charges de Sécurité sociale	40 912		40 912	
661	Charges d'intérêts	7 380		7 380	
665	Escomptes accordés	5 250		5 250	

Travail à faire

1. Enregistrer au journal de l'entreprise Pivoine les écritures de virement permettant de regrouper dans les comptes à deux chiffres les opérations inscrites dans les comptes à trois chiffres.

2. Présenter l'extrait de la balance qui en découle.

3. Vérifier.

EXERCICE 00.03

Thème : Analyse des comptes de charges. Écritures de virement

L'entreprise Le Rameur utilise des comptes de charges à deux chiffres ainsi qu'il apparaît dans l'extrait de la balance par soldes ci-dessous :

BALANCE AU 31-10-N (extrait)

N°	COMPTES	MOUVEMENTS		SOLDES	
		Débits	Crédits	Débiteurs	Créditeurs
61	Services extérieurs			31 347	
62	Autres services extérieurs			31 155	
63	Impôts, taxes			18 921	
64	Charges de personnel			95 550	
66	Charges financières			38 324	
67	Charges exceptionnelles			11 735	

Pendant la période correspondante les charges suivantes ont été enregistrées :

- des loyers : 12 600 € ;
- une prime d'assurance : 6 500 € ;
- des travaux d'entretien ;
- des frais de téléphone : 3 452 € ;
- l'achat de timbres-poste : 420 € ;
- des frais d'annonce publicitaire : 3 800 € ;
- l'achat de cadeaux distribués aux clients : 2 000 € ;
- des frais de transport payés et pris en charge par l'entreprise à l'occasion de ventes aux clients ;
- la taxe professionnelle : 12 500 € ;
- la taxe d'apprentissage ;
- les rémunérations brutes des salariés ;
- les charges patronales correspondantes qui s'élèvent à 40 % des rémunérations brutes ;
- le règlement de l'intérêt annuel correspondant à un emprunt de 300 000 € contracté le 25 octobre N-1 et remboursable en une seule fois le 25 octobre N+1. Taux d'intérêt annuel : 10,50 % ;
- des escomptes de règlement accordés aux clients ;
- une amende fiscale.

Travail à faire

1. **Enregistrer au journal de l'entreprise Le Rameur les écritures de virement permettant d'analyser les comptes de charges à deux chiffres en comptes de charges à trois chiffres.**
2. **Présenter l'extrait de la balance qui en découle.**
3. **Vérifier.**

Téléchargez gratuitement tous les corrigés des exercices, ainsi que les exercices complémentaires sur le site Internet : www.expertisecomptable-foucher.com

Partie 1

La méthode comptable

CHAPITRE 1

Notions sur les opérations et documents commerciaux

PLAN

▶ L'objectif est de présenter ici quelques notions sommaires sur les principales opérations commerciales effectuées par l'entreprise, les documents qui les traduisent et les moyens de règlement les plus fréquemment utilisés. Il ne s'agit donc pas d'approfondir les questions évoquées, soit parce qu'elles ne relèvent pas d'un cours de comptabilité, soit parce qu'elles seront abordées et développées plus loin.

1 ▶ L'opération d'achat-vente et les documents correspondants

A. Avec règlement au comptant par chèque ou virement bancaires

Exemple

Thème

Sont en relations d'affaires :

M. Iribar, grossiste en produits alimentaires, installé à Bayonne, titulaire d'un compte bancaire à la BNP, agence de Bayonne et M. Domecq, détaillant en épicerie fine, installé à Dax, titulaire d'un compte bancaire à la Société Générale, agence de Dax.

Ces deux commerçants ont effectué les opérations suivantes :

Le 15-09-N, M. Iribar livre à M. Domecq des marchandises et établit la facture nº 13102 : montant net à payer 8 670 €, règlement sous huitaine.

Le 17-09-N, M.Domecq reçoit les marchandises et envoie un chèque bancaire en règlement.

Le 19-09-N, M. Iribar remet ce chèque à l'encaissement à la BNP.

Présentation schématique de la facture

M. IRIBAR
Doit
M. DOMECQ

Facture n° 13102
Le 15 septembre N

----------	----------	----------	----------	----------
----------	----------	----------	----------	----------
----------	----------	----------	----------	----------
----------	----------	----------	----------	----------
----------	----------	----------	----------	----------

Net à à payer 8 670 €

Règlement sous huitaine

▶ Le circuit des documents

Le circuit du document diffère sensiblement suivant que le règlement est effectué par chèque ou par virement.

- **Règlement par chèque bancaire**

Exemple

Le client établit le chèque et l'envoie à son fournisseur.

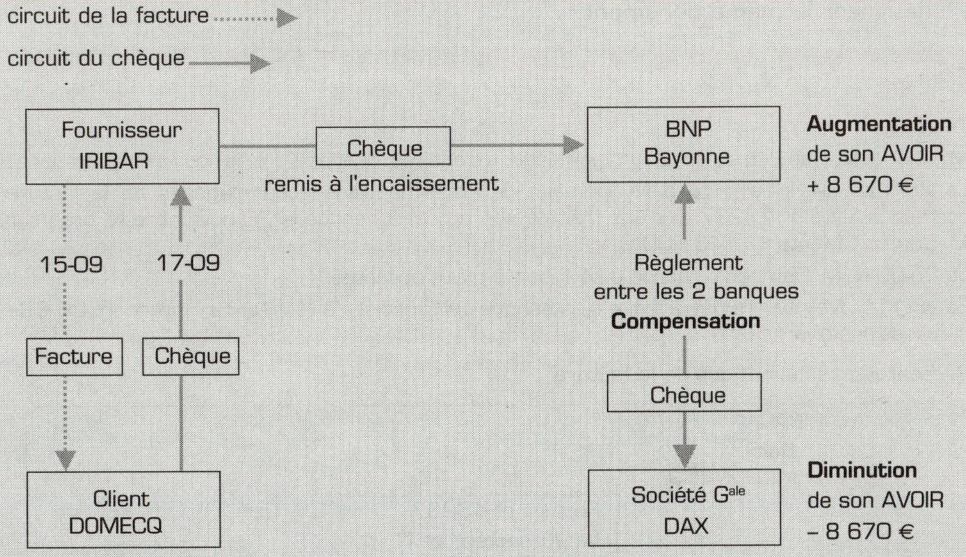

Remarque. La possibilité de M. Domecq de tirer un chèque sur la Société Générale suppose un dépôt préalable au compte ouvert à cette banque. Ce dépôt a pu être fait sous forme d'espèces, chèques, etc.

- **Règlement par virement bancaire**

Exemple

Le client donne directement l'ordre à sa banque de virer au compte du fournisseur le montant de la facture.

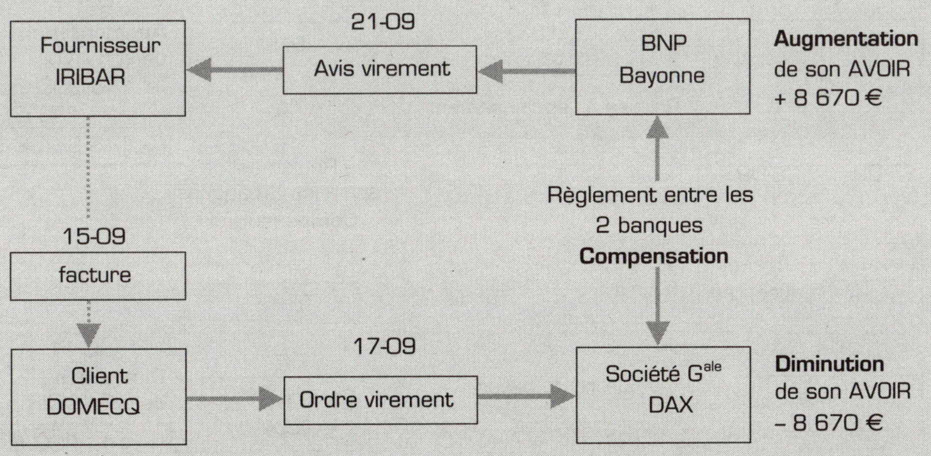

B. Avec règlement à crédit par lettre de change (ou traite)

Lettre de change est le terme juridique, *traite* est le terme commercial, tous deux désignent le même document.

Exemple

Thème

M. Iribar et M. Domecq sont toujours en relations d'affaires. Ils effectuent de nouvelles opérations :

Le 25-09-N, M. Iribar livre à M. Domecq des marchandises accompagnées de la facture correspondante n° 13237 et d'une traite à son ordre, échéance le 30 novembre N, tirée sur M. Domecq. Montant : 146 900 €.

Le 29-09-N, M. Domecq retourne à M. Iribar la traite acceptée.

Le 28-11-N, M. Iribar remet la traite à sa banque qui l'encaisse à l'échéance moyennant 36 € de commissions diverses.

Présentation schématique de la facture

M. IRIBAR
Doit
M. DOMECQ

Facture n° 13237
Le 25 septembre N

----------	----------	----------	----------	----------
----------	----------	----------	----------	----------
----------	----------	----------	----------	----------
----------	----------	----------	----------	----------
----------	----------	----------	----------	----------

Net à payer 146 900 €

Règlement au 30 novembre N

Le circuit des documents

circuit de la facture ········▶

circuit de la traite ———▶

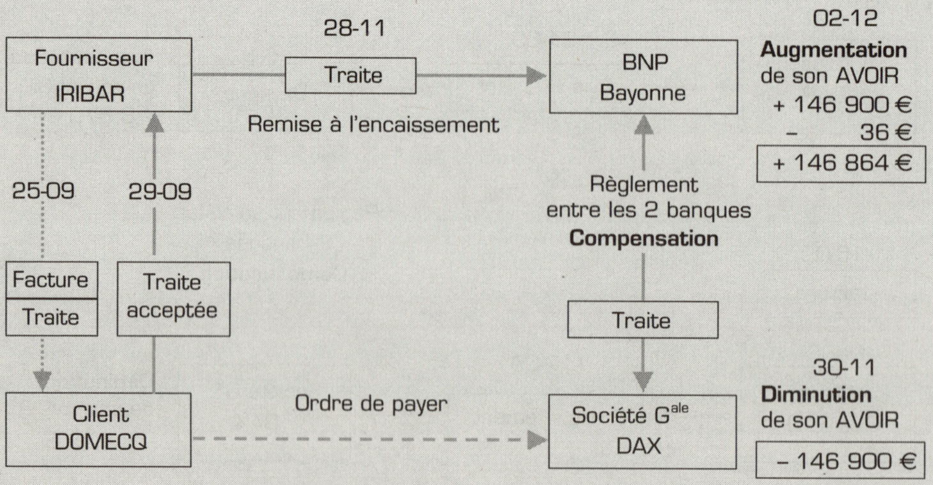

Une autre hypothèse peut être envisagée au cas où M. IRIBAR aurait besoin de fonds disponibles avant le 30 novembre N. Il peut dans ce cas remettre la traite à l'escompte. Sans attendre l'échéance, la BNP porte alors à son compte la valeur nette de la traite c'est-à-dire : **Valeur nette = Valeur nominale – Agio**
avec : **Valeur nominale :** montant inscrit sur la traite.
Agio = Escompte + Commissions

L'escompte rémunère l'**avance de fonds**. Les commissions rémunèrent les services rendus.

Exemple

Agio = Escompte + Commissions
2 730 = 2 650 + 80

Le circuit de la traite mérite d'être comparé avec le précédent. Les dates des différentes opérations jouent un rôle primordial.

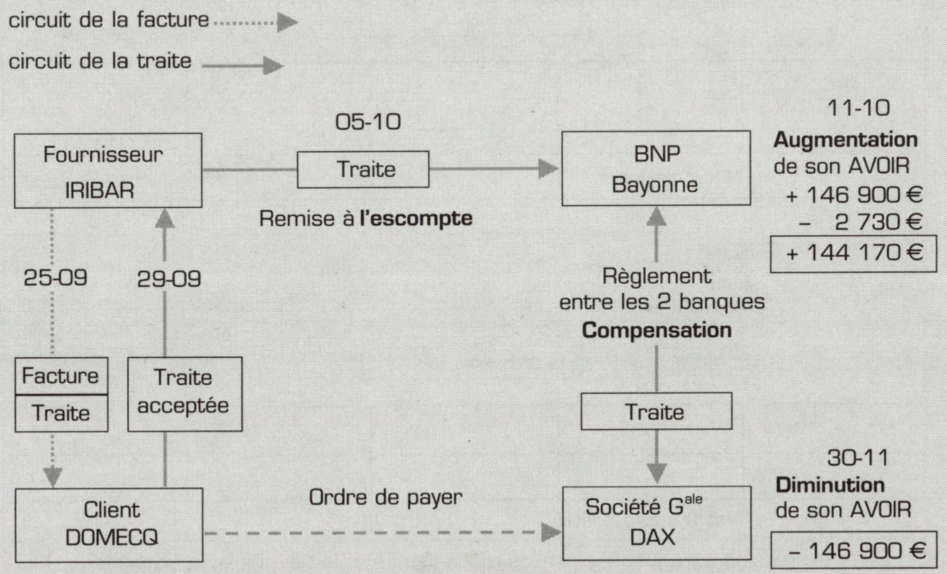

2 ▶ Les retours et les réductions : les factures d'avoir

A. Définition

La facture d'avoir, ou simplement l'avoir, est un document établi après une opération d'achat-vente et l'établissement d'une facture. Il traduit un **remboursement du fournisseur à son client.**

B. Circonstances de l'avoir

L'avoir est établi à l'occasion :

– d'un retour de marchandises ;
– d'une réduction sur le prix : rabais, remises ou ristournes (RRR).

Exemple

Thème

Sont en relations d'affaires :

M. Iriberry, négociant en vins et M. Dolhats, restaurateur.

Ces deux commerçants ont effectué les opérations commerciales suivantes :

Le 15-10-N, M. Iriberry livre à M. Dolhats des bouteilles de vin et des bouteilles de spiritueux. La facture nº 6213 s'élève à 36 200 €.

Le 25-10-N, M. Dolhats retourne à M. Iriberry un certain nombre de bouteilles impropres à la consommation. M. Iriberry établit une facture d'avoir nº 412 d'un montant de 4 800 €.

Présentation schématique des documents

M. IRIBERRY
Doit
M. DOLHATS

Avoir n° 6213
Le 15 octobre N

Net à payer 36 200 €

M. IRIBERRY
Avoir
M. DOLHATS

Avoir n° 412
Le 25 octobre N

Net à votre crédit[1] 4 800 €

(1) Cette expression sera justifiée par les mécanismes et la terminologie présentés dans les chapitres ultérieurs

C. Le traitement

Le montant de l'avoir peut :

– être déduit du montant de la facture précédente au cas où le règlement n'a pas encore été effectué ;

Exemple

M. Dolhats réglera alors : 36 200 – 4 800 = 31 400 €

– être déduit du montant de la *prochaine facture* ;

– être *porté en compte* : voir le Chapitre 6.

À RETENIR

- Dans l'opération **d'achat-vente**, interviennent :

le fournisseur (créditeur) qui vend le client (débiteur) qui achète	un bien ou un service

- L'opération se traduit par l'émission d'un document, appelé **facture**, envoyé par le fournisseur au client.
- Les retours et les réductions diminuent le montant de l'opération achat-vente et se traduisent par l'émission d'un document appelé **facture d'avoir** ou **avoir**.
- Les règlements au comptant sont effectués en espèces et par **chèques** ou **virements bancaires**. Les règlements à crédit sont effectués par **lettres de change**.
- Dans tous les cas, un règlement entraîne :

pour le fournisseur, une augmentation pour le client, une diminution	de son avoir en banque

Les conseils

1➤ Bien distinguer facture et facture d'avoir ou avoir : la terminologie est importante !

2➤ Étant donné une facture schématique ou détaillée, savoir distinguer :
- le fournisseur ou vendeur qui établit le document ;
- le client ou acheteur qui reçoit le document.

3➤ Le nom suivant la formule « Doit » est le nom du client.

4➤ La même remarque s'applique à la facture d'avoir. Le nom suivant la formule « Avoir » est le nom du client.

5➤ Lors d'un règlement par chèque ou par virement bancaire :
- l'avoir en banque du tireur ou donneur d'ordre (le client) diminue ;
- l'avoir en banque du bénéficiaire (le fournisseur) augmente.

6➤ Bien faire la différence entre le circuit d'un chèque et celui d'un virement bancaire.

7➤ Dans la plupart des cas (mais ce n'est qu'un usage et non une règle absolue), les règlements sont effectués :
- par chèque ou virement bancaire s'ils sont au comptant ;
- par lettre de change (ou traite) s'ils sont à crédit.

Notion de bilan

Plan

CHAPITRE 2

▶ Nous traiterons dans ce chapitre de la situation d'un *exploitant individuel* (commerçant, artisan, industriel) disposant d'un patrimoine dont une partie, engagée dans son entreprise, sera dénommée *situation financière de l'entreprise*.

Cette situation financière est mise en évidence dans un bilan avec au passif, ses ressources (capitaux propres et dettes) et à l'actif, ses emplois (biens et créances).

La comparaison de deux bilans successifs en fin de période permettra de dégager le résultat de l'exercice (bénéfice ou perte).

1 ▶ Le patrimoine de l'entreprise

A. Définition

La situation financière est l'ensemble des **biens** (corporels et incorporels), des droits **(créances)** et des obligations **(dettes)** qui caractérise la *situation* de l'entreprise *à une date donnée*.

Seuls sont pris en compte les droits et obligations ayant une valeur pécuniaire.

B. Analyse

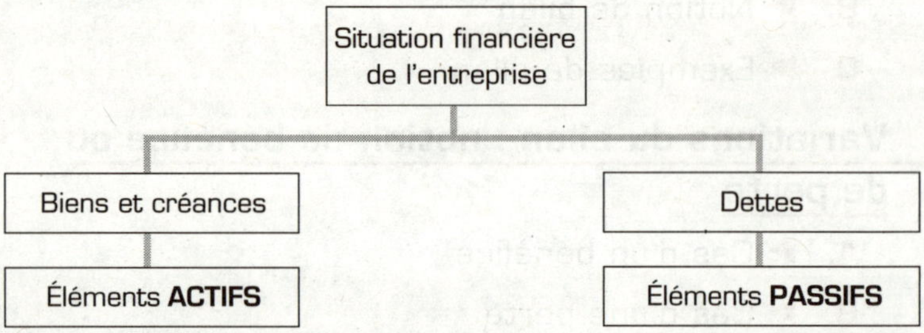

1. Les éléments actifs : les biens et les créances

On peut citer parmi les principaux éléments :

• *La clientèle* : élément essentiel du *fonds de commerce*. Elle est désignée, en comptabilité, sous le nom de fonds commercial.

• Les *terrains, bâtiments* et *constructions* à usage industriel, commercial, administratif.

• Les différents *matériels* nécessaires à l'activité de l'entreprise : matériel industriel, matériel et mobilier de bureau, matériel de transport, etc.

• Les *stocks* de marchandises, de matières premières, de produits finis.

• Les *créances*, principalement sur les clients.

• Les *fonds* déposés en banque.

• Les *espèces* en caisse.

2. Les éléments passifs : les dettes

Les principales dettes proviennent :

• d'*emprunts* effectués auprès d'une *banque* ou d'un établissement de crédit ;

- de *crédits* (délais de paiement) accordés par les *fournisseurs* ;
- de taxes et d'impôts dus à l'État ;
- etc.

2 ▶ De la situation financière au bilan de l'entreprise

Pour exercer son activité, l'exploitant dispose de *ressources* qu'il affecte à des *emplois*. Chaque ressource a un emploi. Chaque emploi a une ressource. Il en découle la relation fondamentale :

RESSOURCES = EMPLOIS

A. Ressources et emplois de l'entreprise

1. Les ressources

Les ressources sont constituées par les possibilités dont dispose l'exploitant pour les besoins de son entreprise.

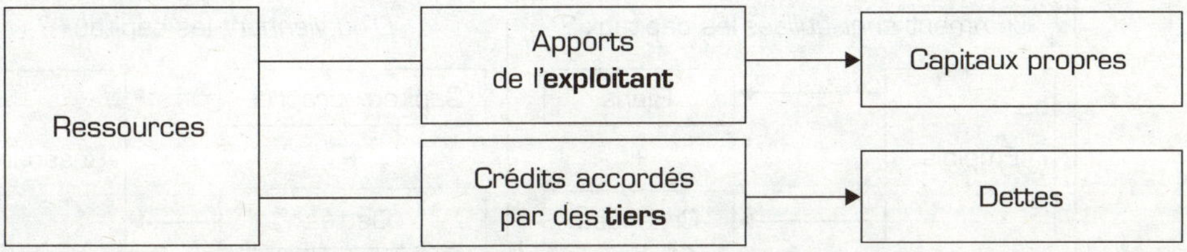

- Les *capitaux propres* sont apportés dans l'entreprise individuelle par l'*exploitant*. (Dans le cas d'une entreprise sociétaire, les apports sont effectués par plusieurs personnes : les associés.)
- Les *dettes* constituent une *ressource* :

– les emprunts contribuent à mettre des fonds à la disposition de l'entreprise qui peut en faire l'emploi immédiatement,
– le crédit permet un emploi immédiat avec un règlement différé.

Exemple

Un fournisseur livre des marchandises qui seront payées dans 30 jours. La possibilité de paiement différé accordée par le fournisseur est la ressource qui a permis de faire entrer en stock des marchandises (emploi).

2. Les emplois

Les emplois sont constitués par les utilisations des ressources de l'entreprise.

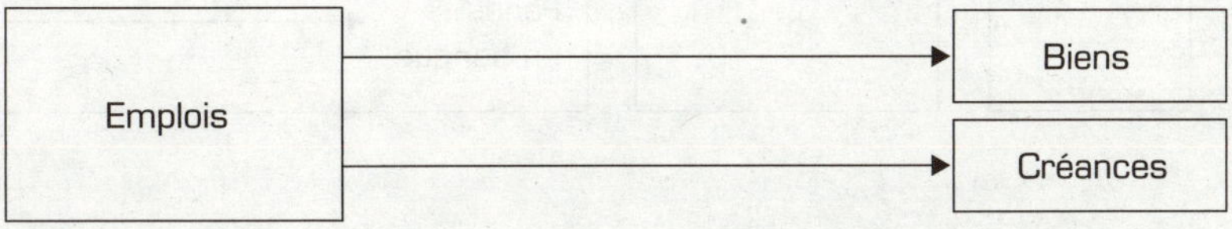

3. Relation fondamentale

De ce qui précède, il découle que la relation fondamentale : **ressources = emplois** entraîne :

BIENS + CRÉANCES = CAPITAUX PROPRES + DETTES

Cette relation est présentée sous forme de tableau : **le bilan**.

B. Notion de bilan

1. Présentation générale

Le bilan est un document toujours daté puisqu'il traduit la *situation financière* de l'entreprise *à un moment donné*. Il comprend deux parties :

– la partie gauche : ACTIF ;

– la partie droite : PASSIF.

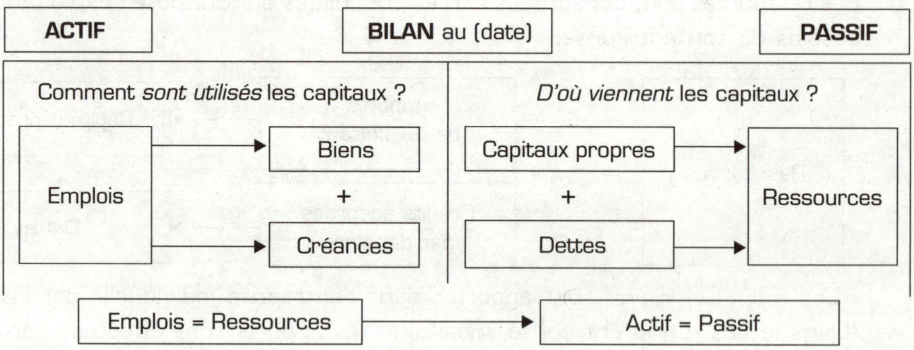

2. Les grandes rubriques de l'actif

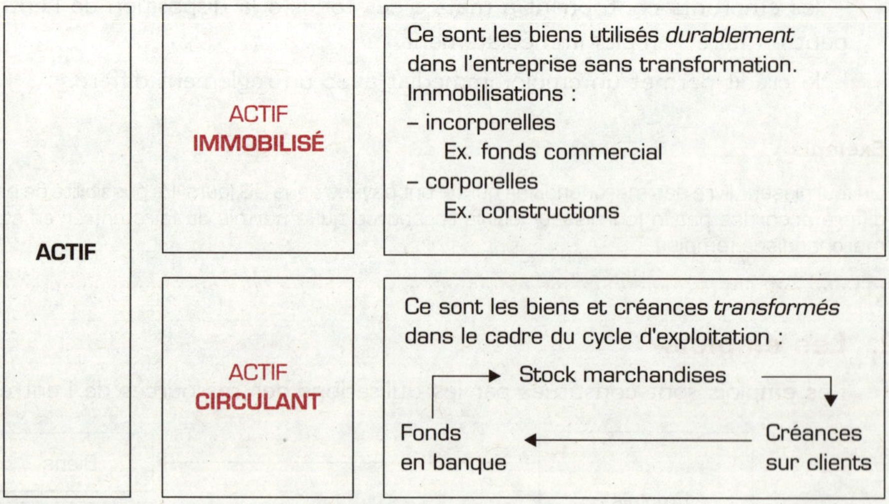

3. Les grandes rubriques du passif

PASSIF	CAPITAUX PROPRES	Capitaux engagés par l'exploitant dans son entreprise
	DETTES	Crédits accordés par des tiers

4. Les égalités à retenir

• Approche économique

EMPLOIS = RESSOURCES

• Approche juridique

BIENS + CRÉANCES = CAPITAUX PROPRES + DETTES

• Approche comptable

Actif immobilisé + actif circulant = capitaux propres + dettes

↓

BILAN

C. Exemples de bilan

Exemple 1

Thème : Le 1er janvier N, la situation active et passive de M. Isidro se présente ainsi :

• M. Isidro possède :
- un terrain évalué à 85 000 € ;
- un bâtiment à usage commercial : 390 000 € ;
- deux véhicules utilitaires : 83 700 € ;
- divers matériels de bureau : 12 640 € ;
- un stock de marchandises : 143 000 € ;
- des fonds déposés en banque : 16 150 € ;
- des espèces en caisse : 4 370 €.

• Ses clients lui doivent : 45 780 €.
• Il a emprunté 300 000 € à un établissement financier.
• Il doit 51 480 € à ses fournisseurs et 29 160 € de taxes à l'État.

Présentation du bilan

ACTIF	BILAN AU 01-01-N		PASSIF
ACTIF IMMOBILISÉ		**CAPITAUX PROPRES**	
Terrains	85 000	Capital	400 000
Constructions	390 000	DETTES	
Matériels de transport	83 700	Emprunts	300 000
Matériels de bureau	12 640	Dettes fournisseurs	51 480
ACTIF CIRCULANT		Taxes dues à l'État	29 160
Stock de marchandises	143 000		
Créances sur les clients	45 780		
Banque	16 150		
Caisse	4 370		
	780 640		**780 640**

Exemple 2

Thème : Le 1er mars N, M. Sydney fait l'acquisition d'un fonds de commerce de détaillant en droguerie : l'entreprise Balajon.
Le transfert de propriété s'effectue aux conditions suivantes :

- Les différents éléments de ce fonds sont évalués comme suit :
  - clientèle : 50 000 € ;
  - local à usage commercial : 85 000 € ;
  - aménagement intérieur du magasin (comptoirs, rayonnages, etc.) : 23 200 € ;
  - divers matériels (caisse enregistreuse, micro-ordinateur) : 16 800 € ;
  - marchandises en stock : 126 800 €.
- M. Sydney s'engage à effectuer le règlement d'un fournisseur de l'entreprise Balajon soit 11 800 € et à rembourser un emprunt de 20 000 €.
- M. Sydney dépose 30 000 € sur le compte bancaire ouvert à la Société Générale au nom de son entreprise.

Détermination de l'apport personnel de M. Sydney

Acquisition de l'entreprise Balajon :

(50 000 + 85 000 + 23 200 + 16 800 + 126 800) – (20 000 + 11 800)	270 000
Dépôt en banque	30 000
	300 000

Ce montant de **300 000** € représente le capital de l'entreprise Sydney.

Présentation du bilan

ACTIF		BILAN AU 01-01-N			PASSIF
ACTIF IMMOBILISÉ		**175 000**	**CAPITAUX PROPRES**		**300 000**
Fonds commercial	50 000		Capital	300 000	
Constructions	85 000		DETTES		31 800
Agencements	23 200		Emprunts	20 000	
Matériels de bureau	16 800		Dettes fournisseurs	11 800	
ACTIF CIRCULANT		156 800			
Stock de marchandises	126 800				
Banque	30 000				
	331 800	**331 800**		**331 800**	**331 800**

Remarque. Dans un bilan, les comptes sont classés dans un ordre bien déterminé.
Actif : ordre de *liquidité croissante*, c'est-à-dire selon la rapidité avec laquelle ces éléments pourront être transformés en liquidité ou en monnaie.
Passif : ordre d'*exigibilité croissante*, c'est-à-dire en fonction de l'échéance (date fixée pour le remboursement ou le paiement de la dette).

3 ▶ Variations du bilan : notion de bénéfice ou de perte

Toute *opération commerciale* se traduit par des *flux* qui entraînent des *variations* au niveau des *postes du bilan*. Exemple : un versement d'espèces en banque augmente le poste « Banque » et diminue le poste « Caisse ».

Les multiples variations qui découlent des différentes opérations effectuées par une entreprise ne seront pas traitées ici. Elles feront l'objet d'une étude approfondie au cours de chapitres ultérieurs.

En revanche, et en considérant que l'exercice comptable coïncide avec l'année civile, les remarques suivantes peuvent être mises en évidence.

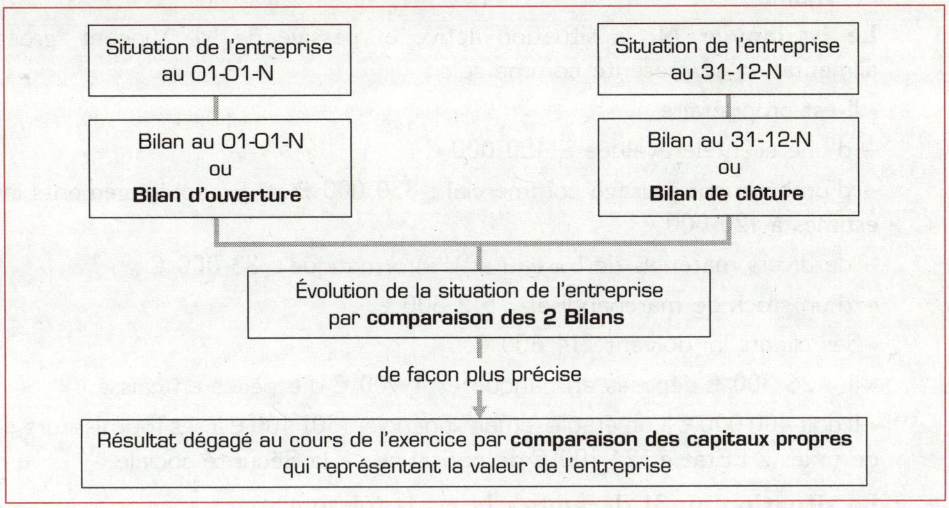

A. Cas d'un bénéfice

1. Principe

Il y a ***bénéfice*** s'il y a ***enrichissement***. Ce qui se traduit en langage comptable par la relation :

Capitaux propres en fin d'exercice	>	Capitaux propres en début d'exercice

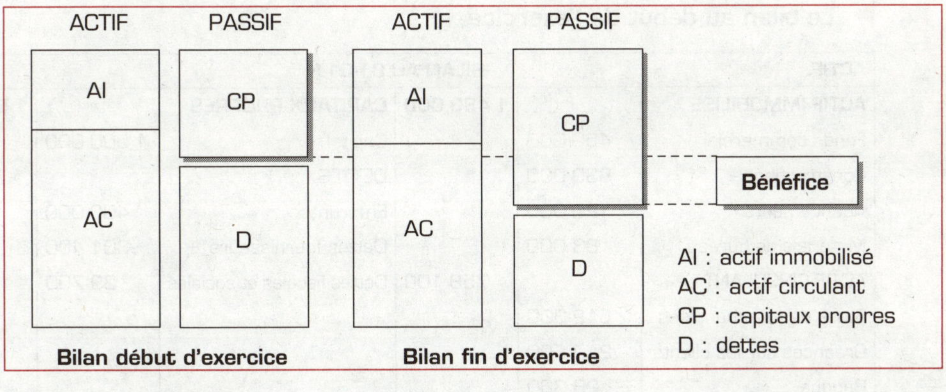

2. Exemple

Thème

Le 1er janvier N, la situation active et passive de M. Vincent, grossiste en alimentation se présente comme suit :

• Il est propriétaire :

– d'une clientèle évaluée à 450 000 € ;

– d'un bâtiment à usage commercial : 830 000 € et des aménagements intérieurs estimés à 120 000 € ;

– de divers matériels de bureau et d'informatique : 83 000 € ;

– d'un stock de marchandises : 512 300 €.

• Ses clients lui doivent 214 600 €.

• Il a 26 300 € déposés en banque et 4 900 € d'espèces en caisse.

• Il doit 400 000 € à un établissement financier, 301 400 € à ses fournisseurs, 15 600 € de taxes à l'État et 24 100 € de cotisations à la Sécurité sociale.

La situation au 31 décembre N est la suivante :

– la clientèle a conservé la même valeur ;

– les constructions se sont dépréciées de 2 % ;

– les agencements et aménagements de 5 % ;

– le matériel de bureau de 10 % ;

– le stock de marchandises est estimé à 613 500 € ;

– les clients doivent 192 900 € ;

– l'avoir en banque s'élève à 37 900 € et les espèces en caisse à 4 300 € ;

– M. Vincent a remboursé 100 000 € d'emprunt en cours d'année ;

– les dettes s'élèvent à 326 900 € envers les fournisseurs, 18 200 € envers l'État et 29 300 € envers la Sécurité sociale.

Le bilan au début de l'exercice

ACTIF		BILAN AU 01-01-N			PASSIF
ACTIF IMMOBILISÉ		**1 483 000**	**CAPITAUX PROPRES**		**1 500 000**
Fonds commercial	450 000		Capital	1 500 000	
Constructions	830 000		DETTES		741 100
Agencements	120 000		Emprunts	400 000	
Matériels de bureau	83 000		Dettes fournisseurs	301 400	
ACTIF CIRCULANT		758 100	Dettes fiscales et sociales	39 700	
Stock de marchandises	512 300				
Créances sur les clients	214 600				
Banque	26 300				
Caisse	4 900				
	2 241 100	**2 241 100**		**2 241 100**	**2 241 100**

Détermination du résultat de l'exercice au 31-12-N

Actif immobilisé :

450 000 + (830 000 × 0,98) + (120 000 × 0,95) + (83 000 × 0,90) = 1 452 100

Actif circulant :

613 500 + 192 900 + 37 900 + 4 300 = 848 600

Dettes :

300 000 + 326 900 + 18 200 + 29 300 = 674 400

Actif immobilisé	+	Actif circulant	–	Dettes	=	Capitaux propres
1 452 100	+	848 600	–	674 400	=	1 626 300

Capitaux propres fin exercice		>	Capitaux propres début exercice	
	1 626 300	>	1 500 000	
BÉNÉFICE :	1 626 300	–	1 500 000	= 126 300

Détail de la rubrique « capitaux propres » au bilan de fin d'exercice

	Capitaux propres		1 626 300
Inchangé ←	Capital	1 500 000	
	Résultat (bénéfice)	**+ 126 300**	

Le bilan en fin d'exercice

ACTIF		BILAN AU 31-12-N			PASSIF
ACTIF IMMOBILISÉ		**1 452 100**	**CAPITAUX PROPRES**		**1 626 300**
Fonds commercial	450 000		Capital	1 500 000	
Constructions	813 400		**Résultat (bénéfice)**	**+ 126 300**	
Agencements	114 000		DETTES		674 400
Matériels de bureau	74 700		Emprunts	300 000	
ACTIF CIRCULANT		848 600	Dettes fournisseurs	326 900	
Stock de marchandises	613 500		Dettes fiscales et sociales	47 500	
Créances sur les clients	192 900				
Banque	37 900				
Caisse	4 300				
	2 300 700	**2 300 700**		**2 300 700**	**2 300 700**

Conclusion

Bénéfice → Inscrit **au passif en +** → Ressources

BÉNÉFICE = RESSOURCES

B. Cas d'une perte

1. Principe

Il y a perte s'il y a ***appauvrissement***. Ce qui se traduit en langage comptable par la relation :

Capitaux propres en fin d'exercice < Capitaux propres en début d'exercice

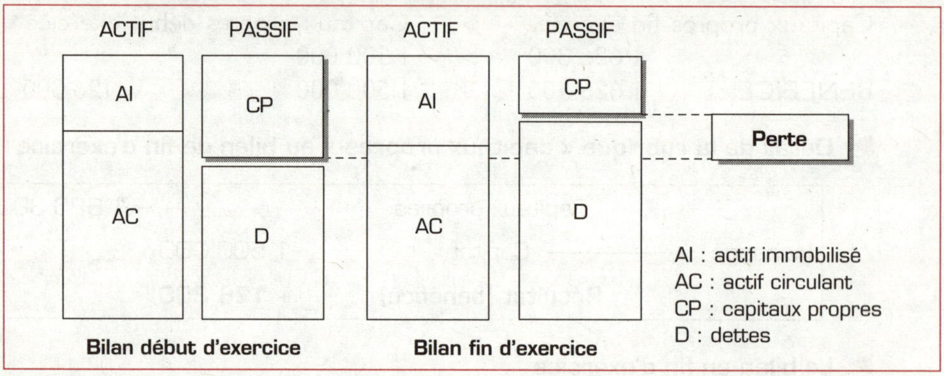

2. Exemple

▶ **Thème**

Le 1er janvier N, la situation active et passive de M. Laurent, industriel en fabrication mécanique, se présente comme suit :

- Il est propriétaire :
  - d'un terrain : 920 000 € ;
  - d'un atelier à usage industriel : 1 140 000 € ;
  - d'un bâtiment administratif : 938 000 € ;
  - de divers matériels industriels : 643 000 € ;
  - de plusieurs véhicules utilitaires : 420 000 € ;
  - de matériel de bureau : 115 000 € ;
  - d'un stock de matières premières : 722 200 € ;
  - d'un stock de produits finis : 1 345 600 €.
- Ses clients lui doivent 839 700 €.
- Il a 47 800 € déposés en banque et 3 900 € d'espèces en caisse.
- Il doit 1 768 300 € à ses fournisseurs, 129 400 € de taxes à l'État et 237 500 € de cotisations à la Sécurité sociale.

La situation au 31 décembre N est la suivante :

– Le terrain a conservé la même valeur.

– Les ateliers et bâtiments se sont dépréciés de 2 %, les matériels industriels et les matériels de bureau de 10 %, les camions de 20 %.

– Le stock de matières premières est estimé à 698 300 € et celui des produits finis à 1 283 500 €.

– Les clients doivent 853 800 €.

– L'avoir en banque s'élève à 43 400 € et les espèces en caisse à 5 200 €.

– Les dettes s'élèvent à 1 752 100 € envers les fournisseurs, 110 300 € envers l'État et 283 600 € envers la Sécurité sociale.

▶ Le bilan au début de l'exercice

ACTIF		BILAN AU 31-12-N			PASSIF
ACTIF IMMOBILISÉ		**4 176 000**	**CAPITAUX PROPRES**		**5 000 000**
Terrains	920 000		Capital	5 000 000	
Constructions	2 078 000		DETTES		2 135 200
Mat. Industriel	643 000		Dettes fournisseurs	1 768 300	
Matériels de transport	420 000		Dettes fiscales et sociales	366 900	
Matériels de bureau	115 000				
ACTIF CIRCULANT		2 959 200			
Stock Mat. Premières	722 200				
Stock de marchandises	1 345 600				
Créances sur les clients	839 700				
Banque	47 800				
Caisse	3 900				
	7 135 200	**7 135 200**		**7 135 200**	**7 135 200**

▶ Détermination du résultat de l'exercice au 31-12-N

Actif immobilisé :

$920\ 000 + (2\ 078\ 000 \times 0{,}98) + (643\ 000 \times 0{,}9) + (420\ 000 \times 0{,}8) + (115\ 000 \times 0{,}9) = 3\ 974\ 640$

Actif circulant :

$698\ 300 + 1\ 283\ 500 + 853\ 800 + 43\ 400 + 5\ 200 = 2\ 884\ 200$

Dettes :

$1\ 752\ 100 + 110\ 300 + 283\ 600 = 2\ 146\ 000$

Actif immobilisé	+	Actif circulant	–	Dettes	=	Capitaux propres
3 974 640	+	2 884 200	–	2 146 000	=	4 712 840

Capitaux propres fin exercice < Capitaux propres début exercice

4 712 840 < 5 000 000

Perte : 4 712 840 – 5 000 000 = – 287 160 €

▶ Détail de la rubrique « capitaux propres » au bilan de fin d'exercice

	Capitaux propres	4 712 840
Inchangé ←	Capital	5 000 000
	Résultat (Perte)	**– 278 160**

Le bilan en fin d'exercice

ACTIF		BILAN AU 31-12-N			PASSIF
ACTIF IMMOBILISÉ		**3 974 640**	**CAPITAUX PROPRES**		**4 712 840**
Terrains	920 000		Capital	5 000 000	
Constructions	2 036 440		Résultat (pertes)	– 287 160	
Mat. Industriel	578 700		DETTES		2 146 000
Matériels de transport	336 000		Dettes fournisseurs	1 752 100	
Matériels de bureau	103 500		Dettes fiscales et sociales	393 900	
ACTIF CIRCULANT		2 884 200			
Stock Mat. Premières	698 300				
Stock de produits finis	1 283 500				
Créances sur les clients	853 800				
Banque	43 400				
Caisse	5 200				
	6 858 840	**6 858 840**		**6 858 840**	**6 858 840**

Conclusion

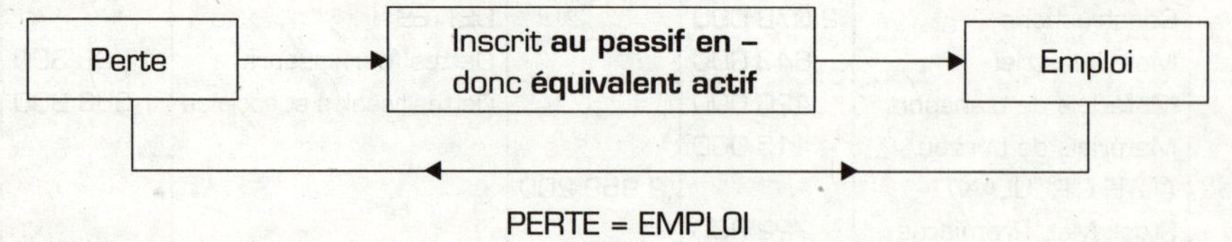

Remarque. le bilan est établi, en principe, une fois par an (obligation légale) à la clôture de l'exercice comptable.

Le bilan ne peut être établi après chaque opération réalisée par l'entreprise : d'une part, ce travail n'aurait pas d'utilité, d'autre part, il serait matériellement difficile à réaliser.

Pendant la durée de l'exercice comptable, il faut cependant enregistrer les différentes opérations. Cet enregistrement sera fait par l'emploi des comptes, objet de l'étude du chapitre 3.

À RETENIR

- L'entreprise utilise des **ressources** (capitaux propres et crédits accordés par les tiers) pour financer des **emplois** (biens et créances).

EMPLOIS = RESSOURCES

- Cette relation est traduite dans un document appelé *bilan* et composé de deux parties

ACTIF = PASSIF

ACTIF IMMOBILISÉ + ACTIF CIRCULANT = CAPITAUX PROPRES + DETTES

- Le **résultat** d'une période (ou exercice) est mis en évidence en comparant le **bilan d'ouverture** (début de l'exercice) et le **bilan de clôture** (fin de l'exercice).

– **Bénéfice** si : Capitaux propres du bilan de clôture > Capitaux propres du bilan d'ouverture.

– **Perte** si : Capitaux propres du bilan de clôture < Capitaux propres du bilan d'ouverture.

Les conseils

1➤ Bien noter que :

– le passif traduit l'origine des capitaux, c'est-à-dire l'ensemble des ressources de l'entreprise (y compris le bénéfice éventuel) ;

– l'actif traduit l'utilisation de ces capitaux, c'est-à-dire l'ensemble des emplois de l'entreprise (y compris la perte éventuelle).

2➤ L'égalité Actif = Passif doit toujours être vérifiée.

3➤ Ne pas confondre :

– Actif immobilisé : biens durables ou immobilisations ;

– Actif circulant : biens se transformant à l'intérieur du cycle d'exploitation.

4➤ Bien distinguer :

– Capitaux propres : capitaux apportés par une seule personne, l'exploitant (entreprise individuelle) ou par plusieurs personnes (entreprise sociétaire).

– Dettes : capitaux apportés par les tiers (éts financiers, fournisseurs, ...).

5➤ Le bilan constitue un instantané, une « photographie » de l'entreprise à un moment donné, d'où l'importance de la date.

4 ▶ Applications

VRAI/FAUX

Les affirmations suivantes sont-elles vraies ou fausses ?

1. L'ensemble des ressources de l'entreprise est porté à l'actif du bilan. Vrai ☐ Faux ☐

2. Le poste « Créances clients » est inscrit à l'actif du bilan. Vrai ☐ Faux ☐

3. Le poste « Dettes envers les fournisseurs » est inscrit au passif du bilan. Vrai ☐ Faux ☐

4. Le poste « Emprunt » est inscrit au passif du bilan. Vrai ☐ Faux ☐

5. Le « Matériel de transport » est un poste de l'actif circulant. Vrai ☐ Faux ☐

QCM

Parmi les différentes propositions, choisir la réponse qui convient :

1. Le Stock de marchandises est un poste :

a. du passif

b. de l'actif immobilisé

c. de l'actif circulant

d. ARNC[1]

2. Le Fonds commercial (clientèle) est un poste :

a. de l'actif circulant

1 ARNC signifie « aucune réponse ne convient ».

b. des capitaux propres

c. des dettes

d. ARNC

3. Une perte est inscrite dans la rubrique :

a. Dettes

b. Capitaux propres

c. Actif circulant

d. ARNC

EXERCICE 02.01

1. Résumé du bilan au 01/01/N :	Actif	3 000 000	– Dettes	1 800 000
Résumé du bilan au 31/12/N :	Actif	4 000 000	– Dettes	2 600 000
2. Résumé du bilan au 01/01/N :	Actif	2 500 000	– Dettes	1 000 000
Résumé du bilan au 31/12/N :	Actif	3 000 000	– Dettes	1 800 000

Travail à faire

Déterminer la nature et le montant du Résultat pour les deux cas proposés ci-dessus.

EXERCICE 02.02

Thème : Bilan. Détermination de l'apport personnel

Le 2 janvier N, M. Léon acquiert le fonds de commerce de M. Vachet aux conditions suivantes :

- M. Léon reprend :

– la clientèle évaluée à 320 000 € ;

– le local servant de magasin et d'entrepôt : 680 000 € ;

– les aménagements intérieurs de ce local : 53 500 € ;

– le matériel de bureau : 15 600 € ;

– les marchandises en stock : 495 600 €. Il s'engage à régler les fournisseurs de M. Vachet soit 241 200 €.

- Il dépose 75 000 € au compte en banque ouvert au nom de son entreprise et 1 500 € d'espèces en caisse.

- Pour financer ces opérations, M. Léon a emprunté 400 000 € auprès d'un établissement financier.

Travail à faire

1. Déterminer le montant de l'apport personnel de M. Léon.

2. Établir le bilan de son entreprise le 2 janvier N.

Téléchargez gratuitement tous les corrigés des exercices, ainsi que les exercices complémentaires sur le site Internet : www.expertisecomptable-foucher.com

CHAPITRE 3

Analyse des opérations en flux et en stocks. Notions sur les comptes

Plan

► Le bilan est un instantané de la situation de l'exercice, généralement en fin d'exercice. Pour passer d'un bilan à l'autre et assurer la permanence du traitement comptable, on enregistre les flux réels et les flux monétaires dans des comptes : les comptes de situation (ou comptes de bilan) et les comptes de gestion (ou comptes de résultat).

1 ► Rappel de la notion de flux

A. Définition

En se limitant à la notion de flux *externe*, on appelle flux le mouvement d'une chose qui est transférée d'un agent économique à un autre agent économique (l'agent économique étant une entreprise ou un ménage).

B. Différentes catégories de flux

1. Flux réels

Il s'agit de flux de ***produits*** (marchandises, matières premières, produits finis) ou de ***services*** (transports, assurances, travail, etc.).

Exemple 1

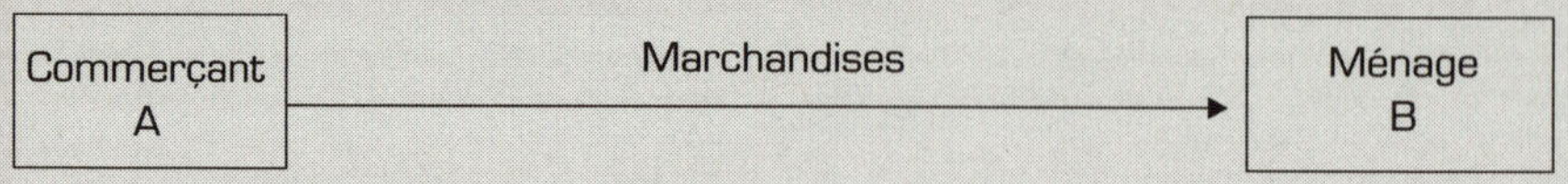

Exemple 2

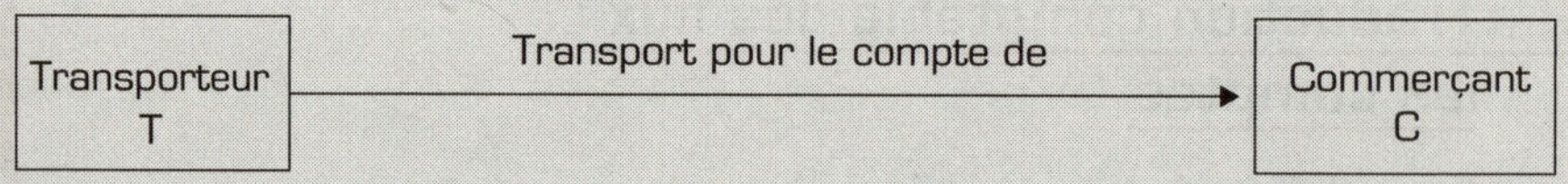

2. Flux monétaires

Il s'agit de flux de ***monnaie***, c'est-à-dire d'instruments de paiement (espèces, chèques, etc.) ou de ***créance-dette***, dans le cas d'opérations à crédit.

Exemple 1

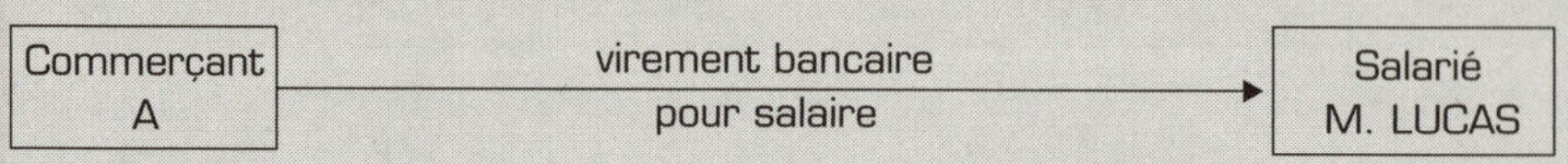

Exemple 2

Après une vente à crédit de marchandises

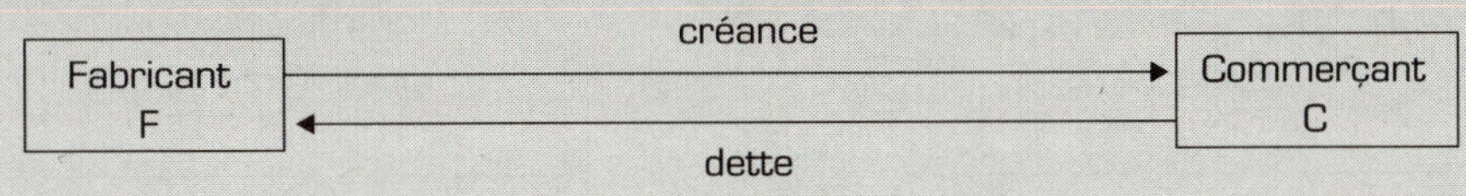

C. Les flux et leur contrepartie

Généralement une **opération commerciale** entre deux agents économiques se traduit par **deux flux de sens contraire**.

Exemple

Le grossiste G vend au comptant des marchandises au détaillant D. Le règlement a lieu par chèque bancaire.

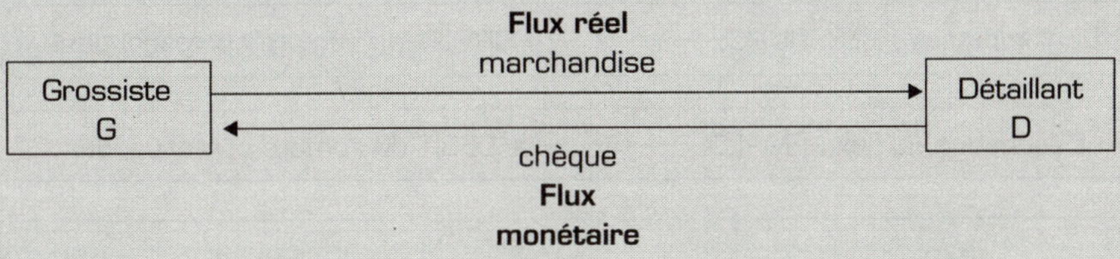

2 ▶ Traduction comptable des flux : les comptes

A. Principe

Exemple

L'entreprise A règle par chèque bancaire son fournisseur B à qui elle devait 2 500 €, après un achat de marchandises payable à crédit.

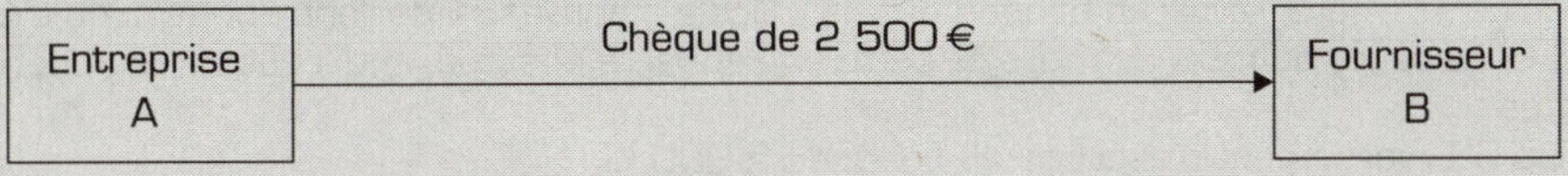

Plaçons-nous dans la situation de l'entreprise A. Il s'agit d'un flux monétaire dont les caractéristiques sont les suivantes :

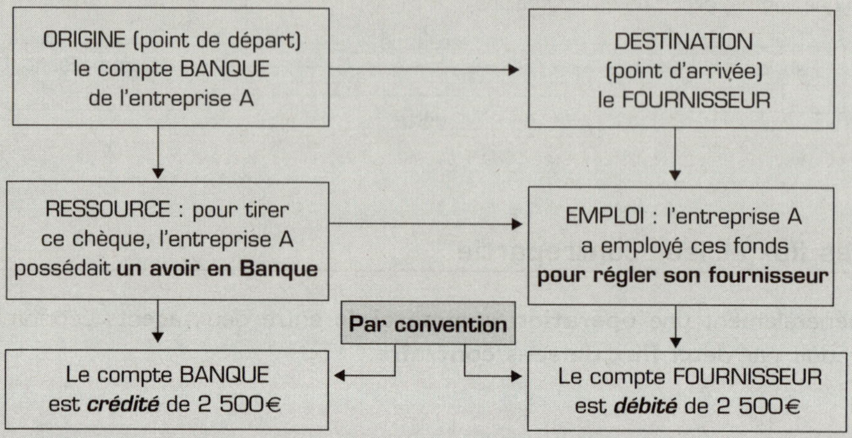

Généralisation
En principe, tout flux se traduit par le jeu de deux comptes.

Origine du flux : RESSOURCE → CRÉDIT du compte correspondant

Destination du flux : EMPLOI → DÉBIT du compte correspondant

EMPLOI = RESSOURCE → DÉBIT d'un compte = CRÉDIT d'un autre compte

B. Présentation détaillée d'un compte

Exemple

Thème : Le 1er mars, l'avoir en banque appelé « Solde à nouveau » de l'entreprise Ludo s'élève à 4 246 €. Au cours du mois de mars N, cette entreprise a effectué, entre autres, les opérations suivantes :
- Le 05-03 : versement d'espèces en banque : 5 000 €.
- Le 12-03 : remise à l'encaissement d'un chèque du client Sainpe en règlement d'une facture du 15 janvier : 2 430 €.
- Le 15-03 : chèque bancaire n° 437 603 adressé au fournisseur Sary en règlement d'une facture du 20 février : 14 543 €.

- Le 20-03 : virement bancaire du client Bassu en règlement d'une facture du 1er février : 19 349 €.
- Le 23-03 : règlement de frais de transport par chèque nº 437 604 : 645 €.
- Le 30-03 : retrait d'espèces : 8 000 €.
- Le 31-03 : frais divers retenus par la banque : 150 €.

On se propose de présenter *uniquement* le compte Banque.

Analyse des opérations et des flux

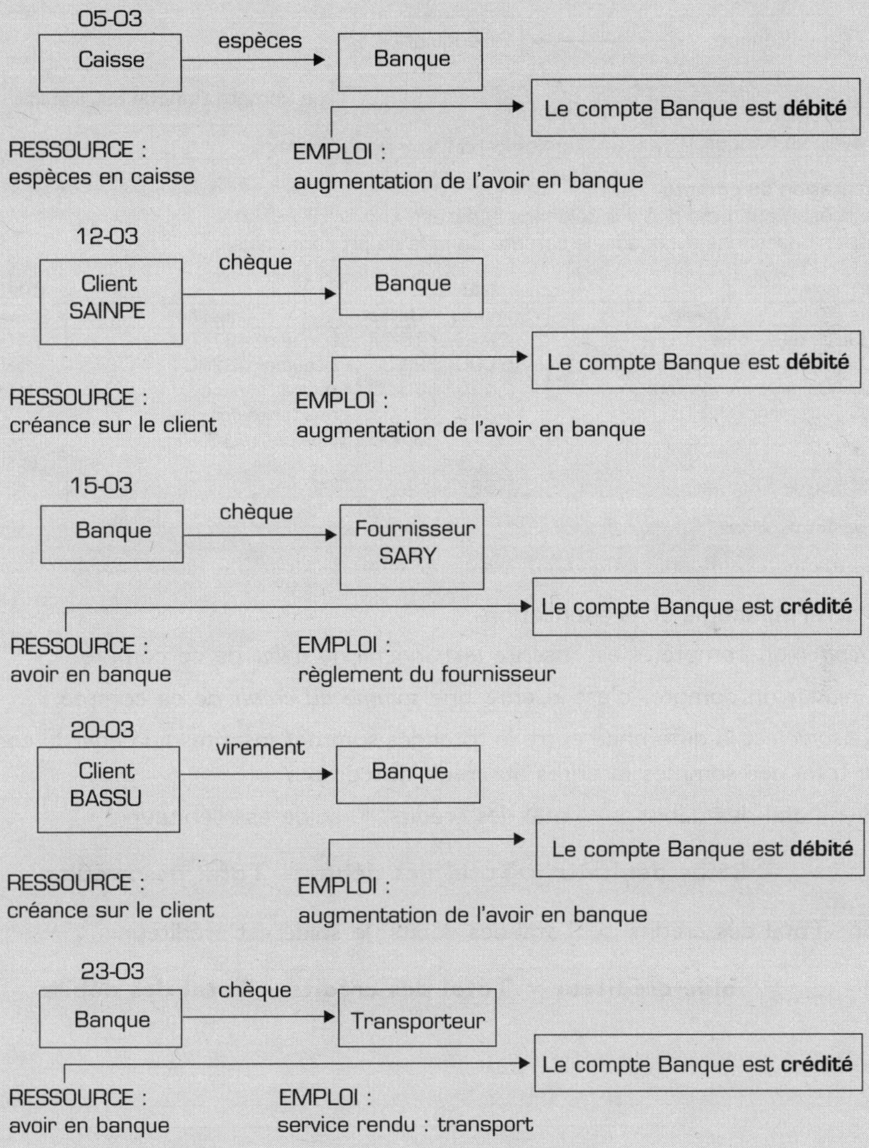

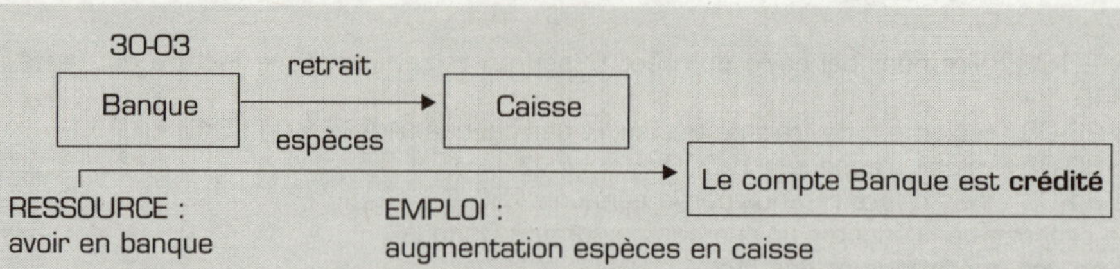

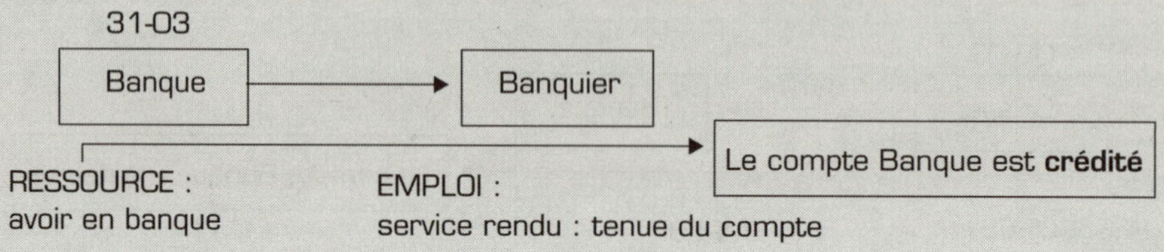

Présentation du compte

Cette présentation est dite « à colonnes séparées ».

Après les opérations évoquées, le compte Banque se présente ainsi :

DÉBIT		BANQUE			CRÉDIT
Dates	**Libellés**	**Sommes**	**Dates**	**Libellés**	**Sommes**
01-03	Solde à nouveau	4 246	15-03	Chèque nº 437603	14 543
05-03	Versement d'espèces	5 000	23-03	Chèque nº 437604	645
12-03	Ch. à l'encaissement	2 430	30-03	Retrait d'espèce	8 000
20-03	Virement BASSU	19 349	31-03	Frais tenue compte	150
			31-03	Solde débiteur	7 687
		31 025			31 025
01-04	Solde à nouveau [1]	7 687			

[1] Réouverture du compte.

Terminologie et présentation

Débiter un compte, c'est inscrire *une somme au débit* de ce compte.

Créditer un compte, c'est inscrire une *somme au crédit* de ce compte.

Le *solde* est la différence entre le total des sommes inscrites au débit du compte et le total des sommes inscrites au crédit du compte.

Si : Total des débits > Total des crédits, le solde est débiteur :

Solde débiteur = Total des débits – Total des crédits

Si : Total des crédits > Total des débits, le solde est créditeur :

Solde créditeur = Total des crédits – Total des débits

À l'arrêté du compte, l'égalité Total des débits = Total des crédits entraîne l'inscription du solde du côté le plus faible :

Solde débiteur	→ est inscrit au →	Crédit
Solde créditeur	→ est inscrit au →	Débit

À l'ouverture du compte, le solde (dit « à nouveau ») est inscrit du côté indiqué par son qualificatif :

Solde débiteur	→ est inscrit au →	Débit
Solde créditeur	→ est inscrit au →	Crédit

On peut rencontrer une autre présentation du compte : *le compte à colonnes mariées avec détermination du solde après chaque opération*. Cette présentation est beaucoup moins utilisée que la présentation à colonnes séparées. Elle reste fréquente dans le cas des comptes de trésorerie (banque, chèques postaux, caisse) ou des comptes clients et fournisseurs, c'est-à-dire chaque fois qu'il y a intérêt à **connaître rapidement le solde du compte concerné**.

Exemple

Si nous conservons le thème précédent, la présentation à colonnes mariées est la suivante :

Dates	Libellés	Sommes		Soldes	
		Débit	Crédit	débiteur	créditeur
01-03	**Solde à nouveau**	**4 246**		**4 246**	
05-03	Versement espèces	5 000		9 246	
12-03	Chèque à l'encaissement	2 430		11 676	
15-03	Chèque nº 437603		14 543		2 867
20-03	Virement BASSU	19 349		16 482	
23-03	Chèque nº 437604		645	15 837	
30-03	Retrait espèces		8 000	7 837	
31-03	Frais tenue compte		150	7 687	
		31 025	23 338		

Dans la suite de cet ouvrage, et par souci de simplification, les comptes seront souvent présentés sous *forme schématique*. Les comptes schématiques sont également appelés *comptes en T*.

D	Banque	C
	4 246	**14 543**
	5 000	645
	2 430	8 000
	19 349	150
	31 025	23 338
SD	7 687	

3 ▶ Les différentes catégories de comptes

A. Les comptes de situation ou comptes de bilan

Ces comptes traduisent, à un moment donné, la ***situation patrimoniale de l'entreprise***.

En se reportant au Chapitre 2, on distingue :

1. Les comptes d'actif représentant les biens et les créances de l'entreprise

Comptes d'**actif** → EMPLOIS → Soldes **débiteurs**

Citons les principaux comptes :

a. Les comptes d'ACTIF IMMOBILISÉ :

– **Immobilisations incorporelles**

Fonds commercial

– **Immobilisations corporelles**

Terrains

Constructions

Agencements, aménagements

Installations techniques, matériels et outillages industriels

Autres immobilisations corporelles :

matériel de transport

matériel de bureau et matériel informatique

mobilier

– **Immobilisations financières**

Prêts

b. Les comptes d'ACTIF CIRCULANT :

– **Stocks**

Matières premières

Produits finis

Marchandises

– **Créances clients**

– **Banque**

– **Caisse**

2. Les comptes de passif représentant les capitaux propres et les dettes de l'entreprise

Comptes de **passif** → RESSOURCES → Soldes **créditeurs**

Citons les principaux comptes :

a. Capitaux propres

– Capital
– Résultat

b. Dettes

– Emprunt
– Dettes Fournisseurs
– Dettes fiscales et sociales

Remarque. Certains comptes peuvent figurer, suivant le cas, à l'ACTIF ou au PASSIF du bilan.
Exemple : le compte Banque.
1er cas : l'entreprise possède un avoir en banque. Son montant représente un Emploi, le compte Banque sera donc porté à l'ACTIF du bilan.
2e cas : après accord entre la banque et l'entreprise, la banque paie pour le compte de l'entreprise des sommes supérieures au montant de l'avoir. On dit que le compte est « en découvert ». Il s'agit d'une des nombreuses formes de crédit accordé par la banque. Ce crédit représente une RESSOURCE, le compte Banque sera donc porté au PASSIF du bilan.

3. Notion de compte collectif et de compte individuel

Pour certaines catégories de comptes, en particulier *les comptes Clients* et *les comptes Fournisseurs*, il est nécessaire de tenir :

– Un compte **individuel** pour chaque client et un compte **individuel** pour chaque fournisseur.

Client A	Fournisseur D
Client B	Fournisseur E
Client C	Fournisseur F
etc.	etc.

Ces comptes permettent de suivre la **« position » de chacun** d'entre eux vis-à-vis de l'entreprise.

– Deux comptes **collectifs**, donc **uniques**, pour les clients d'un côté et les fournisseurs de l'autre :

CLIENTS FOURNISSEURS

Ces comptes permettront de faire figurer à l'ACTIF du bilan **l'ensemble des créances** clients, au PASSIF du bilan **l'ensemble des dettes** envers les fournisseurs.

Exemple

Une facture de 3 520 € adressée au client Henri sera inscrite au débit du compte collectif Clients pour 3 520 € puis, reportée au débit du compte individuel Client Henri.

Une facture de 4 630 € adressée au fournisseur Michel sera inscrite au crédit du compte collectif Fournisseurs pour 4 630 € puis, reportée au crédit du compte individuel Fournisseur Michel.

Il est évident que pour une période donnée :

Total des débits des comptes individuels = Total des débits du compte collectif
Total des crédits des comptes individuels = Total des crédits du compte collectif
Total soldes des comptes individuels = Solde du compte collectif

Une étude approfondie de ces techniques d'enregistrement sera abordée dans la quatrième partie de cet ouvrage.

Remarque. Dans cette première partie, sauf indications contraires, seront utilisés les comptes collectifs.

B. Les comptes de gestion ou comptes de résultat

1. Définition

Les comptes de gestion enregistrent les opérations qui sont :

– source d'enrichissement : les PRODUITS ;

– source d'appauvrissement : les CHARGES.

Étant donné la relation :

RÉSULTAT = PRODUITS (source de bénéfice) – CHARGES (source de perte)

les comptes de produits et les comptes de charges peuvent être considérés comme des subdivisions du compte RÉSULTAT.

Inversement, le compte RÉSULTAT peut être considéré comme le « résumé » des comptes de produits et des comptes de charges.

D'autre part, on peut rappeler que le *bénéfice constitue une ressource et la perte un emploi* pour l'entreprise (voir Chapitre 2).

On peut alors conclure que :

Comptes de **Charges** → EMPLOIS → Soldes **débiteurs**

Comptes de **Produits** → RESSOURCES → Soldes **créditeurs**

2. Les principaux comptes de charges

On distingue :

a. Les achats

- Achats de marchandises
- Achats de matières premières

b. Les autres charges externes (achats de services)

- Locations
- Travaux d'entretien et de réparations
- Primes d'assurances
- Honoraires
- Publicité
- Transports
- Frais postaux
- Services bancaires

c. Les charges fiscales

Il s'agit ici des charges fiscales autres que la TVA (voir Chapitre 5).

- Impôts et taxes

d. Les charges de personnel

- Rémunérations du personnel
- Charges de Sécurité Sociale

e. Les charges d'intérêts des capitaux empruntés

- Charges d'intérêts

f. Les charges d'amortissements

Elles permettent d'enregistrer la perte de valeur d'une immobilisation qui se déprécie avec le temps.

- Dotations aux amortissements, etc.

3. Les principaux comptes de produits

On distingue :

a. Les ventes

- Ventes de marchandises
- Ventes de produits finis

b. Les produits des intérêts

Il s'agit des produits des intérêts des capitaux prêtés, y compris les revenus des titres : actions et obligations.

- Produits financiers

4. Les comptes de stock et de mouvements de marchandises

Il est essentiel de retenir les deux éléments suivants :

– le montant des stocks est toujours évalué au coût d'achat (CA) ;

– le montant du stock au **début** de l'exercice **N** est **le même** que le montant du stock à la **fin** de l'exercice **(N-1)**.

a. L'entreprise enregistre :

• **Au début de l'exercice :**

Le montant de son stock de marchandises (au CA) dans le compte d'Actif : Stock de marchandises.

• **En cours d'exercice :**

– le montant des *achats* (au coût d'achat : CA) dans le compte de *charges* : Achats de marchandises ;

– le montant des *ventes* (au prix de vente : PV) dans le compte de *produits* : Ventes de marchandises.

b. Il en résulte que le compte Stock de marchandises :

– n'est utilisé qu'une seule fois à l'ouverture de l'exercice ;

– n'est jamais utilisé en cours d'exercice.

Il s'agit du système dit de l'*inventaire intermittent* qui sera amplement développé dans les chapitres ultérieurs.

c. Il ressort d'une telle organisation la notion de bénéfice sur ventes

C'est une notion très importante *qui constitue une première approche de la recherche du résultat* étudiée dans le chapitre suivant.

• **1er cas : il n'y a pas de stockage** (hypothèse peu fréquente)

Cette situation suppose que chaque lot de marchandises acheté est immédiatement revendu : il n'y a aucune marchandise en stock dans l'entreprise ni au début ni à la fin de l'exercice.

Pour l'exercice considéré, on a :

Bénéfice sur ventes	=	**Ventes (au PV)**	–	**Achats (au CA)**

• **2e cas : il y a stockage** (situation habituelle)

Exemple

Pour l'exercice N, on a :

Stock au début de l'exercice ou stock initial	240 000 € (au CA)
Achats	1 280 000 € (au CA)
Ventes	1 870 000 € (au PV)
Stock à la fin de l'exercice ou stock final	190 000 € (au CA)

A	Stock initial 240 000 (au CA)	Achats 1 280 000 (au CA)	**1 520 000**

Stock final 190 000 (au CA)	Coût d'achat des marchandises vendues 1 330 000 (au CA)	**1 520 000**

A représente la quantité de marchandises, évaluée au coût d'achat, susceptible d'être vendue pendant l'exercice N.

Si l'on retranche de A la quantité de marchandises évaluée au coût d'achat restant à la fin de l'exercice, on détermine la quantité de marchandises vendues évaluée au coût d'achat, appelée coût d'achat des marchandises vendues.

Le schéma ci-dessus nous a permis de visualiser ce qui suit :

Coût d'achat des marchandises vendues = Stock initial + Achats – Stock final

Il est alors possible de déterminer le bénéfice sur ventes puisque, pour *la même quantité de marchandises*, sont connues son évaluation au prix de vente (total des ventes) et son évaluation au coût d'achat (coût d'achat des marchandises vendues).

– Coût d'achat marchandises vendues : 240 000 + 1 280 000 – 190 000 = 1 330 000

– Bénéfice sur ventes : 1 870 000 – 1 330 000 = 540 000.

En généralisant, on a :

Bénéfice sur ventes = Ventes – Coût achat marchandises vendues
= Ventes – (Stock initial + Achats – Stock final)
= **Ventes – (Achats + Stock initial – Stock final)**

On désigne par **variation des stocks** la différence entre le stock initial et le stock final. Sachant que deux cas peuvent se présenter :

– Stock initial > Stock final ;

– Stock initial < Stock final ;

la variation des stocks peut être positive ou négative.

En conclusion, on peut donc écrire :

Bénéfice sur ventes = Ventes – (Achats ± Variation des stocks)

4 ▶ Le fonctionnement des comptes

A. Les mécanismes et les règles de fonctionnement

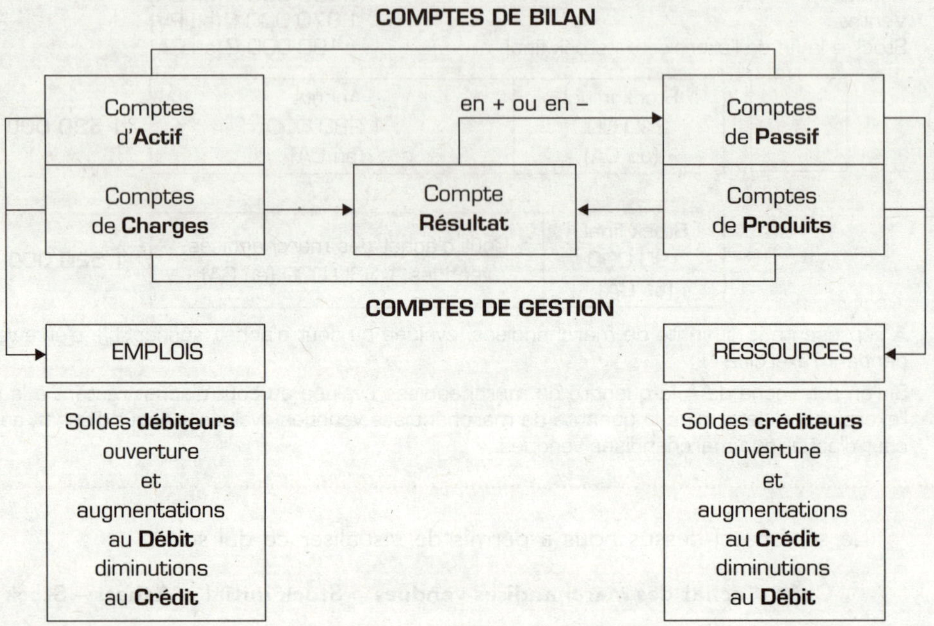

B. Exemple

▶ Thème

Au cours du mois d'octobre, une entreprise a effectué les opérations suivantes :

– Le 3 : achat à crédit au fournisseur Praline, facture 2135, montant net à payer : 12 543 €.

– Le 5 : règlement de frais de port en espèces pour un envoi de marchandises au client Vady : 230 €.

– Le 7 : règlement par chèque bancaire de la prime annuelle d'assurance : 8 540 €.

– Le 9 : achat au comptant de marchandises réglé par virement bancaire : 3 685 €.

– Le 12 : vente à crédit au client Vady, facture 6129, montant net à payer : 4 518 € (dont récupération frais de port : 230 €).

– Le 14 : encaissement par la banque de l'entreprise de coupons de titres : 650 €.

– Le 15 : ventes au comptant contre espèces : 1 214 € et contre chèques bancaires : 8 715 €.

– Le 21 : règlement au comptant par chèque bancaire d'une facture du garagiste relative à la réparation de la camionnette : 1 217 €.

– Le 25 : virement bancaire à l'ordre du fournisseur Praline en règlement de la facture 2135.

– Le 28 : chèque bancaire du client Vady en règlement de la facture 6129.

– Le 31 : règlement par virement bancaire du salaire du vendeur : 1 450 €.

Analyse comptable des opérations

Il s'agit, pour chaque opération, de déterminer le ou les comptes à *débiter* et le ou les comptes à *créditer*.

03	Débit :	**Achats de marchandises** (augmentation compte de charges) :	12 543 €
	Crédit :	**Fournisseurs** (augmentation compte de passif) :	12 543 €
05	Débit :	**Transports de biens** (augmentation compte de charges) :	230 €
	Crédit :	**Caisse** (diminution compte d'actif) :	230 €
07	Débit :	**Primes d'assurance** (augmentation compte de charges) :	8 540 €
	Crédit :	**Banque** (diminution compte d'actif) :	8 540 €
09	Débit :	**Achats de marchandises** (augmentation compte de charges) :	3 685 €
	Crédit :	**Banque** (diminution compte d'actif) :	3 685 €
12	Débit :	**Clients** (augmentation compte d'actif) :	4 518 €
	Crédit :	**Ventes marchandises** (augmentation compte de produit) :	4 288 €
	Crédit :	**Transports de biens** (diminution compte de charges) :	230 €
14	Débit :	**Banque** (augmentation compte d'actif) :	650 €
	Crédit :	**Revenus des VMP** (augmentation compte de produit) :	650 €
15	Débit :	**Caisse** (augmentation compte d'actif) :	1 214 €
	Débit :	**Banque** (augmentation compte d'actif) :	8 715 €
	Crédit :	**Ventes marchandises** (augmentation compte de produit) :	9 929 €
21	Débit :	**Entretien et réparations** (augmentation compte charges) :	1 217 €
	Crédit :	**Banque** (diminution compte d'actif) :	1 217 €
25	Débit :	**Fournisseurs** (diminution compte de passif) :	12 543 €
	Crédit :	**Banque** (diminution compte d'actif) :	12 543 €
28	Débit :	**Banque** (augmentation compte d'actif) :	4 518 €
	Crédit :	**Clients** (diminution compte d'actif) :	4 518 €
31	Débit :	**Charges de personnel** (augmentation compte de charges) :	1 450 €
	Crédit :	**Banque** (diminution compte d'actif) :	1 450 €

À RETENIR

Origine du flux : Ressource → *Crédit* du compte correspondant

Destination du flux : Emploi → *Débit* du compte correspondant

Emploi = Ressource → Débit d'un compte = Crédit d'un compte

• Pour un compte donné :

Total des débits > Total des crédits → Solde *débiteur* → Inscrit :
– *à la clôture* : au *crédit*
– *à l'ouverture* : au *débit*

ou

Total des crédits > Total des débits → Solde *créditeur* → Inscrit :
– *à la clôture* : au *débit*
– *à l'ouverture* : au *crédit*

• Il existe deux grandes catégories de comptes :

– Les comptes de situation ou de bilan :

les comptes d'*actif* → soldes *débiteurs*
les comptes de *passif* → soldes *créditeurs*

– Les comptes de gestion ou de résultat :

les comptes de *charges* → soldes *débiteurs*
les comptes de *produits* → soldes *créditeurs*

• Dans le cadre du système de *l'inventaire intermittent* les comptes de *stock ne sont jamais utilisés en cours d'exercice*, mais uniquement à l'ouverture et à la clôture de l'exercice.

• Les comptes d'*actifs* et les comptes de *charges* sont *ouverts* et *augmentés* au *débit* ; ils sont *diminués* au *crédit*. Les comptes de *passif* et les comptes de *produits* sont *ouverts* et *augmentés* au *crédit* ; ils sont *diminués* au *débit*.

Les conseils

1➤ Bien noter la différence entre un flux réel et un flux financier.

2➤ Pour imputer une somme à un compte, utiliser l'un ou l'autre des procédés suivants (pour un débutant, il est intéressant d'utiliser les deux à titre de contrôle) :

• raisonner à partir des principes de base :

Ressource ⟶ compte correspondant **crédité**
Emploi - - - -▸ compte correspondant **débité**

• appliquer les règles de fonctionnement résumées à la Section 4 (« Le fonctionnement des comptes ») après avoir bien compris la manière de les établir.

3➤ Retenir et appliquer les deux relations fondamentales :

EMPLOI = RESSOURCE	⟶	Débit d'un compte = Crédit d'un autre compte

4➤ Pour établir un compte, appliquer toujours la convention :

Débit ⟶ **côté gauche**
Crédit - - - -▸ **côté droit**

5➤ Retenir la terminologie et sa signification en matière de tenue de compte : débiter, créditer, solde, arrêté, réouverture, etc.

6➤ **Attention !** À l'arrêté d'un compte détaillé :

– le solde débiteur est inscrit au crédit ;

– le solde créditeur est inscrit au débit ;

pour respecter l'égalité : Total des débits = Total des crédits.

7➤ Dès maintenant, retenir les principaux comptes présentés à la Section 3 (« Les différentes catégories de comptes ») et leur signification.

8➤ **Très important !** Ne pas confondre :

Comptes de situation ⟶ établissement du Bilan
Comptes de gestion - - - -▸ établissement du compte de Résultat

9➤ Cette distinction sera, en effet, capitale pour l'étude des travaux de fin d'exercice (3e Partie).

5 ▶ Applications

VRAI/FAUX

Les affirmations suivantes sont-elles vraies ou fausses ?

1. La livraison d'une marchandise constitue un flux réel. Vrai ☐ Faux ☐
2. Un service rendu par un banquier (location d'un coffre, par exemple) est un flux monétaire. Vrai ☐ Faux ☐
3. Une ressource entraîne le débit du compte correspondant. Vrai ☐ Faux ☐
4. Le compte Résultat est toujours inscrit au passif du bilan. Vrai ☐ Faux ☐

QCM

Parmi les affirmations suivantes, choisir la réponse qui convient :

Le compte Banque est :

a. toujours un compte d'actif

b. toujours un compte de passif

c. un compte d'actif ou un compte de passif

d. ARNC

EXERCICE 03.01

1. Le total de débits d'un compte Client s'élève à 85 300 €, le total des crédits s'élève à 45 300 €. Quelle est la nature du solde ? Quel est son montant ? Quelle est sa signification ?
2. Le total des débits d'un compte Fournisseur s'élève à 102 600 €, le total des crédits s'élève à 152 600 €. Quelle est la nature du solde ? Quel est son montant ? Quelle est sa signification ?
3. Indiquer par une croix (X) dans la colonne qui convient la nature des comptes suivants :

Nom des comptes	Comptes ACTIF	Comptes PASSIF	Comptes CHARGES	Comptes PRODUITS
Achats de marchandises				
Emprunt				
Prêt				
Ventes de produits finis				
Fonds commercial				
Dettes fiscales et sociales				
Stock marchandises				
Dettes fournisseurs				
Créances clients				

exos

EXERCICE 03.02

Thème : Le compte Caisse[1]

M. Bertrand, grossiste en alimentation, effectue exceptionnellement des opérations de vente au détail.

Pendant le mois de juin N, les opérations suivantes ont donné lieu à des mouvements d'espèces :

- le 3 : achat de timbres-poste : 63 € ;
- le 5 : ventes au comptant : 948 € ;
- le 6 : achat de fournitures de bureau : 745 € ;
- le 10 : règlement du client Marcel qui devait 852 € depuis une vente de la fin mai ;
- le 15 : versement d'espèces à la BNP : 3 000 € ;
- le 19 : règlement d'une annonce dans un journal local pour rechercher un manutentionnaire : 120 € ;
- le 21 : ventes au comptant : 729 € ;
- le 25 : règlement d'une facture de transport concernant un retour de marchandises effectué par un client : 345 € ;
- le 30 : versement à la banque : 2 000 €.

Travail à faire

Présenter le compte Caisse arrêté au 30 juin N, sachant que le 1er juin le montant des espèces en caisse était de 7 357 €.

EXERCICE 03.03

Thème : Le compte Banque : colonnes séparées

L'entreprise Jacques est titulaire d'un compte à la Société Générale.

– Le 1er juillet N, ce compte présente un solde débiteur de 86 753 €.

Les opérations effectuées avec la banque au cours du mois de juillet sont les suivantes :

- le 6 : remise à l'encaissement d'un chèque du client Armand : 16 252 € ;
- le 8 : retrait d'espèces : 10 000 € ;
- le 15 : règlement par chèque adressé au fournisseur Robert : 19 653 € ;
- le 21 : versement d'espèces : 6 000 € ;
- le 31 : règlement par chèque du salaire des vendeurs : 5 218 €.

Travail à faire

1. Présenter le compte Banque arrêté au 31 juillet N. Le rouvrir le 1er août N.

2. Quelle est la signification de ce solde ? Quelle est, dans ce cas, sa place au bilan ?

---

[1] Pour cet exercice et les suivants, sauf indication particulière dans l'énoncé, les comptes seront présentés sous leur forme détaillée (non schématique) et « à colonnes séparées ».

exos

EXERCICE 03.04

Thème : Le compte Achats

Au cours du mois de mai N, l'entreprise Golden a acheté des marchandises à différents fournisseurs :

- le 3 mai : 100 unités de marchandise A à 124 € l'unité ;
- le 10 mai : 50 unités de marchandise B à 149 € l'unité ;
- le 16 mai : 200 unités de marchandise C à 85 € l'unité ;
- le 20 mai : 150 unités de marchandise D à 118 € l'unité ;
- le 25 mai : 120 unités de marchandise E à 152 € l'unité.

Après accord avec les fournisseurs intéressés, elle a retourné les marchandises suivantes :

- le 12 mai : 10 unités de marchandise A ;
- le 19 mai : 25 unités de marchandise C.

Le 1er mai N, le compte Achats de marchandises était débiteur de 543 250 €.

Travail à faire

Présenter schématiquement le compte Achats de marchandises arrêté au 31 mai N.

EXERCICE 03.05

Thème : Le compte Client

L'entreprise Pierre vend un produit AMP au prix de 125 € le kg.

Parmi ses clients, trois ont retenu notre attention.

Au 1er octobre N, l'état des créances se présente ainsi :

411.01	Gaël	46 250 €
411.02	Frank	82 490 €
411.03	Hervé	108 720 €

Pendant le mois d'octobre, les opérations effectuées avec ces clients sont les suivantes :

- le 3 : vente à Hervé 1 400 kg ;
- le 15 : vente à Frank 900 kg ;
- le 18 : retour d'Hervé 200 kg ;
- le 20 : règlement de Frank 120 000 € ;
- le 25 : règlement d'Hervé pour solde ;
- le 28 : vente à Gaël 500 kg.

Travail à faire

Présenter le compte de chacun de ces clients arrêté au 31 octobre N.

Téléchargez gratuitement tous les corrigés des exercices, ainsi que les exercices complémentaires sur le site Internet : www.expertisecomptable-foucher.com

CHAPITRE 4

Le mécanisme de la partie double. Les enregistrements et les contrôles comptables : le journal, le grand-livre, la balance et les comptes annuels

Plan

▶ En partant des flux et du jeu des comptes étudiés dans le chapitre précédent, nous allons approfondir la notion de *partie double* déjà évoquée et décrire de façon exhaustive l'ensemble des mécanismes conduisant à la *double détermination du résultat* et à l'établissement des comptes annuels, tout en assurant un contrôle des enregistrements comptables effectués.

1 ▶ Principe de la partie double

A. Rappel

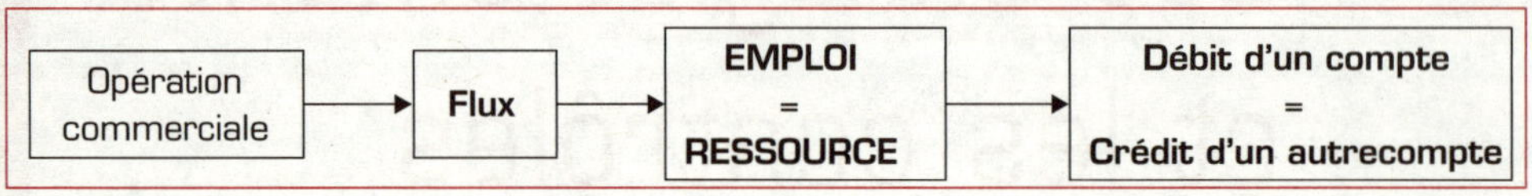

Exemple

M. Cycel fait l'acquisition d'un micro-ordinateur pour l'exploitation de son commerce. Règlement au comptant par chèque bancaire : 1 520 €.

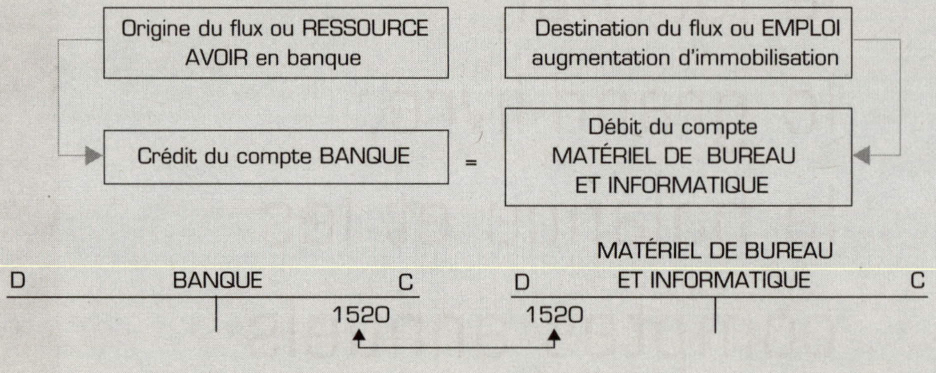

B. Généralisation

Un flux peut se caractériser par une ou plusieurs ressources, un ou plusieurs emplois. Dans ce cas :

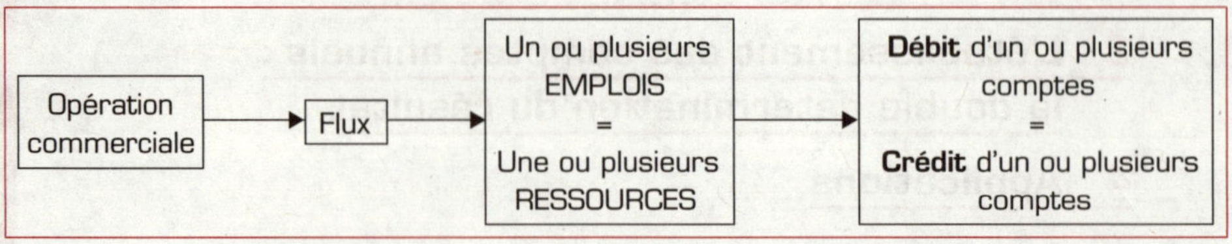

Exemple

Le 6 janvier N, M. Peggy achète au fournisseur Vady des marchandises pour un montant de 8 600 €. Le règlement a lieu de la façon suivante :
- 20 % au comptant par chèque bancaire ;
- le reste au 31 mars N.

2 origines du flux → 2 ressources		1 destination du flux → 1 emploi
a) l'**avoir en banque** pour la partie au comptant soit : 8 600 × 0,20 = 1 720 € b) **le crédit accordé par le fournisseur** pour le reste soit : 8 600 × 0,80 = 6 880 €	→	**l'achat de marchandises**
CRÉDIT a) compte BANQUE 1 720 € b) compte FOURNISSEURS 6 880 €	=	DÉBIT du compte ACHAT MARCHANDISES 8 600 €

D	BANQUE	C
		1 720

D	FOURNISSEURS	C
		6 880

D	ACHATS MARCHANDISES	C
8 600		

C. Conclusion : les contrôles

▶ L'égalité

DÉBIT d'un ou plusieurs comptes = CRÉDIT d'un ou plusieurs comptes

entraîne, à l'évidence, pour une période donnée :

TOTAL des débits des comptes = TOTAL des crédits des comptes
TOTAL des soldes débiteurs = TOTAL des soldes créditeurs

En effet

	Total Débits	Total Crédits	Solde débiteur	Solde créditeur
Compte 1	**D1**	**C1**	**SD1**	**–**
Compte 2	D2	C2	SD2	–
Compte 3	D3	C3	–	SC3
Compte 4	D4	C4	–	SC4
...	...	...	...	...
...	...	...	...	...

D1 + D2 + D3 + D4 + ... = C1 + C2 + C3 + C4 + ...

(D1 – C1) + (D2 – C2) + ... = (C3 – D3) + (C4 – D4) + ...

SD1 + SD2 + ... = SC3 + SC4 + ...

Total soldes débiteurs = Total soldes créditeurs

Cette double égalité est mise en évidence dans un tableau appelé **balance** qui sera présenté dans la suite de ce chapitre.

2 L'enregistrement comptable des opérations : journal, grand-livre, balance

Le thème ci-dessous servira d'étude aux sujets traités dans la suite de ce chapitre.

Exemple

Le 2 janvier N, M. Rouquier reprend un fonds de commerce de parfumerie. Il apporte personnellement 900 000 € et emprunte 600 000 €. L'ensemble de ces fonds est déposé au compte bancaire ouvert au nom de l'entreprise. Le 5 janvier, il fait l'acquisition de ce fonds aux conditions suivantes :

Éléments incorporels du fonds	200 000 €
Local commercial	680 000 €
Divers matériels de bureau	32 000 €
Mobilier de bureau	14 000 €
Stock de marchandises	215 000 €

L'ensemble est réglé au comptant par chèque bancaire n° 315 610.

Le 7 janvier, il effectue un retrait d'espèces de la banque pour alimenter la caisse : 3 000 € (chèque n° 315 611).

Le 9 janvier, il règle par chèque bancaire n° 315 612 divers travaux d'aménagement du magasin : 14 200 €.

Le 10 janvier, il achète des marchandises au fournisseur Grisa (facture 4103) pour un montant de 9 400 €. La moitié est réglée au comptant par chèque bancaire n° 315 613, le reste au 28 février.

Le 15 janvier, il comptabilise les ventes au comptant de la quinzaine :
- contre espèces : 3 950 € ;
- contre chèques remis immédiatement à l'encaissement à la banque : 13 620 €.

Le 16 janvier, il verse 5 000 € d'espèces en banque.

Le 18 janvier, il règle par chèques bancaires :
- divers travaux d'entretien : 1 450 € (chèque n° 315 614) ;
- une insertion publicitaire dans le journal local : 820 € (chèque n° 315 615).

Le 19 janvier, il retourne au fournisseur Grisa des marchandises qui ne conviennent pas. Celui-ci adresse l'avoir 312 pour un montant de 1 250 €.

Le 20 janvier, il achète contre espèces :
- des timbres-poste : 120 € ;
- des timbres fiscaux : 260 €.

Le 30 janvier, il comptabilise les ventes au comptant de la quinzaine :
- contre espèces : 6 840 € ;
- contre chèques remis immédiatement à l'encaissement à la banque : 19 710 €.

Le 31 janvier, il règle par virement bancaire le salaire des vendeuses : 6 200 €.

A. Le journal

1. Définition

Le journal est le livre comptable sur lequel les opérations, réalisées par une entreprise pendant une période, sont enregistrées dans l'*ordre chronologique*.

2. Présentation générale

	date		
Compte(s) débité(s)		Montant(s) débité(s)	
…		…	
…		…	
	Compte(s) crédité(s)		Montant(s) crédité(s)
	…		…
	…		…
Libellé explicatif			

Colonne réservée aux numéros des comptes (*cf.* Chapitre Normalisation).

3. Exemple

Nous reprenons donc les données du thème précédemment décrit.

	02-01-N		
Banque		1 500 000	
	Capital		900 000
	Emprunt		600 000
Constitution de l'entreprise			
	05-01-N		
Fonds commercial		200 000	
Constructions		680 000	
Matériel bureau et informatique		32 000	
Mobilier de bureau		14 000	
Stock marchandises		215 000	
	Banque		1 141 000
CH/315610 acquisition fonds commerce			
	07-01-N		
Caisse		3 000	
	Banque		3 000
CH/315611			

09-01-N		
Agencements, aménagements, installations	14 200	
Banque		14 200
CH/315612		
10-01-N		
Achats marchandises	9 400	
Banque		4 700
Fournisseurs		4 700
Facture 4103 CH/315613		
15-01-N		
Caisse	3 950	
Banque	13 620	
Ventes marchandises		17 570
Ventes de la quinzaine		
16-01-N		
Banque	5 000	
Caisse		5 000
Versement espèces		
18-01-N		
Entretien et réparations	1 450	
Publicité	820	
Banque		2 270
CH/315614 et CH/314615		
19-01-N		
Fournisseurs	1 250	
Achats marchandises		1 250
Avoir 312		
20-01-N		
Frais postaux	120	
Impôts et taxes	260	
Caisse		380
Pièce de caisse n° 4		
30-01-N		
Caisse	6 840	
Banque	19 710	
Vente marchandises		26 550
Ventes de la quinzaine		
31-01-N		
Charges de personnel	6 200	
Banque		6 200
Virement bancaire		
TOTAUX	2 726 820	2 726 820
	T_1 =	T_1

TOTAL DES DÉBITS = TOTAL DES CRÉDITS

B. Le grand-livre

1. Définition

Le grand-livre est l'*ensemble des comptes de l'entreprise*. Les mouvements « débit » et « crédit » des comptes y sont reportés après enregistrement au journal.

2. Présentation d'un compte

Se reporter au Chapitre 3.

3. Exemple

COMPTES DE BILAN

COMPTES D'ACTIF

D	BANQUE	C
1 500 000		1 141 000
13 620		3 000
5 000		14 200
19 710		4 700
		2 270
		6 200
1 538 330		1 171 370

D	FONDS COMMERCIAL	C
200 000		
200 000		

D	CONSTRUCTIONS	C
680 000		
680 000		

D	MATÉRIEL BUREAU INFORMATIQUE	C
32 000		
32 000		

D	MOBILIER BUREAU	C
14 000		
14 000		

D	STOCK MARCHANDISES	C
215 000		
215 000		

D	CAISSE	C
3 000		5 000
3 950		380
6 840		
13 790		5 380

D	AGENCEMENTS AMÉNAGEMENTS	C
14 200		
14 200		

COMPTES DE PASSIF

D	CAPITAL	C
		900 000
		900 000

D	EMPRUNTS	C
		600 000
		600 000

D	FOURNISSEURS	C
1 250		4 700
1 250		4 700

COMPTE DE GESTION

COMPTES DE CHARGES

D ACHATS MARCHANDISES	C
9 400	1 250
9 400	1 250

D ENTRETIENS RÉPARATIONS	C
1 450	
1 450	

D PUBLICITE	C
820	
820	

D FRAIS POSTAUX	C
120	
120	

D IMPÔTS ET TAXES	C
260	
260	

D CHARGES DE PERSONNEL	C
6 200	
6 200	

COMPTES DE PRODUITS

D VENTES MARCHANDISES	C
	17 570
	26 550
	44 120

C. La balance

1. Définition

La balance est un *tableau récapitulatif des comptes de l'entreprise* à une date donnée.

Pour chaque compte, la balance met en évidence : le total des débits, le total des crédits, le solde.

2. Présentation

BALANCE AU (date)					
N°	COMPTES	SOMMES		SOLDES	
		DÉBITS	CRÉDITS	DÉBITEURS	CRÉDITEURS
	Sont inscrits dans l'ordre les comptes : • de BILAN • de GESTION				
	TOTAUX				

3. Exemple

BALANCE AU 31-01-N				
COMPTES	SOMMES		SOLDES	
	DÉBITS	CRÉDITS	DÉBITEURS	CRÉDITEURS
Fonds commercial	200 000		200 000	
Constructions	680 000		680 000	
Agencements aménagements	14 200		14 200	
Matériels bureau informatique	32 000		32 000	
Mobilier de bureau	14 000		14 000	
Stock marchandises	215 000		215 000	
Banque	1 538 330	1 171 370	366 960	
Caisse	13 790	5 380	8 410	

BALANCE AU 31-01-N				
COMPTES	SOMMES		SOLDES	
	DÉBITS	CRÉDITS	DÉBITEURS	CRÉDITEURS
Capital		900 000		900 000
Emprunt		600 000		600 000
Fournisseurs	1 250	4 700		3 450
Achats marchandises	9 400	1 250	8 150	
Entretien et réparations	1 450		1 450	
Publicité	820		820	
Frais postaux	120		120	
Impôts et taxes	260		260	
Charges de personnel	6 200		6 200	
Ventes marchandises		44 120		44 120
TOTAUX	2 726 820	2 726 820	1 547 570	1 547 570
	T1 =	T1	T2 =	T2

4. Conclusion

En considérant :

– d'une part **le principe de la partie double** : l'enregistrement d'une opération entraîne le montant d'un ou plusieurs débits égal au montant d'un ou plusieurs crédits ;

– d'autre part **la balance** : tableau récapitulatif de tous les comptes ;

on peut dégager les égalités suivantes :

TOTAL des débits de la balance = TOTAL des crédits de la balance	=	**TOTAL du journal**	**T1**
TOTAL des soldes débiteurs de la balance	=	**TOTAL des soldes créditeurs de la balance**	**T2**

La balance est donc un instrument de contrôle : on l'appelle souvent **balance de vérification**.

Les balances de vérification sont, généralement, établies en fin de mois. Il faut remarquer qu'une balance n'est pas un document isolé, elle indique la position des comptes à une date donnée. C'est pourquoi apparaît à la balance mensuelle la *résultante* :

– des totaux des débits et crédits cumulés des mois précédents ;

– et des mouvements « débit » et « crédit » du mois.

Exemple : à la balance établie fin mars, on a :

TOTAUX DES MOUVEMENTS = Totaux des mouvements de janvier et février + Totaux des mouvements de mars

3 ▶ L'établissement des comptes annuels : la double détermination du résultat

A. Les principes

La détermination du résultat s'effectue en établissant le **bilan** et le **compte Résultat**, à partir de la balance après inventaire.

1. La balance après inventaire

L'inventaire est l'ensemble des travaux comptables et extra-comptables qui sont effectués à la date choisie pour déterminer le résultat.

La [Balance après inventaire] est la **synthèse** de :

la [Balance avant inventaire] et des [Constatations d'inventaire]

2. La balance avant inventaire

La balance avant inventaire est *l'aboutissement des balances mensuelles cumulées* (voir Section 2, C. La balance). Elle met en évidence les informations résultantes concernant :

– l'**activité de l'entreprise** au cours de l'exercice comptable, par exemple le montant des achats de l'exercice N ;

– la **situation patrimoniale** à la clôture de l'exercice, par exemple l'avoir en caisse au 31-12-N.

3. Les constatations d'inventaire

Les constatations d'inventaire sont des informations ne constituant pas des flux externes, mais dont il faut tenir compte pour déterminer le résultat de l'exercice.

Dans cette étude, seuls les variations des stocks et les amortissements des immobilisations seront abordés.

a. Les variations de stock

Le stock varie suivant les entrées (achats) et les sorties (ventes). Le stock en fin d'exercice est différent du stock en début d'exercice, ce qui pose un problème de comptabilisation.

► Le stock au début de l'exercice ou stock initial (SI)

Exemple

Ce stock :
- a été débité de son montant au 01-01-N ;
- n'a pas été modifié au cours de l'exercice (méthode de l'inventaire intermittent) ;
- apparaît donc à la balance au 31-12-N avant inventaire comme ci-après :

COMPTES	SOMMES		SOLDES	
	DÉBITS	CRÉDITS	DÉBITEURS	CRÉDITEURS
....				
Stock marchandises	10 000		10 000	
....				

Stock au 01-01-N ←

► Le stock en fin d'exercice ou stock final (SF)

Exemple

Information d'inventaire : évaluation physique, c'est-à-dire extra-comptable, du stock au 31-12-N.

1er cas : Stock au 31-12-N : 8 000 €

Constatation :

diminution du stock → **appauvrissement** → enregistrement d'une **charge**

Écritures au journal :

31-12-N			
Variation des stocks		10 000	
	Stock marchandises		10 000
pour annulation du stock initial			
31-12-N			
Stock marchandises		8 000	
	Variation des stocks		8 000
pour création du stock initial			

Le compte :

D	VARIATION STOCK C
10 000	8 000

Solde débiteur 2 000 € → Charge

Extrait de la balance au 31-12-N après inventaire :

COMPTES	BALANCE AU 31-12-N			
	SOMMES		SOLDES	
	DÉBITS	CRÉDITS	DÉBITEURS	CRÉDITEURS
....				
Stock marchandises	18 000	10 000	8 000	
....				
Variation de stocks	10 000	8 000	2 000	

Charge → 2 000 ; Stock au 31-12-N → 8 000

------ ►

2e cas : Stock au 31-12-N : 14 000 €

Constatation :

augmentation du stock → **enrichissement** → enregistrement d'un **produit**

Écritures au journal :

31-12-N			
Variation des stocks		10 000	
	Stock marchandises		10 000
pour annulation du stock initial			
31-12-N			
Stock marchandises		14 000	
	Variation des stocks		14 000
pour création du stock initial			

Le compte :

D	VARIATION STOCK	C
10 000		14 000

Solde créditeur 4 000 € → Produit

Extrait de la balance au 31-12-N après inventaire :

COMPTES	BALANCE AU 31-12-N			
	SOMMES		SOLDES	
	DÉBITS	CRÉDITS	DÉBITEURS	CRÉDITEURS
………				
Stock marchandises	24 000	10 000	14 000	
………				
Variation de stocks	10 000	14 000		4 000

Stock au 31-12-N (→ 14 000)

Produit ou diminution de charge (→ 4 000)

b. Les amortissements des immobilisations

La plupart des immobilisations se déprécient avec le temps.

dépréciation → **appauvrissement** → enregistrement d'une **charge**

Exemple

Un matériel de bureau acheté 12 000 € le 1er janvier N s'est déprécié de 10 % au cours de la première année.

Écriture au journal

31-12-N			
Dotations aux amortissements		1 200	
	Amortissement matériel bureau		1 200 (1)
12 000 x 0,1			
		Charge	Diminution actif

Présentation au bilan

BILAN AU 31-12-N (extrait)				
Matériel de bureau	12 000	1 200[1]	10 800	
	↑ valeur d'origine	↑ amortissement	↑ valeur nette	

(1) Ce compte a un solde créditeur. Cependant, il n'est pas inscrit au passif du bilan, mais en soustraction d'actif.

4. Schéma général

Partant de la *balance après inventaire*, on peut établir le **bilan** et en déduire le résultat, ainsi que **le compte Résultat** et donc le montant du résultat. Le montant obtenu dans chaque cas doit être identique et permettre ainsi un contrôle. En simplifiant, la balance sera présentée uniquement par soldes soit deux colonnes seulement.

BALANCE AU 31-12-N (après inventaire)		
Comptes	Soldes débiteurs	Soldes créditeurs
–d'actif	A	
–de passif		B
–de charges	C	
–de produits		D
Totaux	A + C	B + D
	A + C	= B + D

ACTIF	BILAN AU 31-12-N		PASSIF
Comptes d'actif	A	Comptes de passif	B
		Résultat (bénéfice)	A - B
	A		A

CHARGES	COMPTE RÉSULTAT N		PRODUITS
Comptes charges	C	Comptes produits	D
Solde créditeur	D - C		
	D		D

Puisque les totaux des soldes de la balance sont égaux, A + C = B + D, il vient :

A – B	=	D – C
Résultat à partir du BILAN		Résultat à partir du COMPTE RÉSULTAT

B. Exemple

▶ Thème

Reprise du thème de la Section 2 (L'enregistrement comptable des opérations...) auquel il convient d'ajouter *la balance au 31-12-N, avant inventaire,* ci-après :

Il apparaît de toute évidence que :

– Les débits et les crédits de certains comptes ont été modifiés en fonction des opérations qui ont été effectués du 31-01-N au 31-12-N.

Exemple : mouvements de banque.

– Mais que, par contre, d'autres comptes n'ont pas été mouvementés, ce qui prouve qu'aucune transaction les concernant n'a été réalisée.

Exemple : il n'y a eu aucune acquisition ni cession de constructions.

COMPTES	BALANCE AU 31-12-N			
	SOMMES		SOLDES	
	DÉBITS	CRÉDITS	DÉBITEURS	CRÉDITEURS
Fonds commercial	**200 000**		**200 000**	
Constructions	680 000		680 000	
Agencements, aménagements	14 200		14 200	
Matériel bureau inform.	32 000		32 000	
Mobilier de bureau	14 000		14 000	
Stock marchandises	215 000		215 000	
Banque	2 013 520	1 765 770	247 750	
Caisse	159 360	152 150	7 210	
Capital		900 000		900 000
Emprunt	200 000	600 000		400 000
Fournisseurs	174 550	212 910		38 360
Achats marchandises	369 240	11 420	357 820	
Autres charges	106 530	3 020	103 510	
Ventes marchandises	4 480	528 930		524 450
Autres produits		8 680		8 680
TOTAUX	4 182 880	4 182 880	1 871 490	1 871 490

Par souci de simplification, tous les comptes de charges autres que les achats (entretien, publicité, frais postaux, etc.) ont été regroupés dans un seul compte : AUTRES CHARGES.

Au cours de l'exercice N, l'entreprise a réalisé d'autres produits (comme l'encaissement de coupons de titres) qui ont été regroupés dans le compte : AUTRES PRODUITS.

L'entreprise n'a acquis aucune immobilisation nouvelle au cours de l'année N.

D'autre part, à l'occasion de l'inventaire au 31-12-N, on constate que :

– les constructions doivent être amorties de 5 % de leur valeur d'origine, les autres immobilisations de 10 % ;

– le stock de marchandises au 31-12-N s'élève à 208 000 €.

1. Les écritures concernant les constatations d'inventaire

Pour rester fidèle à la remarque du thème, les dotations aux amortissements seront enregistrées dans le compte AUTRES CHARGES.

	Débit	Crédit
Reports	4 182 880	4 182 880
31-12-N		
Autres charges	40 020	
Amortissements Constructions 680 000 x 0,05		34 000
Amort. agencements aménagements 14 200 x 0,10		1 420
Amortissements matériel bureau 32 000 x 0,10		3 200
Amortissements mobilier 14 000 x 0,10		1 400
Dotation amortissements de l'exercice		
d°		
Variation des stocks	215 000	
Stock marchandises		215 000
Pour annulation du stock initial		
31-12-N		
Stock marchandises	208 000	
Variation des stocks		208 000
Pour création du stock initial		
Totaux	4 645 900	4 645 900

2. Présentation des comptes mouvementés depuis l'établissement de la balance avant inventaire

STOCK MARCHANDISES

D	C
215 000	215 000
208 000	
423 000	215 000

S. débiteur 208 000

AMORTISSEMENTS CONSTRUCTIONS

D	C
	34 000
	34 000

34 000 S. créditeur

VARIATION STOCK

D	C
215 000	208 000
215 000	208 000

S. débiteur 7 000

AMORTISSEMENTS AMÉMAGEMENTS

D	C
	1 420
	1 420

1 420 S. créditeur

D AUTRES CHARGES	C
106 530	3 020
40 020	
146 550	3 020

S. débiteur 143 530

D AMORTISSEMENTS MATÉRIEL BUREAU	C
	3 200
	3 200

3 200 S. créditeur

D AMORTISSEMENTS MOBILIER	C
	1 400
	1 400

1 400 S. créditeur

3. Présentation de la balance après inventaire au 31-12-N

BALANCE AU 31-12-N				
COMPTES	SOMMES		SOLDES	
	DÉBITS	CRÉDITS	DÉBITEURS	CRÉDITEURS
Fonds commercial	200 000		200 000	
Constructions	680 000		680 000	
Amortissements constructions		34 000		34 000
Agencements, aménagem^ts	14 200		14 200	
Amort. agencements, aménagem^ts		1 420		1 420
Matériel bureau informatique	32 000		32 000	
Amort. matériel bureau		3 200		3 200
Mobilier de bureau	14 000		14 000	
Amort. mobilier de bureau		1 400		1 400
Stock marchandises	423 000	215 000	208 000	
Banque	2 013 520	1 765 770	247 750	
Caisse	159 360	152 150	7 210	
Capital		900 000		900 000
Emprunt	200 000	600 000		400 000
Fournisseurs	174 550	212 910		38 360
Achats marchandises	369 240	11 420	357 820	
Variation stock	215 000	208 000	7 000	
Autres charges	146 550	3 020	143 530	
Ventes marchandises	4 480	528 930		524 450
Autres produits		8 680		8 680
TOTAUX	4 645 900	4 645 900	1 911 510	1 911 510
	T1 =	T1	T2 =	T2
	contrôle (voir aussi totaux journal)		contrôle	

4. Présentation du bilan au 31-12-N

Rappel du Chapitre 3

Comptes d'Actif immobilisé et d'Actif circulant → Emplois → ACTIF
Comptes de Capitaux propres et de Dettes → Ressources → PASSIF

ACTIF		BILAN AU 31-12-N			PASSIF
ACTIF IMMOBILISÉ				**CAPITAUX PROPRES**	
Fonds commercial	200 000		200 000	Capital	900 000
Constructions	680 000	34 000	646 000	**Résultat (bénéfice)**	**24 780**
Agencements	14 200	1 420	12 780	**DETTES**	
Matériel de bureau	32 000	3 200	28 800	Emprunt	400 000
Mobilier de bureau	14 000	1 400	12 600	Fournisseurs	38 360
ACTIF CIRCULANT					
Stock marchandisess	208 000		208 000		
Banque	247 750		247 750		
Caisse	7 210		7 210		
	1 403 160	40 020	1 363 140		1 363 140

5. Le compte résultat N

a. Principes

D'après le Chapitre 3

Charges → Emplois → DÉBIT } du compte de **RÉSULTAT**
Produits → Ressources → CRÉDIT }

Cette imputation se trouve confirmée par le mécanisme du virement.

▶ **Définition**

Le virement est l'opération comptable qui permet de *transférer un montant* :

– *du débit d'un compte au débit d'un autre compte ;*

– *du crédit d'un compte au crédit d'un autre compte.*

D'autre part, le compte RÉSULTAT qui est porté au bilan est le « résumé » de toutes les charges et de tous les produits ; il est donc indispensable de *solder tous les comptes de charges et tous les comptes de produits pour les virer au compte unique RÉSULTAT*. Ces virements s'effectuent par les écritures suivantes :

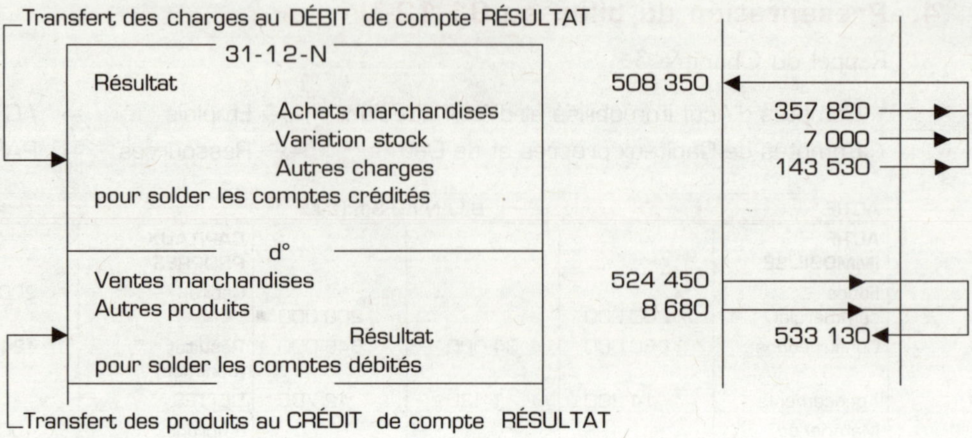

b. Présentation du compte

Débit (charges)		Résultat N	Crédit (produits)
Achats marchandises	357 820	Ventes marchandises	524 450
Variation stock marchandises	7 000	Autres produits	8 680
Autres charges	143 530		
Solde créditeur			
Résultat : bénéfice	**24 780**		
	533 130		533 130

Double détermination du Résultat (bénéfice de 24 780) → contrôle

6. Conclusion

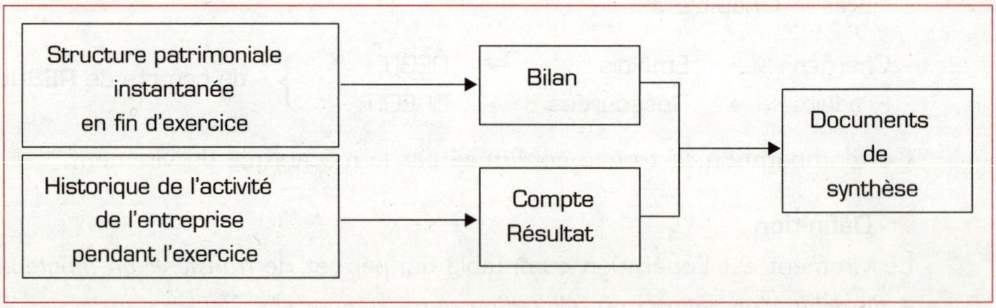

C. Les enregistrements comptables et les contrôles internes

Le **contrôle** est un souci constant en matière de travaux comptables (saisie des opérations au journal, reports au grand-livre, établissement des documents de synthèse).

Ce qui précède a permis de constater que ce contrôle est assuré :

– *périodiquement*, par l'établissement de *balances de vérification*, généralement mensuelles (plus fréquentes en cas de traitement informatisé) ;

– annuellement, par la double détermination du résultat avec le bilan et le compte Résultat.

À RETENIR

- À chaque opération, correspondent :

Débit (s) d'un ou plusieurs comptes	=	**Crédit (s)** d'un ou plusieurs comptes

- *Le journal* est un livre sur lequel sont enregistrées les opérations de l'entreprise dans un *ordre chronologique*.
- *Le grand-livre* est l'ensemble des *comptes détaillés* de l'entreprise.
- *La balance* est un tableau *récapitulatif des comptes* résumés (total des débits, total des crédits, soldes). C'est également un outil de *vérification* :
- Total des débits de la balance = Total des crédits de la balance = Total du journal
- Total des soldes débiteurs de la balance = Total des soldes créditeurs de la balance
- *Les comptes annuels ou états financiers ou documents de synthèse* (bilan, compte de Résultat) sont établis à la clôture de l'exercice.

Balance avant inventaire + Constatations d'inventaire → Balance après inventaire → Comptes annuels : Compte Résultat et Bilan

- *Le résultat* (bénéfice ou perte) est déterminé de deux façons différentes :

Solde du compte de Résultat
Equilibre du bilan
} Moyen de contrôle interne

Les conseils

1➤ Bien noter qu'une opération commerciale peut générer le débit d'un ou plusieurs comptes et le crédit d'un ou plusieurs comptes.

2➤ Ne pas confondre le journal, ensemble chronologique des écritures comptables, et le grand-livre, ensemble des comptes.

3➤ Bien noter la succession des travaux :

Opération commerciale → journal → grand-livre → balance

4➤ Pour établir une balance, toujours totaliser les colonnes de mouvements avant de totaliser les colonnes de soldes.

5➤ Par souci de simplification (ce qui est fréquent dans les problèmes et exercices qui sont des cas théoriques et simplifiés), une balance se limite à deux colonnes : soldes débiteurs et soldes créditeurs. Elle est dite « balance par soldes ».

6➤ Bien faire la différence entre la balance avant et après inventaire.

7➤ Les difficultés engendrées par certaines constatations d'inventaire, à savoir les amortissements et les variations de stocks, seront largement développées dans la troisième partie de cet ouvrage. Pour l'instant, se limiter à l'esprit et aux finalités de ces techniques et ne pas, pour autant, perdre de vue le mécanisme général de la double détermination du résultat.

8➤ La double détermination du résultat est réalisée en établissant les documents de synthèse : bilan et compte Résultat.

9➤ Bien assimiler la terminologie :
– actif et passif pour le bilan ;
– débit et crédit pour le compte Résultat.

10➤ Ne pas perdre de vue qu'un résultat :
– *bénéficiaire* est porté au débit (solde créditeur) du compte Résultat et au passif du bilan, en augmentation des capitaux propres ;
– *déficitaire* est porté au crédit (solde débiteur) du compte Résultat et au passif du bilan, en diminution des capitaux propres.

4 ▶ Applications

VRAI/FAUX

Les affirmations suivantes sont-elles vraies ou fausses ?

1. Le journal est l'enregistrement chronologique des opérations de la période. Vrai Faux

2. Dans une balance, on a les égalités suivantes :
Total des débits des comptes = Total des crédits des comptes =
Total des soldes débiteurs = Total des soldes créditeurs. Vrai Faux

3. Le compte Stock de marchandises n'est pas utilisé en cours d'exercice pour enregistrer les achats et les ventes de marchandises. Vrai Faux

4. Le bilan traduit l'activité de l'entreprise au cours de l'exercice. Vrai Faux

QCM

Parmi les différentes propositions, choisir la réponse qui convient :

1. À la balance au 31-03-N, le débit du compte Banque représente :

a. le total des débits du compte Banque du mois de mars N

b. le total des débits du compte Banque du 1er janvier au 31 mars N

c. ARNC

2. Dans le cas où le stock final est supérieur au stock initial, le compte Variation des stocks est un compte :

a. d'actif

b. de passif

c. ARNC

3. Dans le cas où le stock final est inférieur au stock initial, le compte Variation des stocks est un compte :

a. d'actif

b. de charges

c. ARNC

EXERCICE 04.01

1. Indiquer ressource(s) et emploi(s), compte(s) et montant(s) débité(s) et crédité(s) dans le cas des opérations suivantes :

- Versement d'espèces en banque : 6 000 €.
- Acquisition d'une voiture utilitaire réglée par chèque bancaire : 18 500 €.
- Retrait d'espèces de la banque : 12 000 €.
- Ventes de marchandises à un client : 42 000 € : règlement de la moitié au comptant par chèque bancaire, de l'autre moitié à crédit.
- Achat de marchandises à un fournisseur : 100 000 €. Règlement : 25 % au comptant par chèque bancaire, 75 % à crédit.
- Règlement de la prime d'assurance par virement bancaire : 8 500 €.
- Encaissement de coupons d'actions par la banque : 650 €.
- Règlement d'un client par virement bancaire : 2 600 €. Ce montant correspond à une facture déjà enregistrée.
- Règlement à un fournisseur par chèque bancaire : 18 200 €. Ce montant correspond à une facture déjà enregistrée.
- Retour de marchandises à un fournisseur : 4 300 €. Ce montant est porté en compte.

2. Quels sont les deux documents qui mettent en évidence le principe de la double détermination du résultat ?

3. L'une des lignes d'une balance après inventaire se présente ainsi :

COMPTES	SOMMES		SOLDES	
	DÉBITS	CRÉDITS	DÉBITEURS	CRÉDITEURS
Stock marchandises	250 000	140 000	110 000	

Travail à faire

Quel est le montant du stock initial ? Quel est le montant du stock final ?

exos

EXERCICE 04.02

Thème : Le principe de la partie double. Enregistrement dans les comptes

L'entreprise Marmotte est créée le 1er janvier N, pour acheter et revendre une marchandise sans stockage intermédiaire, avec un dépôt en banque de 180 000 € et 5 000 € d'espèces.

Les opérations suivantes ont été effectuées pendant le mois de janvier N :

- le 6 : achat de marchandises au comptant réglé par chèque : 32 547 € ;
- le 10 : vente de marchandises au comptant contre espèces : 8 543 € ;
- le 15 : versement d'espèces en banque : 10 000 € ;
- le 19 : vente de marchandises au comptant réglée par chèque : 41 250 € ;
- le 25 : achat d'une photocopieuse payée par chèque : 19 520 € ;
- le 30 : achat de timbres-poste réglé en espèces : 850 € ;
- le 31 : règlement des salaires des vendeurs par virement bancaire : 6 500 €.

Travail à faire
Présenter les comptes schématiques arrêtés au 31 janvier N.

EXERCICE 04.03

Thème : Balance en début de mois. Enregistrement d'opérations au journal. Grand-livre. Balance en fin de mois

L'entreprise Fargue vous remet :

- d'une part, la balance établie au 31 mai N :

BALANCE AU 31-05-N				
COMPTES	Mouvements		Soldes	
	Débits	Crédits	Débiteurs	Créditeurs
Capital		800 000		800 000
Fonds commercial	400 000		400 000	
Autres immobilisations corporelles	237 540		237 540	
Stock marchandises	148 273		148 273	
Fournisseurs	316 742	487 145		170 403
Clients	672 110	518 893	153 217	
Banque	853 255	633 733	219 522	
Caisse	143 422	135 643	7 779	
Achats marchandises	503 927	11 170	492 757	
Autres charges	63 215	6 187	57 028	
Ventes marchandises		745 713		745 713
	3 338 484	3 338 484	1 716 116	1 716 116

• d'autre part, la liste des opérations effectuées pendant le mois de juin N :

– le 6 : achat à crédit de marchandises à un fournisseur : 152 520 €,

– le 10 : envoi d'un chèque à un fournisseur en règlement d'un achat à crédit du 11 mai : 87 125 €,

– le 14 : ventes au comptant réglées par chèque. Ces chèques ont été remis à l'encaissement à la banque : 93 620 €,

– le 16 : retrait d'espèces de la banque : 5 000 €,

– le 21 : virement bancaire d'un client en règlement d'une vente à crédit du 20 mai : 126 157 €,

– le 26 : vente à crédit à un client : 170 213 €,

– le 30 : virements bancaires aux salariés en règlement de leur salaire du mois de juin : 6 200 €.

Travail à faire

1. Enregistrer les opérations du mois de juin au journal de l'entreprise.

2. Présenter le grand-livre.

3. Établir la balance au 30 juin N.

Téléchargez gratuitement tous les corrigés des exercices, ainsi que les exercices complémentaires sur le site Internet : www.expertisecomptable-foucher.com

Partie 2

Analyse comptable des opérations courantes

La taxe sur la valeur ajoutée

CHAPITRE 5

PLAN

1 Notions générales

- **A.** ▶ La TVA à payer par l'entreprise
- **B.** ▶ Les divers taux de TVA
- **C.** ▶ Les calculs arithmétiques relatifs à la TVA
- **D.** ▶ Le consommateur supporte la TVA

2 Les comptes utilisés et les enregistrements comptables

- **A.** ▶ Acquisitions d'immobilisations
- **B.** ▶ Acquisition d'autres biens (matières premières, marchandises) et de services
- **C.** ▶ Vente de biens et de services
- **D.** ▶ Règlement de la TVA

3 Particularités

- **A.** ▶ Les crédits de TVA
- **B.** ▶ TVA et prestations de services
- **C.** ▶ Le décaissement de la TVA due à l'État

4 Exemples

5 La TVA intracommunautaire

- **A.** ▶ Principe
- **B.** ▶ Les comptes particuliers relatifs à la TVA intracommunautaire
- **C.** ▶ Le problème de l'exigibilité de la TVA
- **D.** ▶ Exemple

6 Applications

▶ De source française, la TVA est aujourd'hui en vigueur dans toute l'UE et dans de nombreux autres pays. C'est un impôt indirect sur la consommation qui concerne toutes les personnes physiques ou morales qui achètent et vendent des biens et des services. Une intéressante particularité est que toute entreprise est un véritable collecteur d'impôt : elle reverse à l'État la taxe reçue de ses clients, diminuée de la taxe versée à ses fournisseurs. Enfin, en marge des règles générales qui régissent le mécanisme de la TVA, existent quelques spécificités concernant les pays de l'Union européenne.

1 ▶ Notions générales

A. La TVA à payer par l'entreprise

La TVA est un impôt indirect (ou de consommation, ce qui signifie qu'il est inclus dans le prix à payer) qui frappe les **biens et les services consommés ou utilisés**. En théorie, et comme son nom l'indique, la TVA devrait être calculée sur la valeur ajoutée ; mais il est difficile, sinon impossible, d'isoler la valeur ajoutée (et donc de calculer la TVA) à chaque vente, produit par produit. C'est pourquoi le calcul est fait globalement, mois par mois, et l'entreprise :

– **encaisse** la TVA sur ses ventes (elle la *collecte* pour le compte de l'État),
– en **soustrait** la TVA payée sur ses achats (elle la *déduit*),
– et **reverse** la *différence* à l'État :

TVA à payer	=	**TVA sur ventes**	-	**TVA sur achats**
↓		↓		↓
à l'État (au percepteur)		incluse dans le prix facturé au client		incluse dans le prix facturé par le fournisseur

B. Les divers taux de TVA

• **taux normal : 19,60 %** (depuis le 1er avril 2000) ;

• **taux intermédiaire : 7 %** depuis le 1er janvier 2012 ; produits anciennement taxés à 5 % : travaux liés au logement, services rendus par la restauration, abonnements de gaz et d'électricité… sauf certains produits de première nécessité.

• **taux réduit : 5,50 %** ; il concerne la plupart des produits alimentaires, les cantines scolaires.

• **taux spécifiques** : citons le taux de **2,10 %** relatif à la presse, et aux médicaments remboursés par la SS.

C. Les calculs arithmétiques relatifs à la TVA

1. Au taux normal

• *Calcul de la TVA :*

TVA = 19,60 % du prix HT : 19,60 % de 100 = 19,60

• *Passage du prix HT au prix TTC :*

– ajouter la TVA : 100,00 + 19,60 = 119,60

– ou multiplier le prix HT par **1,196** : 100,00 × 1,196 = 119,60

• *Passage du prix TTC au prix HT :*

– soustraire la TVA : 119,60 – 19,60 = 100,00

– ou diviser le prix TTC par **1,196** : 119,60/1,196 = 100,00

• *Calcul direct de la TVA à partir du prix TTC :*

19,6/119,60

• *Calcul direct du prix HT à partir de la TVA :*

prix HT = TVA × 100/19,60

• *Calcul direct du prix TTC à partir de la TVA :*

prix TTC = TVA × (119,60/19,60)

2. Au taux intermédiaire

Procéder de la même manière que dans le cas du taux normal :

7,00	remplace	19,60
107,00	remplace	119,60
1,07	remplace	1,196

3. Au taux réduit

Procéder de la même manière que dans le cas du taux normal, et :

5,50	remplace	19,60
105,50	remplace	119,60
1,055	remplace	1,196

Les coefficients de conversion 0,836 ; 0,947 et 0,979 permettent de passer rapidement du prix TTC au prix HT :

1 070 × 0,9346 = 1 000 (normal)

1 055 × 0,947 = 1 000 (réduit)

1 021 × 0,979 = 1 000 (spécifique)

D. Le consommateur supporte la TVA

Une entreprise commerciale a réalisé les opérations suivantes :

	Prix hors TVA	+	TVA	=	Prix TVA incluse
Achat d'un bien :	100 000	+	19 600	=	119 600
Revente de ce bien :	150 000	+	29 400	=	179 400

TVA à payer : 29 400 – 19 600 = 9 800 soit 19,60 % de (150 000 – 100 000).

	Prix de vente	–	**Prix d'achat**		
Le profit apparent :	179 400	–	119 600	=	59 800
	est à diminuer de la TVA à payer			=	9 800
Le profit réel est donc	....				**50 000**

soit exactement le même que s'il n'y avait pas de TVA ; en effet :

Prix de vente hors TVA	–	**Prix d'achat hors TVA**		
150 000	–	100 000	=	**50 000**

Remarque. La TVA n'est pas une charge pour l'entreprise, c'est le consommateur final qui la supporte.

2 ▶ Les comptes utilisés et les enregistrements comptables[1]

La TVA n'étant pas une charge pour l'entreprise, les comptes utilisés sont des comptes de la classe 4 (Tiers), et, en particulier des comptes 44 (État et autres collectivités publiques).

A. Acquisitions d'immobilisations :

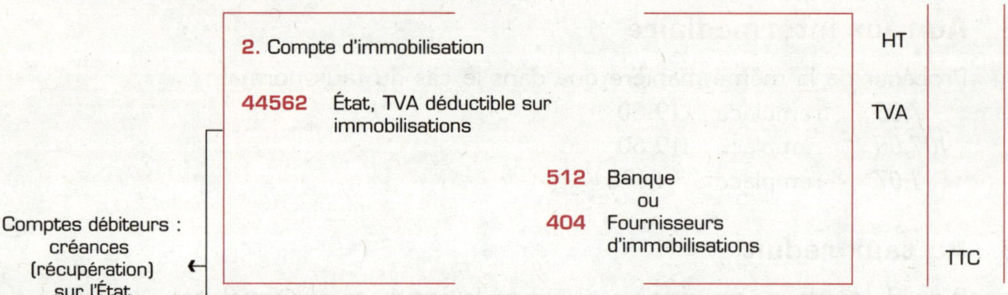

B. Acquisition d'autres biens (matières premières, marchandises) et de services :

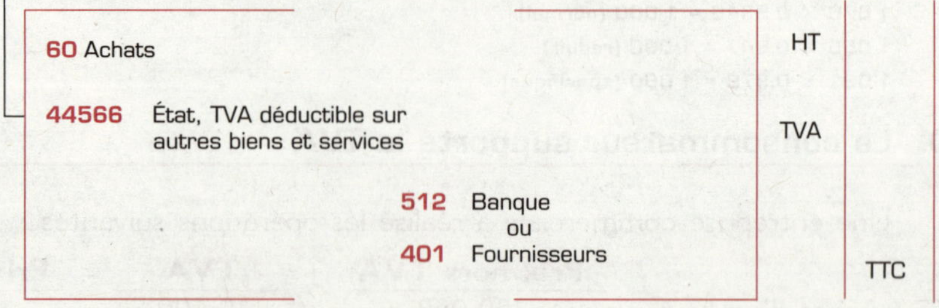

[1] Toutes ces questions seront approfondies à l'occasion des Chapitres 6 à 12.

C. Vente de biens et de services

	Comptes	Débit	Crédit
	512 Banque ou **411** Clients	TTC	
	70 Ventes		HT
Compte créditeur : dette (collecte) envers l'État ←	**44571** État, TVA collectée		TVA

D. Règlement de la TVA

On rappelle que :

TVA à payer = TVA sur ventes – TVA sur achats

TVA à payer	TVA sur ventes	TVA sur achats
↓	↓	↓
au titre du mois m	collectée sur ventes du mois m	déductible sur achats du mois m

ce qui entraîne les enregistrements comptables suivants :

	Comptes	Débit	Crédit
pour soldes de ces comptes ←	**44571** État, TVA collectée		
	44562 État, TVA déductible sur immobilisations		
	44566 État, TVA déductible sur autres biens et services		
dette envers l'État ←	**44551** État, TVA à décaisser		
règlement de la dette ←	**44551** État, TVA à décaisser		
	512 Banque		

3 ▶ Particularités

A. Les crédits de TVA

Si, pour une période donnée, la différence *TVA sur ventes – TVA sur achats* est négative, on n'a rien à payer pour le mois en question. L'excédent de TVA sur achats est reporté au mois suivant et on bénéficie d'un crédit de TVA porté au débit du compte **44567** *État Crédit de TVA à reporter*.

B. TVA et prestations de services

Deux cas sont à considérer ici :

a) Les factures *portent la mention* « **TVA payée d'après les débits** ». On est alors ramené au cas d'achats et de ventes d'« autres biens » : c'est la *date de facturation* qui est prise en compte.

b) Les factures ne *comportent pas cette mention*. La TVA ne sera alors déductible chez le client et collectée (exigible) chez le fournisseur, qu'à la *date du règlement*.

Si bien que des difficultés apparaissent en cas d'avoirs et de règlements à crédit, ces difficultés seront abordées et traitées au cours du Chapitre 7, réservé aux relations avec les prestataires divers.

Exemple

Supposons une facture de prestation de services indiquant 5 900 € de TVA, datée de mai et réglée en août.

a) Si cette facture porte la mention en question, la somme de 5 900 € sera déductible (chez le client) et exigible (chez le fournisseur) en mai : mois de facturation.

b) Si cette mention n'est pas portée sur la facture, la somme de 5 900 € sera déductible (chez le client) et exigible (chez le fournisseur) en août : mois de règlement.

C. Le décaissement de la TVA due à l'État

Dans le cas **général** où la TVA due à l'État se calcule mois par mois, la taxe à décaisser au titre d'un mois doit être réglée au percepteur avant le 25 du mois suivant.

Chaque règlement mensuel doit être accompagné de justifications portées sur un imprimé fiscal dit CA3 (voir *infra* Exemple 5). Cet imprimé ne doit pas comporter de centimes, les sommes étant arrondies à l'avantage de l'entreprise, et donc :

– à l'euro supérieur pour la TVA déductible ;

– à l'euro inférieur pour la TVA collectée.

La TVA à payer est donc toujours un nombre rond (ainsi d'ailleurs qu'un crédit de TVA) et la différence est enregistrée au compte **758** Produits divers de gestion courante.

4 ▶ Exemples

Exemple 1

Thème

Compte tenu des données suivantes, calculer la TVA due au titre du mois d'**octobre** :

Achats de marchandises :	49 229,74 €	TTC au taux normal
Achats d'immobilisations :	270 873,82 €	HT au taux normal
Ventes de marchandises :	562 704,17 €	HT au taux normal

Calcul

TVA sur ventes de marchandises :		
19,60 % de 562 704,17 =		110 290,02
TVA sur achats d'immobilisations :		
19,60 % de 270 873,82 =	53 091,27	
TVA sur achats de marchandises :		
49 229 × (19,60/119,60) =	8 067,75	
		61 159,02
TVA due :		**49 131,00**

Exemple 2

Thème

Compte tenu des données suivantes, calculer la TVA due au titre du mois de **février** :

• Ventes :

Marchandises :	200 000 €	HT (taux normal)
Marchandises :	120 000 €	HT (taux intermédiaire)

• Achats d'immobilisations :

Matériel :	5 980 €	TTC au taux normal

• Achats d'autres biens et de services :

Marchandises :	125 000 €	dont TVA : 24 000 €
Services :	8 000 €	dont TVA : 1 100 €

Calcul

TVA sur ventes :		
19,60 % de 200 000 =	39 200	
7 % de 120 000 =	8 400	
		47 600
TVA sur achats d'immobilisations :		
5 980 × (19,60/119,60)	980	
TVA sur achats d'autres biens et de services :		
24 000 + 1 100 =	25 100	
		26 080
	TVA due :	**21 520**

Exemple 3

Thème

Compte tenu des données suivantes, calculer la TVA due au titre du mois de **mai** :

• Achats de biens et services, montant TTC :	201 636,17 €	au taux normal
	253 200,00 €	au taux réduit
• Achats d'immobilisations :	108 349,51 € HT	au taux normal
• Ventes de biens et services :	713 237,77 € TTC	au taux normal

• Début mai, le compte **44567** était débiteur de 1 868 €

Calcul

TVA sur ventes :		
713 237,77 × (19,60/119,60) =		116 885,12
TVA sur achats d'immobilisations :		
19,60 % de 108 349,51 =	21 236,50	
TVA sur achats de biens et services :		
– au taux normal :		
201 636,17 × (19,60/119,60)	33 044,05	
– au taux réduit :		
253 200 × (5,5/105,5)	13 200,00	
		67 480,55
		49 404,57
À déduire crédit fin avril :		1 868,00
	TVA due :	**47 536,57**

Exemple 4

Thème

Compte tenu des données suivantes, calculer la TVA due au titre du mois de **novembre** :

– Réception facture nº 100 de prestations de services datée du 15 octobre : 8 200 € HT ; TVA : 19,60 % ; cette facture sera payée en décembre et ne comporte aucune mention particulière.

– Réception facture nº 101 de prestations de services datée du 18 novembre : 10 000 € HT ; TVA : 19,60 % ; cette facture est payable à 60 jours fin de mois et porte la mention « TVA payée d'après les débits ».

– Ventes de marchandises :	152 551,02 €	TTC au taux normal
– Achats de marchandises :	32 000,00 €	HT au taux normal
– Achats de matériel :	59 800,00 €	TTC au taux normal

– Fin octobre : crédit de TVA de 1 968 pouvant être reporté sur le(s) mois suivant(s).

Calcul

TVA sur ventes :		
19,60/119,60 de 152 551,02 =		25 000
TVA sur achats d'immobilisations :		
59 800 × 19,60/119,60	9 800	
TVA sur achats de marchandises :		
19,60 % de 32 000 =	6 272	
TVA sur facture de prestations de services [1] :		
19,60 % de 10 000 =	1 960	
		18 032
		6 968
À déduire crédit fin octobre :		1 968
	TVA due :	**5 000**

[1] facture nº 101 : mention « TVA payée sur débits »
facture nº 100 : déductibilité en décembre (règlement).

Exemple 5

Thème

Compte tenu des données suivantes, calculer la TVA due au titre du mois de **février**, et présenter la déclaration CA3 correspondante :

• Ventes :

Marchandises :	200 000 €	HT : taux normal
Marchandises :	610 909 €	HT : taux réduit

• Achats d'immobilisations :

Matériel industriel :	5 980 €	TVA incluse au taux normal.

• Achats d'autres biens et de services HT :

Marchandises :	135 918 €	taux normal
Location :	5 914 €	taux normal

Calcul

TVA sur ventes		
19,60 % de 200 000 =		39 200
5,50 % de 610 909 =		33 600
TVA sur achats d'immobilisations		72 800
achat HT : 5 980/1,196 = 5 000		
d'où TVA =	980	
(ou bien : 5 980 × 19,60/119,60 = 980).		
TVA sur achats autres biens et services :		
19,60 % de (135 918 + 5 914) =	27 799	
		28 779
TVA due au titre du mois de février (à payer au plus tard le 25 mars)		**44 021**

La déclaration CA3

@ internet - DGI

Si vous n'avez à remplir aucune ligne de ce formulaire (déclaration « néant »), veuillez cocher la case à droite 0010 ☐

A MONTANT DES OPÉRATIONS RÉALISÉES

OPÉRATIONS IMPOSABLES (H.T.)				OPÉRATIONS NON IMPOSABLES		
01 Ventes, prestations de services		810909	04	Exportations hors CE	0032	
02 Autres opérations imposables	0981		05	Autres opérations non imposables	0033	
03 Acquisitions intracommunautaires (dont ventes à distance et/ou opérations de montage :)	0031		06	Livraisons intracommunautaires	0034	
3A Livraisons de gaz naturel ou d'électricité imposables en France	0030		6A	Livraisons de gaz naturel ou d'électricité non imposables en France	0029	
3B Achats de biens ou de prestations de services réalisés auprès d'un assujetti non établi en France (article 283-1 du Code général des impôts)	0040		07	Achats en franchise	0037	
			7A	Ventes de biens ou prestations de services réalisées par un assujetti non établi en France (article 283-1 du Code général des impôts)	0043	
3C Régularisations (Important : cf. notice)	0036		7B	Régularisations (Important : cf. notice)	0039	

B DÉCOMPTE DE LA TVA À PAYER

TVA BRUTE		Base hors taxe	Taxe due
Opérations réalisées en France métropolitaine			
08 Taux normal 19,6 %	0206	200000	39200
09 Taux réduit 5,5 %	0105	610909	33600
9 B			
Opérations réalisées dans les DOM			
10 Taux normal 8,5 %	0201		
11 Taux réduit 2,1 %	0100		
12			
Opérations imposables à un autre taux (France métropolitaine ou DOM)			
13 Ancien taux	0900		
14 Opérations imposables à un taux particulier (décompte effectué sur annexe 3310 A)	0950		
15 TVA antérieurement déduite à reverser	0600		
16 **Total de la TVA brute due (lignes 08 à 15)**			72800
17 **Dont TVA sur acquisitions intracommunautaires**	0035		
18 **Dont TVA sur opérations à destination de Monaco**	0038		

La ligne 11 ne concerne que les DOM. Les autres opérations relevant du taux de 2,1 % continuent d'être déclarées sur l'annexe 3310 A.

TVA DÉDUCTIBLE		
19 Biens constituant des immobilisations	0703	980
20 Autres biens et services	0702	27799
21 Autre TVA à déduire	0059	
(dont régularisation sur de la TVA collectée [cf. notice])		
22 Report du crédit apparaissant ligne 27 de la précédente déclaration	8001	
24 **Total TVA déductible (lignes 19 à 22)**		28779

23 *Indiquer ici le pourcentage de déduction applicable pour la période s'il est différent de 100 %* ____ %

CRÉDIT		TAXE À PAYER		
25 Crédit de TVA (ligne 24 – ligne 16)	0705	28 TVA nette due (ligne 16 – ligne 24)		44021
26 Remboursement demandé sur formulaire n° 3519 joint	8002	29 Taxes assimilées calculées sur annexe n° 3310 A	9979	
27 Crédit à reporter (ligne 25 – ligne 26) *(Cette somme est à reporter ligne 22 de la prochaine déclaration)*	8003	30 Sommes à imputer, exprimées en euros, y compris acompte congés	9989	
		31 Sommes à ajouter, exprimées en euros, y compris acompte congés	9999	
		32 **Total à payer (lignes 28 + 29 – 30 + 31)** *(N'oubliez pas de joindre le règlement correspondant)*		44021

Attention! Une situation de TVA créditrice (ligne 25 servie) ne dispense pas du paiement des taxes assimilées déclarées ligne 29.

Les dispositions des articles 39 et 40 de la loi n° 78-17 du 6 janvier 1978 relative à l'informatique, aux fichiers et aux libertés, modifiée par la loi n° 2004-801 du 6 août 2004, garantissent les droits des personnes physiques à l'égard des traitements des données à caractère personnel.

5 ▶ La TVA intracommunautaire[2]

Nous laisserons volontairement de côté – avec renvoi au cours de droit – l'aspect juridique et administratif : numéro d'identification, déclaration mensuelle au service des douanes, mentions obligatoires sur les factures…

A. Principe

Depuis le 1er janvier 1993, il y a libre circulation des biens entre les États membres de l'Union européenne.

On appelle *livraisons*, les ventes intracommunautaires ; *acquisitions*, les achats intracommunautaires.

- **Les livraisons sont exonérées de TVA.**
- **Les acquisitions sont soumises à la TVA dans le pays d'arrivée** ; et donc :

– la facture reçue est hors taxes ;

– la TVA est due par l'acquéreur (voir ligne 0031 de l'imprimé CA3) ;

– il ne s'agit pas à proprement parler d'une TVA collectée ;

– cette TVA est récupérable : elle est donc à la fois *due et déductible*.

Remarque. Les comptes Clients et Fournisseurs sont ici tenus HT.

B. Les comptes particuliers relatifs à la TVA intracommunautaire

Ces comptes sont les suivants :

– pour la TVA due : **4452** *TVA due intracommunautaire* ;

– pour la TVA déductible : **445662** *TVA déductible intracommunautaire*.

Noter la terminaison 2 que l'on retrouvera (Chapitre 12) pour les achats, les ventes, les dettes et les créances.
La TVA sur acquisitions étant à la fois due : crédit de **4452** ; et déductible : débit de **445662**, ces deux comptes sont soldés l'un par l'autre lors de l'établissement de la déclaration CA3.

C. Le problème de l'exigibilité de la TVA

La TVA sur acquisitions est exigible :

– cas général : à la réception de la facture ;

– cas particulier : le 15 du mois qui suit le mois de livraison si, à cette date, la facture n'est pas encore reçue.

[2] Les 27 de l'Union européenne (au 1er janvier 2009) ; Allemagne, Autriche, Belgique, Bulgarie, Chypre, Danemark, Espagne, Estonie, Finlande, France, Grèce, Hongrie, Irlande, Italie, Lettonie, Lituanie, Luxembourg, Malte, Pays-Bas, Pologne, Portugal, Roumanie, Royaume-Uni, Slovaquie, Slovénie, Suède, Tchéquie.

D. Exemple

Thème

Après avoir effectué les calculs nécessaires, présenter la déclaration CA3 du mois de mai relative aux opérations suivantes données *hors taxes* :

• achats de matières premières :	
à des commerçants français :	800 000 €
à des commerçants italiens :	160 000 €
• ventes de produits finis :	
à des commerçants français :	1 120 000 €
à des commerçants australiens :	168 000 €
à des commerçants irlandais :	280 000 €
• achats d'immobilisations à un industriel hollandais :	140 000 €

Calcul

TVA collectée sur ventes en France :		
19,60 % de 1 120 000 =		
(exportations : exonérées)		219 520
TVA due sur acquisitions intracommunautaires :		
• en Italie : 19,60 % de 160 000 =	31 360	
• en Hollande : 19,60 % de 140 000 =	27 440	
		58 800
		278 320
TVA déductible :		
sur achats immobilisations : 19,60 % de 140 000 =	27 440	
(dont intrac. : la totalité soit 27 440 [1])		
sur achats mat. premières : 19,60 % de 960 000 =	188 160	
(dont intrac. : 19,60 % de 160 000 = 31 360)		
		215 600
	TVA due :	**62 720**

[1] 27 440 + 31 360 = 58 800 : à la fois due et déductible.

La déclaration CA3

@ internet - DGI

Si vous n'avez à remplir aucune ligne de ce formulaire (déclaration « néant »), veuillez cocher la case à droite	0010	☐

A MONTANT DES OPÉRATIONS RÉALISÉES

OPÉRATIONS IMPOSABLES (H.T.)

Ligne	Libellé	Code	Montant
01	Ventes, prestations de services		1120000
02	Autres opérations imposables	0981	
03	Acquisitions intracommunautaires (dont ventes à distance et/ou opérations de montage :)	0031	300000
3A	Livraisons de gaz naturel ou d'électricité imposables en France	0030	
3B	Achats de biens ou de prestations de services réalisés auprès d'un assujetti non établi en France (article 283-1 du Code général des impôts)	0040	
3C	Régularisations .... (Important : cf. notice)	0036	

OPÉRATIONS NON IMPOSABLES

Ligne	Libellé	Code	Montant
04	Exportations hors CE	0032	168000
05	Autres opérations non imposables	0033	
06	Livraisons intracommunautaires	0034	280000
6A	Livraisons de gaz naturel ou d'électricité non imposables en France	0029	
07	Achats en franchise	0037	
7A	Ventes de biens ou prestations de services réalisées par un assujetti non établi en France (article 283-1 du Code général des impôts)	0043	
7B	Régularisations .... (Important : cf. notice)	0039	

B DÉCOMPTE DE LA TVA À PAYER

TVA BRUTE

Ligne	Libellé	Code	Base hors taxe	Taxe due
	Opérations réalisées en France métropolitaine			
08	Taux normal 19,6 %	0206	1420000	278320
09	Taux réduit 5,5 %	0105		
9 B	....			
	Opérations réalisées dans les DOM			
10	Taux normal 8,5 %	0201		
11	Taux réduit 2,1 %	0100		
12	....			
	Opérations imposables à un autre taux (France métropolitaine ou DOM)			
13	Ancien taux	0900		
14	Opérations imposables à un taux particulier (décompte effectué sur annexe 3310 A)	0950		
15	TVA antérieurement déduite à reverser	0600		
16	**Total de la TVA brute due (lignes 08 à 15)**			278320
17	**Dont TVA sur acquisitions intracommunautaires**	0035		58800
18	**Dont TVA sur opérations à destination de Monaco**	0038		

La ligne 11 ne concerne que les DOM. Les autres opérations relevant du taux de 2,1 % continuent d'être déclarées sur l'annexe 3310 A.

TVA DÉDUCTIBLE

Ligne	Libellé	Code	Montant
19	Biens constituant des immobilisations	0703	27440
20	Autres biens et services	0702	188160
21	Autre TVA à déduire	0059	
	(dont régularisation sur de la TVA collectée [cf. notice] ....)		
22	Report du crédit apparaissant ligne 27 de la précédente déclaration	8001	
23	*Indiquer ici le pourcentage de déduction applicable pour la période s'il est différent de 100 %*		%
24	**Total TVA déductible (lignes 19 à 22)**		215600

CRÉDIT

Ligne	Libellé	Code	Montant
25	Crédit de TVA (ligne 24 – ligne 16)	0705	
26	Remboursement demandé sur formulaire n° 3519 joint	8002	
27	Crédit à reporter (ligne 25 – ligne 26) *(Cette somme est à reporter ligne 22 de la prochaine déclaration)*	8003	

Attention! Une situation de TVA créditrice (ligne 25 servie) ne dispense pas du paiement des taxes assimilées déclarées ligne 29.

TAXE À PAYER

Ligne	Libellé	Code	Montant
28	TVA nette due (ligne 16 – ligne 24)		62720
29	Taxes assimilées calculées sur annexe n° 3310 A	9979	
30	Sommes à imputer, exprimées en euros, y compris acompte congés	9989	
31	Sommes à ajouter, exprimées en euros, y compris acompte congés	9999	
32	**Total à payer (lignes 28 + 29 – 30 + 31)** *(N'oubliez pas de joindre le règlement correspondant)*		62720

À RETENIR

- TVA à payer = TVA sur ventes – TVA sur achats

TVA sur ventes ↑ TVA collectée facturée au client

TVA sur achats ↑ TVA déductible facturée par le fournisseur

- Taux : normal : 19,60 %
  intermédiaire : 7 % (restauration, travaux dans logement ...)
  réduit : 5,50 % (produits alimentaires, livres, transports ...)
  spécifiques : ex. : 2,10 % pour les médicaments ...

> • Comptes Achats et Ventes : tenus hors TVA
> • Comptes Clients et Fournisseurs : tenus TVA incluse
> • TVA enregistrée à des comptes de tiers :
>
> 44 551 = 44 571 – (44 562 + 44 566)
>
> 44 551 : à payer ; 44 571 : collectée ; 44 562 + 44 566 : déductible

- Prestations de services :
  - pour la déductibilité et l'exigibilité, prendre en compte :
    - la facturation, si la mention « TVA sur les débits » sur la facture ;
    - le règlement, si la facture ne porte pas cette mention.
- Ventes intracommunautaires = livraisons

  Achats intracommunautaires = acquisitions

  Livraisons : exonérées de TVA ; comptes clients tenus hors TVA

  Acquisitions : factures reçues hors TVA ;

  comptes fournisseurs tenus hors TVA ;

  et :

  TVA à la fois collectée et déductible

  (il y aura compensation)

Les conseils

1➤ Bien retenir le schéma : *TVA à payer = TVA sur ventes – TVA sur achats*. La TVA sur ventes est incluse dans les factures-clients. La TVA sur achats est incluse dans les factures-fournisseurs. Toute facture indique : HT, TVA, TTC.

2 Ne pas croire que la TVA n'existe que pour les opérations à crédit génératrices de factures. Elle frappe aussi les opérations au comptant (achat en espèces dans un magasin avec ticket de caisse indiquant la TVA).

3 Plusieurs taux sont possibles sur une même facture : ventiler.

4 Pour les calculs, appliquer les taux eux-mêmes plutôt que les coefficients de conversion ; en particulier, savoir passer rapidement, au taux normal :
– du HT au TTC en multipliant par 1,196 ;
– du TTC au HT en divisant par 1,196 ;
– et savoir aussi que : TVA = TTC 19,60/119,60.
(S'entraîner à des calculs parallèles à 5,50 % et à 2,10 %.)

5 Dans les énoncés, certaines sommes peuvent être données HT, d'autres TTC.

6 Si TVA sur ventes < TVA sur achats, penser qu'il y a un crédit de TVA... et ne pas faire apparaître une TVA à payer négative !

7 Un crédit de TVA s'enregistre normalement à **44567** *Crédits de TVA à reporter*, et peut être reporté sur plusieurs mois.

8 Prestations de services : bien voir les deux cas possibles : la facture porte ou ne porte pas la mention « TVA payée d'après les débits » ;

– si oui : la date de la facture
– si non : la date du règlement
} détermine la date de déductibilité et d'exigibilité

(déductibilité : chez le client ; exigibilité : chez le fournisseur).

9 TVA à payer au titre du mois (m) : à décaisser entre le 15 et le 25 (m + 1).

10 Savoir remplir (ou simplement lire) l'imprimé CA3.

11 Retenir les numéros et libellés des comptes relatifs à la TVA (y compris ceux se terminant par 2).

12 Bien voir pourquoi la TVA s'inscrit à des comptes de la classe 4 (à la charge du consommateur).

13 Et donc pourquoi les comptes : achats et ventes sont tenus HT ; clients et fournisseurs sont tenus TTC.

14 TVA intracommunautaire : les exportations (livraisons) en sont exonérées ; les importations (acquisitions) génèrent une TVA à la fois due et déductible.

15 Exigibilité de la TVA intracommunautaire : le 15 du mois qui suit le mois de livraison ; mais avancée à la date de la facture si cette dernière intervient avant « le 15 du mois qui suit... ».

16 On verra au Chapitre 12 (un aperçu en a déjà été donné à la Section 5 ci-dessus) que les ventes à l'étranger sont exonérées de TVA. La TVA sur les achats à l'étranger suit un régime spécial et donc ici les comptes Clients et Fournisseurs sont tenus HT. Il s'agit d'un cas particulier dont l'étude sera faite en son temps.

6 ▶ Applications

VRAI/FAUX

Les affirmations suivantes sont-elles vraies ou fausses ?

1. La TVA ne frappe que les transactions à crédit. Vrai ☐ Faux ☐

2. La TVA est incluse dans le prix facturé. Vrai ☐ Faux ☐

3. L'entreprise collecte la TVA sur ses achats. Vrai ☐ Faux ☐

4. L'entreprise paie à l'État la TVA collectée. Vrai ☐ Faux ☐

5. On a toujours : TVA sur ventes > TVA sur achats. Vrai ☐ Faux ☐

6. L'entreprise récupère (déduit) la TVA collectée. Vrai ☐ Faux ☐

7. Il existe un seul taux de TVA. Vrai ☐ Faux ☐

8. Au taux normal : $\text{TVA} = \text{prix TTC} \ \frac{19,60}{119,60}$ Vrai ☐ Faux ☐

9. C'est le consommateur qui supporte la TVA, d'où l'emploi de comptes de tiers pour l'enregistrer. Vrai ☐ Faux ☐

10. Les comptes Achats et Ventes sont tenus TTC. Vrai ☐ Faux ☐

11. Le compte **44562** enregistre la TVA collectée. Vrai ☐ Faux ☐

12. Le compte **44566** enregistre la TVA déductible sur achats d'autres biens, et de services. Vrai ☐ Faux ☐

13. Le compte **44551** enregistre la TVA sur achats d'immobilisations. Vrai ☐ Faux ☐

14. Le compte **44571** enregistre la TVA à décaisser. Vrai ☐ Faux ☐

15. Les comptes Clients et Fournisseurs sont tenus HT. Vrai ☐ Faux ☐

16. Les comptes **4452** et **445662** sont spécifiques de la TVA intracommunautaire. Vrai ☐ Faux ☐

17. Le compte **44567** est aussi bien débiteur que créditeur. Vrai ☐ Faux ☐

18. Pour les prestations de services, la mention « TVA payée d'après les débits » a pour effet une exigibilité de la TVA lors du règlement effectif. Vrai ☐ Faux ☐

19. La TVA due au titre du mois (m) est à régler avant le 15 du mois (m + 1). Vrai ☐ Faux ☐

20. L'imprimé CA3 accompagne et justifie le règlement de la TVA. Vrai ☐ Faux ☐

21. TVA intracommunautaire : les exportations sont exonérées de TVA. Vrai ☐ Faux ☐

22. TVA intracommunautaire : la TVA relative aux importations est à la fois due et déductible. Vrai ☐ Faux ☐

23. TVA intracommunautaire : chaque mois, les comptes **4452** et **445662** sont soldés l'un par l'autre. Vrai ☐ Faux ☐

24. TVA intracommunautaire : la TVA sur les acquisitions est exigible le 15 de chaque mois. Vrai ☐ Faux ☐

25. TVA intracommunautaire : les comptes Clients et Fournisseurs sont tenus HT. Vrai ☐ Faux ☐

EXERCICE 05.01

Thème : Calcul et enregistrement de la TVA à décaisser

L'entreprise GORDES revend à sa clientèle des articles de librairie achetés en gros à ses fournisseurs.

• La TVA sur achats et sur ventes est au taux normal, sauf pour les livres auxquels s'applique le taux de 5,50 %. Les opérations de janvier peuvent être ainsi récapitulées :

- achats de fournitures diverses : 11 000 € HT ;
- achats de livres : 55 000 € HT ;
- ventes de fournitures diverses : 325 000 € HT ;
- ventes de livres : 190 000 € HT.

• Par ailleurs :

- il a été acheté du mobilier de bureau pour la somme de 250 000 € HT ;
- la déclaration CA3 du mois précédent fait ressortir un crédit de TVA égal à 969 €.

Travail à faire

1. Calculer la TVA à décaisser pour le mois de janvier

2. Enregistrer ce calcul au journal.

EXERCICE 05.02

Thème : TVA sur biens et sur services

L'entreprise LACOSTE est une menuiserie artisanale qui :

- d'une part fabrique des meubles sur commande ;
- d'autre part, effectue la réparation de meubles anciens.

• Son activité du mois de mars a été la suivante :

- facturation des meubles fabriqués : 18 000 € HT ;
- facturation de réparations : 2 800 € HT ; ces factures seront réglées en avril ; aucune ne comporte la mention « TVA sur les débits ».

• Par ailleurs, il a été acheté en mars :

- une machine neuve pour 21 000 € HT ;
- des matières : bois, colle, vis, etc. pour 2 000 € HT.

La TVA est au taux normal pour toutes ces opérations.

Travail à faire

Calculer la TVA due pour le mois de mars.

EXERCICE 05.03

Thème : Calcul de TVA à décaisser avec prestations de services

L'entreprise GOULT a réalisé, en février, les opérations suivantes :

- Achats (tous au taux normal de TVA) :
  - marchandises : 53 820 € TTC
  - matériels : 28 000 € HT
  - services : 3 500 € HT.
- Ventes :
  - marchandises : 115 000 € HT (TVA : 19,60 %) ;
    52 750 € TTC (TVA : 5,50 %) ;
  - services : 9 500 € HT (TVA : 19,60 %).
- Tous les services, achetés comme vendus, seront réglés en mars.
- Les factures d'achat de services portent toutes la mention « TVA sur les débits ».
- Par contre, les factures de ventes de services ne portent aucune mention particulière.
- Enfin, parmi les services achetés, figure la réparation d'une voiture de tourisme : 1 794 € TTC au taux normal.

Travail à faire

Calculer la TVA à décaisser au titre du mois de février.

EXERCICE 05.04

Thème : Opérations intracommunautaires

L'entreprise LOURMARIN a réalisé, en avril, les opérations suivantes (sommes HT ; TVA au taux normal) :

• Achats :	– marchandises :	328 000 €	au fournisseur Viking à Odense
		184 000 €	au fournisseur Jamòn à Ronda
	– immobilisations :	225 000 €	au fournisseur Erik à Uppsala
		90 000 €	au fournisseur Douille à Vire
• Ventes :	– marchandises :	504 000 €	au client Acadie à Winnipeg
		214 000 €	au client Tokay à Pècs
	– produits finis :	304 500 €	au client Nelson à Soweto
		199 000 €	au client Dupont à Avignon

Travail à faire

Calculer la TVA à décaisser au titre du mois d'avril.

exos

EXERCICE 05.05

Thème : Calcul de TVA à décaisser

L'entreprise LAURIS commercialise des produits de grande consommation.

Tous ses achats et toutes ses ventes sont soumis au taux normal de TVA.

Pour le mois de mai :

- les acquisitions d'immobilisations se sont élevées à 5 500 € HT ;
- les achats de biens et services ont été égaux à 23 500 € HT ;
- le chiffre d'affaires a été de 58 632 € TTC ;
- les exportations ont représenté 20 % du chiffre d'affaires HT réalisée en France.

Travail à faire

Calculer la TVA due pour le mois de mai

Téléchargez gratuitement tous les corrigés des exercices, ainsi que les exercices complémentaires sur le site Internet : www.expertisecomptable-foucher.com

Les relations avec les fournisseurs et les clients

CHAPITRE 6

PLAN

▶ Dans ce chapitre seront uniquement abordés les achats et les ventes de *biens non immobilisés*, à l'exclusion des achats et des ventes de biens immobilisés, de services, qui seront traités dans les chapitres ultérieurs.

La première section abordera la question sous son aspect général : la structure simple et son analyse comptable de *l'opération achat-vente*.

Les sections suivantes s'attacheront à l'étude du traitement comptable de certaines difficultés inhérentes à cette opération : *les réductions de prix, les frais de port et les emballages*.

1 ▶ Les achats et les ventes

A. Les achats

1. Les comptes utilisés

Comptes à débiter		Comptes à créditer
60	**Achats** ou ses sous-comptes :	Pour les achats à **crédit** : 401 Fournisseurs
601	Achats stockés de matières premières	
602	Achats stockés d'autres approvisionnements 6021 et 6022 Matières et fournitures consommables 6026 Emballages	Pour les achats au **comptant** : 512 Banque 514 Chèques Postaux 531 Caisse
606	Achats non stockés de matières et fournitures	
607	Achats de marchandises *ET*	
44566	**État, TVA déductible sur autres biens et services**	

2. Achats stockés et non stockés

a. Achats stockés

Ils concernent les achats de biens pour lesquels sont tenus des comptes de stock selon la méthode de l'inventaire intermittent. À noter la codification du Plan comptable général assurant une correspondance entre :

– les comptes d'achats : 601 607
– les comptes de stock : 31 37

b. Achats non stockés

Ils concernent les achats de biens pour lesquels ne sont pas tenus de comptes de stock :

– biens non stockables par nature : eau, gaz, électricité ;

– biens stockables, mais dont la tenue de comptes de stock n'est pas souhaitable pour des raisons de simplification au niveau de l'inventaire physique et aussi parce que le coût de la gestion de ces stocks serait trop élevé par rapport à la valeur des biens considérés.

3. Les frais accessoires d'achats

a. Définition

Ce sont des frais liés à l'opération d'achat : frais de transport, primes d'assurance, commissions et courtages, etc.

b. Enregistrement comptable

Selon les conditions d'achats et l'organisation de la comptabilité, on peut utiliser trois méthodes :

• **1re méthode**

Elle consiste à *intégrer ces frais au prix d'achat*, le compte Achats est alors tenu au coût d'achat, sachant que :

Coût d'achat = Prix d'achat + Frais d'achat.

Remarque. Des inconvénients existent car cette méthode n'est pas toujours applicable, dans la mesure où certains frais peuvent être communs à l'achat de plusieurs biens ; la ventilation des frais par nature n'est pas assurée, d'où la nécessité de la présenter dans le cadre de l'Annexe.

• **2e méthode**

Elle consiste à utiliser les comptes de charges par nature du Plan comptable général.

Exemple : **6241** Transports sur achats.

• **3e méthode**

Elle consiste à pratiquer une méthode d'analyse plus fine en utilisant le compte **608** – **Frais accessoires d'achats** et ses sous-comptes assurant ainsi une double ventilation par nature de frais et par catégorie de biens achetés.

Exemple :

608 Frais accessoires **d'achats**

6087 Frais accessoires d'achats de **marchandises**

6087241 Frais accessoires d'achats de marchandises : **transports**.

Exemple

Achats de marchandises : 100 000,00 € Brut HT. Transport : 4 000,00 €. Courtage : 2 000,00 €. Règlement à 3 mois.

- **1re méthode**

		Débit	Crédit
607	Achats de marchandises 100 000,00 + 4 000,00 + 2 000,00	106 000,00	
44566	TVA déduct. s/autres biens et services	20 776,00	
	401 Fournisseurs		126 776,00

- **2e méthode**

		Débit	Crédit
607	Achats de marchandises	100 000,00	
6221	Commissions et courtage sur achats	2 000,00	
6241	Transports sur achats	4 000,00	
44566	TVA déd. s/autres biens et services	20 776,00	
	401 Fournisseurs		126 776,00

- **3e méthode**

		Débit	Crédit
607	Achats de marchandises	100 000,00	
6087221	Commissions et courtages sur achats de marchandises	2 000,00	
6087241	Transports s/achats de marchandises	4 000,00	
44566	TVA déd. s/autres biens et services	20 776,00	
	401 Fournisseurs		126 776,00

B. Les ventes

Comptes à débiter	Comptes à créditer
• Pour les ventes **à crédit** 411 Clients • Pour les ventes au **comptant** 512 Banque 514 Chèques Postaux 531 Caisse	• 70 **Ventes** ou ses sous-comptes : 701 Ventes de produits finis 702 Ventes de produits intermédiaires 703 Ventes de produits résiduels (déchets) 704 Travaux (ex : prestations informatiques) 707 Ventes de marchandises ET • **44571 TVA collectée**

C. Comptabilisation

Exemple

Thème : Enregistrer un achat (pour le client) et une vente (pour le fournisseur) de marchandises à crédit : 3 000 € HT.

Le document schématisé

Facture DOIT

Marchandises HT	3 000,00 €
TVA 19,60 %	588,00 €
Montant TTC	**3 588,00 €**

L'enregistrement comptable

Chez le FOURNISSEUR

411 Clients	3 588	
707 Ventes march.		3 000
44571 TVA collectée		588

Dettes envers l'État

Produit HT

Créances TTC

Chez le CLIENT

607	Achats march.	3 000	
44566	TVA déd. sur ABS	588	
401	Fournisseurs		3 588

Dettes TTC

Créances sur l'État

Charge HT

2 ▶ Les réductions de prix

A. Généralités

Des réductions de prix sont souvent accordées sur le prix brut indiqué sur les tarifs. Ces réductions peuvent avoir un caractère strictement commercial ou financier dû aux conditions de règlement. Il est important de faire dès à présent cette distinction, dans la mesure où ces réductions seront traitées différemment sur le plan de la comptabilisation. En effet, il s'agit de respecter le Plan comptable général, et en particulier, la structure du compte Résultat d'exploitation, Résultat financier, Résultat exceptionnel pour obtenir le Résultat net.

1. Les différentes réductions

a. Les réductions commerciales

– **la remise** : elle est accordée en raison de l'importance et de la qualité du client (*ex* : revendeur) ;

– **le rabais** : il est accordé en raison de la nature du produit vendu (*ex* : fin de séries) ou lors d'un incident survenu à l'occasion de la vente, cet incident pouvant porter atteinte aux intérêts de l'acheteur (ex : qualité du produit non conforme, retard de livraison, etc.) ;

– **la ristourne** : elle est accordée en fin de période, généralement l'année, en fonction du montant du chiffre d'affaires réalisé pendant cette période. Elle a pour but de fidéliser le client.

– Les taux de ces réductions sont très variables, mais relativement importants : de 5 % à 50 %.

b. Les réductions financières : l'escompte de règlement.

Il est accordé au client en fonction de la date de son règlement : règlement au comptant, règlement anticipé (*ex* : 1 mois après la facturation pour une échéance prévue à 3 mois).

Son taux est généralement inférieur à 5 %. Il s'agit, en effet, de respecter les règles en vigueur en matière financière. Ainsi, par exemple, un taux d'escompte de règlement de 3 % pour un paiement anticipé de 2 mois correspond à un taux d'intérêt annuel de : 3 × 12/2 = 18 % !

2. Les documents

Une réduction commerciale accordée à l'occasion d'une vente peut être portée sur :

– **la facture** en déduction du prix de vente brut, on dit que la réduction est « **sur facture** » ; c'est généralement le cas de la remise ;

– un document établi postérieurement à la facture, c'est la **facture d'avoir** ou simplement l'avoir ; on dit qu'il y a réduction « **hors facture** » ; c'est souvent le cas des rabais et toujours des ristournes.

3. Les calculs des réductions

Principe. Lorsque plusieurs réductions interviennent sur une même transaction, le calcul s'effectue « en cascade », *ce qui signifie que le taux de réduction est toujours appliqué au montant net précédent*.

Exemple

Marchandises brut : 3 000,00 € HT ; remise : 10 % ; rabais : 20 %

Marchandise brut		3 000,00 €
Remise 10 %	3 000,00 x 0,10	300,00 €
		2 700,00 €
Rabais 20 %	2 700,00 x 0,20	540,00 €
NET COMMERCIAL		2 160,00 €

On appelle *coefficient multiplicateur* le nombre par lequel il faut multiplier un prix pour obtenir un autre prix.

Exemple 1 : à une réduction de 10 % correspond un coefficient multiplicateur de 0,90.

3 000,00 – (3 000,00 × 0,10) = 2 700,00

ou

3 000,00 × 0,90 = 2 700,00

Exemple 2 : à deux réductions successives de 10 % et de 20 % correspond un coefficient multiplicateur de 0,90 × 0,80 = 0,72.

3 000,00 – (3 000,00 × 0,10) – (2 700,00 × 0,20) = 2 160,00

ou

3 000,00 × 0,72 = 2 160,00

4. Exemple

Thème

Une facture est établie aux conditions suivantes :

- Marchandises brut : 20 000,00 € HT.
- Remise : 10 %
- Rabais : 30 %
- Escompte de règlement : 2 %
- TVA au taux normal.

Facture (schématisée)

Marchandises brut	20 000,00 €	réductions COMMERCIALES
Remise 10 %		
20 000,00 x 0,10	2 000,00 €	
	18 000,00 €	
Rabais 30 %		
18 000,00 x 0,30	5 400,00 €	
NET COMMERCIAL	12 600,00 €	
Escompte de règlement 2 %		
12 600,00 x 0,02	252,00 €	réduction FINANCIÈRE
NET FINANCIER	12 348,00 €	
TVA 19,60 %		
12 348,00 x 0,196	2 420,21 €	
NET À PAYER	14 768,21 €	

B. Comptabilisation

1. Principes

Les règles d'enregistrement sont les suivantes.

Les rabais, remises, ristournes (RRR) ont un caractère commercial :

Les RRR sur facture ne sont pas enregistrés

on enregistre directement le net commercial, c'est-à-dire la différence : Brut – Réduction(s).

Les RRR hors facture sont enregistrés

car ils modifient une facture déjà comptabilisée.

Les escomptes ont un caractère financier :

Les escomptes sont toujours enregistrés

Le fait qu'ils soient sur facture ou hors facture n'est pas pris en considération.

2. Les enregistrements comptables

a. Réductions sur facture

Exemple 1

Facture adressée le 15 mai par le fournisseur A à son client B ; règlement au 30 juin.

Facture DOIT	
Marchandises brut HT	5 000,00 €
Remise 10 %	500,00
NET COMMERCIAL	4 500,00
TVA 19,60 %	882,00
NET À PAYER	**5 382,00 €**

chez le FOURNISSEUR A

	Débit	Crédit
15-05		
411 Clients	5 382	
707 Ventes marchandises (1)		4 500
44571 État, TVA collectée		882

chez le CLIENT B

	Débit	Crédit
17-05		
607 Achats marchandises (1)	4 500	
44566 TVA déduct. sur ABS	882	
401 Fournisseurs		5 382

(1) Net commercial HT : Brut – Remise
↓
non enregistrée

Exemple 2

Facture adressée le 19 mai par le fournisseur A à son client B ; règlement sous huitaine.

Facture DOIT	
Marchandises brut HT	4 000,00 €
Escompte de règlement 2 %	80,00
NET FINANCIER	3 920,00
TVA 19,60 %	768,32
NET À PAYER	**4 688,32 €**

chez le FOURNISSEUR A

		Débit	Crédit
	19-05		
411	Clients	4 688,32	
665	Escomptes accordés [1]	80,00	
707	Ventes march. [1]		4 000,00
44571	TVA collectée		768,32

chez le CLIENT B

		Débit	Crédit
	21-05		
607	Achats marchandises [1]	4 000,00	
44566	TVA déductible sur ABS	768,32	
401	Fournisseurs		4 688,32
765	Escomptes obtenus [1]		80,00

(1) Escompte comptabilisé, car réduction à caractère financier :

Chez le Fournisseur :	**CHARGE hors taxes**	→ 665	symétrie de la codification
Chez le Client :	**PRODUIT hors taxes**	→ 765	

Exemple 3

Facture adressée le 3 juin par le fournisseur C à son client D, règlement sous huitaine.

Facture DOIT	
Marchandises brut HT	6 000,00 €
Rabais 20 %	1 200,00
NET COMMERCIAL	4 800,00
Escompte de règlement 3 %	144,00
NET FINANCIER	4 656,00 €
TVA 19,60 %	912,58
NET À PAYER	**5 568,58 €**

chez le FOURNISSEUR C

		Débit	Crédit
	03-06		
411	Clients	5 568,58	
665	Escomptes accordés	144,00	
707	Ventes marchandises		4 800,00
44571	TVA collectée		912,58

chez le CLIENT D

		Débit	Crédit
	06-06		
607	Achats marchandise	4 800,00	
44566	TVA déd. sur ABS	912,58	
401	Fournisseurs		5 568,58
765	Escomptes obtenus		144,00

b. Réductions hors facture

On rappelle que ces réductions entraînent l'établissement d'un document appelé **avoir**. Leur étude sera effectuée à partir de la facture schématisée suivante :

Facture adressée le 15 octobre par le fournisseur E à son client F ; règlement au 30 novembre.

Marchandises brut HT	8 000,00 €
Remise 10 %	800,00
NET COMMERCIAL	7 200,00
TVA 19,60 %	1 411,20
NET À PAYER	**8 611,20 €**

Cette facture a été enregistrée comme suit :

chez le FOURNISSEUR E

15-10		
411 Clients	8 611,20	
707 Ventes marchandises		7 200,00
44571 TVA collectée		1 411,20

chez le CLIENT F

17-10		
607 Achats marchandises	7 200,00	
44566 TVA déductible sur ABS	1 411,20	
401 Fournisseurs		8 611,20

À partir de la facture précédente choisie comme support et afin de permettre une étude exhaustive de la question, on envisagera dans les quatre exemples suivants **quatre hypothèses distinctes et indépendantes les unes des autres**.

Exemple 1

Hypothèse 1

Après accord, le client F retourne au fournisseur E un quart des marchandises considérées comme défectueuses.

Le 23 octobre, établissement par le fournisseur E de l'avoir correspondant.

Retour de marchandises	1 800,00 €
TVA 19,60 %	352,80
À VOTRE CRÉDIT	**2 152,80 €**

Très important : le montant du retour marchandises est calculé sur le net commercial (dans ce cas : 7 200,00/4 = 1 800,00).

chez le FOURNISSEUR E

23-10		
707 Ventes marchandises	1 800,00	
44571 TVA collectée	352,80	
411 Clients		2 152,80

chez le CLIENT F

25-10		
401 Fournisseurs	2 152,80	
607 achats marchandises		1 800,00
44566 TVA déd. sur ABS		352,80

Cette écriture est la contre-passation de l'écriture enregistrant la facture *Doit*.

Exemple 2

Hypothèse 2

Après accord, le client F conserve toutes les marchandises considérées comme défectueuses mais obtient un **rabais** de 20 %.

Le 23 octobre, établissement par le fournisseur E de l'avoir correspondant.

Rabais 20 %	1 440,00 €
TVA 19,60 %	282,24
À VOTRE CRÉDIT	**1 722,24 €**

⊕ **Très important : le montant du rabais est calculé sur le net commercial (dans ce cas : 7 200,00 × 0,20 = 1 440,00).**

chez le FOURNISSEUR E

23-10	Débit	Crédit
7097 RRR accordés sur ventes marchandises[2]	1 440,00	
44571 TVA collectée	282,24	
411 Clients		1 722,24

chez le CLIENT F

25-10	Débit	Crédit
401 Fournisseurs	1 722,24	
6097 RRR obtenus sur achats marchandises[1]		1 440,00
44566 TVA déd. sur ABS		282,24

[1] diminution de **charge** → 6097

[2] diminution de **produit** → 7097

Dans les deux cas, *le 9 en troisième position indique un fonctionnement du compte en sens inverse.*

Exemple 3

Hypothèse 3

Après accord, le client F retourne le tiers des marchandises et obtient un rabais supplémentaire de 10 % sur les marchandises conservées.

Le 23 octobre, établissement par le fournisseur E de l'avoir correspondant.

Retour de marchandises	
7 200,00/3	2 400,00 €
Rabais 10 %	
(7 200,00 – 2 400,00) × 0,10	480,00
	2 880,00
TVA 19,60 %	564,48
À VOTRE CRÉDIT	3 444,48 €

chez le FOURNISSEUR E

23-10	Débit	Crédit
707 ventes marchandises	2 400,00	
7097 RRR accordés sur ventes marchandises	480,00	
44571 TVA collectée	564,48	
411 Clients		3 444,48

chez le CLIENT F

25-10	Débit	Crédit
401 Fournisseurs	3 444,48	
607 achats marchandises		2 400,00
6097 RRR obtenus sur achats marchandises		480,00
44566 TVA déd. sur ABS		564,48

Exemple 4

Hypothèse 4

Après accord, le client F obtient un escompte de règlement de 5 % pour règlement anticipé avant le 31 octobre.

Le 19 octobre, établissement par le fournisseur E de l'avoir correspondant.

Escompte de règlement 5 %	
7 200,00 × 0,05	360,00 €
TVA 19,60 %	70,56
À VOTRE CRÉDIT	430,56 €

chez le FOURNISSEUR E

19-10		
665 Escomptes accordés	360,00	
44571 TVA collectée	70,56	
411 Clients		430,56

chez le CLIENT F

21-10		
401 Fournisseurs	430,56	
765 Escomptes obtenus		360,00
44566 TVA déd. sur ABS		70,56

Les problèmes de règlement seront traités dans le chapitre 10.

C. Cas de synthèse

Thème

15 janvier : la société MSD livre aux établissements OGE un lot de matières premières : 10 tonnes à 2 500 € HT la tonne aux conditions suivantes : rabais 20 % ; remise 10 % ; escompte de règlement de 2 % pour règlement sous quinzaine ; TVA au taux normal.

18 janvier : envoi de la facture correspondante F3104.

21 janvier : les établissements OGE, mécontents du produit livré, proposent le retour d'un lot de 2 tonnes et un rabais supplémentaire de 30 % sur le reste qu'ils s'engagent à conserver.

21 janvier : la société MDS donne son accord sur ces propositions et adresse l'avoir correspondant AV319.

24 janvier : règlement par chèque bancaire des établissements OGE.

Documents schématisés

Facture F3104

Brut :	
2 500,00 × 10	25 000,00 €
Rabais 20 %	5 000,00
	20 000,00
Remise 10 %	2 000,00
Net commercial	18 000,00
Escompte de règlement 2 %	360,00
Net financier	17 640,00
TVA 19,60 %	3 457,44
Net à payer	**21 097,44 €**

Avoir 319

Retour :	
1 800,00 × 2 [1]	3 600,00 €
Rabais :	
30 % de 14 400,00 [2]	4 320,00
	7 920,00
Escompte de règlement	158,40
	7 761,60
TVA 19,60 %	1 521,27
À votre crédit	9 282,87 €

[1] 2 500 × 0,80 × 0,90 = 1 800,00
[2] 18 000,00 - 3 600,00 = 14 400,00

▶ **Enregistrements comptables**

Chez MSD

18-01		
411 Clients	21 097,44	
665 Escomptes accordés	360,00	
702 Ventes produits intermédiaires		18 000,00
44571 TVA collectée		3 457,44
F 3104		
21-01		
702 Ventes produits interm.	3 600,00	
709 RRR accordés	4 320,00	
44571 TVA collectée	1 521,27	
411 Clients		9 282,87
665 Escomptes accordés		158,40
AV319		
25-01		
512 Banque	11 814,57	
411 Clients		11 814,57
ch n°...		

Chez OGE

19-01		
601 Achats mat. premières	18 000,00	
44566 TVA déd. sur ABS	3 457,44	
401 Fournisseurs		21 097,44
765 Escomptes obtenus		360,00
F 3104		
22-01		
401 Fournisseurs	9 282,87	
765 Escomptes obtenus	158,40	
601 Achats mat. prem.		3 600,00
609 RRR obtenus		4 320,00
44566 TVA déd. sur ABS		1 521,27
AV319		
24-01		
401 Fournisseurs	11 814,57	
512 banque		11 814,57
ch n°...		

3 ▶ Les avances et les acomptes

A. Définitions

• L'acompte est un versement effectué *avant l'exécution de la commande*.

• L'avance est un versement effectué sur justification *d'exécution partielle de la commande* : ce versement n'est donc pas, contrairement à l'acompte, remboursable par le fournisseur en cas de non-exécution de la vente.

• Le montant de l'avance ou de l'acompte est, bien entendu, *déduit du montant de la vente* au moment de la facturation définitive.

B. La comptabilisation

1. Le thème

• 01.04.N : Le client PAUL verse, par virement bancaire, au fournisseur HENRI, un acompte de 2 000 € en prévision d'une livraison de marchandises qui sera effectuée en juin (N).

• 05.06.N : La livraison est effectuée ; le montant de la facture définitive s'élève à 8 000 € hors taxes ; le règlement est effectué au comptant par chèque bancaire.

2. Les écritures comptables

chez le client PAUL

01.04.N		
4091 Fournisseurs. Avances et acomptes versés sur commandes	2 000	
512 Banque		2 000
05.06.N		
607 Achats de marchandises	8 000	
44566 TVA déductible	1 568	
4091 Fournisseurs. Avances et acomptes versés sur commandes		2 000
512 Banque		7 568

↳ pour solde

→ **9** en 3e position : compte de Fournisseurs **débiteurs** fonctionnant en sens inverse du compte Fournisseurs

chez le fournisseur HENRI

01.04.N		
512 Banque	2 000	
4191 Clients. Avances et acomptes versés sur commandes		2 000
05.06.N		
4191 Avances et acomptes versés sur commandes	2 000	
512 Banque	7 568	
707 Ventes de marchandises		8 000
44571 TVA collectée		1 568

↳ pour solde

→ **9** en 3e position : compte de Clients **créditeurs** fonctionnant en sens inverse du compte Clients

4 ▶ Les frais de port

Il faut envisager plusieurs hypothèses.

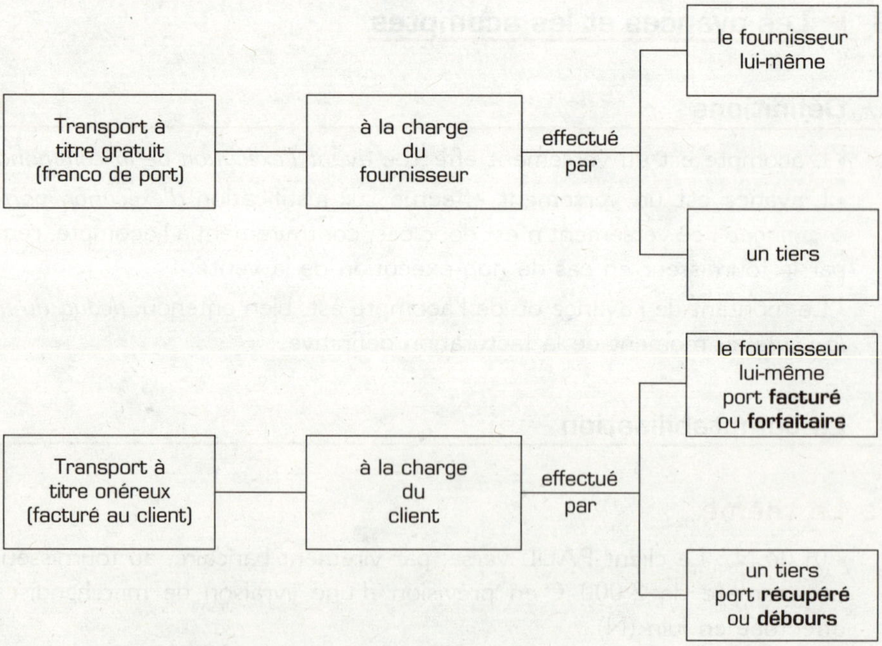

Cas particulier : vente stipulée départ ; *l'opération de transport est dissociée de la vente.*

A. Transport à titre gratuit : franco de port

– Le transport est à la charge du fournisseur ; il n'y a donc aucune incidence comptable pour le client.

– Le transport est effectué par les moyens logistiques du fournisseur lui-même ou par un tiers transporteur (exemple : SNCF).

1. Transport effectué par le fournisseur lui-même

Les frais de camionnage correspondants (salaires des chauffeurs, carburant, entretien de véhicules) sont compris dans l'ensemble des charges de l'entreprise ; *il n'y a donc aucun enregistrement comptable spécifique*.

2. Transport effectué par un tiers transporteur

Les charges correspondantes sont enregistrées dans le compte **6242. Transports sur ventes**.

DÉBIT :	6242	Transports sur ventes
	44566	TVA déductible sur autres biens et services
CRÉDIT :	401	Fournisseurs
		ou
	512	Banque

B. Transport à titre onéreux facturé au client

Le transport est à la charge du client : il y aura donc un traitement comptable, à la fois chez le fournisseur et chez le client.

Il s'agit de distinguer deux possibilités.

1. Transport effectué par le fournisseur

Le fournisseur facture au client un *supplément de prix*, s'ajoutant au prix du produit livré, et *soumis au même taux de TVA que celui inhérent à ce produit* ; il s'agit du port **forfaitaire (ou facturé)**.

Exemple

Le fournisseur PAUL adresse au client HENRI la facture suivante :

Marchandises HT	4 000
Port facturé HT	500
	4 500
TVA 19,60 %	882
Net à payer TTC	5 382

chez le fournisseur PAUL

	Débit	Crédit
411 Clients	5 382	
707 Ventes de marchandises		4 000
7085 Ports facturés (1)		500
44571 TVA collectée		882

chez le client HENRI

	Débit	Crédit
607 Achats de marchandises	4 000	
6241 Transports sur achats (2)	500	
44566 TVA déductible sur ABS	882	
401 Fournisseurs		5 382

(1) *sous-compte de 708 Produits des activités annexes* ; car il s'agit d'une activité annexe liée à l'activité principale, la commercialisation du produit vendu.

(2) *transport à la charge du client.*

2. Transport effectué par un tiers

Le fournisseur règle le montant du transport au tiers qui l'effectue, et *récupère ce montant, à l'euro près, auprès de son client* : il s'agit du port **débours (ou récupéré)**.

Exemple

– 07.04.N : Le fournisseur PAUL fait livrer des marchandises à son client HENRI par l'intermédiaire de la SNCF qui établit la note suivante, réglée au comptant par chèque.

Port HT	250
TVA 19,60 %	49
Net à payer TTC	299

– 15.04.N : Le fournisseur PAUL adresse à son client la facture suivante :

Marchandises HT	8 500
TVA 19,60 %	1 666
	10 166
Transport SNCF (dont TVA 99)	299
Net à payer TTC	10 465

Règlement fin de mois

chez le fournisseur PAUL

	Débit	Crédit
07.04		
6242 Transports sur ventes	250	
44566 TVA déductible sur ABS	49	
512 Banque		299
15.04		
411 Clients	10 465	
707 Ventes de marchandises		8 500
6242 Transports sur ventes (1)		250
44566 TVA déductible sur ABS (1)		49
44571 TVA collectée		1 666

chez le client HENRI

	Débit	Crédit
07.04		
aucune incidence		
15.04		
607 Achats de marchandises	8 500	
6241 Transports sur achats	250	
44566 TVA déductible sur ABS (49 + 1666)	1 715	
401 Fournisseurs		10 465

(1) pour *récupération*

C. Vente stipulée départ

L'opération de port peut être dissociée de l'opération de vente, à condition que le transport soit facturé distinctement au client, et qu'il soit aux risques de l'acheteur.

Dans cette hypothèse, *le port est soumis au taux de 19,60 % quel que soit le taux appliqué au produit vendu*.

Exemple

Marchandises HT	15 000
TVA 7 %	1 050
	16 050
Port récupéré (dont TVA à 19,60 % : 98)	598
Net à payer TTC	16 648

chez le fournisseur

	Débit	Crédit
411 Clients	16 648	
707 Ventes de marchandises		15 000
6242 Transports sur ventes (598 – 98)		500
44566 TVA déductible sur ABS		98
44571 TVA collectée		1 050

chez le client

	Débit	Crédit
607 Achats de marchandises	15 000	
6241 Transports sur achats	500	
44566 TVA déductible sur ABS (98 + 1 050)	1 148	
401 Fournisseurs		16 648

5 ▶ Les consignations d'emballages

A. Les types d'emballages

Il existe deux grands types d'emballages :

• ceux qui restent en permanence dans l'entreprise (citernes à gaz par exemple) et qui **sont des immobilisations** inscrites le plus souvent au compte **2153** *Installations à caractère spécifique* ;

• ceux qui contiennent des marchandises vendues, ils se divisent en deux grandes catégories :

– **les emballages perdus**, vendus avec la marchandise (cartons, papiers, ficelle), qui supportent la TVA au même taux que le produit (comptes à utiliser : **3261** et **60261**) ; *leur montant, inclus dans le prix de la marchandise vendue, n'est donc pas comptabilisé* dans un compte spécifique au moment de la vente ;

– **les emballages récupérables**, livrés avec la marchandise (certaines bouteilles par exemple), et généralement consignés par le fournisseur au client ; ils peuvent être **identifiables** (grâce à un numéro, une marque, etc.) et sont alors inscrits en immobilisation au compte **2186** Emballages récupérables ; ou **non identifiables**, cas le plus fréquent (comptes à utiliser : **3265** et **60265**).

Certains peuvent être aussi bien perdus que récupérables : ce sont les emballages à usage mixte (comptes : **3267** et **60267**).

Il ne sera question ici que des emballages qui ne sont pas des immobilisations.

Les consignations d'emballages se font hors TVA, mais la TVA doit être collectée :

– si les emballages sont repris par le fournisseur à un prix inférieur au prix de consignation ;

– si les emballages sont conservés par le client.

B. L'enregistrement comptable

Exemple

Thème : Soit les opérations suivantes effectuées au cours du mois d'octobre.

– 05-10 : le fournisseur Paul envoie au client Pierre la facture F2131 concernant la livraison de marchandises : montant brut 2 000 € HT et la consignation de 10 emballages à 40 € l'un.

– 09-10 : le client retourne 5 emballages en parfait état. La facture d'avoir AV312 est établie, les emballages étant repris au prix de consignation.

– 12-10 : le client retourne 2 emballages légèrement détériorés qui ne sont alors repris qu'à 30 € l'un (facture d'avoir AV347).

– 15-10 : le client avise son fournisseur qu'il conserve les 3 emballages restant (facture complémentaire F2158).

Documents

a) facture F2131

Marchandises brut	2 000,00
TVA 19,60 %	392,00
	2 392,00
Consignation : 40 × 10 [1]	400,00
NET À PAYER	**2 792,00 €**

[1] montant HT.

b) facture d'avoir AV312

Retour de 5 emballages	
40 × 5	200,00
À VOTRE CRÉDIT	**200,00 €**

c) facture d'avoir AV347

Retour de 2 emballages	
40 × 2	80,00
À déduire [1] :	
(40 – 30) × 2 = 20,00	
TVA 19,60 % = 3,92	– 23,92
À VOTRE CRÉDIT	**56,08 €**

[1] La différence entre le prix de consignation et le prix de reprise est considérée comme la rémunération d'un service rendu (location) : il s'agit donc d'un fait générateur de TVA.

d) facture F2158

TVA sur emballages [1]	
non rendus : (40 × 3) × 19,60 %	23,52
NET À PAYER	23,52 €

[1] Les emballages non restitués sont considérés comme vendus : le prix de vente hors taxe, égal au prix de consignation, a déjà été payé. Il s'agit ici de facturer la TVA correspondante.

Écritures

a) facturation initiale avec consignation

Chez le FOURNISSEUR PAUL

Compte	Libellé	Débit	Crédit
	05-10		
411	Clients	2 792,00	
707	Ventes marchandises		2 000,00
44571	TVA collectée		392,00
4196	Clients, dettes pour emballages consignés [1]		400,00
	F2131		

Chez le CLIENT PIERRE

Compte	Libellé	Débit	Crédit
	06-10		
607	Achats marchandises	2 000,00	
44566	TVA déductible sur ABS	392,00	
4096	Fournisseurs, créances pour emballages à rendre [2]	400,00	
401	Fournisseurs		2 792,00
	F2131		

[1] à rembourser → ***dette*** → compte ***crédité***
codification : **4196**
41 → clients
9 → 3e position → sens inverse → ***clients créditeurs***

[2] à récupérer → ***créance*** → compte débité
codification : **4096**
40 → Fournisseurs
9 → 3e position → sens inverse → ***fournisseurs débiteurs***

b) déconsignation (restitution ou reprise) au prix de consignation

Chez le FOURNISSEUR PAUL

Compte	Libellé	Débit	Crédit
	09-10		
4196	Clients, dettes pour emballages consignés	200,00	
411	Clients		200,00
	Avoir AV312		

Chez le CLIENT PIERRE

Compte	Libellé	Débit	Crédit
	11-10		
401	Fournisseurs	200,00	
4096	Fournisseurs, créances pour emballages érendre		200,00
	Avoir AV312		

c) déconsignation (restitution ou reprise) à un prix inférieur au prix de consignation

Chez le FOURNISSEUR PAUL	Débit	Crédit
12-10		
4196 Clients, dettes pour emballages consignés	80,00	
7086 Boni sur reprise d'emb. consignés [1]		20,00
44571 TVA collectée		3,92
411 Clients		56,08
Avoir AV347		

Chez le CLIENT PIERRE	Débit	Crédit
14-10		
401 Fournisseurs	56,08	
6136 Malis sur emballages [2]	20,00	
44566 TVA déductible sur ABS	3,92	
4096 Fournisseurs, créances pour emballages à rendre		80,00
Avoir AV347		

[1] sous-compte de **708** Produits des activités annexes, car il s'agit d'un produit généré par une opération secondaire liée à la vente.
[2] sous-compte de **613** Locations, car il s'agit d'une charge générée par une opération assimilée à une location.

d) facturation ferme (non restitution)

Chez le FOURNISSEUR PAUL	Débit	Crédit
15-10		
4196 Clients, dettes pour emballages consignés [1]	120,00	
411 Clients [2]	23,52	
7088 Ventes d'emballages consignés [1]		120,00
44571 TVA collectée [2]		23,52
Facture F2158		

Chez le CLIENT PIERRE	Débit	Crédit
17-10		
6026 Achats d'emballages [1]	120,00	
44566 TVA déd. sur ABS [2]	23,52	
4096 Fournisseurs, créances pour emballages à rendre [1]		120,00
401 Fournisseurs [2]		23,52
Facture F2158		

[1] Transformation de la consignation en vente (fournisseur) ou en achat (client).
[2] TVA non imputée au moment de la consignation HT.

Inconvénient de cette solution :

Il faut établir des factures de faible montant, de plus peut-être difficiles à recouvrer.

Pour cette raison, on adopte souvent une autre solution : il suffit de décider, par convention préalable, que le montant de la vente est TVA incluse.

Chez le FOURNISSEUR PAUL	Débit	Crédit
15-10		
4196 Clients, dettes pour emballages consignés	120,00	
7088 Ventes d'emballages consignés 120/1,196		100,33
44571 TVA collectée 120/1,196		19,67
Facture F2158		

Chez le CLIENT PIERRE	Débit	Crédit
17-10		
6026 Achats d'emballages 120/1,196	100,33	
44566 TVA déductible sur ABS 120/1,196	19,67	
4096 Fournisseurs, créances pour emballages à rendre		120,00
Facture F2158		

C. Les fiches de stock

Ces fiches, tenues en **quantité**, permettent de suivre l'évolution du stock d'emballages récupérables et de ses composantes.

1. Le stock d'emballages récupérables

Ce stock se décompose en un **stock d'emballages en magasin** et **un stock d'emballages sortis**, en consignation chez les clients ; en effet, ces emballages sont un élément du patrimoine de l'entreprise et doivent être intégrés dans les stocks.

Stock d'emballages récupérables
=
Stock d'emballages en magasin
+
Stock en consignation chez les clients

2. Incidence des opérations d'emballages sur les composantes du stock

Opérations	Stock en magasin	Stock en consignation	Stock global
Achats	↗	→	↗
Consignations	↘	↗	→
Déconsignations	↗	↘	→
Ventes	→	↘	↘

Le stock global est uniquement affecté par les mouvements **externes** (achats, ventes). Par contre, les mouvements **internes** (consignations et déconsignations) ne modifient pas le **stock global**.

3. Exemple

▶ **Thème**

Le 1er mars, le stock d'emballages d'une entreprise est de 400 emballages : 250 en magasin et 150 en consignation chez les clients. Opérations effectuées au cours du mois de mars :

- Le 5 : consignation de 30 emballages.
- Le 8 : achat de 50 emballages.
- Le 11 : déconsignation de 20 emballages.
- Le 15 : consignation de 35 emballages.
- Le 18 : consignation de 10 emballages.
- Le 21 : facturation ferme de 25 emballages.
- Le 26 : déconsignation de 15 emballages.

La fiche de stock

Dates	Opérations	Stock en magasin			Stock chez les clients			Stock global
		Entrée	Sortie	Stock	Entrée	Sortie	Stock	
01-03	Stock			250			150	400
05-03	Consignation		30	220	30		180	400
08-03	Achats	50		270			180	450
11-03	Déconsignation	20		290		20	160	450
15-03	Consignation		35	255	35		195	450
18-03	Consignation		10	245	10		205	450
21-03	Facturation ferme			245		25	180	425
26-03	Déconsignation	15		260		15	165	425

Au 31 mars :

stock en magasin :	260
stock chez les clients :	165
stock global	425

Le **stock global** est de 425 emballages.

6 Exemple de synthèse : facturation, port, emballages

Thème

• Le 3 février N, l'entreprise X livre à l'entreprise Y un lot de marchandises aux conditions suivantes :

– Brut marchandises 42 000 € HT ; Remise 10 % ;

– Rabais 30 % ; Port forfaitaire : 5 400 € HT ;

– Consignation de 200 emballages à 30 € l'un ;

– TVA au taux normal. X adresse à Y la facture correspondante F6215.

• Le 8 février, Y retourne à X 120 emballages qui sont repris au prix de consignation ; facture d'avoir AV513.

• Le 15 février, Y retourne à X 50 emballages. X considère que ces emballages sont détériorés et les reprend à 20 € l'un ; facture d'avoir AV529.

• Le 22 février, Y informe X qu'il conserve les emballages encore en sa possession. X lui adresse alors la facture F6349.

Documents

• La facturation initiale

Facture F6215	***3 février***
Brut marchandises	42 000,00 €
Remise 10 %	4 200,00
	37 800,00
Rabais 30 %	11 340,00
	26 460,00
Port forfaitaire	5 400,00
	31 860,00
TVA 19,60 %	6 244,56
	38 104,56
Consignation d'emballages : 200 à 30 €	6 000,00
NET À PAYER	**44 104,56 €**

• Reprise au prix de consignation

Avoir AV 513	***8 février***
Reprise d'emballage	
120 à 30	3 600
À VOTRE CRÉDIT	***3 600 €***

• Reprise à un prix inférieur au prix de consignation

Avoir AV 529	***15 février***	
Reprise d'emballage		
50 à 30		1 500 €
À déduire :		598
50 (30-20)	500	
TVA 19,60 %	98	
	598	
À VOTRE CRÉDIT		***902 €***

• Non-restitution : facturation ferme

Facture F 6349	***22 février***
TVA sur emballages non restitués	
30 × 30 × 19,60 %	176,40
NET À PAYER	176,40 €

Enregistrements comptables

[Chez X]

Date	Comptes	Débit	Crédit
03-02	411 Clients	44 104,56	
	707 Ventes m/ses		26 460,00
	7085 Ports facturés		5 400,00
	44571 TVA collectée		6 244,56
	4196 Clients, dettes pour emb. consignés		6 000,00
	Facture F 6215		
08-02	4196 Clients, dettes pour emb. consignés	3 600,00	
	411 Clients		3 600,00
	Avoir AV513		
15-02	4196 Clients, dettes pour emb. consignés	1 500,00	
	7086 Boni sur reprise d'emb. consignés		500,00
	44571 TVA collectée		98,00
	411 Clients		902,00
	Avoir AV 529		
22-02	4196 Clients, dettes pour emb. consignés	900,00	
	411 Clients	176,40	
	70886 Ventes emballages		900,00
	44571 TVA collectée		176,40
	Facture F6349		

[Chez Y]

Date	Comptes	Débit	Crédit
04-02	607 Achats marchandises	26 460,00	
	6241 Transport sur achat	5 400,00	
	44566 TVA déd. sur ABS	6 244,56	
	4096 Fournisseurs, créances pour emb. à rendre	6 000,00	
	401 Fournisseurs		44 104,56
	Facture F 6215		
09-02	401 Fournisseurs	3 600,00	
	4096 Fournisseurs, créances pour emb. à rendre		3 600,00
	Avoir AV513		
16-02	401 Fournisseurs	902,00	
	6136 Mali sur emballages	500,00	
	44566 TVA déd. sur ABS	98,00	
	4096 Fournisseurs, créances pour emb. à rendre		1 500,00
	Avoir AV 529		
23-02	6026 Achat d'emballages	900,00	
	44566 TVA déd. sur ABS	176,40	
	4096 Fournisseurs, créances pour emb. à rendre		900,00
	401 Fournisseurs		176,40
	Facture F6349		

À RETENIR

• Les achats et les ventes conduisent à l'utilisation des comptes suivants :

Achats (chez le client)			Ventes (chez le fournisseur)		
Débit :	60	**Achats**	Débit :	411	**Clients**
	44566	**État, TVA déductible sur ABS**			ou
Crédit :	401	**Fournisseur**		512	**Banque**
		ou	Crédit :	70	**Ventes**
	512	**Banque**		44571	**État, TVA collectée**

• Les réductions de *caractère commercial* (rabais, remises, ristournes) ou de *caractère financier* (escomptes de règlement) sont accordées *sur facture ou hors facture* (dans ce cas, établissement d'une facture d'avoir)

- Les réductions de caractère commercial sur facture ne sont pas comptabilisées.

Hors facture, sont utilisés les comptes :

609 *Rabais, remises et ristournes obtenus* → chez le client

709 *Rabais, remises et ristournes accordés* → chez le fournisseur

- Les réductions de caractère financier sont toujours comptabilisées.

Sont utilisés les comptes :

765 *Escomptes obtenus* → chez le client

665 *Escomptes accordés* → chez le fournisseur

- En cas de plusieurs réductions successives, les réductions sont calculées *en cascade.*
- Chez le client, les frais de port sont toujours enregistrés au débit du compte **6241** *Transports sur achats.*
- Chez le fournisseur, deux cas sont à considérer :

– Le transport est effectué par le fournisseur lui-même : crédit de **7085** *Ports facturés (compte de produit)*

– Le transport est effectué par un tiers : crédit de **6242** *Transports sur ventes (récupération de charge)*

- Les opérations sur emballages récupérables (consignation, retour, facturation ferme) sont enregistrées dans les comptes suivants :

– Chez le Client : **4096** *Fournisseurs, créances pour emballages à rendre* et éventuellement **6136** Malis sur emballages

– Chez le Fournisseur : **4196** *Clients, dettes pour emballages consignés* et éventuellement **7086** Bonis sur reprises d'emballages consignés.

Les conseils

1➤ Noter la correspondance entre les comptes de stock et les comptes d'achat : **37** et **607**.

2➤ Comprendre la différence entre les achats stockés et les achats non stockés.

3➤ Assimiler les différentes méthodes de comptabilisation des frais accessoires d'achat, en particulier l'utilisation du sous-compte **608** Frais accessoires sur achats.

4➤ Le compte **60** Achats et le compte **70** Ventes sont tenus hors taxes. Les comptes de Trésorerie ou les comptes **401** Fournisseurs et **411** Clients utilisés en contrepartie sont tenus TTC.

5➤ Différencier les réductions à caractère commercial (rabais, remises, ristournes) et les réductions à caractère financier (escompte de règlement).

6➤ Dans le cas de plusieurs réductions, le calcul de leurs montants est effectué « en cascade ».

7➤ Comprendre l'utilisation et l'intérêt du coefficient multiplicateur.

8➤ Les réductions sur factures ne sont pas comptabilisées.

9➤ Les réductions hors factures sont enregistrées dans des comptes dont il faut bien comprendre la nature et la codification : le 9 en troisième position indique un fonctionnement en sens inverse, ainsi :

– **6097** → charge soustractive

– **7097** → produit soustractif

10➤ Les escomptes de règlement sont toujours comptabilisés qu'ils soient sur facture ou hors facture.

11➤ Noter la symétrie entre **665** Escomptes accordés et **765** Escomptes obtenus

12➤ Les retours de marchandises génèrent des écritures en sens inverse de celle d'achat ou de vente.

13➤ Maîtriser l'enchaînement de certaines transactions commerciales :

– *Exemple* : achat (ou vente) avec réduction sur facture, puis retour et / ou réduction hors facture.

14➤ Dans ces cas complexes, ne pas oublier de tenir compte des réductions déjà effectuées antérieurement.

15➤ Bien retenir la terminologie : facture (ou facture DOIT) et avoir (ou facture d'AVOIR).

16➤ Remarquer la position du chiffre **9** en 3e position dans les comptes **4091** et **4191**.

17➤ Distinguer port à titre gratuit et port à titre onéreux.

18➤ Port facturé : même taux que la marchandise, sauf s'il s'agit d'une vente départ : le port est alors dissocié de la vente et taxé à 19,60 %.

19➤ Port récupéré : englobe déjà la TVA ; bien voir les deux solutions, la seconde étant évidemment la plus rigoureuse.

20➤ Pour la seconde solution, bien analyser :

– la perte de déductibilité de la TVA sur ce port pour le fournisseur ;

– le transfert de déductibilité de la TVA au profit du client.

21➤ Ne pas confondre les emballages qui demeurent en permanence dans l'entreprise (comptes de la classe 2) avec ceux qui sont livrés avec la marchandise vendue.

22➤ Parmi ceux-ci, distinguer les emballages perdus (aucune incidence comptable) des emballages récupérables consignés (source d'enregistrement comptable).

23➤ Noter la codification, la nature et la signification des comptes

4196 → dette envers le client créditeur
4096 → créance sur le fournisseur débiteur
} **9** en 3e position → sens inverse

24➤ La consignation est, en principe, effectuée hors taxes : les comptes **4096** et **4196** sont donc tenus hors taxes.

25➤ Maîtriser le mécanisme comptable dans le cas de la reprise à un prix inférieur au prix de consignation avec, en particulier, la prise en compte de la TVA.

26➤ Noter la nature du boni et du mali sur reprise d'emballages qui justifie leur codification.

27➤ Dans le cas de non-restitution, bien comprendre que seule la TVA doit être imputée au client : le montant de l'emballage lui a déjà été imputé au moment de la consignation.

28➤ Constater les difficultés générées par cette méthode au niveau du recouvrement du montant de la TVA, d'où l'autre méthode qui consiste à considérer le montant de la vente (prix de consignation) TVA incluse.

29➤ Quelle que soit l'issue d'une opération de consignation (déconsignation ou facturation ferme) les comptes **4096** et **4196** doivent être soldés.

30➤ Il est tenu des fiches de stock d'emballages en quantité.

7 ▶ Applications

VRAI/FAUX

Les affirmations suivantes sont-elles vraies ou fausses ?

1. Les comptes d'achats et de ventes sont tenus TTC. Vrai ☐ Faux ☐

2. Les comptes **401** Fournisseurs et **411** Clients sont tenus TTC. Vrai ☐ Faux ☐

3. Les achats de marchandises sont des achats stockés. Vrai ☐ Faux ☐

4. Les achats de fournitures de bureau sont toujours considérés comme des achats stockés. Vrai ☐ Faux ☐

5. L'utilisation du compte **608** Frais accessoires sur achats et de ses sous-comptes permet de ventiler les charges en charges par nature. Vrai ☐ Faux ☐

6. Les RRR (Rabais. Remises. Ristournes) accordés ou obtenus sont toujours comptabilisés. Vrai ☐ Faux ☐

7. Les escomptes de règlement ne sont pas toujours comptabilisés. Vrai ☐ Faux ☐

8. À une remise de 10 % et un rabais de 30 % correspond un coefficient multiplicateur de 0,63. Vrai ☐ Faux ☐

9. Le compte **6097** est un compte de charges. Vrai ☐ Faux ☐

10. Le compte **7097** est un compte de produits. Vrai ☐ Faux ☐

11. Les comptes **6097** et **7097** sont tenus HT. Vrai ☐ Faux ☐

12. Les comptes **665** et **765** ont une influence sur le résultat d'exploitation. Vrai ☐ Faux ☐

13. Un avoir génère toujours un crédit du compte **411** Clients. Vrai ☐ Faux ☐

14. Un avoir génère toujours un crédit du compte **401** Fournisseurs. Vrai ☐ Faux ☐

15. Une transaction commerciale peut donner lieu à plusieurs factures d'avoir. Vrai ☐ Faux ☐

16. Dans le cas de franco de port, le client fait jouer le compte **6421**. Vrai ☐ Faux ☐

17. Le fournisseur qui effectue lui-même le transport débite le compte **6242**. Vrai Faux

18. Les frais de port sont exonérés de TVA. Vrai Faux

19. Le port est généralement soumis à la TVA au même taux que la marchandise. Vrai Faux

20. Le compte **7085** enregistre le produit d'une activité annexe de l'entreprise. Vrai Faux

21. Le port dit « récupéré » englobe la TVA. Vrai Faux

22. Les emballages perdus sont comptabilisés. Vrai Faux

23. Un emballage récupérable peut être identifiable. Vrai Faux

24. La consignation d'emballages s'enregistre TVA comprise. Vrai Faux

25. Le compte **4196** Clients, dettes pour emballages consignés est toujours créditeur. Vrai Faux

26. Le compte **4096** Fournisseurs, créances pour emballages à rendre apparaît à l'actif du Bilan. Vrai Faux

27. Le compte **6136** Malis sur emballages est utilisé par le fournisseur. Vrai Faux

28. Les comptes **7086** Bonis sur reprise d'emballages consignés et **6136** Malis sur emballages sont tenus hors taxes. Vrai Faux

29. En cas de non-restitution, le client est débité du montant de l'emballage consigné. Vrai Faux

30. En cas de non-restitution d'un emballage, le prix de consignation peut être considéré comme un prix de vente TVA incluse. Vrai Faux

EXERCICE 06.01

Thème : Facture avec réductions : calculs. Comptabilisation

Le 15 octobre N, le fournisseur A livre un lot de 10 tonnes de matières premières à son client B aux conditions suivantes :

- Prix de catalogue 820 € HT la tonne.
- Remise 5 %.
- Rabais 10 %.
- Escompte de règlement : 2 %.
- TVA au taux normal.

Travail à faire

1. Présenter la facture schématisée.

2. Déterminer le coefficient multiplicateur qui permet d'obtenir le prix de vente TTC à partir du prix de vente brut HT. Vérifier.

3. Enregistrer cette facture chez A et chez B.

exos

EXERCICE 06.02

Thème : Retour. Avoir avec réductions antérieures : calculs. Comptabilisation

Reprendre les données de l'exercice 06.05

Le 23 octobre N, le fournisseur A accepte, sur la demande de son client B, de lui reprendre un lot de matières premières détérioré représentant 14 de la quantité livrée le 15 octobre. Il lui adresse l'avoir correspondant le 24 octobre.

Travail à faire

1. **Présenter l'avoir schématisé.**
2. **Enregistrer cet avoir chez A et chez B.**

EXERCICE 06.03

Thème : Facture avec réductions et port facturé. Avoir

Les éléments d'une facturation sont les suivants :

Doit : marchandises : 6 000 € HT ; remises : 10 % et 5 % ; escompte : 2 % ; port facturé : 164 € HT ; TVA au taux normal.

Avoir pour retour de 200 € (brut) de marchandises.

Travail à faire

Enregistrer ces deux factures chez le client et chez le fournisseur.

EXERCICE 06.04

Thème : Facturation avec réduction, port et emballages consignés (divers cas)

Le 1er février, A adresse à Z la facture suivante :

- marchandises A : 3 000 € HT ;
- marchandises B : 5 000 € HT ;
- remise : 10 % ;
- escompte : 2 % ;
- TVA : 19,60 % ;
- emballages consignés : 10 à 50 € l'un ;
- port récupéré : 47,84 € TVA au taux normal incluse.

Le 28 février, Z restitue 5 emballages repris 50 € l'un et 2 emballages repris 40 € l'un et déclare conserver les 3 autres.

Il ne s'agit pas d'emballages immobilisés.

Travail à faire

Enregistrer ces opérations chez A et chez Z.

Téléchargez gratuitement tous les corrigés des exercices, ainsi que les exercices complémentaires sur le site Internet : www.expertisecomptable-foucher.com

CHAPITRE 7

Les relations avec les prestataires divers

PLAN

► Au cours du chapitre précédent, nous avons évoqué les relations avec les transporteurs. L'entreprise, dans le cadre de son exploitation, est appelée à traiter avec d'autres prestataires de services : sous-traitants, réparateurs (garagistes, par exemple), assureurs, publicistes, expert-comptable... Ces services génèrent des charges qui nécessitent une analyse et un enregistrement comptable.

1 ► Principes

A. Un exemple

Exemple

Le 15-12-N, l'entreprise règle par chèque bancaire la facture de son garagiste relative à la réparation d'un véhicule utilitaire.

Montant HT	2 530,00
TVA 19,60 %	495,88
Net à payer	**3 025,88 €**

L'enregistrement comptable se traduira par l'écriture :

Imputation de la charge HT ←	615		Entretien et réparations	2 530,00	
	44566		TVA déductible sur autres biens et services	495,88	
		512	Banque [1]		3 025,88
			ch n° 066123		

[1] ou bien 401 Fournisseurs si le règlement n'est pas effectué au comptant.

B. Généralisation : le compte 61-62 Autres charges externes

1. Justification du terme « externes »

Ce sont des *charges consommées par l'entreprise* considérées comme des charges intermédiaires par la comptabilité nationale. Il s'agit d'enregistrement de charges générées par une *prestation de service* ***externe*** *et non* ***interne*** *à l'entreprise*.

Exemple

Rémunération de la secrétaire salariée de l'entreprise :
641 Rémunérations du personnel
Rémunération de la secrétaire intérimaire par une entreprise de travail temporaire :
621 Personnel extérieur à l'entreprise

2. Ventilation du compte : 61-62 Autres charges externes

61 Services extérieurs : charges en relation avec l'investissement de l'entreprise

Exemple : **612** redevances sur crédit-bail.

62 Autres services extérieurs : charges en relation avec l'activité de l'entreprise.

Exemple : **623** publicité, publications, relations publiques.

3. Les sous-comptes

61 Services extérieurs

- **611** Sous-traitance générale
- **612** Redevances de crédit-bail
- **613** Locations
- **614** Charges locatives et de copropriété
- **615** Entretien et réparations
- **616** Primes d'assurances
- **617** Études et recherches
- **618** Divers

62 Autres services extérieurs

- **621** Personnel extérieur à l'entreprise
- **622** Rémunérations d'intermédiaires et honoraires
- **623** Publicité, publications, relations publiques
- **624** Transports de biens et transports collectifs de personnel
- **625** Déplacements, missions et réceptions
- **626** Frais postaux et frais de télécommunication
- **627** Services bancaires et assimilés
- **628** Divers

Remarque. Concernant le compte **627** Services bancaires et assimilés, les charges imputées à ce compte correspondent à des *services rendus par le banquier* (frais sur achat, vente et garde de titres, location de coffre-fort...) *à l'exclusion de toute autre charge de caractère financier* (intérêts des emprunts, découverts...).

2 ▶ Exemples

▶ Thème

Au cours du mois de mars de l'année N, l'entreprise Camille a reçu, entre autres, les notes et factures suivantes :

03 – Éts Métalsud : fabrication d'un outillage 2 420 € HT.

11 – Garage Saint-Geours : réparation d'un véhicule : 640 € HT.

15 – Sté Edito : abonnement annuel à une revue technique : 180 € HT.

18 – honoraires de l'expert-comptable pour l'exercice écoulé : 1 830 € HT.

20 – France-Télécom : abonnement et communications téléphoniques de janvier et février : 650 € HT.

26 – Banque du Bearn : frais de garde des titres : 64 € HT.

Les règlements ont été effectués au comptant par chèque bancaire sauf celui des Établissements Métalusud à échéance 30 avril.

L'enregistrement comptable

03-03-N		
611 Sous-traitance générale	2 420,00	
44566 TVA déduct. s/autres biens et services	474,32	
401 Fournisseurs		2 894,32
11-03-N		
615 Entretien et réparation	640,00	
44566 TVA déduct. s/autres biens et services	125,44	
512 Banque		765,44
15-03-N		
6183 Documentation technique	180,00	
44566 TVA déduct. s/autres biens et services	35,28	215,28
512 Banque		
18-03-N		
622 Rémun. d'intermédiaires honoraires	1 830,00	
44566 TVA déduct. s/autres biens et services	358,68	
512 Banque		2 188,68
21-03-N		
626 Frais postaux, frais de télécom.	650,00	
44566 TVA déduct. s/autres biens et services	127,40	
512 Banque		777,40
26-03-N		
627 Services bancaires	64,00	
44566 TVA déduct. s/autres biens et services	12,54	
512 Banque		76,54

3 ▸ Prestations de services et TVA

A. Rappel de l'aspect fiscal

En matière de prestations de services, et sauf option contraire, c'est l'encaissement, et non pas la facturation, qui entraîne *l'exigibilité* (chez le fournisseur) et *la déductibilité* (chez le client) de la TVA correspondante.

Ceci pose problème dans deux cas particuliers, quand il y a :

– versement d'acompte,

– règlement à crédit.

B. Cas du versement d'acompte

1. Le thème

– 10.04.N : L'entreprise MEUBLOCEAN commande à la société de sondage SONDOP une étude de marché et lui verse, par chèque bancaire, un acompte sur présentation d'une note de débit de 5 980 € TTC.

– 31.05.N : L'étude de marché est livrée et l'entreprise MEUBLOCEAN règle le montant de la facture définitive : 20 000 € HT.

2. Les enregistrements comptables

Sont présentées, ci-dessous, les écritures comptables correspondantes à ces opérations, chez le client MEUBLOCEAN, client du prestataire de services SONDOP.

	Débit	Crédit
10.04.N		
4091 Fournisseurs. Avances et acomptes versés sur commandes	5 980	
512 Banque		5 980
d°		
44566 TVA déductible sur ABS	980	
4458 TVA à régulariser [1]		980
H.T. : 5 980/1,196 = 5 000 — TVA : 5 000 × 0,196 = 980		
31.05.N		
617 Etudes et recherches	20 000	
4458 TVA à régulariser [2]	980	
44566 TVA déductible sur ABS	2 940	
totale : 20 000 × 0,196 = 3 920; déjà enregistrée 980; 2 940		
4091 Fournisseurs. Avances et acomptes versés sur commandes [2]		5 980
512 Banque [3]		17 940

(1) en attente de la facturation définitive.
(2) pour solde.
(3) facture définitive

Etude H.T.	20 000
TVA 19,60 %	3 920
	23 920
Acompte déjà versé	5 980
	17 940

C. Cas du règlement à crédit

1. Le thème

• 25.06.N : L'entreprise SONDOP qui a effectué un sondage pour le compte de l'entreprise MEUBLOCEAN adresse à celle-ci la facture correspondante suivante :

Étude de marché	12 000
TVA à 19,60 %	2 352
Net à payer TTC	14 352

Règlement à 60 jours fin de mois

• 31.08.N : L'entreprise MEUBLOCEAN effectue un virement bancaire à l'entreprise SONDOP.

2. Les enregistrements comptables (chez MEUBLOCEAN)

		Débit	Crédit
	25.06.N		
617 Etudes et recherches		12 000	
4458 TVA à régulariser [1]		2 352	
	401 Fournisseurs		14 352
	31.08.N		
401 Fournisseurs		14 352	
44566 TVA déductible sur ABS		2 352	
	512 Banque		14 352
	4458 TVA à régulariser [2]		2 352

(1) en attente du règlement.
(2) pour solde.

À RETENIR

- Les prestataires divers sont des prestataires de *services* rendus par des entreprises *extérieures* et comptabilisés dans des comptes de *charges* → terminologie du PCG :

	61/62	Autres charges externes
	avec **61**	Services extérieurs
	62	Autres services extérieurs

- L'enregistrement comptable se traduit par l'emploi des comptes suivants :

Débit	**61** ou **62**	(et leurs sous-comptes)
	44566	Etat, TVA déductible sur autres biens et services
Crédit	**401**	Fournisseurs
		ou
	512	Banque

- Le versement d'un acompte entraîne la déductibilité de la TVA correspondante et l'emploi particulier du compte d'attente **4458** TVA à régulariser.

Les conseils

1➤ Bien noter qu'une prestation de service entraîne généralement une collecte de TVA au même titre que la vente d'un produit.

2➤ Le compte de charges correspondant à la prestation est comptabilisé hors taxes.

3➤ Bien comprendre les raisons et les conséquences, au niveau de l'enregistrement comptable, de la terminologie **61-62** Autres charges externes : externes parce que prestation assurée par un tiers extérieur à l'entreprise.

4➤ Bien différencier :

– **61** Services extérieurs : charges en relation avec l'investissement de l'entreprise,

– **62** Autres services extérieurs : charges en relation avec l'activité de l'entreprise.

5➤ Ne pas confondre l'enregistrement comptable d'un service rendu par le banquier (compte **627**) et celui des intérêts d'un emprunt accordé par la banque (compte **661**).

6➤ Bien noter, en cas de versements d'acomptes et de règlement à crédit, l'aspect fiscal correspondant et le traitement comptable qui en découle.

4 ▶ Applications

VRAI/FAUX

Les affirmations suivantes sont-elles vraies ou fausses ?

1. Les comptes de charges enregistrant une prestation de services sont tenus TTC. Vrai ☐ Faux ☐

2. Les prestations de services sont enregistrées dans les comptes **61.62** Autres charges externes. Vrai ☐ Faux ☐

3. Le compte **61** Services extérieurs est utilisé pour enregistrer les charges en relation avec l'activité de l'entreprise. Vrai ☐ Faux ☐

4. Le compte **62** Autres services extérieurs est utilisé pour enregistrer les charges en relation avec l'investissement de l'entreprise. Vrai ☐ Faux ☐

5. Les charges générées par l'embauche de personnel intérimaire sont imputées au compte **64** Charges de personnel. Vrai ☐ Faux ☐

6. Les intérêts d'un emprunt consenti par une banque sont enregistrés dans le compte **627** Services bancaires. Vrai ☐ Faux ☐

EXERCICE 07.01

L'entreprise Press a enregistré, entre autres, les opérations suivantes au cours du mois de janvier N :

- 03. Facture du garagiste : réparation d'un véhicule utilitaire : 980 € HT.
- 08. Règlement des honoraires de l'expert-comptable pour la tenue de la comptabilité au cours de l'exercice N-1 : 5 400 € HT.
- 12. Achat de timbres-poste : 68 € HT.
- 15. Avis de débit de la banque : droit de garde des titres : 136 € HT.
- 19. Règlement d'une insertion publicitaire dans un journal régional : 120 € HT.
- 25. Règlement d'une facture de téléphone : 834 € HT.
- 30. Paiement du loyer relatif au local commercial : 3 000 €.

Travail à faire

Présenter l'enregistrement comptable de ces opérations au journal de l'entreprise.

Les règlements ont été effectués par chèques bancaires.

exos

EXERCICE 07.02

Le 20 avril N, l'entreprise COMODO verse à l'entreprise MAINTESUD un acompte de 2 392 € TTC pour des opérations de maintenance.

Le 15 juin N, les travaux sont terminés et l'entreprise MAINTESUD adresse à l'entreprise COMODO la facture correspondante. Montant brut des prestations : 10 000 € HT ; remise 10 % ; règlement 30 jours fin de mois.

Travail à faire

1. **Présenter, schématiquement, la facture du 15 juin.**
2. **Enregistrer toutes ces opérations au journal :**
   a. de l'entreprise COMODO,
   b. de l'entreprise MAINTESUD.

Téléchargez gratuitement tous les corrigés des exercices, ainsi que les exercices complémentaires sur le site Internet : www.expertisecomptable-foucher.com

Les relations avec le personnel et les organismes sociaux

CHAPITRE 8

PLAN

▶ L'emploi de personnel entraîne pour l'entreprise des charges – le plus souvent très importantes – à verser au personnel : salaires ; aux organismes sociaux : cotisations sociales ; à l'État : impôts et taxes. Seuls seront étudiés ici les salaires et les cotisations sociales, les charges fiscales faisant l'objet du Chapitre 9.

1 ▶ Généralités et calculs

A. Schéma d'ensemble

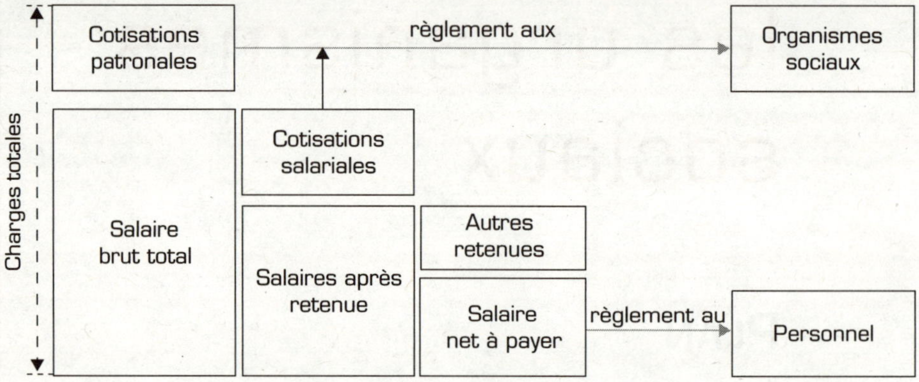

B. Les éléments du salaire net à payer

Le salaire net imposable ne présente qu'un intérêt fiscal qui sera évoqué dans la suite du chapitre. En première approche, le montant intéressant à dégager est le salaire net à payer effectivement versé au salarié.

Salaire net à payer = Salaire brut total – Retenues

sachant que :

Retenues = Cotisations salariales + Autres retenues

1. Le salaire brut total

Le salaire brut total comprend différents éléments qu'il est nécessaire d'analyser.

a. Le salaire de base

Sans entrer dans le détail des calculs, deux types de salaires sont à distinguer :

• **Le salaire mensuel et le salaire mensualisé.** Ce sont les formes de salaires les plus répandues depuis la généralisation de la mensualisation au cours des dernières années. *La durée légale du travail étant de 35 heures par semaine*, le salaire mensualisé est déterminé sur la base de :

$$\frac{\text{Nombre heures par semaine} \times \text{Nombre semaines par année}}{\text{Nombre de mois}}$$

soit :

$$\frac{35 \times 52}{12} = 151{,}67 \text{ heures par mois}$$

• **Le salaire horaire.** Assez peu répandu, il est encore utilisé pour la rémunération de certains ouvriers.

Salaire de la période = Taux horaire × Nombre d'heures de la période

b. Les heures supplémentaires

Les heures supplémentaires génèrent pour les salariés les avantages suivants :
– de la 36e à la 39e : majoration de 25 % (sauf pour les petites entreprises : 10 %) ;
– de la 40e à la 43e : majoration de 25 % ;
– à partir de la 44e : majoration de 50 %.

Ces heures supplémentaires peuvent être :
– utilisées en repos compensateur ;
– capitalisées sur un compte épargne temps ;
– payées en complément de salaire.

Ces heures supplémentaires sont exonérées de charges sociales et de l'impôt sur les revenus depuis le 01-11-07.

c. Les primes et indemnités

Caractère primes indemnités	Soumises aux cotisations sociales	Exemple
Supplément de gain	OUI	prime de rendement
Remboursement de frais engagés par le salarié	NON	indemnité de repas

d. Une indemnité ponctuelle : l'indemnité de congés payés

Son montant représente 110e de la rémunération perçue par le salarié au cours de la période de référence (1er juin de l'année précédente au 31 mai de l'année en cours).

e. Les avantages en nature

En plus du salaire (rémunération de son travail), le salarié peut bénéficier d'avantages en nature que son employeur met gratuitement à sa disposition : *logement, nourriture*, etc. **Ces avantages en nature**, considérés comme un complément de salaire, doivent *être évalués pour être intégrés à l'assiette des cotisations sociales*.

2. Les retenues

a. Les cotisations sociales

– elles sont *obligatoires* pour tous les salariés ;
– leur paiement est effectué par prélèvement à la source ; on dit aussi qu'il y a *précompte*. L'employeur retient sur le salaire le montant des cotisations et les verse aux organismes sociaux **pour le compte et à la place du salarié**.
– elles sont à la charge du salarié et, de ce fait, souvent qualifiées de *cotisations sociales salariales*.

(Organismes sociaux et modalités de calcul : voir § D et E.)

b. Les autres retenues

Ces retenues ont un *caractère exceptionnel*.

• **Les avances et acomptes :** il s'agit de versements anticipés avant la date de paiement des salaires.

• **Les oppositions :** en application d'une saisie-arrêt prononcée par le tribunal, l'employeur retient une part du salaire pour la verser à un créancier du salarié.

C. Les charges patronales

1. Les cotisations sociales

L'employeur est tenu de verser des cotisations aux différents organismes sociaux. Les organismes sociaux et les modalités de calcul seront étudiés aux Paragraphes D et E.

2. Les autres charges

Il s'agit de charges correspondant à la participation de l'employeur au financement de certains organismes et de certaines œuvres sociales.

D. Tableau récapitulatif des cotisations

Cotisations au 1er janvier 2012				
Organismes		Taux (en %)		Base de calcul
		Salarié	Employeur	
1. Sécurité sociale (Urssaf)				
Assurance maladie		0,75	12,80	Salaire total
Allocations familiales			5,40	Salaire total
Aide au logement [1]			0,10	Tranche A
Assurance vieillesse plafonnée		6,65	8,30	Tranche A
Assurance vieillesse déplafonnée		0,10	1,60	Salaire total
Accident du travail			variable	Salaire total
2. Assedic (chômage)				
Assurance chômage		2,40	4,00	Tranche A + Tranche B
AGFF • Non cadres	Tranche 1	0,80	1,20	Tranche A
	Tranche 2	0,90	1,30	Tranche B (limité à 3 fois le plafond)
AGFF • Cadres	Tranche A	0,80	1,20	Tranche A
	Tranche B	0,90	1,30	Tranche B
AGS (Fonds de garantie des salariés)			0,40	Tranche A + Tranche B
3. APEC [2]		0,024	0,036	Tranche B
4. Caisse retraite non-cadres				
Tranche 1		3,00	4,50	Tranche A
Tranche 2		8,00	12,00	Tranche B (limité à 3 fois le plafond)
5. Caisse retraite cadres				
Tranche A		3,00	4,50	Tranche A
Tranche B + Tranche C		7,70	12,60	Tranche B + Tranche C
Cotisation exceptionnelle (CET)		0,13	0,22	Tranche A + Tranche B + Tranche C

Cotisations au 1er janvier 2012			
Organismes	Taux (en %)		Base de calcul
	Salarié	Employeur	
6. Taxes (État)			
CSG non déductible	2,40		Salaire total × 0,9825 [3]
CSG déductible	5,10		
CRDS non déductible	0,50		
Contribution de solidarité autonomie		0,30	Salaire total
Plafond mensuel de Sécurité sociale au 1er janvier 2012 : **3 031 €** Tranche A : < plafond Tranche B : comprise entre 1 et 4 fois le plafond Tranche C : comprise entre 4 et 8 fois le plafond			

[1] Entreprises employant plus de 20 salariés : supplément de 0,40 % sur le salaire total.
[2] Forfait annuel : 8.31 € pour le salarié ; 12,46 € pour l'entreprise.
[3] L'assiette de la CSG est, depuis le 1er janvier 2012, de 98,25 % du salaire jusqu'au salaire de 145 488 €. Au delà de ce plafond, l'assiette est de 100 %.

À noter que dans le cadre de la loi de Finances de la Sécurité Sociale pour 2009, il est prévu un forfait social de 4 % qui doit être acquitté par les entreprises sur les sommes versées à leurs salariés au titre de l'intéressement et de la participation.

E. Le calcul des cotisations

1. Notion de plafond

• Principe

La base de calcul de certaines cotisations est plafonnée à un certain montant, fixé par la Sécurité sociale et révisé périodiquement, actuellement tous les ans au 1er janvier.

• Terminologie

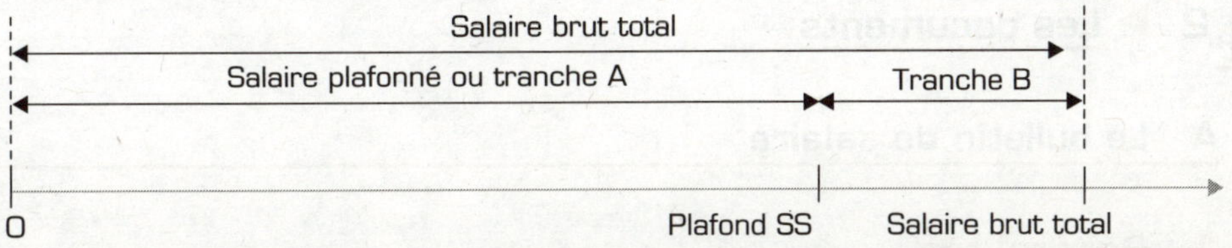

Remarque. Si le salaire brut total est inférieur au plafond, le salaire plafonné est égal au salaire brut total.

2. Exemple

Sont présentés, à titre d'exemple, dans le tableau ci-dessous, différents calculs de cotisations :

Cotisations	Modalités de calcul	Cas n° 1 Salaire brut : 2 100 € inférieur au plafond	Cas n° 2 Salaire brut : 3 800 € supérieur au plafond
Assurance maladie salarié	0,75 % du salaire total	2 100 × 0,0075 = 15,75 €	3 800 × 0,0075 = 28,50 €
Assurance vieillesse plafonnée employeur	8,30 % du salaire plafonné	2 100 × 0,083 = 174,30 €	3 031 × 0,083 = 251,57 €

F. Le versement des cotisations

1. Le montant versé

L'entreprise règle aux différents organismes (Urssaf, Assedic, Caisses de retraite...) en un versement unique les charges sociales salariales et les charges sociales patronales.

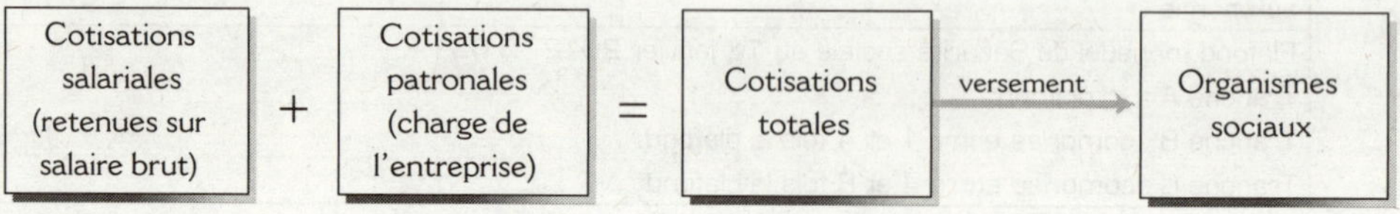

2. La périodicité

La périodicité varie suivant le nombre de salariés de l'entreprise :

– **entreprises de moins de 10 salariés :** versement trimestriel avant le 15 du mois suivant la fin du trimestre civil.

Exemple : cotisations du 1er trimestre N, versement avant le 15 avril N.

– **entreprises employant de 10 à 400 salariés :** versement mensuel avant le 15 du mois suivant.

Exemple : cotisations du mois de janvier N, versement avant le 15 février N.

– **entreprises employant plus de 400 salariés :** versement mensuel avant le 5 du mois suivant.

Exemple : cotisations du mois de janvier N, versement avant le 5 février N.

2 ▶ Les documents

A. Le bulletin de salaire

1. Généralités

Le bulletin de salaire (ou bulletin de paie) *est remis au salarié*, à l'occasion du paiement de son salaire, généralement à la fin de chaque mois.

L'entreprise verse parfois un acompte au milieu du mois et le solde du salaire accompagné du bulletin de salaire en fin de mois.

Le bulletin de salaire doit présenter certaines *mentions obligatoires*. Ce document n'étant pas normalisé, des *mentions facultatives* peuvent y être insérées.

- *les mentions obligatoires* seront mises en évidence dans l'application du Paragraphe 2 ;
- *parmi les mentions facultatives*, on peut citer, par exemple, certaines charges patronales (versement de transport...), les informations concernant le relevé d'identité bancaire du salarié en vue d'un règlement du salaire par virement bancaire, etc. ;
- salaire net imposable.

Aspect fiscal

Contrairement aux autres cotisations, la CSG non déductible et la CRDS sont des éléments imposables, d'où la nécessité de réintégration qui conduit à la relation suivante :

Salaire net imposable = salaire après retenues + CSG non déductible + CRDS

2. Exemple

▶ Thème

Les informations concernant la paie de l'entreprise Jolicos pour le mois de mars N se présentent ainsi :

Renseignements concernant l'entreprise

- Adresse : 15, rue de la Poste 64100 Bayonne
- n° SIRET : 0619 229 0002
- Cotisations versées à l'Urssaf Bayonne
- n° Urssaf : 64U1
- Taux de cotisation Accidents du travail : 4 %.

Renseignements concernant deux salariés *(parmi les quatre de l'entreprise)*

• *Durand Paul*

- directeur (cadre)
- n° SS 1 51 03 65 215 109
- domicilié : 25, avenue de l'Océan à 64100 Bayonne
- salaire mensuel : 3 300 €
- prime d'ancienneté : 200 €
- avantage en nature : logement évalué à 500 €

• *Legrand René*

- aide-comptable (non cadre)
- n° SS 1 68 05 40 412 039
- domicilié 14, rue des Pins à 40230 Saint-Vincent de Tyrosse
- salaire de base : 1 650 €
- heures supplémentaires : 70 €
- prime de transport (non soumise à cotisations) : 23 €
- avance sur salaire versé le 15 mars : 150 €

▶ Les bulletins de salaires

Cas du salarié *Legrand*

Le salaire brut de Legrand est inférieur au plafond SS ; de ce fait son bulletin de salaire est plus facile à établir ; il sera étudié en premier.

Le document

Bulletin de paie			
Employeur :	Jolicos 15 rue de la Poste 64100 Bayonne	Salarié :	Legrand René 14 rue des Pins 40230 St-Vincent de Tyrosse
n° SIRET	3346192290002	Emploi :	Aide-comptable
Urssaf de Bayonne n° 64UI		Sécurité Sociale n°	1 68 05 40 412 039

Période du 1er au 31 mars N

Salaire de base	1 650,00
Heures supplémentaires	70,00
Congés payés du… au… heures	
Salaire brut total	1 720,00

	Retenues salariales			Charges Patronales
	Base	**Taux**	**Montants**	
Assurance Maladie	1 720,00	0,75	12,90	220,16
Allocations familiales				92,88
Aide au logement				1,72
Assurance vieillesse plafonnée	1 720,00	6,65	114,38	142,76
Assurance vieillesse déplafonnée	1 720,00	0,10	1,72	27,52
Accidents du travail				68,80
Chômage	1 720,00	2,40	41,28	68,80
AGFF Tranche 1	1 720,00	0,80	13,76	20,64
Fond Garantie Salaires				6,88
Retraite non-cadre Tranche 1	1 720,00	3,00	51,60	77,40
CSG non déductible	1 689,90 (1)	2,40	40,56	
CSG déductible	1 689,90	5,10	86,18	
CRDS	1 689,90	0,50	8,45	
Contribution de solidarité autonomie	1 720,00			5,16
		Total	370,83	732,72

Salaire après retenues	1 349,17
Primes non soumises à retenues : Prime de transport :	23,00
Autres retenues : Acompte versé :	150,00
Salaire net à payer	1 222,17 €
Salaire imposable (2)	1 398,18 €

Payé par Chèque Bancaire	le 31 mars N	À Bayonne
Code Banque	Code Guichet	n° de compte

(1) 1720 × 98,25%

Éléments de calcul

Charges patronales

Assurance maladie :	1 720	×	0,128	=	220,16
Allocations familiales :	1 720	×	0,054	=	92,88
Aide au logement :	1 720	×	0,001	=	1,72
Assurance vieillesse plafonnée :	1 720	×	0,083	=	142,76
Assurance vieillesse déplafonnée :	1 720	×	0,016	=	27,52
Accidents du travail :	1 720	×	0,04	=	68,80
Chômage :	1 720	×	0,04	=	68,80
AGFF – Tranche 1	1 720	×	0,012	=	20,64
Fond de garantie des salaires :	1 720	×	0,0040	=	6,88

Caisse de retraites non cadres :	1 720	×	0,045	=	77,40
Caisse de solidarité autonomie :	1 720	×	0,0030	=	5,16
					732,72

2 Salaire net imposable : 1 349,17 + 40,56 + 8,45 = 1 398,18 €

Cas du salarié *Durand*

Le document

Bulletin de paie

Employeur :	Jolicos	Salarié :	Durand Paul
	15 rue de la Poste		25 avenue de l'Océan
	64100 Bayonne		64100 Bayonne
n° SIRET	3346192290002	Emploi :	directeur (Cadre)
Urssaf de Bayonne n° 64UI		Sécurité Sociale n° 1 51 03 65 215 109	

Période du 1er au 31 mars N

Salaire de base	3 300
Prime d'ancienneté	200
Avantages en nature	
Logement	500
Congés payés du... au... heures	
Salaire brut total	4 000

	Retenues salariales			Charges Patronales
	Base	**Taux**	**Montants**	
Assurance Maladie	4 000	0,75	30,00	512,00
Allocations familiales				216,00
Aide au logement				3,03
Assurance vieillesse plafonnée	3 031 (1)	6,65	201,56	251,57
Assurance vieillesse déplafonnée	4 000	0,10	4,00	64,00
Accidents du travail				160,00
Chômage	4 000	2,40	96,00	160,00
AGFF Tranche A	3 031	0,80	24,25	36,37
AGFF Tranche B	969 (2)	0,90	8,72	12,60
Fond Garantie Salaires				16,00
APEC	969	0,024	0,23	0,35
Retraite cadre Tranche A	3 031	3,00	90,93	136,40
Retraite cadre Tranche B	969	7,70	74,61	122,09
Cotisation exceptionnelle (CET)	4 000	0,13	5,20	8,80
CSG non déductible	3 930 (3)	2,40	94,32	
CSG déductible	3 930	5,10	200,43	
CRDS	3 930	0,50	19,65	
Contribution de solidarité autonomie				12,00
		Total	849,90	1 711,21
Salaire après retenues			3 150,10	
Logement			500,00	
Salaire net à payer			2 650,10 €	
Salaire imposable (4)			3 264,07 €	

Payé par Chèque Bancaire	le 31 mars N	À Bayonne
Code Banque	Code Guichet	n° de compte

(1) Plafond de Sécurité sociale
(2) 4 000 – 3 031
(3) 4 000 × 98,25 %

Éléments de calcul

Charges patronales				
Assurance maladie :	4 000	× 0,128	=	512,00
Allocations familiales :	4 000	× 0,054	=	216,00
Aide au logement :	3 031	× 0,001	=	3,03
Assurance vieillesse plafonnée :	3 031	× 0,083	=	251,57
Assurance vieillesse déplafonnée :	4 000	× 0,016	=	64,00
Accidents du travail :	4 000	× 0,04	=	160,00
Chômage :	4 000	× 0,04	=	160,00
AGFF – Tranche A	3 031	× 0,012	=	36,37
AGFF – Tranche B	969	× 0,013	=	12,60
Fond de garantie des salaires :	4 000	× 0,0040	=	16,00
APEC :	969	× 0,00036	=	0,35
Retraite cadre Tranche A	3 031	× 0,0450	=	136,40
Retraite cadre Tranche B	969	× 0,126	=	122,09
Cotisation exceptionnelle	4 000	× 0,0022	=	8,80
Contribution de solidarité autonomie	4 000	× 0,0030		12,00
				1 711,21

4 Salaire net imposable : 3 150,10 + 94,32 + 19,65 = 3 264,07 €

B. Le livre des salaires

1. Généralités

• **Définition.** Le livre des salaires (ou livre de paie) est un document obligatoire sur lequel sont ***récapitulés*** *en fin de mois tous les éléments de l'ensemble de la paie des salariés*.

• **Intérêt.** Le livre des salaires présente un intérêt au niveau de l'organisation comptable. *C'est un document de prétotalisation* (Chapitre 22) qui facilite l'enregistrement comptable de la paie.

2. Exemple

▶ Thème

Les éléments de la paie du mois de mars N concernant les deux autres salariés de l'entreprise Jolicos (voir thème précédent) se présentent ainsi :

Nom	Saron Jacques	Tosse Julie
N° SS	1 59 06 64 127 037	2 57 11 64 108 137
Emploi	vendeur (non cadre)	secrétaire (non cadre)
Salaire brut total (sans avantage en nature)	1 500 €	1 400 €
Prime de transport	23 €	23 €
Observations	Opposition du 20-03 : 60 €	Avance du 15-03 : 250 €

Livre des salaires

Nom et Prénom	Numéro Sécurité Sociale	Salaire Brut Total	Retenues										Salaire Après Retenues	Prime de Transport	Autres Retenues			Salaire Net à Payer
			Ss Maladie	Ss Vieillesse	Assedic	Caisse Retraite Non-cadres	Caisse Retraite Cadres	Apec	Csg Non Ded.	Csg Ded.	Crds	Total			Avantages En Nature	Oppositions	Avances	
DURAND Paul [1]	1 51 03 65 251 109	4 000,00	30,00	205,56	128,97		170,74	0,23	94,32	200,43	19,65	849,90	3 150,10		500,00			2 650,10
LEGRAND René [1]	1 68 05 40 412 039	1 720,00	12,90	116,10	55,04	51,60			40,56	86,18	8,45	370,83	1 349,17	23,00			150,00	1 222,17
SARON Jacques [2]	1 59 06 64 127 037	1 500,00	11,25	101,25	48,00	45,00			35,37	75,16	7,37	323,40	1 176,60	23,00		60,00		1 139,60
TOSSE Julie [2]	2 57 11 64 108 137	1 400,00	10,50	94,50	44,80	42,00			33,01	70,15	6,87	301,83	1 098,17	23,00			250,00	871,17
		8 620,00	64,65	517,41	276,81	138,60	170,74	0,23	203,26	431,92	42,34	1 845,96	6 774,04	69,00	500,00	60,00	400,00	5 883,04

[1] Lignes Durand et Legrand : voir bulletins de salaires des pages précédentes.

[2] Lignes Saron et Tosse : le détail des calculs n'est pas présenté ici, il pourra être effectué par l'étudiant à titre d'entraînement.

C. La fiche individuelle du salarié

Il s'agit d'un document établi *pour chaque salarié* et sur lequel on fait apparaître, entre autres :

– le salaire net imposable du mois,

– le salaire net imposable cumulé depuis le début de l'année civile.

Ce document est utilisé par l'entreprise pour déclarer, en fin d'année, à l'administration fiscale, *le salaire net imposable du salarié*.

3 ▶ La comptabilisation

La comptabilisation s'effectue en *plusieurs étapes* qui seront décrites à partir du thème de l'exemple suivant.

A. Exemple

▶ **Thème**

L'entreprise Rabiaud emploie 195 salariés. Les informations concernant la paie du mois de juin N sont regroupées ci-dessous :

Opérations effectuées pendant le mois

15-06 :	avances versées au personnel	48 510 €
22-06 :	montant versé à un créancier d'un salarié à la suite d'une saisie arrêt sur salaire	1 465 €

Extrait du livre des salaires

Salaire de base	387 525 €
Heures supplémentaires	12 513 €
Primes et indemnités	18 324 €
Avantages en nature	néant

Cotisations sociales

Sécurité Sociale (y compris CSG et CRDS)	54 923 €
Assedic	12 617 €
APEC	39 €
Caisses de retraite :	
non-cadres	6 578 €
cadres	3 154 €

Cotisations patronales

Sécurité Sociale	108 319 €
Assedic	16 431 €
APEC	54 €
Caisses de retraite :	
non-cadres	13 452 €
cadres	4 637 €

B. Enregistrement comptable

1. Le versement des avances et opposition

Ces versements sont *comptabilisés* au cours du mois en règlement :

– des avances sur salaires accordés aux salariés ;

– de l'opposition résultant d'une saisie-arrêt sur salaire au profit d'un créancier d'un salarié.

a. Analyse comptable

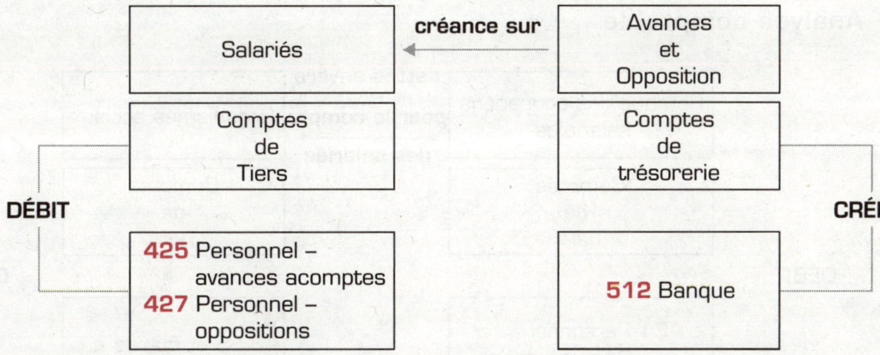

b. Les écritures comptables

		Débit	Crédit
	15-06-N		
425 Personnel – Avances et acomptes		48 510	
	512 Banque		48 510
	22-06-N		
427 Personnel – Oppositions		1 465	
	512 Banque		1 465

2. L'enregistrement du bulletin de salaire

a. Analyse comptable

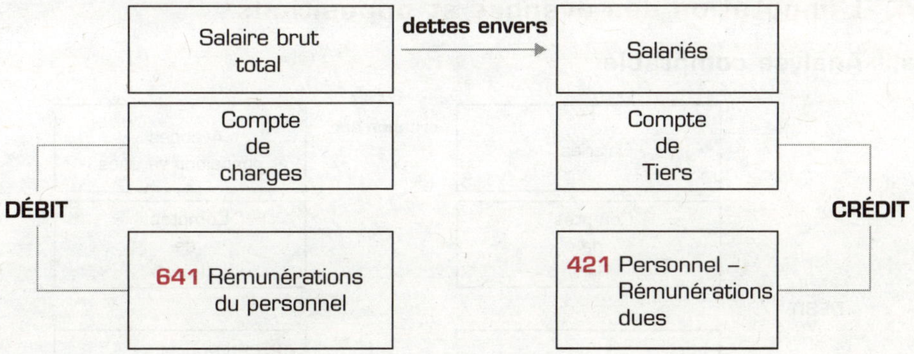

b. Les écritures comptables

		Débit	Crédit
	30-06-N		
641 Rémunérations du personnel		418 362	
	421 Personnel-Rémunérations dues		418 362
387 525 + 12 513 + 18 324			

3. Le précompte

a. Analyse comptable

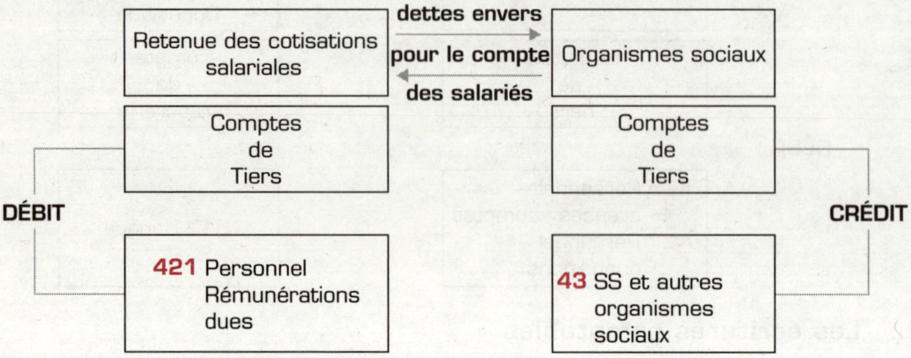

b. Les écritures comptables

30-06-N		
421 Personnel – Rémunérations dues	77 311	
431 Sécurité Sociale		54 923
4371 Assedic		12 617
4372 APEC		39
4373 Caisses retraite non-cadres		6 578
4374 Caisses retraite cadres		3 154

4. L'imputation des avances et oppositions

a. Analyse comptable

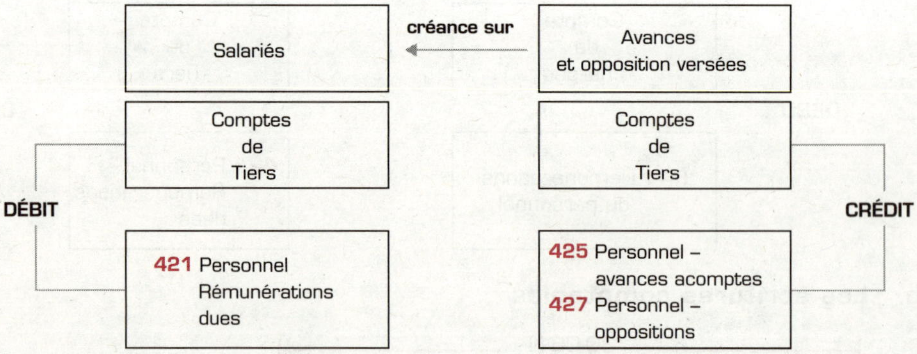

b. Les écritures comptables

30-06-N		
421 Personnel – Rémunérations dues	49 975	
425 Personnel – Avances et acomptes		48 510
427 Personnel – Oppositions		1 465

5. Le règlement du salaire net à payer

a. Analyse comptable

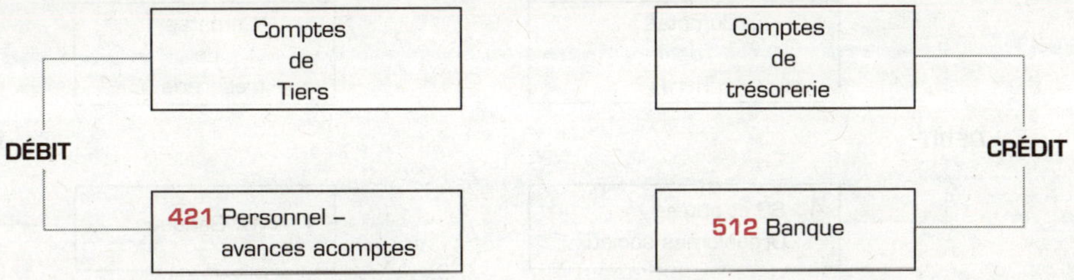

b. Les écritures comptables

30-06-N		
421 Personnel – Rémunérations dues	291 076	
512 Banque		291 076
418 362 – 77 311 – 49 975		

6. L'enregistrement des charges patronales

a. Analyse comptable

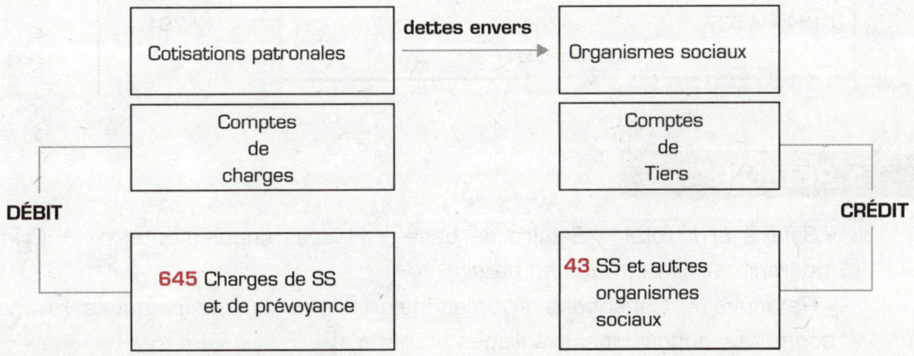

b. Les écritures comptables

30-06-N		
645 Charges de Sécurité Sociale et de prévoyance	142 893	
431 Sécurité Sociale		108 319
4371 Assedic		16 431
4372 APEC		54
4373 Caisses retraite non-cadres		13 452
4374 Caisses retraite cadres		4 637

7. Règlement des cotisations totales

a. Analyse comptable

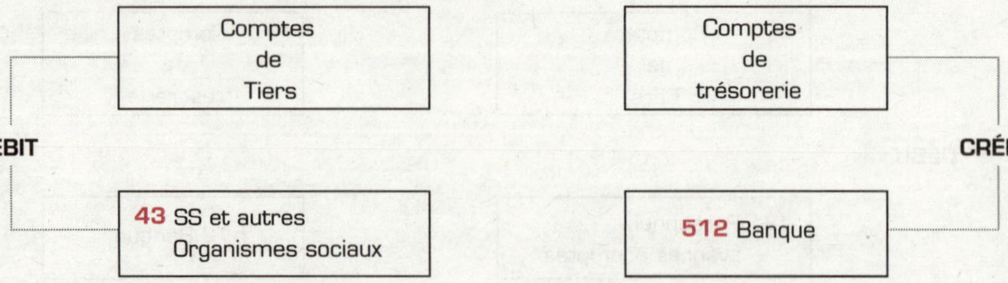

b. Les écritures comptables

15-07-N		
645 Sécurité Sociale		
54 923 + 108 319	163 242	
4371 Assedic		
12 617 + 16 431	29 048	
4372 APEC		
39 + 54	93	
4373 Caisses retraite non-cadres		
6 578 + 13 452	20 030	
4374 Caisses retraite cadres		
3 154 + 4 637	7 791	
512 Banque		220 204

À RETENIR

- *Salaire brut total* = Salaire de base + Heures supplémentaires + Primes et indemnités + Avantages en nature.
- *Retenues* = Cotisations sociales salariales + Autres retenues (avances et acomptes, oppositions, avantages en nature).
- *Salaire net à payer* = Salaire brut total – Retenues.
- *Salaire net imposable* = Salaire après retenues (cotisations sociales) + CSG non déductible + CRDS.
- Pour chacun des organismes sociaux (Urssaf, Assedic, Caisses de retraite) le versement effectué par l'entreprise est égal au total :

  Cotisations sociales (retenues) + Cotisations patronales
- Le calcul des cotisations sociales s'effectue en tenant compte d'un *plafond* actualisé tous les 1er janvier.
- Documents concernant la paie des salariés : bulletin de salaire (ou bulletin de paie), fiche individuelle de salarié et livre des salaires.
- Comptes utilisés pour l'enregistrement de la paie :
  – **42** *Personnel et comptes rattachés (et ses sous-comptes)*
  – **64** *Charges de personnel (et ses sous-comptes).*

Les conseils

1➤ Bien distinguer les primes et indemnités soumises à cotisations et celles qui ne le sont pas : elles sont traitées différemment au niveau du bulletin de salaire.

2➤ Bien comprendre que les avantages en nature constituent un élément du salaire brut, donc soumis à cotisation, et que par ailleurs, ils doivent être déduits du salaire brut global pour déterminer le montant net à payer.

3➤ Bien maîtriser le calcul des cotisations dans le cas d'un salaire brut global supérieur au plafond SS. Dans cet objectif, connaître parfaitement la terminologie : salaire total, plafond, salaire plafonné, tranche A, tranche B.

4➤ Par contre, les taux et bases de calculs sont des éléments essentiellement variables en fonction de la conjoncture sociale, économique ou politique. Ils seront, en principe, toujours fournis dans un sujet d'examen.

5➤ Mais retenir néanmoins, qu'à partir du 1er janvier 2005, l'assiette de calcul de la CSG et de la CRDS est égale à 97 % du salaire brut total, et non plus 95 % comme précédemment.

6➤ Connaître la structure du nouveau bulletin de salaire :
- Salaire brut total – Retenues = Salaire net à payer
- Cotisations patronales.

7➤ S'attacher de façon stricte à la terminologie des comptes suivants, de manière à ne pas les confondre :
- comptes de charges : **641**, **645**.
- comptes de tiers : **421**, **425**, **427**, **431**, **437**.

8➤ Doivent être soldés :
- les comptes **425** et **427**, après comptabilisation du livre des salaires,
- le compte **421**, après paiement des salaires,
- les comptes **431** et **437**, après règlement des cotisations totales.

9➤ Ne pas oublier que la CSG n'est pas totalement déductible du salaire imposable.

4 ▶ Applications

VRAI/FAUX

Les affirmations suivantes sont-elles vraies ou fausses ?

1. Les cotisations patronales ne constituent pas une charge pour l'entreprise. Vrai ☐ Faux ☐

2. La 36e heure donne droit à un repos compensateur. Vrai ☐ Faux ☐

3. Le taux de la 40e heure est majoré de 50 %. Vrai ☐ Faux ☐

4. Une prime d'ancienneté est soumise à retenue. Vrai ☐ Faux ☐

5. Une prime de transport n'est pas soumise à retenue. Vrai Faux

6. Un avantage en nature doit être traité comme une retenue. Vrai Faux

7. La tranche B est égal au salaire plafonné. Vrai Faux

8. Plafond = salaire brut total – Tranche B. Vrai Faux

9. Salaire net imposable = salaire brut total – cotisations sociales salariales + CGS non déductible + CRDS. Vrai Faux

10. Les charges patronales sont portées sur le bulletin de paie. Vrai Faux

11. Il existe un livre des salaires pour chaque salarié. Vrai Faux

12. Le compte **425** Personnel-Avances et Acomptes est un compte de passif. Vrai Faux

13. Le compte **421** Personnel-Rémunérations dues, en principe, est toujours créditeur. Vrai Faux

14. Le compte **431** Sécurité sociale est crédité du montant de toutes les cotisations sociales. Vrai Faux

15. Le compte **641** Rémunérations du personnel est débité du montant du salaire brut servant de base au calcul des cotisations sociales. Vrai Faux

EXERCICE 08.01

1. On rappelle les modalités de calcul de la cotisation patronale d'assurance vieillesse plafonnée : 8,30 % sur la tranche A.

Calculer le montant de cette cotisation pour un salaire brut total mensuel de 2 000 €.

2. Même question pour un salaire brut total mensuel de 4 000 €.

3. On rappelle les modalités de calcul de la cotisation chômage salariale : 2,40 % sur la tranche A + tranche B.

Calculer le montant de cette cotisation pour un salaire brut total mensuel de 2 000 €.

4. Même question pour un salaire brut total mensuel de 4 000 €.

5. À l'occasion du versement mensuel des cotisations sociales, le compte **431** Sécurité sociale a été débité de 145 000 €. Le montant des cotisations salariales est égal à 45 % du montant des cotisations patronales correspondantes.

Déterminer le montant des cotisations salariales et le montant des cotisations patronales de Sécurité sociale.

EXERCICE 08.02

Thème : Comptabilisation. Éléments de calcul fournis

Les informations concernant la paie du mois de mai N des 120 salariés de l'entreprise Gourette sont regroupées comme suit :

Opérations du mois de mai

– 15-05 avances au personnel	82 000 €
– 26-05 opposition versée	6 354 €

Livre des salaires du mois de mai

– Salaire brut total	935 243 €
(y compris avantages en nature : 42 500 €)	
– Primes et indemnités non soumises à retenues	14 542 €
– Cotisations salariales	
Sécurité sociale	109 613 €
Assedic	24 872 €
APEC	89 €
Caisse de retraite non-cadre	13 117 €
Caisse de retraite cadre	6 374 €

Cotisations patronales

Sécurité sociale	312 915 €
Assedic	33 527 €
APEC	109 €
Caisse de retraite non-cadres	26 913 €
Caisse de retraite cadres	9 642 €

Travail à faire

Comptabiliser au journal de l'entreprise toutes les opérations concernant la paie du mois de mai (y compris le règlement des salaires au 31 mai et le versement des cotisations sociales en juin).

EXERCICE 08.03

Thème : Éléments de recherche. Comptabilisation

Informations concernant la paie du mois de janvier N de l'entreprise Canto :

Salaires bruts	?
Retenue Sécurité sociale	13 147 €
(dont CSG non déductible : 2 095,20 €)	
Retenue retraite complémentaire	1 829 €
Retenue chômage	2 345 €

Travail à faire

1. **Déterminer le montant des salaires bruts.**
2. **Enregistrer les écritures du 31 janvier N au journal de l'entreprise Canto.**

Téléchargez gratuitement tous les corrigés des exercices, ainsi que les exercices complémentaires sur le site Internet : www.expertisecomptable-foucher.com

CHAPITRE 9

Les relations avec les administrations

Plan

▶ Il s'agit d'étudier les différentes catégories de flux qui s'organisent entre les entreprises et les collectivités publiques, en particulier l'État, c'est-à-dire essentiellement les impôts et les taxes versées, et les subventions reçues.

1 ▶ Les impôts et les taxes

Il est évidemment hors de question de traiter ici de la TVA dont l'étude a été effectuée dans le chapitre 5 et de l'imposition des bénéfices qui n'est pas au programme, mais de dresser un *tableau des autres taxes supportées par l'entreprise*. La plupart d'entre elles étant d'ailleurs assises sur les **salaires**.

A. Les différentes taxes

<table>
<tr><th>Impôts et taxes</th><th>Assujettis</th><th>Base de calcul</th><th>Taux</th><th>Règlement</th></tr>
<tr><td>Taxe sur les salaires</td><td>Entreprises non soumises à la TVA</td><td colspan="2">Rémunérations annuelles individuelles :
– 4,25 % de 0 à 7 604 € ;
– 8,50 % de 7 604 € à 15 185 € ;
– 13,60 % de 15 185 € à la rémunération.</td><td>– au percepteur
– dans les 15 jours du mois suivant la rémunération (règlement trimestriel si taxe < 152 €)
– régularisation annuelle</td></tr>
<tr><td>Taxe d'apprentissage</td><td>toutes les entreprises industrielles, commerciales et, artisanales</td><td rowspan="4">Total des rémunérations brutes</td><td>0,50 %
+ taxe additionnelle de 0,18 %</td><td>– au percepteur avant le 5 avril de chaque année
– à tout organisme habilité : lycée, centre de formation, etc.
(versements libératoires)</td></tr>
<tr><td>Participation à la formation professionnelle continue</td><td>tout employeur quelle que soit son activité</td><td>– Entreprises < 10 salariés : 0,55 %
– Entreprises ⩾ 10 et < 20 salariés : 1,05 %
– Entreprises ⩾ 20 salariés : 1,60 %</td><td>– au percepteur avant le 5 avril de chaque année
– à tout organisme habilité
– dépenses engagées par l'entreprise pour elle-même</td></tr>
<tr><td>Participation à la construction</td><td>tout employeur ayant au moins 10 salariés</td><td>0,45 %</td><td>– au percepteur avant le 16 avril de chaque année
– à tout organisme habilité : office de HLM.
– prêt à des salariés</td></tr>
<tr><td>Versement transport</td><td>Entreprise ayant au moins 10 salariés</td><td>variable</td><td>– au percepteur</td></tr>
<tr><td>Contribution économique territoriale</td><td>toute personne exerçant une profession autre que salariée.
Exonérations : exploitants agricoles, auteurs...</td><td>– valeur locative foncier
– valeur ajoutée</td><td>variable suivant le budget des communes</td><td>– au percepteur</td></tr>
</table>

B. Comptabilisation

Ces taxes sont à enregistrer dans le compte **63 Impôts, taxes et versements assimilés**, en différenciant :

• Les taxes assises sur les *rémunérations* (voir tableau) :

– versées à l'administration des impôts : compte **631**,

– versées à d'autres organismes : compte **633**.

• Les taxes assises sur *d'autres critères*, dont la taxe professionnelle (voir tableau), et autres taxes comme la taxe foncière, la taxe sur les véhicules de sociétés, les droits d'enregistrement. Ces taxes sont :

– versées à l'administration des impôts : compte **635**,

– versées à d'autres organismes : compte **637**.

Exemple 1

Une entreprise de plus de 25 salariés, qui a versé 1 200 000 € de rémunérations brutes au cours de l'exercice N, règle la participation à la formation professionnelle continue relative à cet exercice le 3 avril (N+1) par chèque bancaire.

03-04-N+1		
631 Impôts, taxes et versements assimilés sur rémunérations (Administration des Impôts)	19 200	
512 Banque		19 200
1 200 000 × 1,60 %		

Exemple 2

Une entreprise a versé 2 000 000 € de rémunérations brutes et 6 000 € à un centre de formation au cours de l'exercice N. Le 3 avril (N+1), elle règle la taxe d'apprentissage relative à l'exercice N.

COURANT N			
6335 Versements libératoires ouvrant droit à l'exonération de la taxe d'apprentissage		6 000	
512 Banque			6 000
03-04-N+1			
6312 Taxe d'apprentissage		7 600	
512 Banque			7 600
Taxe due : 2 000 000 × 0,68 %	13 600		
Versement libératoire =	6 000		
	7 600		

2 ▶ Les subventions

A. Généralités

1. Définition

Il s'agit *d'aides non remboursables* apportées à l'entreprise par des collectivités publiques : État, régions, départements, communes.

2. Différentes catégories

Il existe deux grandes catégories de subventions :

• **subventions d'exploitation et subventions d'équilibre** → enregistrement dans les *produits de l'exercice*

• **subventions d'investissement** → enregistrement dans *les capitaux propres* de l'entreprise avec étalement dans le temps des produits correspondants.

B. Les subventions d'exploitation et les subventions d'équilibre

1. Définitions

a. Subvention d'exploitation

D'après le Plan comptable général : « subvention dont bénéficie l'entreprise pour lui permettre de compenser l'insuffisance de certains produits d'exploitation ou de faire face à certaines charges d'exploitation ».

Exemple : une subvention accordée à une entreprise de transports urbains pour maintenir ses tarifs à un niveau abordable aux usagers.

Subvention de caractère *normal* et, en principe, répétitive → compte **74 Subventions d'exploitation**.

b. Subvention d'équilibre

D'après le Plan comptable général : « subvention dont bénéficie l'entreprise pour compenser en tout ou partie, *la perte globale qu'elle aurait constatée si cette subvention ne lui avait pas été accordée.* »

Subvention de caractère *exceptionnel, non répétitive* → compte **7715 Subventions d'équilibre**.

2. Enregistrement comptable

Le principe

À débiter	À créditer
512 Banque	**74 Subventions d'exploitation** ou **7715** Subventions d'équilibre

Compléments

– Il y a **collecte de TVA** si la subvention est la contrepartie d'un service rendu.

– On utilise le compte **441 État, subventions à recevoir** pour résoudre le problème du décalage entre la décision d'octroi de la subvention et son versement effectif.

Exemple

Thème

- 15-10-N : décision d'octroi d'une subvention de 850 000 € à une entreprise de transports en commun (dans ce cas il y a service rendu en contrepartie).
- 20-12-N : versement de la subvention.

Les enregistrements comptables

Courant N		
441 État, subventions à recevoir	1 016 600	
74 Subventions d'exploitation		850 000
44571 État, TVA collectée		166 600
850 000 × 0,196		
20-12-N		
512 Banque	1 016 600	
441 État, subventions à recevoir		1 016 600

La subvention est considérée comme un produit de l'exercice dès la notification d'octroi (d'où la nécessité de créditer le compte **74** à cette date) même si elle est encaissée au cours de l'exercice suivant.

C. Les subventions d'investissement

1. Définition

D'après le Plan comptable général : « ce sont des aides dont bénéficie l'entreprise en vue :

– d'acquérir ou de créer une *immobilisation* déterminée (**subvention d'équipement**),

– de financer des *activités* à long terme (**autres subventions d'investissement**) ».

2. Notification et encaissement

a. Notification

Compte **de capitaux propres** ← (13) → **Passif** du bilan

441 État, subventions à recevoir	S	
13 Subventions d'investissement (1)		S

(1) ou ses sous-comptes :
131 Subventions d'équipement
138 Autres subventions d'investissement

b. Encaissement

512 Banque	S		
		441 État, subventions à recevoir	S

3. Rapport aux résultats

a. Les principes

À la fin de chaque exercice, une part de la subvention est virée *au compte Résultat et devient ainsi un produit pour l'exercice.*

À débiter	À créditer
139 Subventions d'investissements inscrites au compte de Résultat	777 Quote-part de subventions d'investissements virée au résultat de l'exercice

diminution de la subvention : chiffre 9 en 3e position   compte de *produits exceptionnels* : 77

– le rythme de ces virements au compte résultat est le même que celui de l'amortissement de l'immobilisation financée par la subvention.

– les normes IAS concernant le calcul et la comptabilisation de ces rapports offrent deux possibilités de méthode qui seront étudiées à partir du thème suivant.

b. Exemple

Thème [1]

– 05-03-N : notification d'une subvention de 180 000 € destinée à financer l'acquisition d'un matériel.

– 08-03-N : acquisition du matériel, mis en service le 01-04-N et amorti sur 5 ans suivant le mode linéaire. Coût d'acquisition : 300 000 € HT.

– 15-04-N : encaissement de la subvention.

Première méthode

Les rapports de la subvention au compte RÉSULTAT sont proportionnels aux amortissements.

[1] Il est préférable de différer l'étude de ce thème qui ne peut être efficacement traité qu'après l'assimilation complète des techniques d'amortissement présentées dans le Chapitre 15.

Calculs préliminaires

Plan d'amortissement du matériel			
Années	**Amortissement**	**Amortissements cumulés**	**Valeurs comptable nette**
N	45 000 [1]	45 000	255 000
N + 1	60 000	105 000	195 000
N + 2	60 000	165 000	135 000
N + 3	60 000	225 000	75 000
N + 4	60 000	285 000	15 000
N + 5	15 000 [2]	300 000	0

[1] 300 000 × 0,20 × 9/12
[2] 300 000 × 0,20 × 3/12

Taux de la subvention : $\frac{180\ 000}{300\ 000} = 0{,}60 = 60\ \%$.

Rapports de la subvention, au résultat

Année	N	45 000 × 0,60 =	27 000
	(N + 1)	60 000 × 0,60 =	36 000
	(N + 2)	60 000 × 0,60 =	36 000
	(N + 3)	60 000 × 0,60 =	36 000
	(N + 4)	60 000 × 0,60 =	36 000
	(N + 5)	15 000 × 0,60 =	9 000
			180 000

La comptabilisation

Comptes	Débit	Crédit
05-03-N		
441 État, subventions à recevoir	180 000	
131 Subventions d'équipement		180 000
08-03-N		
2154 Matériel industriel	300 000	
44562 État, TVA déductible sur immobilisations 300 000 × 0,196	58 800	
512 Banque		358 800
15-04-N		
512 Banque	180 000	
411 Subventions d'équipement		180 000
31-12-N		
6811 Dotations aux amortissements sur immobilisations	45 000	
28154 Amortissement du matériel industriel		45 000
d°		
139 Subventions d'investissement inscrites au compte Résultat	27 000	
777 Quote-part des subventjions d'investissement virée au compte Résultat		27 000

Actif	Bilan au 31-12-N	Passif
	Subventions d'investissement **180 000 – 27 000**	**153 000**

		Débit	Crédit
	31-12-N+1		
6811 Dotations aux amortissements sur immobilisations		60 000	
	28154 Amortissement du matériel industriel		60 000
	d°		
139 Subventions d'investissement inscrites au compte Résultat		36 000	
	777 Quote-part des subventions d'investissement virée au compte Résultat		36 000

Actif	Bilan au 31-12-N+1	Passif
	Subventions d'investissement 153 000 – 36 000	117 000

		Débit	Crédit
	31-12-N+2		
6811 Dotations aux amortissements sur immobilisations		60 000	
	28154 Amortissement du matériel industriel		60 000
	d°		
139 Subventions d'investissement inscrites au compte Résultat		36 000	
	777 Quote-part des subventions d'investissement virée au compte Résultat		36 000

Actif	Bilan au 31-12-N+2	Passif
	Subventions d'investissement **117 000 – 36 000**	**81 000**

Mêmes écritures aux 31-12-(N + 3), 31-12 (N + 4)

		Débit	Crédit
	31-12-N+5		
6811 Dotations aux amortissements sur immobilisations		15 000	
	28154 Amortissement du matériel industriel		15 000
	d°		
139 Subventions d'investissement inscrites au compte Résultat		9 000	
	777 Quote-part des subventions d'investissement virée au compte Résultat		9 000

Actif	Bilan au 31-12-N+5	Passif
	Subventions d'investissement **9 000 – 9 000**	–

Le compte **13**, Subvention d'investissement est soldé.

Deuxième méthode

La subvention est déduite du coût de l'immobilisation amortissable.

Calculs préliminaires

Amortissements	N	(300 000 – 180 000) × 0,20 × 9/12	=	18 000
	N + 1	(300 000 – 180 000) × 0,20	=	24 000
	N + 2	(300 000 – 180 000) × 0,20	=	24 000
	N + 3	(300 000 – 180 000) × 0,20	=	24 000
	N + 4	(300 000 – 180 000) × 0,20	=	24 000
	N + 5	(300 000 – 180 000) × 0,20 × 3/12	=	6 000

Rapports de la subvention au compte Résultat : néant (déjà reprise en totalité en déduction de la base amortissable).

La comptabilisation

31-12-N		
6811 Dotations aux amortissements sur immobilisations	18 000	
28154 Amortissement du matériel industriel		18 000

mêmes écritures : 24 000 pour N+1, N+2, N+3, N+4
6 000 pour N+5

Comparaison des deux méthodes

– Incidence sur le résultat : même incidence → neutralité de l'opération au point de vue fiscal

Exemple pour l'année (N)	1re méthode	2e méthode
Amortissement	**45 000**	**18 000**
Rapport de la subvention	– 27 000	–
Charge	18 000	18 000

– Au plan économique, il semble néanmoins souhaitable de pratiquer la première méthode dans la mesure où elle permet de maintenir le coût d'acquisition de l'immobilisation à sa valeur d'origine (300 000) ce qui n'est pas le cas dans l'utilisation de la première méthode.

4. Cession d'une immobilisation financée par une subvention

Le solde du compte **131** Subventions d'investissement à la date de la cession doit être rapporté en **totalité** au résultat de l'exercice de la cession. Cette question, qui soulève certaines difficultés de caractère fiscal, semble dépasser les limites de notre étude : elle ne sera donc pas approfondie dans le cadre de cet ouvrage.

À RETENIR

- Les impôts et les taxes (autres que la TVA) supportées par l'entreprise sont :

généralement assises sur les *rémunérations* salariales	} comptes **631** et **633**
parfois sur d'autres critères	} comptes **635** et **637**

- Les subventions sont des aides non remboursables :

74	Subventions d'exploitation	} comptes de produits
7715	Subventions d'équilibre	
13	Subventions d'investissement	} compte de capitaux propres

- Les subventions d'investissement sont *rapportées aux résultats de l'exercice* par les imputations suivantes :

Débit : **139**	Subventions d'investissement inscrites au compte Résultat	} diminution de la subvention
Crédit : **777**	Quote-part des subventions d'investissement virée au compte RÉSULTAT	} produit exceptionnel

Les conseils

1➤ Bien différencier les comptes **631**, **633**, **635**, **637**.

2➤ Ne pas oublier de tenir compte des versements libératoires éventuels au moment du règlement de certaines taxes.

3➤ Ne pas confondre :
- les subventions enregistrées dans les produits de l'exercice : subventions d'exploitation et subventions d'équilibre ;
- les subventions enregistrées dans les capitaux propres : subventions d'investissement.

4➤ Utiliser le compte **441** État, subventions à recevoir pour constater le décalage dans le temps entre la notification d'octroi et le versement de la subvention.

5➤ Bien maîtriser le mécanisme du rapport de la subvention d'investissement au résultat de l'exercice.

6➤ Bien faire la différence entre les deux solutions proposées par les normes de l'IAS :
- rapports aux résultats proportionnels aux amortissements
- base amortissable = coût d'acquisition – Montant de la subvention.

7➤ Noter la codification du compte **139** avec le chiffre **9** en troisième position.

8➤ Ne pas oublier de solder le compte **131** à la cession de l'immobilisation subventionnée.

3 ▶ Applications

VRAI/FAUX

Les affirmations suivantes sont-elles vraies ou fausses ?

1. Les divers impôts et taxes assis sur les salaires sont inscrits aux comptes **631** et **633**. Vrai ☐ Faux ☐

2. Les divers impôts et taxes versés à l'État (au percepteur) sont inscrits aux comptes **631** et **635**. Vrai ☐ Faux ☐

3. Un employeur qui occupe moins de 10 salariés n'est pas soumis aux mêmes contributions fiscales que celui qui occupe au moins 10 salariés. Vrai ☐ Faux ☐

4. Les artisans employant de nombreux salariés sont redevables de la taxe professionnelle. Vrai ☐ Faux ☐

5. Le taux de la taxe professionnelle varie géographiquement. Vrai ☐ Faux ☐

6. Les comptes **74** et **7715** peuvent être utilisés l'un pour l'autre. Vrai ☐ Faux ☐

7. Une subvention d'équilibre est « monnaie courante ». Vrai ☐ Faux ☐

8. Le compte **139** s'inscrit au passif du bilan en passif soustractif. Vrai ☐ Faux ☐

9. Une subvention non encore reçue n'apparaît évidemment pas au bilan. Vrai ☐ Faux ☐

10. On amortit les subventions d'équipement. Vrai ☐ Faux ☐

11. Le fait d'être bénéficiaire d'une subvention augmente le bénéfice. Vrai ☐ Faux ☐

12. Une subvention d'équipement ne peut s'amortir si le bien qu'elle a permis d'acquérir n'est pas amortissable. Vrai ☐ Faux ☐

EXERCICE 09.01

Thème : Calcul et comptabilisation de la taxe d'apprentissage

Une entreprise a versé 900 000 € de rémunérations brutes en N ; au cours de la même année, elle a effectué un versement libératoire de 1 400 € à un centre de formation d'apprentis.

Travail à faire

Enregistrer en N et N+1 :

- **le versement libératoire ;**
- **le règlement au percepteur de la taxe d'apprentissage restant due.**

Téléchargez gratuitement tous les corrigés des exercices, ainsi que les exercices complémentaires sur le site Internet : www.expertisecomptable-foucher.com

Les opérations de trésorerie

CHAPITRE 10

Plan

▶ En première analyse, on peut considérer que la trésorerie est l'ensemble des liquidités de l'entreprise disponibles en caisse, déposées en banque et/ou aux chèques postaux. Cette trésorerie est naturellement concernée par les *encaissements et les décaissements* consécutifs aux opérations commerciales réalisées par l'entreprise.

Ce chapitre sera consacré à ces opérations *d'encaissements et de décaissements*, y compris celles relatives à la TVA. On insistera tout particulièrement sur les mouvements du compte **512** Banque et les problèmes qui s'y rattachent *(état de rapprochement)*.

Enfin, sera abordée la comptabilisation des effets de commerce que l'on doit considérer comme des encaissements et des décaissements différés, générés par des créances et des dettes mobilisées sous cette forme.

1 ▶ Les encaissements et les décaissements

A. Les encaissements

1. Schéma comptable

Comptes à débiter	Comptes à créditer
Comptes de trésorerie : **512** Banques **514** Chèques Postaux **53** Caisse	**Tout autre compte en contrepartie :** **411** Clients **7** Comptes de Produits etc.

2. Exemple

▶ **Thème**

– 5 mars : vente de marchandises au comptant contre espèces : 1 016,60 € TTC.

– 8 mars : avis de crédit de la banque pour encaissement de coupons de titres : 93,40 €.

– 11 mars : avis de crédit des Chèques postaux concernant l'avoir d'un fournisseur suite à un retour d'emballage : 124,60 €.

Enregistrement comptable

		Débit	Crédit
	05-03		
531 Caisse		1 016,60	
	707 Ventes marchandises		850,00
	1 016,60/1,196		
	44571 État, TVA collectée		166,60
	08-03		
512 Banque		93,40	
	764 Revenus des valeurs mobilières de placement		93,40
	11-03		
514 Chèques postaux		124,60	
	4096 Fournisseurs, créances pour emballages à rendre		124,60

B. Les décaissements

1. Schéma comptable

Comptes à débiter	Comptes à créditer
Tout autre compte en contrepartie : 401 Fournisseurs 6 Comptes de Charges etc.	**Comptes de trésorerie :** 512 Banques 514 Chèques Postaux 53 Caisse

2. Exemple

Thème

– 23 mars : achat de timbres-poste contre espèces : 148,80 €.

– 28 mars : acquisition d'un micro-ordinateur, règlement par chèque postal : 1 250,00 € HT.

– 31 mars : règlement par chèques des salaires nets des salariés : 39 630,00 €.

Enregistrement comptable

		Débit	Crédit
	23-03		
626 Frais postaux et de télécommunication		148,80	
	531 Caisse		148,80
	28-03		
2183 Matériel de bureau et matériel informatique		1 250,00	
44562 État, TVA déductible sur immobilisations		245,00	
	514 Chèques postaux		1 495,00
	31-03		
421 Rémunérations du personnel		39 630,00	
	512 Banque		39 630,00

C. Les virements internes

Il s'agit de *virements de fonds d'un compte de trésorerie à un autre compte de trésorerie* de l'entreprise (retrait pour l'un versement pour l'autre). *Exemple* : versement d'espèces en banque :

À débiter BANQUE (dépôt)	→	À créditer CAISSE (retrait)

Il est alors souhaitable, voire nécessaire quand la comptabilité est organisée autour d'un système centralisateur, d'utiliser le compte **58** Virements internes dont l'étude sera abordée dans le Chapitre 22.

D. Cas particulier : règlement de facture avec escompte

On rappelle que *l'escompte est une réduction financière accordée pour un règlement au comptant ou un règlement anticipé* (voir Chapitre 6).

Deux cas peuvent se présenter :

1. L'escompte apparaît sur la facture

Exemple

Thème

Le 8 février, le fournisseur A adresse à son client B la facture suivante :

Brut marchandises	7 250,00
Escompte de règlement 2 %	145,00
	7 105,00
TVA 19,60 %	1 392,58
NET À PAYER	8 497,58 €

Règlement sous huitaine

Le 14 février, le client B adresse au fournisseur A un chèque pour règlement.

Enregistrements comptables

Chez le FOURNISSEUR A

	Débit	Crédit
08-02		
411 Clients	8 497,58	
665 Escomptes accordés	145,00	
707 Ventes marchandises		7 250,00
44571 TVA collectée		1 392,58
15-02		
512 Banque	8 497,58	
411 Clients		8 497,58

Chez le CLIENT B

	Débit	Crédit
09-02		
607 Achats marchandises	7 250,00	
44566 TVA déductible sur ABS	1 392,58	
401 Fournisseurs		8 497,58
765 Escomptes obtenus		145,00
14-02		
401 Fournisseurs	8 497,58	
512 Banque		8 497,58

2. L'escompte n'apparaît pas sur la facture

Exemple

Thème

Le 15 mars, le fournisseur C adresse à son client D la facture suivante :

Brut marchandises	5 120,00
Remise 10 %	512,00
	4 608,00
TVA 19,60 %	903,17
NET À PAYER	5 511,17 €

Règlement par traite au 31 mai

Le 20 mars, le client D offre de régler immédiatement à condition d'obtenir un escompte de 2 %. Le fournisseur C accepte.

Enregistrements comptables

Chez le FOURNISSEUR C		
15-03		
411 Clients	5 511,17	
707 Ventes marchandises		4 608,00
44571 TVA collectée		903,17
21-03		
512 Banque	5 400,95	
665 Escomptes accordés 4 608,00 × 0,02	92,16	
44571 TVA collectée	18,06	
411 Clients		5 511,17

Chez le CLIENT D		
16-03		
607 Achats marchandises	4 608,00	
44566 TVA déd. sur ABS	903,17	
401 Fournisseurs		5 511,17
20-03		
401 Fournisseurs	5 511,17	
512 Banques		5 400,95
765 Escomptes obtenus 4 608,00 × 0,02		92,16
44566 TVA déd. sur ABS		18,06

À noter que, dans ce cas, l'escompte est comptabilisé à l'occasion du règlement et non pas de la facturation, ce qui entraîne une régularisation de la TVA.

2 ▶ Particularités sur les encaissements et décaissements par banque

A. Le compte 5112 Chèques à encaisser

Exemple

Thème

Le 5 avril, le fournisseur X reçoit de son client Y un chèque de 3 653,00 €.

Le 7 avril, il remet ce chèque à l'encaissement à sa banque.

Le 12 avril, il reçoit de sa banque l'avis de crédit correspondant.

À quelle date le fournisseur X doit-il débiter le compte 512 Banque ?

Il existe plusieurs possibilités :

- Débiter le compte 512 Banque (par le crédit du compte 411 Clients) ***à la réception du chèque*** (ici le 5 avril).

Mais cela présente certains inconvénients :
– au plan juridique, la provision du chèque n'est pas encore transférée puisque le chèque n'est pas encaissé ;
– maladresse en cas d'impayé.

• Débiter le compte **512** Banque ***à la date de l'avis de crédit de la banque*** (ici le 12 avril). C'est sans doute la méthode la plus rigoureuse.

• Utiliser un compte intermédiaire **5112 Chèques à encaisser** pour mieux suivre le cheminement du chèque :

05-04		
5112 Chèques à encaisser	3 653,00	
411 Clients		3 653,00
07-04		
RIEN		
12-04		
512 Banque	3 653,00	
5112 Chèques à encaisser		3 653,00

B. Les états de rapprochement

1. Notion préliminaire

Les comptes **512 Banque** chez le titulaire du compte en banque et le **compte du titulaire tenu par la banque** sont des **comptes réciproques** ; leurs soldes, à une date donnée, devraient être égaux et de sens contraire, puisqu'ils concernent les mêmes opérations. Dans la réalité, il n'en est pas ainsi ; ces soldes sont toujours différents.

2. Les sources de la différence de ces soldes

Elles sont nombreuses et on peut les classer de la façon suivante :

– **les erreurs et omissions** dans les comptes de l'entreprise et/ou de la banque ;

– **les opérations imputées dans l'une des comptabilités, mais pas dans l'autre**, sans qu'il y ait erreur, mais simplement par suite du **décalage provenant des délais** d'acheminement et de gestion des instruments de règlement : chèques émis à l'ordre de tiers comptabilisés par l'entreprise, mais non encaissés, donc inconnus pour la banque ; virements effectués par des tiers à l'ordre de l'entreprise enregistrés par la banque, mais pas par l'entreprise qui n'en est pas encore avisée ;

– **les informations fournies par la banque** et qui ne sont connues de l'entreprise qu'à la réception de l'extrait de compte : frais de tenue de compte, intérêts, commissions diverses, droit de garde des titres, etc.

3. Établissement d'un état de rapprochement

a. Les objectifs

L'état de rapprochement permet d'établir la *concordance* entre les deux soldes (alors égaux) et d'effectuer les enregistrements comptables nécessaires qui en découlent.

b. Exemples

Dans les applications suivantes, il sera fait abstraction de la TVA dans un but de simplification.

Exemple 1

Thème

L'entreprise Hispano est titulaire d'un compte auprès de la Société Générale.

Le 31 octobre de l'année N :
- le solde du compte **512** Société Générale est débiteur de 8 351,70 € ;
- le solde du compte de l'entreprise Hispano est créditeur de 9 523,20 € sur l'extrait de compte envoyé par la banque.

Après rapprochement des deux documents et pointage des opérations, la différence entre les deux soldes peut s'expliquer par le fait que :
- le chèque LP 321 576, tiré à l'ordre du fournisseur Madrid, n'a pas encore été présenté à l'encaissement, montant : 463,90 €.
- Le virement bancaire du client Bilbao figure sur l'extrait de compte de la Société Générale, mais n'a pas encore été enregistré dans les comptes de l'entreprise Hispano, montant : 707,60 €.

État de rapprochement

	512 Société Générale chez Hispano		**Compte Hispano** à la Société Générale	
Libellés	**Débit**	**Crédit**	**Débit**	**Crédit**
Soldes avant rapprochement	*8 351,70*			*9 523,20*
Chèque LP 321576			463,90	
Virement Bilbao	707,60			
Soldes rectifiés au 31-10-N		**9 059,30** ↔	**9 059,30**	
	9 059,30	9 059,30	9 523,20	9 523,20

Enregistrement comptable

Il est, en toute évidence, à effectuer *uniquement* chez Hispano.

	31-10-N		
512 Banque		707,60	
	411 Clients		707,60

Exemple 2

Thème

L'entreprise Chistera, titulaire d'un compte auprès du Crédit Agricole, vous fournit les renseignements suivants au 30 novembre N :
- solde du compte **512** Crédit Agricole tenus par l'entreprise : débiteur de 52 148,00 € ;
- solde du compte Chistera tiré de l'extrait de compte envoyé par le Crédit Agricole : créditeur de 63 419,00 €.

La différence entre ces deux soldes peut s'expliquer par les constatations suivantes :
- le chèque MC 123 789, tiré a l'ordre du fournisseur Hossegor, a donné lieu à une imputation de 4 637,00 € dans les comptes de l'entreprise Chistera, alors qu'il figure sur le relevé de banque pour 6 437,00 €. Après vérifications, il s'avère que ce dernier montant est exact ;
- le virement du client Jérôme, figurant sur l'extrait de compte à la date du 29 novembre, n'a pas été enregistré dans les comptes de l'entreprise ; montant : 5 239,00 € ;

– le chèque LP 65458, tiré le 27 novembre à l'ordre du fournisseur Banque, n'a pas encore été présenté à l'encaissement : 8 082,00 € ;
– les frais de tenue de compte figurant sur l'extrait de compte s'élèvent à 250,00 €.

État de rapprochement

	512 Crédit Agricole chez CHISTERA		Compte CHISTERA au Crédit Agricole	
Libellés	**Débit**	**Crédit**	**Débit**	**Crédit**
Soldes avant rapprochement	*52 148,00*			*63 419,00*
Chèque MC 123789 erreur (6 437,0 – 4 637,00)		1 800,00		
Virement Jérôme	5 239,00			
Chèque LP 65458 ordre Baque			8 082,00	
Frais de compte		2 50,00		
Soldes rectifiés au 31-10-N		**55 337,00** ↔	**55 337,00**	
	57 387,00	57 387,00	63 419,00	63 419,00

Enregistrement comptable

			Débit	Crédit
		30-11-N		
512 Banque			5 239,00	
	411 Clients			5 239,00
		d°		
401 Fournisseurs			1 800,00	
627 Services bancaires			250,00	
	512 Banque			2 050,00

Exemple 3

Thème

Les Établissements Fronton vendent des articles de sport. Ils ont un compte ouvert à la BNP. On vous fournit, en annexe, les deux documents suivants.

Compte 512. BNP chez Fronton

Débit	Document 1				Crédit
Date	**Libellés**	**Somme**	**Date**	**Libellés**	**Somme**
15-09	***Solde à nouveau***	***24 527,00***	**17-09**	**CH136 Fr Halteres**	**18 412,00**
18-09	Virement Clt Raquette	6 122,00	21-09	CH137 Fr Poids	8 164,00
20-09	Versement espèces	2 000,00	25-09	CH138 TVA Août	11 230,00
24-09	Remise à l'encaissement	24 658,00	27-09	CH139 Fr Ballon	17 927,00
25-09	Versement espèces	5 000,00	29-09	CH140 Prime assurance	7 250,00
26-09	Virement Clt Club	23 992,00	30-09	CH141 Loyer	3 600,00
			30-09	*Solde débiteur*	*19 716,00*
		86 299,00			86 299,00

Relevé du compte Fronton à la BNP

Document 2				
Date	**Libellé**	**Mouvement**		**Solde**
		Débit	**Crédit**	
15-09	***Solde à nouveau***		***24 527,00***	***24 527,00***
16-09	Virement Raquette		6 122,00	30 649,00
19-09	Chèque 136	18 412,00		12 237,00
21-09	Versement espèces du 20-09		2 000,00	14 237,00
24-09	Virement Club		23 992,00	38 229,00
25-09	Chèque 137	8 614,00		29 615,00
26-09	Versement espèces du 25-09		5 000,00	34 615,00
27-09	Remise du 24-09		24 658,00	59 273,00
28-09	Virement Crampon		12 118,00	71 391,00
30-09	Chèque 138	11 230,00		60 161,00
30-09	Frais de compte	140,00		*60 021,00*

Il est précisé qu'en cas de différences, les sommes figurant sur le document 2 doivent être retenues comme exactes.

État de rapprochement

Le pointage peut s'effectuer grâce à un système de lettrage assurant une correspondance entre les montants portés sur les deux documents. Exemple (partiel) :

Document 1 : Débit	Document 2 : Crédit
6 122,00 (a)	6 122,00 (a)
2 000,00 (b)	2 000,00 (b)
24 658,00 (c)	23 992,00 (e)
5 000,00 (d)	5 000,00 (d)
23 992,00 (e)	24 658,00 (c)

Ce travail préliminaire met en évidence que le montant de 12 118,00 (Virement Crampon) doit être porté, entre autres, sur l'état de rapprochement.

	512 BNP chez FRONTON		**Compte Ets FRONTON à la BNP**	
Libellés	**Débit**	**Crédit**	**Débit**	**Crédit**
Soldes avant rapprochement	*19 716,00*			*60 021,00*
Chèque 137 erreur (8 614,00 – 8 164,00)		450,00		
Virement CRAMPON	12 118,00			
Chèque 139			17 927,00	
Chèque 140			7 250,00	
Chèque 141			3 600,00	
Frais de compte		140,00		
Soldes rectifiés au 31-10-N		**31 244,00** ↔	**31 244,00**	
	31 834,00	31 834,00	60 021,00	60 021,00

Enregistrement comptable

	30-11-N			
512 Banque			12 118,00	
		411 Clients		12 118,00
	d°			
401 Fournisseurs			450,00	
627 Services bancaires			140,00	
		512 Banque		590,00

Exemple 4

Dans les applications précédentes, *les soldes en début de période, étaient égaux.* Il n'en est pas toujours ainsi. *Quand ces soldes sont différents*, il est recommandé d'opérer en deux étapes : rétablir la concordance en début de période puis établir l'état de rapprochement.

Thème

Au 30 novembre N, le compte Banque dans la comptabilité de la société anonyme MATHILDE se présente de la façon suivante (en euros) :

Débit		512 Banque Populaire			Crédit
Date	**Libellé**	**Somme**	**Date**	**Libellé**	**Somme**
01-11	***Solde débiteur***	***2 684 750,00***	**06-11**	**CH945 ordre SAP**	**240 000,00**
02-11	Virements clients	85 000,00	13-11	CH946 ordre CLR	7 500,00
04-11	Remise chèques	857 000,00	30-11	Domiciliations échues	579 500,00
12-11	Versément espèces	20 000,00	30-11	CH947 ordre GAS	650 000,00
20-11	Vente titres	24 800,00			
23-11	Remise à l'escompte	925 000,00		*Solde débiteur*	*3 119 550,00*
		4 596 550,00			4 596 550,00

Le relevé adressé par la banque à la même date se présente ainsi (en euros) :

		Compte S.A. Mathilde			
Date	**Libellé**	**Somme**	**Date**	**Libellé**	**Somme**
01-11	**Chèque 943**	**150 450,00**	**01-11**	***Solde créditeur***	***3 485 615,00***
02-11	Chèque 944	565 415,00	04-11	Remise de chèques	857 000,00
07-11	Chèque 945	240 000,00	12-11	Versement d'espèces	20 000,00
10-11	Chèque 946	7 500,00	13-11	Vente de titres	24 800,00
27-11	Prélèvement automatique	10 800,00	30-11	Négociation nette	916 675,00
30-11	Commissions	600,00	30-11	Encaissement d'intérêts	8 000,00
	Solde créditeur	*4 337 325,00*			
		5 312 090,00			5 312 090,00

Concordance en début de période

Point de départ → Soldes au 1er novembre

D — Banque Populaire chez Mathilde — C

Solde au 01-11	*2 684 750,00*	
Virement client	85 000,00	
	2 769 750,00	

SD : 2 769 750,00

D — SA Mathilde à la Banque Populaire — C

CH 943	150 450,00	*3 485 615,00*	Solde au 01-11
CH 944	565 415,00		
	715 865,00	3 485 615,00	

SC : 2 769 750,00

CONCORDANCE

État de rapprochement en fin de période

Point de départ : les soldes au **30 novembre**.

Le travail précédent évite de prendre en compte les trois imputations déjà effectuées.

D	Banque Populaire chez Mathilde		C
Solde au 30-11	*3 119 550,00*	10 800,00	Prélèvt
		600,00	Comm.
Intérêts	8 000,00	8 325,00	Agios [1]
	3 127 550,00	19 725,00	

SD : 3 107 825,00

D	SA Mathilde à la Banque Populaire		C
Dom.	579 500,00	*4 337 325,00*	Solde au 30-11
CH 947	650 000,00		
	1 229 500,00	4 337 325,00	

SC : 3 107 825,00

CONCORDANCE

(1) Remise à l'escompte : 925 000,00
Net négociation : 916 675,00
Agios : 8 325,00

Enregistrement comptable

		Débit	Crédit
	30-11		
512 Banque		8 000,00	
	7624 Revenus des prêts		8 000,00
	d°		
627 Services bancaires		600,00	
6616 Intérêts bancaires		8 325,00	
	512 Banque		8 925,00

3 ▶ Trésorerie et TVA : la TVA due

Au cours des chapitres antérieurs, on a pu constater que la mise en application de la TVA générait des mouvements de trésorerie.

- **Des encaissements** : TVA collectée.
- **Des décaissements** :

– TVA déductible sur autres biens et services (ABS),
– TVA déductible sur immobilisations,
– TVA à décaisser.

Ce paragraphe sera exclusivement consacré au règlement de la TVA à décaisser (ou TVA à payer ou TVA due).

A. Rappels

TVA due (mois M) = TVA collectée (mois M) – TVA déductible sur ABS et sur immobilisations (mois M)

Dans le cas où la TVA déductible est supérieure à la TVA collectée, on obtient :

Crédit de TVA à reporter = TVA déductible – TVA collectée.

Ce crédit de TVA à reporter s'analyse comme une avance à l'État à déduire du montant de la TVA à décaisser du ou des mois suivants.

Le règlement de la TVA doit être effectué dans les 15 premiers jours ou dans les 25 premiers jours du mois suivant.

Pour des raisons de simplification, dans les applications qui suivent le règlement sera toujours effectué le 25 du mois suivant.

B. Exemples

Exemple 1

Thème

Soit l'extrait de la Balance par soldes de l'entreprise A au 31 mars N :

44562 État, TVA déductible sur immobilisations	25 142,00	
44566 État, TVA déductible sur ABS	143 627,00	
44571 État, TVA collectée		243 618,00

Détermination de la TVA due au titre du mois de mars

TVA collectée	–	TVA déductible	=	TVA due
243 618,00	–	(25 142,00 + 143 627,00)	=	**74 849,00 €**

Enregistrement comptable

Compte	Débit	Crédit
31-03		
44571 État TVA collectée	243 618,00	
44562 État TVA déductible sur immobilisations		25 142,00
44566 État TVA déd. sur ABS		143 627,00
44551 État TVA à décaisser (Dette envers l'État)		74 849,00
25-04		
44551 État TVA à décaisser	74 849,00	
512 Banque		74 849,00

Exemple 2

Thème

Soit l'extrait de la Balance par soldes de l'entreprise B au 30 septembre N :

44562 État, TVA déductible sur immobilisations	46 239,00	
44566 État, TVA déductible sur ABS	127 413,00	
44571 État, TVA collectée		159 251,00

On remarque que la TVA collectée est inférieure à la TVA déductible, d'où un crédit de TVA à reporter.

Détermination du crédit de TVA à reporter

Crédit de TVA à reporter = (46 239,00 + 127 413,00) – 159 251,00 = **14 401,00 €**

Enregistrement comptable

		30-09		
	44571	État TVA collectée	159 251,00	
Créance sur l'État ◀	44567	État crédit de TVA à reporter	14 401,00	
	44562	État TVA déductible sur immobilisations		46 239,00
	44566	État TVA déductible sur ABS		127 413,00
		25-10		
Pas de règlement		RIEN		

Exemple 3

Thème

Soit l'extrait de la Balance par soldes de l'entreprise C au 31 octobre N :

44562 État, TVA déductible sur immobilisations	46 137,00	
44566 État, TVA déductible sur ABS	259 658,00	
44567 État, crédit de TVA à reporter [1]	12 454,00	
44571 État, TVA collectée		447 313,00

[1] au titre du mois de septembre.

Détermination de la TVA due au titre du mois d'octobre

447 313,00 – (46 137,00 + 259 658,00 + 12 454,00) = 447 313,00 – 318 249,00
= **129 064,00 €**

Enregistrement comptable

		31-10		
	44571	État TVA collectée	447 313,00	
	44562	État TVA déductible sur immobilisations		46 137,00
	44566	État TVA déductible sur ABS		259 658,00
Pour solde ◀	44567	État crédit de TVA à reporter		12 454,00
	44551	État TVA à décaisser		129 064,00

Remarque. Si l'on avait eu, toutes choses égales par ailleurs, TVA collectée < 318 249,00, le compte **44567** resterait débiteur et son montant viendrait en déduction de la TVA due au titre du mois de novembre.

25-11		
44551 État, TVA à décaisser	129 064,00	
512 Banque		129 064,00

4 ▶ Les effets de commerce

Avant l'étude de ce paragraphe, il sera utile de consulter l'avant-propos de la 1re partie de l'ouvrage.

Au point de vue commercial, il s'agit des lettres de change (ou traites) tirées par un fournisseur sur son client, des billets à ordre souscrits par le client à l'ordre de son fournisseur.

Chez le fournisseur	Chez le Client
413 Clients, effets à recevoir	**403** Fournisseurs, effets à payer
Racine : **41** Clients (DÉBITEURS)	Racine : **40** : fournisseurs (CRÉDITEURS)

Dans les développements à suivre, on traitera uniquement du cas de la lettre de change, sachant qu'il existe deux catégories de lettre de change :

– la lettre de change circulante, qui n'est pratiquement plus utilisée car son encaissement auprès d'une banque n'est plus possible ;

– la lettre de change relevée, avec son support magnétique.

A. La création de l'effet

Exemple

Thème

En règlement d'une facture (montant 2 412,00 € TTC) déjà comptabilisée le 5 octobre, le fournisseur X a tiré le 10 octobre sur son client Y une lettre de change au 30 novembre.

Enregistrements comptables

Chez le fournisseur

411 Clients		413 Clients effets à recevoir	
05-10 2412	10-10 2412	10-10 2412	

Virement de la CRÉANCE
du Compte 411 au compte 413

Chez le client

401 Fournisseurs		403 Fournisseurs effets à payer	
10-10 2412	05-10 2412		10-10 2412

Virement de la DETTE
du Compte 401 au compte 403

Cette opération peut être considérée comme :

une **entrée d'effets à recevoir :** l'effet entre dans le portefeuille de X

une **sortie d'effets à payer :** l'effet, après acceptation est sorti de chez Y

Dans la pratique – c'est le cas le plus fréquent – la traite est établie et adressée au client en même temps que la facture. On peut alors éviter d'utiliser les comptes **401** et **411**.

413 Clients effets à recevoir		Ventes et autres comptes		Achats et autres comptes		403 Fournisseurs effets à payer	
05-10 **2412**			05-10 **2412**	05-10 **2412**			05-10 **2412**

B. La circulation et le paiement de l'effet

1. Avant son échéance

Le fournisseur peut, avant l'échéance de l'effet, l'endosser à l'ordre de l'un de ses fournisseurs ou le remettre à l'escompte à sa banque. Il est évident que, dans ces deux cas, *aucun enregistrement comptable n'a lieu chez le client tiré qui ignore le cheminement de l'effet* : il sera simplement concerné à l'échéance quand le dernier porteur (bénéficiaire) en exigera le règlement.

a. Endossement à l'ordre d'un fournisseur

C'est une opération relativement rare que l'on peut néanmoins analyser à l'aide d'un exemple : L'entreprise A bénéficiaire d'un effet de 5 200,00 € doit 15 638,00 € à son fournisseur B. Elle peut endosser cet effet à l'ordre de B et règle ainsi partiellement le montant de sa dette.

413 Effets à recevoir		401 Fournisseurs	
5 200	5 200	5 200	15 638

b. Remise à l'escompte en banque

Les principes :

– généralement, pour des raisons de trésorerie, *donc avant l'échéance*, le bénéficiaire remet l'effet à l'escompte en l'endossant à l'ordre de sa banque ;

– la banque qui devient ainsi propriétaire de la créance, crédite le compte de son client de la valeur nette de l'effet, dès la remise : il s'agit donc d'une opération de crédit à court terme (de l'ordre de 3 mois maximum). Le bordereau d'escompte fait apparaître :

Valeur nette = Valeur nominale – Agios

– **l'agio** est égal à :
l'escompte, c'est-à-dire l'intérêt de la valeur nominale pendant le temps qui sépare la date de la remise de l'effet (date du prêt) de la date d'échéance (date de remboursement)
+
les commissions, c'est-à-dire la rémunération du service rendu par la banque
+
la TVA sur commissions.

Très important : la TVA ne s'applique pas à l'escompte, mais uniquement aux commissions.

Exemple

Thème

Par souci de simplification, le taux normal de TVA sera appliqué au total des commissions dans ce thème d'application.

– Le 8 août : Renoir tire sur Legrand une traite en règlement de la facture V2357 : montant : 23 520,00 € échéance : 31 octobre ; domiciliation : Crédit Agricole.
– Le 12 août : Renoir remet cette traite à l'escompte à sa banque, la Société Générale.
– Le 19 août : Renoir reçoit de la Société Générale le bordereau correspondant aux conditions suivantes : taux d'escompte : 11,50 % ; commission : 19,50 € HT ; TVA au taux normal.
– Le 3 novembre : Legrand reçoit du Crédit Agricole l'avis de domiciliation concernant le paiement de cette traite.

Calculs

– ***nombre de jours*** entre la date de remise et la date de négociation (généralement, on ne compte pas le premier jour, mais on compte le dernier) :

août : 12 → 31	19 jours
septembre	30 jours
octobre	31 jours
	80 jours

– ***escompte :*** il s'agit d'un calcul d'intérêt simple où l'année dite commerciale est comptée pour 360 jours.

23 520,00 × 0,115 × 80/360	= **601,07**

– *agios :*

escompte	601,07
commission	19,50
TVA sur commission 19,50 × 0,196	3,82
	624,39

– *valeur comptable nette :*

Valeur nominale	23 520,00
Agios	624,39
Valeur nette	**22 895,61**

Enregistrement comptable chez le bénéficiaire Renoir

411 Client			
	23 520,00	**23 520,00**	**08-08**

5114 Effets à l'escompte			
12-08	**23 520,00**	**23 520,00**	**19-08**

413 Client Effets à recevoir			
08-08	23 520,00	23 520,00	12-08

6616 Intérêts bancaires			
19-08	601,07		

512 Banques			
19-08	22 895,61		

627 Services bancaires			
19-08	19,50		

44566 État, TVA déductible sur ABS			
19-08	3,82		

Aucun enregistrement à l'échéance de la traite.

Enregistrement comptable chez le tiré Legrand

Le tiré n'est pas concerné par les opérations du 12 et du 19 août. Les enregistrements comptables se situent uniquement au niveau :

- de la création de l'effet : le 8 août,
- du paiement de l'effet à l'échéance (avis le 3 novembre), ce qui correspond à une rentrée d'effet à payer puisque le Crédit Agricole retourne l'effet payé accompagné du bordereau de domiciliation.

401 Fournisseurs			
08-08	**23 520,00**	**23 520,00**	

512 Banque			
		23 520,00	**03-11**

403 Fournisseurs, effets à payer			
03-11	23 520,00	23 520,00	08-08

2. À l'échéance : remise à l'encaissement en banque

Les principes

– **quelques jours avant l'échéance**, le bénéficiaire remet l'effet à l'encaissement ; par cette opération, la banque devient mandataire pour encaisser l'effet, pour le compte de son client ;

– lorsque l'effet est encaissé, la banque adresse à son client un bordereau d'encaissement faisant apparaître :

Valeur nette = Valeur nominale – Agios

– **l'agio est égal à : Commission + TVA sur commissions**

Exemple

Thème

– Le 5 septembre : Haurel tire sur Lardy une traite en règlement de la facture V456 : montant : 16 850,00 € échéance : 30 novembre ; domiciliation : Crédit Lyonnais.

– Le 26 novembre : Haurel remet cette traite à l'encaissement à sa banque, la BNP.

– Le 3 décembre : Haurel reçoit de la BNP le bordereau correspondant aux conditions suivantes : commission : 52,50 € HT TVA au taux normal.

Calculs

– agios :

commission	52,50
TVA sur commission 52,50 × 0,196	10,29
Total	**62,79 €**

– valeur nette :

Valeur nominale	16 850,00
Agios	62,79
Valeur nette	**16 787,21 €**

Enregistrement comptable chez le bénéficiaire Haurel

411 Client

Date	Débit	Crédit	Date
	16 850,00	**16 850,00**	**05-09**

5113 Effets à l'encaissement

Date	Débit	Crédit	Date
26-11	**16 850,00**	**16 850,00**	**03-12**

413 Client Effets à recevoir

Date	Débit	Crédit	Date
05-09	16 850,00	16 850,00	26-11

627 Services bancaires

Date	Débit	Crédit	Date
03-12	52,50		

512 Banque

Date	Débit	Crédit	Date
03-12	16 787,21		

44566 État TVA déductible sur ABS

Date	Débit	Crédit	Date
03-12	10,29		

Enregistrement comptable chez le tiré Lardy

401 Fournisseurs

Date	Débit	Crédit	Date
05-09	**16 850,00**	**16 850,00**	

512 Banque

Date	Débit	Crédit	Date
		16 850,00	**03-12**

403 Fournisseurs, effets à payer

Date	Débit	Crédit	Date
03-12	16 850,00	16 850,00	05-09

3. Exemple

Thème

– Le 2 mars : A tire sur B la traite 1518 en règlement de la facture de ce jour : montant : 17 658,00 € échéance : 31 mai ; domiciliation : BNP.

– Le 4 mars : A remet cette traite 1518 à l'escompte à sa banque, le Crédit Lyonnais.

– Le 6 mars : A tire sur B la traite 1519 en règlement de la facture de ce jour : montant : 25 123,00 € échéance : 30 juin ; domiciliation : BNP.

– Le 9 mars : A reçoit de sa banque le bordereau d'escompte relatif à la remise du 4 mars : taux d'escompte : 12 % ; commission : 83,20 € HT ; TVA au taux normal.

– 28 juin : A remet la traite 1519 à l'encaissement.

– Le 3 juillet : A reçoit de sa banque. Le bordereau d'encaissement relatif à la remise du 28 juin : commission : 78,40 € HT TVA au taux normal.

Enregistrement comptable

Chez A

	Débit	Crédit
02-03		
413 Clients, effets à recevoir	17 658,00	
411 Clients		17 658,00
04-03		
5114 Effets à l'escompte	17 658,00	
413 Clients, effets à recevoir		17 658,00
06-03		
413 Clients, effets à recevoir	25 123,00	
411 Clients		25 123,00
09-03		
512 Banque	17 040,52	
6616 Intérêts bancaires 17 658 × 0,12 × (88/360)	517,97	
627 Services bancaires	83,20	
44566 État, TVA déductible sur ABS	16,31	
5114 Effets à l'escompte		17 658,00
03-06		
Rien		
28-06		
5113 Effets à l'encaissement	25 123,00	
413 Clients, effets à recevoir		25 123,00
03-07		
512 Banque	25 029,23	
627 Services bancaires	78,40	
44566 État, TVA déductible sur ABS	15,37	
5113 Effets à l'encaissement		25 123,00
04-07		
Rien		

Chez B

	Débit	Crédit
02-03		
401 Fournisseurs	17 658,00	
403 Fournisseurs, effets à payer		17 658,00
Rien		
07-03		
401 Fournisseurs	25 123,00	
403 Fournisseurs, effets à payer		25 123,00
Rien		
03-06		
403 Fournisseurs, effets à payer	17 658,00	
512 Banque		17 658,00
Rien		
Rien		
04-07		
403 Fournisseurs, effets à payer	25 123,00	
512 Banque		25 123,00

C. Les difficultés de recouvrement

Il existe deux types d'incidents concernant les effets :

– *Avant l'échéance, le client tiré obtient de son fournisseur tireur un délai supplémentaire* pour régler sa dette. On dit dans ce cas qu'il y a **prorogation d'échéance**.

– *Le client tiré ne paye pas le montant de l'effet à l'échéance*, et ceci pour différentes raisons : contestation de la créance initiale, impossibilité de payer : manque de trésorerie, etc. On dit dans ce cas qu'il y a **effet impayé**.

1. Les prorogations d'échéance

a. L'effet est encore dans le portefeuille du fournisseur-tireur : renouvellement d'effet

Les principes

L'effet initial sera annulé et il sera remplacé par un autre effet dont l'échéance sera différée et dont la valeur nominale sera majorée des intérêts de retard.

Exemple

Thème

Le 15 février, le client M avise son fournisseur P qu'il ne pourra régler le montant d'un effet de 12 000,00 € à l'échéance du 31 mars, cet effet est annulé et un autre effet est tiré à l'échéance du 31 mai ; intérêts de retard au taux de 9 %.

Enregistrement comptable

	Chez P		
	15-02		
	411 Clients	12 000,00	
Annulation de l'effet initial ◀	413 Clients effets à recevoir		12 000,00
	d°		
	411 Clients	215,28	
Intérêts de retards ◀	7631 Revenus sur créances commerciales 12 000,00 × 0,09 (2/12)		180,00
	44571 État TVA collectée		35,28
	d°		
Création du nouvel effet ◀	413 Clients effets à recevoir	12 215,28	
	411 Clients		12 215,28
	Chez M		
	15-02		
	403 Fournisseurs effets à payer	12 000,00	
	401 Fournisseurs		12 000,00
	d°		
	66181 Intérêts dse dettes commerciales	180,00	
	44566 État TVA déductible sur ABS	35,28	
	401 Fournisseurs		215,28
	d°		
	401 Fournisseurs	12 215,28	
	403 Fournisseurs effets à payer		12 215,28

Suite de l'opération
- 31 mars : rien,
- pour le deuxième effet : circulation et paiement de l'effet (voir Paragraphe B).

b. L'effet n'est plus dans le portefeuille du fournisseur : l'avance de fonds.

Les principes

– il n'est pratiquement plus possible d'annuler l'effet,

– le fournisseur enverra un chèque à son client pour lui permettre de régler l'effet initial,

– le fournisseur tirera une autre traite dont la valeur nominale sera majorée des intérêts de retard.

Il y aura donc deux effets en circulation.

Exemple

Thème

Le 15 février, le client M avise son fournisseur P qu'il ne pourra régler le montant d'un effet de 12 000,00 € à l'échéance du 31 mars. Cet effet déjà remis à l'escompte ne peut être annulé. Le fournisseur adresse à son client un chèque de 12 000,00 € (pour lui permettre de payer à l'échéance l'effet en circulation) ; il tire ce même jour un autre effet à l'échéance du 31 mai ; intérêts de retard au taux de 9 %.

Enregistrement comptable

	Compte	Débit	Crédit
	Chez P		
	15-02		
Avance de fonds ◄	411 Clients	12 000,00	
	512 Banque		12 000,00
	d°		
Intérêts de retards ◄	411 Clients	215,28	
	7631 Revenus sur créances commerciales 12 000,00 × 0,09 × (2/12)		180,00
	44571 État TVA collectée		35,28
	d°		
Création du 2e effet ◄	413 Clients effets à recevoir	12 215,28	
	411 Clients		12 215,28
	Chez M		
	15-02		
	512 Banque	12 000,00	
	401 Fournisseurs		12 000,00
	d°		
	66181 Intérêts dse dettes commerciales	180,00	
	44566 État TVA déductible sur ABS	35,28	
	401 Fournisseurs		215,28
	d°		
	401 Fournisseurs	12 215,28	
	403 Fournisseurs effets à payer		12 215,28

Suite de l'opération
- il existe deux effets en circulation, l'un de 12 000,00 € à l'échéance du 31 mars, l'autre de 12 215,28 € à l'échéance du 31 mai.
- pour ces deux effets : circulation et paiement de l'effet (voir paragraphe B).

2. Les effets impayés

Cette question n'est pas au programme de l'épreuve no 9 du DCG.

D. Les cessions de créance : loi Dailly

Étant donné les difficultés et l'ampleur des manipulations que soulève la circulation des effets de commerce sur le support papier, le législateur est intervenu pour *moderniser la mobilisation des créances commerciales*. Les procédés les plus couramment utilisés dans cette optique sont :

– la lettre de change relevé ou LCR magnétique ;

– le crédit de mobilisation des créances commerciales ou CMCC ;

– la cession de créances professionnelles –loi Dailly.

Leur étude approfondie, qui suppose une large approche juridique, ne semble pas relever du cadre de cet ouvrage. On se limitera, à titre d'exemple, **au traitement comptable des cessions de créances professionnelles : loi Dailly**.

1. Le mécanisme

Le créancier cède ses créances à sa banque en les récapitulant sur un bordereau de cession.

La banque :

– crédite, dès la cession, le créancier c'est-à-dire son client du total des valeurs nominales de ces créances ;

– débite, à la fin de chaque période (généralement le mois) le créancier des agios correspondants ;

– conclusion : cette opération peut donc être considérée comme une remise à l'escompte.

2. Exemple

▶ Thème

Le 3 mars, l'entreprise X cède à sa banque un certain nombre de créances au 31 mars pour un total des valeurs nominales de 185 200,00 €. Le 31 mars, la banque avise l'entreprise X du montant des agios : 1 860 €.

Écritures au journal

			Débit	Crédit
		03-03		
Cession de créances ◀	512 Banque		185 200,00	
		4116 Clients, créances cédées		185 200,00
		31-03		
Agios ◀	661 Charges d'intérêts		1 860,00	
		512 Banque		1 860,00
		d°		
	4116 Clients, créances cédées		185 200,00	
Règlement des clients ◀		411 Clients		185 200,00

À RETENIR

L'état de rapprochement bancaire permet de réaliser, à titre de **contrôle, l'égalité** suivante :

> Solde du compte « Banque » tenu par l'entreprise
> =
> Solde du compte de l'entreprise à la banque

Cette égalité est obtenue :

- en rectifiant les erreurs d'imputation ;
- en considérant les opérations enregistrées uniquement dans l'un des deux comptes.

• **La TVA** n'est pas une charge pour l'entreprise, mais elle **influe sur sa trésorerie** :

44571 – TVA collectée (mois M)	→ encaissements
44562 – TVA déductible sur immobilisation (mois M)	décaissements
444566 – TVA déductible sur autres biens et services (mois M)	décaissements
= 44551 – TVA à décaisser (mois M)	

• **Les effets de commerce** sont des lettres de change ou des billets à ordre.

Comptes utilisés :

chez le fournisseur : **413 Clients – effets à recevoir**
chez le client : **403 Fournisseurs – effets à payer**

• **Les effets** peuvent être.

- remis à l'escompte ;
- remis à l'encaissement ;
- impayés à l'échéance ;
- prorogés au-delà de l'échéance.

Les conseils

1➤ Noter l'existence et l'utilité du compte **5112** Chèques à encaisser.

2➤ Bien comprendre l'intérêt de l'état de rapprochement.

3➤ Pour chaque montant à faire apparaître dans un état de rapprochement, se poser successivement les deux questions :
- dans quel compte ?
- débit ou crédit ?

4➤ Si les soldes en début de période sont différents, opérer en deux étapes :
- commencer par rétablir la concordance en début de période,
- établir l'état de rapprochement en fin de période.

5➤ Bien assimiler l'utilisation du compte **44567** Crédit de TVA à reporter.

6➤ Bien noter le transfert de créances (**411** → **413**) et de dettes (**401** → **403**).

7➤ Ne pas confondre, ni au plan juridique ni au plan comptable :
- remise à l'escompte avant l'échéance
  agios = escompte + commissions + TVA collectée
  6616 **6275** **44571**
- remise à l'encaissement à l'échéance
  agios = commissions + TVA

8➤ Dans les deux cas, le net porté au crédit du compte est égal à la valeur nominale moins l'agio.

9➤ Bien noter que le calcul de l'escompte est un calcul d'intérêt simple.

10➤ Ne pas oublier que la TVA est appliquée aux commissions et non pas à l'escompte.

11➤ Remarquer que le client-tiré n'est pas concerné par la remise à l'escompte.

12➤ Bien comprendre la différence entre :
- effet impayé : à l'échéance,
- prorogation d'échéance : avant l'échéance.

13➤ Dans le cas d'effets impayés, bien assimiler les différences de traitement comptable dans les deux hypothèses :
- l'effet a été remis à l'escompte,
- l'effet a été remis à l'encaissement.

14➤ Bien noter qu'une procédure d'impayé se termine toujours par la réimputation au compte du client du montant de l'effet impayé augmenté des différents frais.

15➤ En ce qui concerne la prorogation d'échéance, bien noter la différence entre :
- le renouvellement de l'effet : un seul effet en circulation,
- l'avance de fonds : deux effets en circulation.

16➤ Bien retenir la terminologie concernant les opérations sur les effets de commerce.

17➤ S'appuyer toujours sur la situation juridique et commerciale pour analyser les différentes étapes de la vie d'un effet de commerce (création, circulation, paiement, incidents éventuels).

18➤ Comprendre la nature et l'intérêt d'opérations relevant de la loi Dailly.

5 ▶ Applications

VRAI/FAUX

Les affirmations suivantes sont-elles vraies ou fausses ?

1. Les produits génèrent des encaissements. Vrai ☐ Faux ☐
2. Le compte **5112** Chèques à encaisser peut être créditeur. Vrai ☐ Faux ☐
3. Avant rapprochement, les soldes du compte **512** Banque de l'entreprise et du compte de l'entreprise tenu par la banque peuvent être du même sens. Vrai ☐ Faux ☐
4. Même question mais après rapprochement. Vrai ☐ Faux ☐
5. Le compte **44551** État, TVA à décaisser est toujours créditeur. Vrai ☐ Faux ☐
6. Le compte **44567** État, crédit de TVA à reporter peut être créditeur. Vrai ☐ Faux ☐
7. Le compte **413** Clients, effets à recevoir est un compte de clients créditeurs. Vrai ☐ Faux ☐
8. On peut endosser un effet de commerce à l'ordre d'un fournisseur. Vrai ☐ Faux ☐
9. Le bordereau d'escompte est accompagné d'un avis de crédit. Vrai ☐ Faux ☐
10. Pour une remise d'effets à l'escompte on a : Agios = Commissions + TVA sur commissions. Vrai ☐ Faux ☐
11. La TVA est collectée sur le montant de l'escompte. Vrai ☐ Faux ☐
12. Une remise à l'escompte ne concerne pas le tiré. Vrai ☐ Faux ☐
13. Une remise à l'encaissement concerne le tiré. Vrai ☐ Faux ☐
14. La domiciliation d'un effet entraîne un crédit du compte **512** Banque chez le tiré. Vrai ☐ Faux ☐
15. La banque débite son client du montant d'un effet impayé qui a été remis à l'escompte. Vrai ☐ Faux ☐
16. Même question si l'effet a été remis à l'encaissement. Vrai ☐ Faux ☐
17. La prorogation d'échéance entraîne toujours l'annulation de l'effet. Vrai ☐ Faux ☐
18. Dans le cas du renouvellement d'effets, il y a deux effets en circulation. Vrai ☐ Faux ☐
19. Dans le cas de l'avance de fonds au tiré, il y a un seul effet en circulation. Vrai ☐ Faux ☐
20. Le fournisseur est obligé d'accepter une demande de prorogation d'échéance. Vrai ☐ Faux ☐

EXERCICE 10.01

Thème : État de rapprochement simple

Le relevé bancaire du mois de décembre donne un solde créditeur de 20 000 €.

Le compte **512** Crédit Lyonnais tenu dans l'entreprise présente au 31-12 un solde débiteur de 26 300 €.

Il est constaté :

- qu'un chèque de 5 000 € remis à un fournisseur le 27 décembre ne figure pas sur le relevé ;
- qu'un chèque de 3 000 € remis à l'encaissement le 29 décembre ne figure pas sur le relevé (or l'entreprise a déjà débité le compte **512** à cette occasion) ;
- que le relevé mentionne 300 € de frais de tenue de compte ;
- que le relevé mentionne le règlement d'un effet accepté et antérieurement domicilié par l'entreprise ; cet effet, de nominal 8 000 €, avait été accepté lors de l'achat d'une machine à écrire auprès du fournisseur habituel d'équipement de bureau.

Travail à faire

1. **Présenter l'état de rapprochement.**
2. **Passer l'écriture correspondante.**

(ne pas tenir compte de la TVA).

EXERCICE 10.02

Thème : Facturation ; opérations sur effets de commerce. Documents à présenter ; enregistrements comptables

Soit les opérations suivantes :

10 avril :	Didier tire sur Thierry la traite 5136 en règlement d'une facture antérieure. Montant : 25 637 €. Échéance : fin mai.
12 avril :	Didier adresse à Thierry la facture 2113 relative à une livraison de marchandises aux conditions suivantes : Brut marchandises : 36 000 € HT ; remise 20 % ; port forfaitaire 4 500 € HT ; TVA au taux normal ; règlement à fin juin. Il joint à cette facture la traite 5213 correspondante.
14 avril :	Didier remet à l'escompte la traite 5136.
16 avril :	il reçoit de sa banque le bordereau de remise à l'escompte correspondant : taux d'escompte 12 % ; commissions : 136 € HT ; TVA sur commissions au taux normal.
28 juin :	Didier remet à l'encaissement la traite 5213.
3 juillet :	il reçoit de sa banque l'avis de crédit correspondant : commissions 105 € HT ; TVA sur commissions au taux normal.

Travail à faire

1. Présenter schématiquement :

- la facture 2113 ;
- le bordereau d'escompte de la traite 5136 ;
- le bordereau d'encaissement de la traite 5213.

2. Enregistrer ces opérations :

2.1. chez Didier ;

2.2. chez Thierry.

CHAPITRE 11

Les opérations d'investissement et de financement

Plan

▶ Sans approfondir les notions d'analyse comptable qui seront abordées dans le Chapitre 26, on peut dès maintenant noter qu'il s'agit d'opérations concernant le haut du bilan (le bas du bilan étant réservé aux opérations d'exploitation).

L'entreprise a besoin d'investir, c'est-à-dire d'acquérir des immobilisations (Actif, classe 2) financés par des capitaux propres ou des capitaux empruntés à long terme (Passif, classe 1).

1 ▶ Les opérations d'investissement

Investir, c'est acquérir des immobilisations nécessaires au fonctionnement de l'entreprise.

A. Les différentes catégories d'immobilisation

En suivant le Plan comptable général, on distingue les catégories suivantes.

1. Les immobilisations non financières

a. Les immobilisations incorporelles

201 Frais d'établissement : ce sont des charges (*ex.* : frais de constitution) d'un montant généralement élevé dont l'imputation dans des comptes de charges de la classe 6 poserait problème dans la mesure où elles ne se rattachent pas à une production de l'exercice. C'est pourquoi on peut les enregistrer dans *un compte de la classe 2 ce qui permet par le jeu de l'amortissement de les étaler sur plusieurs exercices* (cinq au maximum)[1].

203 Frais de recherche et de développement : ce sont des charges que l'on peut, pour des raisons identiques à celles du compte **201**, inscrire dans un compte de la classe 2[1], sous certaines conditions :

- projets nettement individualisés ;
- coûts distinctement établis ;
- sérieuses chances de réussite technique et de rentabilité commerciale.

205 Concessions et droits similaires, brevets, licences, marques, procédés, droits.

206 Droit au bail : versement effectué au précédent locataire en rémunération du droit au renouvellement du bail qu'il a lui-même acquis.

207 Fonds commercial : ensemble des éléments incorporels du fonds de commerce (*ex.* : clientèle) qui ne sont pas comptabilisés dans d'autres comptes de la classe 2 (*ex.* : **206** Droit au bail).

[1] Néanmoins, pour respecter les normes comptables IAS/IFRS, l'inscription en charge apparaît maintenant comme la méthode préférentielle.

b. Les immobilisations corporelles

211 Terrains

212 Agencement et aménagement des terrains : dépenses engagées dans ce but (*ex.* : clôtures, nivellement, etc.).

213 Constructions : bâtiments à destination industrielle, commerciale, administrative, en incluant les dépenses engagées pour leur aménagement.

214 Constructions sur sol d'autrui : constructions sur des terrains dont l'entreprise n'est pas propriétaire.

215 Installations techniques, matériel et outillage industriels : ensemble des installations, du matériel (*ex.* : machines) et de l'outillage nécessaire à l'activité de l'entreprise.

218 Autres immobilisations corporelles.

2181 Installations générales, agencements, aménagements divers : utilisé dans des constructions dont l'entreprise n'est pas propriétaire.

2182 Matériel de transport.

2183 Matériel de bureau et matériel informatique.

2184 Mobilier.

2186 Emballages récupérables.

23 Immobilisations en cours : leur étude sera abordée dans la partie D.

2. Les immobilisations financières

261 Titres de participation

2611 Actions : dans le cas où l'entreprise possède plus de 10 % des actions de la société émettrice.

271 Titres immobilisés autres que les titres immobilisés de l'activité de portefeuille (droits de propriété).

2711 Actions : dans le cas où l'entreprise possède moins de 10 % des actions de la société émettrice mais n'a pas l'intention de les revendre (minorité de blocage).

272 Titres immobilisés (droits de créance).

2721 Obligations

273 Titres immobilisés de l'activité de portefeuille (TIAP) : pour en retirer une rentabilité satisfaisante à plus ou moins longue échéance, mais sans objectif d'intervention dans la gestion des entreprises émettrices.

274 Prêts.

275 Dépôts et cautionnements versés.

B. L'acquisition des immobilisations

- Les actifs acquis à titre onéreux sont comptabilisés à leur *coût d'acquisition*.
- Les actifs acquis à titre gratuit sont comptabilisés à leur *valeur vénale*.
- Les actifs produits par l'entreprise sont comptabilisés à leur *coût de production*.

Dans cette Partie B, seul sera abordé le cas des actifs acquis à titre onéreux, c'est-à-dire comptabilisés à leur coût d'acquisition.

1. Les principes

a. Le coût d'acquisition

C'est le montant qui sera porté au débit du compte de l'immobilisation concernée.

Aspect fiscal

Coût d'acquisition = Prix d'achat + Coûts directement attribuables + éventuellement, coût des emprunts

Ce coût est comptabilisé hors taxes récupérables.

b. Coûts directement attribuables

– frais de transport, de livraison, d'installation, de montage ;

– en principe, et en *application des normes IAS / IFRS* : honoraires, commissions, frais d'acte et, dans certains cas, le coût des emprunts.

Néanmoins, afin de ne pas pénaliser fiscalement les entreprises, il est encore admis, sur option, de comptabiliser ces coûts en *charges imputables à l'exercice d'acquisition* (avis du Conseil National de la Comptabilité du 27 octobre 2004 ; Art. 321.10, 321.15, 321.19 du PCG).

Commissions	→	compte **6221**
Honoraires	→	compte **6226**
Frais d'acte	→	compte **6227**
Intérêts des emprunts	→	compte **6611**

Exemple

Thème

Acquisition d'un matériel industriel : prix d'achat de 60 000 € HT ; transport 3 500 € HT ; frais d'installation 2 000 € HT ; commission 4 500 € HT ; frais d'acte 1 200 € HT.

Application des normes IAS / IFRS

Prix d'achat	60 000	
Transport	3 500	Coûts attribuables
Installation	2 000	Coûts attribuables
Commission	4 500	Coûts attribuables
Frais d'acte	1 200	Coûts attribuables
	71 200	→ Débit du compte **2154** Matériel industriel

Application de l'option prévue par le CNC

Prix d'achat	60 000 € HT	Coût d'acquisition (Débit du compte **2154** Matériel industriel) = **65 500**
Transport	3 500 € HT	
Installation	2 000 € HT	
Commission	4 500 € HT	Charges par nature (Débit des comptes de classe 6) = **5 700**
Frais d'acte	1 200 € HT	
	71 200 € HT	

c. Enregistrement au coût d'acquisition hors taxes récupérables

- **Entreprise avec un prorata de TVA de 100 %**

C'est le cas général : l'entreprise peut, sur tout achat de biens (y compris les immobilisations) enregistrer **la TVA déductible dans sa totalité**.

Exemple

Achat d'un outillage industriel : 10 166,00 € TVA comprise.

Coût d'acquisition HT récupérables :	10 166,00/1,196	→	8 500,00 €
TVA déductible sur immobilisations :	8 500,00 × 0,196	→	1 666,00 €

- **Entreprise ayant un prorata de TVA < 100 %**

Pour certaines raisons (exonération sur une partie de ses activités), une entreprise peut être amenée, par exemple, à collecter la TVA sur 90 % de son chiffre d'affaires. Dans ce cas, elle ne pourra récupérer que 90 % de la TVA déductible sur les biens qu'elle acquiert. On a alors :

Coût d'acquisition = Prix d'achat HT + TVA non récupérable

Exemple

Acquisition d'une immobilisation de 120 000,00 € HT, soit 143 520,00 € TTC. Prorata de 90 %.

TVA déductible totale :	120 000,00 × 0,196	=	23 520,00 €
dont récupérable :	23 520,00 × 0,9	=	21 168,00 €
non récupérable :	23 520,00 × 0,1	=	2 352,00 €

Coût d'acquisition hors taxes récupérables

	120 000,00 + 2 352,00	=	**122 352,00** €
ou	143 520,00 – 21 168,00	=	122 352,00 €

- **Les véhicules de tourisme**

Il s'agit d'un bien pour lequel la TVA n'est jamais récupérable :

Exemple

Prix d'achat HT	93 000,00 €
TVA 19,60 %	18 228,00 €
Net à payer	111 228,00 €

Coût d'acquisition : 111 228,00 € au débit du compte **2182** Matériel de transport

TVA récupérable : néant.

2. Comptabilisation

Pour les applications suivantes, le prorata de TVA est de 100 % sauf indication contraire.

Exemple 1

Acquisition d'un lot de mobiliers de bureau au prix d'achat de 8 200,00 € HT, règlement au comptant par chèque postal.

	Débit	Crédit
2184 Mobilier	8 200,00	
44562 État, TVA déductible sur immobilisations	1 607,20	
512 Chèques postaux		9 807,2

Exemple 2

Acquisition d'un micro-ordinateur au prix d'achat de 1 580 € HT, règlement à crédit.

	Débit	Crédit
2183 Matériel de bureau et informatique	1 580,00	
44562 État, TVA déductible sur immobilisations	309,68	
404 Fournisseurs d'immobilisations [1]		1 889,68

[1] À remarquer l'emploi de **404** Fournisseurs d'immobilisations et non **401** Fournisseurs.

Exemple 3

Acquisition d'une machine-outil : prix d'achat 63 000 € HT ; frais de transport 3 200 € HT ; frais d'installation 2 700 € HT ; commission 1 800 € HT ; règlement par chèque bancaire.

1re solution (application des normes IFRS)

	Compte	Débit	Crédit
Coût d'acquisition HT ◄	**2154** Matériel industriel 63 000 + 3 200 + 2 700 + 1 800	70 700,00	
TVA sur coût d'acquisition ◄	**44562** État, TVA déductible sur immobilisations 70 700 × 0,196	13 857,20	
	512 Banque		84 557,20

2e solution (option possible)

	Compte	Débit	Crédit
Coût d'acquisition HT ◄	**2154** Matériel industriel 63 000 + 3 200 + 2 700	68 900,00	
TVA sur coût d'acquisition ◄	**44562** État, TVA déductible sur immobilisations 68 900,00 × 0,196	13 504,40	
Charge par nature ◄	**6221** Commissions et courtages sur achats	1 800,00	
TVA sur commission (service) ◄	**44566** État, TVA déductible sur ABS 1 800 × 0,196	352,80	
	512 Banque		84 557,20

Exemple 4

Acquisition d'une voiture de tourisme : prix d'achat 15 600 € HT ; règlement par chèque bancaire.

	Compte	Débit	Crédit
Coût d'acquisition TTC ◄	**2182** Matériel de transport 15 600 × 1,196	18 657,60	
	512 Banque		18 657,60

Exemple 5

Acquisition d'un ordinateur et d'un logiciel de comptabilité ; règlement par chèque bancaire

Prix d'achat ordinateur : 1 500 € HT

logiciel : 300 € HT

	Compte	Débit	Crédit
	2183 Matériel de bureau et matériel informatique	1 500,00	
	44562 État, TVA déductible sur immobilisations 1 500 × 0,196	294,00	
Acquisition considérée comme une charge ◄	**606** Achats non stockés de matières et fournitures	300,00	
	44566 État, TVA déductible sur ABS 300 × 0,196	58,80	
	512 Banque		2 152,80

Exemple 6

Acquisition d'un outillage industriel : prix d'achat 8 500 € HT ; frais de transport 900 € HT ; règlement par chèque bancaire. L'entreprise a un prorata de TVA de 85 %.

Coût d'acquisition HT récupérable ◄	**2155** Outillage industriel HT 8 500 + 900 = 9 400,00 Taxe non récupérable 9 400 × 0,196 × 0,15 = 276,36 9 676,36	9 676,36	
TVA récupérable ◄	**44562** État, TVA déductible sur immobilisations 9 400 × 0,196 × 0,85	1 566,04	
	512 Banque		11 242,40

Exemple 7

La Société A acquiert 5 000 actions de la Société B (répondant aux critères d'activité de portefeuille) au prix unitaire de 242 €.

Commission : 1,50 % ;TVA sur commission au taux normal.

273 Titres immobilisés de l'activité de portefeuille 5 000 × 242	1 210 000,00	
6271 Frais sur titres 1 210 000 × 1,50 %	18 150,00	
44566 État, TVA déductible sur ABS 18 150 × 19,60 %	3 557,40	
512 Banque		1 231 707,40

3. Complément : avances sur commande d'immobilisation

a. Généralités

Étant donné le montant important de ce type de transaction, le fournisseur est souvent amené à demander une avance à son client.

b. Exemple

▶ Thème

Le 15 mars : commande d'une machine-outil : prix d'achat 25 200 € HT.

Versement d'une avance de 12 000 €.

Le 5 avril : livraison de la machine ; frais d'installation 860 € HT ; règlement fin avril.

Le 30 avril : règlement effectué par chèque bancaire.

Écritures comptables

15-03		
238 Avances et acomptes versés sur commande d'immobilisations corporelles	12 000,00	
512 Banque		12 000,00
05-04		
2154 Matériel industriel 25 200 + 860	26 060,00	
44562 État, TVA déductible sur immobilisations	5 107,76	
404 Fournisseurs d'immobilisations		31 167,76
30-04		
404 Fournisseurs d'immobilisations	31 167,76	
238 Avances et acomptes sur commande d'immobilisations corporelles		12 000,00
512 Banque		19 167,76

C. La production d'immobilisation par l'entreprise

Une entreprise a parfois intérêt, quand elle en a la possibilité, à produire elle-même les immobilisations dont elle a besoin.

Exemple : une entreprise de travaux publics qui construit un hangar pour stocker ses matériaux.

1. Analyse de l'opération (sans considération fiscale)

Exemple

Soit une entreprise ayant construit pour elle-même un entrepôt au cours de l'exercice N (fin des travaux le 31 octobre N). Montant des charges engagées (matières premières, matériaux, main-d'œuvre, énergie) : 540 000 € HT.

Enregistrement des charges

Courant N		
6 Charges	540 000,00	
512 Banque		540 000,00

Entrée de la construction dans le patrimoine

Enrichissement → produit inscrit au crédit du compte **72** Production immobilisée

31-10-N		
213 Constructions	540 000,00	
72 Production immobilisée [1]		540 000,00

[1] ou **722** Production d'immobilisations corporelles.

Conclusion

Si on dresse le compte Résultat pour cette opération :

CHARGES		RÉSULTAT N	PRODUITS
6 Charges	540 000,00	712 Production immobilisée	540 000,00

Solde nul

On constate qu'il s'agit d'une opération neutre *n'entraînant ni gain ni perte.*

2. Incidence fiscale

L'administration fiscale considère qu'il s'agit d'une livraison à soi-même se décomposant en :

– un achat → **déductibilité** de TVA ;

– une vente → **collecte** de TVA.

Exemple

Enregistrement comptable

En reprenant le thème du Paragraphe C-1 et en supposant que l'entreprise a un prorata de TVA de 100 %.

	31-10-N		
213	Constructions	540 000,00	
44562	État, TVA déductible sur immobilisations 540 00 × 0,196	105 840,00	
72	Production immobilisée		540 000,00
44571	État, TVA collectée		105 840,00

Remarque. Cet enregistrement est beaucoup plus significatif quand l'entreprise a un prorata de TVA < 100 %.

Exemple : une entreprise (prorata de TVA de 70 %) a construit un bâtiment pour ses propres besoins ; coût des travaux : 680 000 € HT.

	31-10-N		
213	Constructions Coût HT 680 000 TVA non récupérable 680 000 × 0,196 × 0,30 39 984 719 984	719 984,00	
44562	État, TVA déductible sur immobilisations 680 000 × 0,196 × 0,70	93 296,00	
72	Production immobilisée		680 000,00
44571	État, TVA collectée 680 000 × 0,196		133 280,00

D. Les immobilisations en cours

1. Généralités

C'est une question étroitement liée à la précédente dans la mesure où des immobilisations produites par l'entreprise sont souvent inachevées à la fin de l'exercice. Les opérations et *les enregistrements comptables correspondants sont donc, dans ce cas, étalés sur deux ou plusieurs exercices*.

2. Exemple

Thème

Une entreprise (exercice comptable correspondant à l'année civile) construit un hangar pour elle-même :

- 1er octobre N : début des travaux.
- 31 décembre N : montant des travaux déjà exécutés : 340 000 € HT.
- 31 mars N+1 : fin de la construction du hangar ; coût total 580 000 € HT.

Enregistrements comptables

	Courant N		
6 Charges		340 000,00	
	512 Banque		340 000,00
	31-12-N		
2313 Constructions en cours		340 000,00	
	72 Production immobilisée		340 000,00
	Courant N		
6 Charges		240 000,00	
	512 Banque		240 000,00
	31-03-N+1		
231 Constructions		580 000,00	
	2313 Construction en cours		340 000,00
	72 Production immobilisée		240 000,00
	d°		
44562 État, TVA déductible sur immobilisations		113 680,00	
	44571 État, TVA collectée		113 680,00
	580 000 × 0,196		

E. Acquisition de petits matériels et outillages de faible valeur

1. Définition

Il s'agit :

- **de biens durables** que l'on devrait considérer, au sens économique du terme, comme des immobilisations ;
- **de faible valeur unitaire :** inférieure à 500 € hors taxes.

Exemple. Des matériels et outillages industriels : une perceuse... ou des matériels de bureau : un combiné téléphonique, une calculette.

2. Principe de comptabilisation

Aspect fiscal

Les entreprises ont la possibilité d'imputer le montant de leur acquisition :

– **à un compte de charges** :

6063 Achats de fournitures d'entretien et de petit équipement

6064 Achats de fournitures administratives

– **au lieu d'un compte d'immobilisations** :

2154 Matériel industriel

2155 Outillage industriel

2183 Matériel de bureau et matériel informatique

2184 Mobilier

3. Exemple

L'entreprise A achète une perceuse électrique : 180 € HT. Règlement à crédit.

31-10-N		
6063 Achats de fournitures d'entretien et de petit équipement	180,00	
44566 État, TVA déductible sur ABS [1]	35,28	
401 Fournisseurs [2]		215,28

[1] et non **44562** État, TVA déductible sur immobilisations

[2] et non **404** Fournisseurs d'immobilisations

4. Intérêt

Imputation de la **charge**
Économie d'impôt correspondante } **sur un seul exercice** → avantage au niveau de la trésorerie

2 ▶ Les opérations de financement

Les investissements d'une entreprise peuvent être financés par :

– **un crédit accordé par le fournisseur de l'immobilisation** : il s'agit alors généralement d'un crédit à court terme. C'est pourquoi ce type de financement peut engendrer un certain déséquilibre de la structure financière de l'entreprise. Cette question sera approfondie à l'occasion du Chapitre 26 de l'ouvrage ;

– **des capitaux propres** : en apport initial ou grâce à une augmentation de capital dont l'étude relève surtout d'un cours de comptabilité approfondie qui n'entre pas dans le cadre de cet ouvrage ;

– **des subventions d'investissements** : cette question a été traitée dans le Chapitre 9 ;

– **des emprunts bancaires** ;

– **un recours au crédit-bail**.

A. Les emprunts bancaires

Seuls seront abordés les emprunts indivis accordés par un seul prêteur (généralement une banque) et non pas les emprunts obligataires (cours de comptabilité des sociétés).
Les enregistrements comptables traduiront :

– **des opérations courantes** effectuées en cours d'exercice,

– **des opérations d'inventaire** effectuées à la clôture de l'exercice, toujours le 31 décembre dans les thèmes ci-après. Ces opérations, dont l'étude sera approfondie dans la troisième partie de l'ouvrage, seront néanmoins explicitées quand l'occasion se présentera.

1. L'emprunt remboursé en bloc ou « *in fine* »

Le fonctionnement

Le montant total de l'emprunt est **remboursé en une seule fois** à la fin de la durée de l'emprunt. À la fin de chaque période, généralement l'année, **l'intérêt est calculé sur le montant total de l'emprunt**.

Exemple

Thème

Conditions de l'emprunt :

- Date : 1er janvier N.
- Montant : 300 000 €.
- Durée : 3 ans.
- Remboursement en bloc le 31 décembre N+2.
- Intérêts annuels à terme échu au taux de 5 %

Schéma

01-01- N	31-12-N	31-12 (N+1)	31-12 (N+2)
Emprunt 300 000	Intérêts payés 300 000 x 0,05 = 15 000	Intérêts payés 300 000 x 0,05 = 15 000	Intérêts payés 300 000 x 0,05 = 15 000 + Remboursement 300 000

Enregistrements comptables

	01-10-N		
512 Banque		300 000	
	164 Emprunt auprès des établissements de crédit		300 000
	31-12-N		
6611 Intérêts des emprunts		15 000	
	512 Banque		15 000
	300 000 × 0,05		
	31-12-N+1		
6611 Intérêts des emprunts		15 000	
	512 Banque		15 000
	300 000 × 0,05		
	31-12-N+2		
164 Emprunt auprès des établissements de crédit		300 000	
6611 Intérêts des emprunts		15 000	
	512 Banque		315 000

2. Les emprunts remboursés par fractions

a. Les emprunts remboursés par amortissements constants

Le fonctionnement est le suivant :

– Une partie constante du capital est remboursée à la fin de chaque période : c'est **l'amortissement du capital**.

– L'intérêt payé en fin de période est calculé sur le capital restant dû pendant la période écoulée : c'est **l'intérêt**.

– À la fin de chaque période, l'emprunteur verse une somme appelée **annuité** et comprenant deux éléments :

Annuité = Intérêt sur le capital restant dû + Amortissement du capital

Exemple

Thème

Conditions de l'emprunt :

- Date : 1er avril N.
- Montant : 400 000 €.
- Durée : 4 ans.
- Remboursement par amortissements constants, intérêts annuels au taux de 8 %.

Tableau d'amortissement

Il est souhaitable, dans ce cas, de dresser un tableau récapitulant l'historique de l'emprunt : c'est le tableau d'amortissement.

Date de fin de période	Capital restant dû (a)	Intérêt (b) = (a) × 0,08	Amortissement du capital (c)	Annuité (d) = (b) + (c)
31-03-N+1	**400 000**	**32 000[1]**	**100 000[2]**	**132 000[3]**
31-03-N+2	300 000[4]	24 000	100 000	124 000
31-03-N+3	200 000	16 000	100 000	116 000
31-03-N+4	100 000	08 000	100 000	108 000
			400 000	

[1] 400 000 × 0,08
[2] 400 000/4
[3] 100 000 + 32 000
[4] 400 000 – 100 000

Notons que :
– l'amortissement du capital est constant ;
– l'intérêt est décroissant ;
– l'annuité est décroissante en progression arithmétique de raison –8 000, c'est-à-dire : –100 000 × 0,08.

Schéma

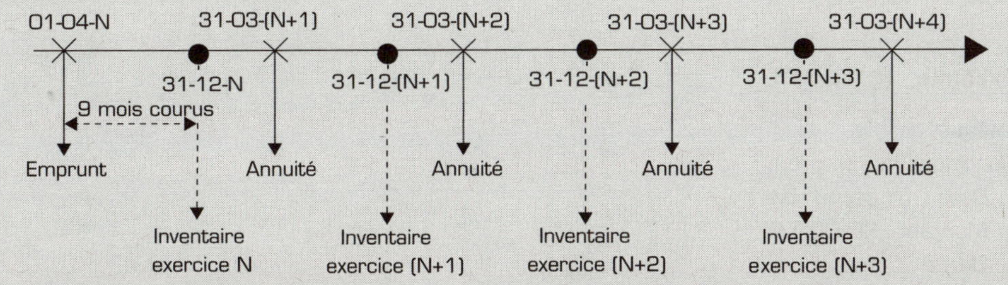

Enregistrements comptables

	Écriture	Débit	Crédit
	01-04-N		
Emprunt ◀	**512** Banque	400 000	
	164 Emprunt auprès des établissements de crédit		400 000
	31-12-N		
Écriture d'inventaire (9 mois courus) [1] ◀	**6611** Intérêts des emprunts	24 000	
	1688 Intérêts courus 32 000 × 9/12		24 000
	01-01-N+1		
Contre-passation de l'écriture au 31-12-N ◀	**1688** Intérêts courus	24 000	
	6611 Intérêts des emprunts		24 000
	31-03-N+1		
Amortissement du capital ◀	**164** Emprunt auprès des établissements de crédit	100 000	
+ intérêts ◀	**6611** Intérêts des emprunts	32 000	
= annuité ◀	**512** Banque		132 000
	31-12-N+1		
	6611 Intérêts des emprunts	18 000	
	1688 Intérêts courus 24 000 × 9/12		18 000

[1] Pour imputer à l'exercice écoulé N les intérêts courus mais non encore versés, de façon à respecter le principe de l'autonomie des exercices.

Suite jusqu'au 31-03-N+4 : sans difficulté, il suffit de transcrire, comme ci-dessus, les informations portées sur le tableau d'amortissement, en termes comptables, sans oublier les écritures d'inventaire (au 31-12) et les écritures de contre-passation (au 01-01) correspondantes.

b. Les emprunts remboursés par annuités constantes

Le fonctionnement est le suivant :

– À la fin de chaque période, versement d'une annuité **constante** :

Annuité constante = Intérêt sur le capital restant dû + Amortissement du capital

– Le montant de l'annuité constante est obtenu en appliquant la formule (voir un cours de mathématiques financières) :

$$a = V_0 \left(\frac{i}{1-(1+i)^{-n}} \right)$$

avec a : annuité constante, V_0 : montant de l'emprunt, i : taux pour 1 €, (*exemple :* 9 % → i = 0,09), n : nombre de périodes (durée de l'emprunt).

Exemple

Thème

Conditions de l'emprunt :

- Date : 1er septembre (N).
- Montant : 90 000 €.
- Durée : 5 ans.
- Remboursement par annuités constantes.
- Intérêts annuels au taux de 6 %.

Tableau d'amortissement

Détermination du montant de l'annuité :

$$a = 90\,000 \left(\frac{0{,}06}{1-(1{,}06)^{-5}} \right)$$

↓

valeur fournie par la table financière n° 5
ou en utilisant la calculatrice ici : 0,237 3964

a = 90 000 × 0,237 3964 = **21 365,68**

Date de fin de période	Capital restant dû (a)	Intérêt (b) = (a) × 0,06	Amortissement du capital (d) = (c) – (b)	Annuité (c)
31-08-N+1	**90 000,00**	**5 400,00**[1]	**15 965,68**[2]	**21 365,68**
31-08-N+2	74 034,32[3]	4 442,06	16 923,62	21 365,68
31-08-N+3	57 110,70	3 426,64	17 939,04	21 365,68
31-08-N+4	39 171,66	2 350,30	19 015,38	21 365,68
31-08-N+5	20 156,28	1 209,38	20 156,30	21 365,68
			90 000,02[4]	

1 90 000 × 0,06

2 21 365,68 – 5 400,00

3 90 000,00 – 15 965,68.

4 Total des amortissements du capital = montant de l'emprunt ; la différence de 0,02 s'explique par les arrondis de calcul. Notons que : l'annuité est constante, l'intérêt est décroissant, l'amortissement du capital est constant.

Schéma

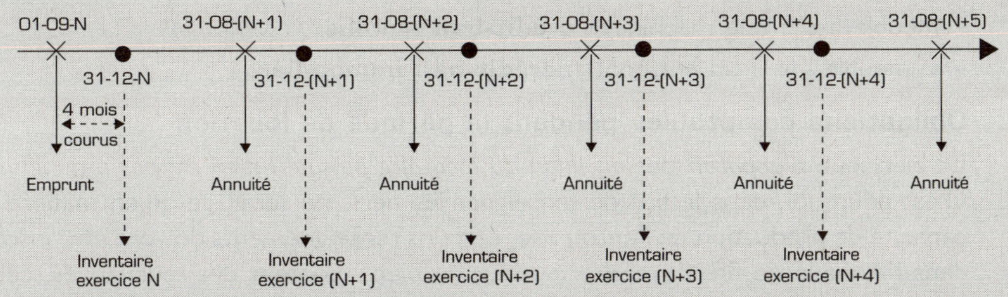

Enregistrements comptables

		Débit	Crédit
	01-09-N		
Emprunt ◄	512 Banque	900 000,00	
	164 Emprunt auprès des établissements de crédit		900 000,00
	31-12-N		
Écriture d'inventaire (4 mois courus) ◄	6611 Intérêts des emprunts	1 800,00	
	1688 Intérêts courus		1 800,00
	5 400 × 4/12		
	01-01-N+1		
Contre-passation de l'écriture au 31-12-N ◄	1688 Intérêts courus	1 800,00	
	6611 Intérêts des emprunts		1 800,00
	31-08-N+1		
Amortissement du capital ◄	164 Emprunt auprès des établissements de crédit	15 965,68	
+ intérêts ◄	6611 Intérêts des emprunts	5 400,00	
= annuité ◄	512 Banque		21 365,68
	31-12-N+1		
	6611 Intérêts des emprunts	1 480,69	
	1688 Intérêts courus		
	4 442,06 × 4/12		1 480,69

Suite jusqu'au 31-08-N+5 : sans difficulté.

B. Le crédit-bail

1. Généralités

a. Définition

C'est une opération de location d'un bien mis à la disposition du locataire pendant la période de location, moyennant un loyer : **la redevance**, et que le locataire peut acheter (mais ce n'est pas une obligation) en fin de location : **levée de l'option d'achat**.

b. Champ d'application

L'opération peut porter sur un bien :
– meuble (*ex.* : une machine) : **crédit-bail mobilier**,
– immeuble (*ex.* : un entrepôt) : **crédit-bail immobilier**.

c. Obligations comptables pendant la période de location

Le bien loué *n'apparaît pas au bilan du locataire puisqu'il n'en est pas propriétaire*. C'est pourquoi, dans le but de renseigner les tiers, ne serait-ce qu'en matière de capacité de production de l'entreprise, certains renseignements doivent être inscrits dans l'Annexe de fin d'exercice : valeur du bien, montant des redevances, celles payées au cours de l'exercice, celles restant à payer, etc.

2. Le crédit-bail mobilier

Exemple

Thème

L'entreprise MOB passe le 1er octobre N un contrat de crédit-bail mobilier avec la société Locadour aux conditions suivantes :
- Mise à la disposition d'un gros outillage industriel.
- Durée du contrat de location : 3 ans.
- Redevances annuelles de 12 000 € HT payables d'avance, la première le 1er octobre N.
- Option d'achat : 9 000 € HT le 30 septembre N+3.

Enregistrements comptables

Ces opérations génèrent la passation :
- d'écritures courantes (en cours d'exercice),
- d'écritures d'inventaire (à la clôture de l'exercice) qui seront explicitées dès maintenant et qui seront approfondies dans le Chapitre 18.

		Écriture	Débit	Crédit
		01-10-N		
Règlement de la redevance (payée d'avance) pour 12 mois ◄		**6122** Redevance de crédit-bail mobilier	12 000	
		44566 État, TVA déductible sur ABS 12 000 × 0,196	2 352	
		512 Banque		14 352
		31-12-N		
Écriture d'inventaire [1] ◄		**486** Charges constatées d'avance	9 000	
		6122 Redevances de crédit-bail mobilier 12 000 × 9/12		9 000
	EXERCICE (N+1)	01-01-N+1		
Contre-passation [2] ◄	EXERCICE (N+1)	**6122** Redevances de crédit-bail mobilier	9 000	
	EXERCICE (N+1)	**486** Charges constatées d'avance		9 000
	EXERCICE (N+1)	01-10-N+1		
Règlement de la redevance ◄	EXERCICE (N+1)	**6122** Redevances de crédit-bail mobilier	12 000	
	EXERCICE (N+1)	**44566** État, TVA déductible sur ABS	2 352	
	EXERCICE (N+1)	**512** Banque		14 352
	EXERCICE (N+1)	31-12-N+1		
Écriture d'inventaire ◄	EXERCICE (N+1)	**486** Charges constatées d'avance	9 000	
	EXERCICE (N+1)	**6122** Redevances de crédit-bail mobilier		9 000

1 Le compte de charges **6122** a été débité de 12 000 € (12 mois) au cours de l'exercice N, alors que la charge imputable à cet exercice n'est que de 3 000 € (3 mois) → nécessité de créditer ce compte de 9 000 €.
2 Une justification de cette écriture de contre-passation : voir page suivante (compte 6122 pour l'exercice N+1)

6122 Redevance de crédit-bail mobilier

EXERCICE N+1

01-01	9 000	31-12	9 000
01-10	12 000		

Solde débiteur : 12 000, ce qui correspond bien à la charge annuelle

01-01-N+2		
idem 01-01-N+1		
01-10-N+2		
idem 01-10-N+1		
31-12-N+2		
idem 31-12-N+1		
01-01-N+3		
idem 01-01-N+1		
30-09-N+3		
2155 Outillage industriel	9 000	
Levée d'option d'achat ◄ 44562 État, TVA déductible sur immobilisations 9 000 × 0,196	1 764	
512 Banque		10 764

Position fiscale

L'outillage industriel sera, par la suite, amorti suivant le système de l'amortissement constant (bien d'occasion) pour une durée de vie que l'entreprise MOD pourra choisir, bien entendu, dans les limites de la durée d'utilisation du bien, et d'après le montant des avantages économiques attendus (*cf.* Chapitre 15).

3. Le crédit-bail immobilier

Les entreprises traitent généralement avec des sociétés spécialisées dans ce genre d'opérations : les sociétés immobilières pour le commerce et l'industrie (SICOMI).

Le mécanisme est le même qu'en matière de crédit-bail mobilier :

– **redevances**, généralement annuelles et payables d'avance, au cours de la période de location ;

– **option d'achat en fin de contrat** :

Exemple

Thème

L'entreprise IMMOB signe avec une SICOMI le 1er avril (N) un contrat de crédit-bail aux conditions suivantes :

- Mise à la disposition d'un immeuble commercial d'une valeur de 2 400 000 €.
- Durée du contrat : 12 ans.
- Redevances annuelles de 280 000 € payables d'avance, la première, le 1er avril (N).
- Option d'achat : 800 000 € le 1er avril (N+12).
- On signale par ailleurs que la SICOMI amortit cet immeuble sur 20 ans selon le système de l'amortissement linéaire.

Enregistrements comptables

Redevances : idem crédit-bail mobilier

01-04-N		
6125 Redevances de crédit-bail immobilier	280 000	
44566 État, TVA déductible sur ABS	54 880	
512 Banque		334 880

(Suite : sans difficulté. Voir 2.)

Option d'achat

Calcul préliminaire :

Valeur comptable de l'immeuble :		960 000
Valeur d'origine :	2 400 000	
Amortissements : 2 400 000 × 12/20	1 440 000	
	960 000	
Option d'achat :		800 000
		160 000

Le montant de l'option d'achat est inférieur de 160 000 à la valeur comptable nette de l'immeuble (il pourrait être supérieur dans un autre cas.)

Le traitement fiscal et comptable de telles situations ne semblent pas entrer dans les limites de notre étude ; il ne saura donc pas abordé dans cet ouvrage.

À RETENIR

L'investissement consiste à acquérir des immobilisations incorporelles, corporelles et financières indispensables au fonctionnement de l'entreprise.

Les immobilisations acquises à titre onéreux sont comptabilisées à leur **coût d'acquisition**, celles produites par l'entreprise à leur **coût de production**, celles acquises à titre gratuit à leur **valeur vénale**.

Le coût d'acquisition (prix d'achat + coûts directement attribuables) est comptabilisé **hors taxes récupérables**.

La production d'immobilisations par l'entreprise se traduit par l'enregistrement **d'un produit et d'une charge de même montant et génère donc un résultat nul**. Pour des raisons fiscales, elle doit malgré tout être enregistrée.

L'investissement peut être financé par un crédit accordé par le fournisseur, des capitaux propres, des subventions d'investissement, des emprunts bancaires, un crédit-bail.

Les emprunts bancaires peuvent être remboursés en bloc (*in fine*) par amortissements constants ou par annuité constante. Dans tous les cas, **l'annuité est égale au total de l'amortissement et de l'intérêt sur le capital restant dû**. L'emprunt et son amortissement sont enregistrés dans un compte de capitaux (classe 1), l'intérêt dans un compte de charges financières (classe 6).

Le crédit-bail se traduit par le paiement d'une redevance périodique, généralement annuelle, et par une option d'achat qui peut être levée par le locataire en fin de contrat.

Les conseils

1. Bien maîtriser l'utilisation des comptes **201** et **203** permettant d'étaler certaines charges sur plusieurs exercices, mais noter qu'en raison de l'harmonisation des normes comptables, l'imputation aux charges de l'exercice reste la méthode préférentielle.
2. En ce qui concerne les immobilisations financières, connaître les différences entre :
   - **261** Titres de participation,
   - **271** et **272** Titres immobilisés.
3. Utiliser le compte **206** Droit au bail s'il est l'objet d'une évaluation séparée ; sinon, il doit être intégré dans le compte **207** Fonds commercial.
4. Bien distinguer les frais incorporés au coût d'acquisition des immobilisations de ceux imputés dans les comptes de la classe 6, et dans ce domaine connaître la position actualisée du CNC.
5. Retenir que le coût d'acquisition d'une immobilisation est comptabilisé hors taxes récupérables.
6. Dans le cas d'un prorata de TVA < 100 %, réintégrer la part de TVA non récupérable dans le coût d'acquisition de l'immobilisation.
7. Savoir que la TVA n'est pas récupérable dans le cas de l'acquisition d'un véhicule de tourisme qui est alors comptabilisée TTC.
8. Ne pas confondre les comptes **44562** et **44566**.
9. De même, distinguer **401** Fournisseurs de **404** Fournisseurs d'immobilisations.
10. Bien maîtriser l'opération de production d'immobilisations de l'entreprise pour elle-même. Comprendre qu'il s'agit d'une opération neutre, ne générant ni gain ni perte.
11. Bien comprendre que le montant imputé au compte **72** Production immobilisée est la contrepartie des comptes de la classe 6 débités des dépenses engagées pour la production.

12➤ Comprendre également que la production d'une immobilisation par l'entreprise est une opération d'achat suivie d'une vente à soi-même et la règle fiscale qui en découle : comptabilisation d'une TVA déductible et d'une TVA collectée.

13➤ Bien maîtriser l'enchaînement des étapes de l'enregistrement des immobilisations en cours. Vérifier, en particulier, qu'à la fin des travaux, le compte **23** (ou ses sous-comptes) est bien soldé.

14➤ Utiliser les comptes **237** ou **238** dans le cas d'une avance au fournisseur d'une immobilisation.

15➤ Sous certaines conditions, ne pas oublier que l'acquisition de petits matériels et outillages peut être comptabilisée dans un sous-compte de **60** Achats.

16➤ Dans ce cas, utiliser le compte **44566** et non le compte **44562**.

17➤ Dans tous les types d'emprunt, ne jamais confondre intérêts et remboursement (total ou partiel) du capital emprunté.

18➤ Bien maîtriser l'écriture d'inventaire et sa contre-passation dans le cas d'intérêts courus et non échus.

19➤ Sauf dans le type d'emprunt « *in fine* », assimiler parfaitement la relation :
Annuité = Intérêts + Amortissement du capital
↓ ↓
compte **6611** compte **164**

20➤ Ne pas oublier que les intérêts sont toujours calculés sur le capital restant dû.

21➤ Dans le cas d'un emprunt par amortissements constants, bien comprendre que les intérêts et les annuités sont décroissants.

22➤ Tandis que dans le cas d'un emprunt par annuités constantes :
– les intérêts sont croissants,
– les amortissements sont décroissants.

23➤ Savoir calculer l'annuité constante en utilisant des tables financières ou sa calculatrice.

24➤ Toujours vérifier que, quel que soit le mode d'amortissement du capital, on a toujours : Total des amortissements du capital = Montant de l'emprunt.

25➤ Bien analyser l'opération de crédit-bail : location, puis achat (généralement).

26➤ Comprendre la nécessité d'inscrire dans l'Annexe certaines informations concernant les contrats de crédit-bail en cours.

27➤ Au niveau de l'enregistrement comptable, bien distinguer :
– le paiement de la redevance → compte **612**,
– la levée de l'option d'achat → compte de la classe 2.

28➤ Ne pas oublier l'utilisation du compte **486** Charges payées d'avance, quand (c'est le cas le plus fréquent) la période du contrat ne coïncide pas avec l'exercice comptable.

29➤ Retenir les règles comptables et leur application concernant la levée de l'option d'achat dans le cadre d'un crédit-bail immobilier.

30➤ Ne pas oublier que tous ces modes de financement (capitaux propres, emprunts bancaires à long terme, crédit-bail) des acquisitions d'immobilisations permettent d'assurer l'équilibre de la structure financière de l'entreprise.

3 ▶ Applications

VRAI/FAUX

Les affirmations suivantes sont-elles vraies ou fausses ?

1. Le compte **201** Frais d'établissement est un compte de charges. Vrai Faux

2. Les frais de recherche peuvent s'étaler sur 5 ans. Vrai Faux

3. Le compte **2181** Installations générales, agencements, aménagements divers est utilisé dans des constructions dont l'entreprise est propriétaire. Vrai Faux

4. Le compte **2611** Actions est utilisé dans le cas où l'entreprise possède plus de 10 % des actions de la société émettrice. Vrai Faux

5. Les frais d'installation sont incorporés au coût d'achat des immobilisations. Vrai Faux

6. Même question pour les commissions. Vrai Faux

7. Le coût d'acquisition des immobilisations est comptabilisé hors taxes récupérables. Vrai Faux

8. En cas de prorata de TVA < 100 % : coût d'acquisition des immobilisations = prix d'achat HT + frais d'achat incorporés + TVA récupérable. Vrai Faux

9. La TVA sur un véhicule de tourisme n'est pas récupérable. Vrai Faux

10. La TVA sur commissions relatives à une acquisition d'immobilisation est comptabilisée au compte **44562** État, TVA déductible sur immobilisations. Vrai Faux

11. Le compte **238** Avances et acomptes sur commandes d'immobilisations corporelles peut être créditeur. Vrai Faux

12. Une production d'immobilisations par l'entreprise pour elle-même peut générer un gain ou une perte. Vrai Faux

13. Une production d'immobilisations par l'entreprise pour elle-même entraîne une déductibilité de TVA, mais non pas une collecte de TVA. Vrai Faux

14. Le compte **2313** Constructions en cours n'est jamais soldé. Vrai Faux

15. Un achat de matériel d'une valeur unitaire de 762,25 € HT peut être imputé à un compte d'achats. Vrai Faux

16. Le compte **164** Emprunts auprès d'établissements de crédit est un compte de passif. Vrai Faux

17. Le compte **16884** Intérêts courus est soldé dès la réouverture des comptes de l'exercice suivant son imputation. Vrai Faux

18. Quel que soit le type d'emprunt, on a : Amortissement du capital = Intérêts + Annuité. Vrai Faux

19. On a également : Montant de l'emprunt = Total des amortissements du capital. Vrai Faux

20. Dans le cas d'un emprunt par amortissements constants, les annuités sont croissantes. Vrai Faux

21. Dans le cas d'un emprunt par annuités constantes, les amortissements sont décroissants. Vrai Faux

22. Un matériel loué grâce à un contrat de crédit-bail est inscrit au bilan. Vrai Faux

23. En cas de levée de l'option d'achat, le matériel acheté est toujours amorti selon le système de l'amortissement constant. Vrai Faux

24. Une construction acquise suite à la levée de l'option d'achat est toujours enregistrée à sa valeur nette comptable. Vrai Faux

EXERCICE 11.01

Thème : acquisition d'une immobilisation

Le 15.03.N, une entreprise fait l'acquisition d'une machine-outil aux conditions suivantes :

Prix d'achat : 30 000 € HT — Frais de transport et de livraison : 2 000 € HT.

Commissions : 1 200 HT — Règlement au 31.04.N.

Travail à faire

Enregistrer cette acquisition en appliquant la norme IFRS correspondante.

EXERCICE 11.02

Thème : Emprunt remboursable par amortissements constants

Le 01.01.N, l'entreprise Basadour emprunte 60 000 € remboursables en 3 ans par amortissements constants, intérêts annuels au taux de 4 % et première échéance le 31.12.N.

Travail à faire

Présenter le tableau d'amortissement de cet emprunt.

Enregistrer au journal toutes les opérations concernant la vie de cet emprunt.

Téléchargez gratuitement tous les corrigés des exercices, ainsi que les exercices complémentaires sur le site Internet : www.expertisecomptable-foucher.com

Les opérations en devises

CHAPITRE 12

Plan

▶ De nombreuses entreprises françaises traitent des opérations avec des entreprises étrangères appartenant à deux types de pays :

– les 17 pays de la zone euro [1] : aucune difficulté de traitement comptable puisque la monnaie est unique ;

– les autres pays : difficultés de traitement comptable, car le cours d'une monnaie étrangère est rarement le même à la date de facturation et à la date de règlement (et aussi à la date d'inventaire si elle se situe entre les deux dates précédentes).

Il faut donc étudier les problèmes qui se posent lors d'achats, de ventes, et aussi d'emprunts, à l'étranger.

1 ▶ L'enregistrement des factures

Les factures s'enregistrent en **euros** « *sur la base du dernier cours du change* », soit en pratique au cours en vigueur à la date de facturation.

A. Ventes à l'étranger

1. Cas général

Les *exportations étant exonérées de TVA*, le schéma d'enregistrement est le suivant :

411 Clients		(montant HT en euros)
	707 Ventes de marchandises	(montant HT en euros)

Remarque. Il est possible d'utiliser :
41113 Clients – Exportations
70713 Ventes marchandises – Exportations

[1] Zone euro : Allemagne – Autriche – Belgique – Chypre – Espagne – Estonie – Finlande – France – Grèce – Italie – Irlande – Luxembourg – Malte – Pays-Bas – Portugal – Slovaquie – Slovénie.

2. Ventes à un client de l'UE

Les *exportations*, appelées ici **livraisons intracommunautaires**, *étant exonérées de TVA*, le schéma d'enregistrement est le suivant :

41112 Clients UE		(montant HT en euros)
	70712 Ventes de marchandises UE	(montant HT en euros)

Remarque

1. On notera la terminaison **2** pour les numéros des comptes.
2. Le compte **41112** peut être aussi libellé :
Clients – Livraisons intracommunautaires
3. Le compte **70712** peut aussi être libellé :
- Ventes intracommunautaires ;
- Livraisons de marchandises UE ;
- Livraisons intracommunautaires.

B. Achats à l'étranger

1. Cas général

Les *importations étant soumises à la TVA française*, et cette dernière étant réglée, non au fournisseur, mais à *l'administration des douanes*, le schéma d'enregistrement est le suivant :

607 Achats de marchandises		(montant HT en euros)
	401 Fournisseurs	(montant HT en euros)
44566 État, TVA déductible sur ABS		(TVA)
	44551 État, TVA à décaisser ou : **401** Fournisseurs (transitaire ayant réglé la TVA pour notre compte).	(TVA)

Remarque. Il est possible d'utiliser :
60713 Achat de marchandises – importations
40113 Fournisseurs – importations

2. Achats à un fournisseur de l'UE

La *TVA étant à la fois due et déductible* (*cf.* Chapitre 5), le schéma d'enregistrement des importations, appelées ici **acquisitions intracommunautaires**, est le suivant :

60712 Achats de marchandises provenance UE		(HT en euros)	
445662 État, TVA déductible intracommunautaire		(TVA)	
	40112 Fournisseurs UE		(HT en euros)
	4452 État, TVA due intracommunautaire		(TVA)

Remarque

1. On notera la terminaison **2** pour les numéros des comptes.
2. Le compte **40112** peut être aussi libellé :
Fournisseurs – Acquisitions intracommunautaires.
3. Le compte **60712** peut être aussi libellé :
– Achats intracommunautaires ;
– Acquisitions de marchandises UE ;
– Acquisitions intracommunautaires.

C. Exemples

Exemple 1

Thème : Ventes à l'étranger

En décembre N, on adresse à un client résidant aux États-Unis une facture de ventes de marchandises : 20 000 USD [1].

À la date du contrat, le cours du change est le suivant : 1 USD = 0,70 €.

Enregistrement comptable

Décembre N		
411 Clients	14 000	
707 Ventes de marchandises 20 000 × 0,70 = 14 000		14 000

Exemple 2

Thème : Achats à l'étranger

En décembre N, on reçoit les deux factures suivantes concernant des achats de marchandises :
– du fournisseur canadien Attowo : montant : 12 500 CAD [2] ;
– du fournisseur anglais John : montant : 15 500 GBP [3].

Les cours du change, à la date des contrats, sont les suivants :
– 1 CAD = 0,72 € ;
– 1 GBP = 1,14 €.

Enregistrement comptable

Décembre N		
607 Achats de marchandises Attowo : 12 500 × 0,72 = 9 000	9 000	
44566 État, TVA déductible sur ABS 19,60 % de 9 000 = 1 764	1 764	
401 Fournisseurs (Attowo)		9 000
44551 État, TVA à décaisser		1 764
d°		
60712 Achats de marchandises provenance UE John : 15 500 × 1,14 = 17 670	17 670	
445662 État, TVA déductible intracommunautaire 19,60 % de 17 670 = 3 463,32	3 463,32	
40112 Fournisseurs UE (John)		17 670
4452 État, TVA déductible intracommunautaire		3 463,32

1 US pour USA et D pour dollar.
2 CA pour Canada et D pour dollar.
3 GB pour Great Britain et P pour livre sterling.

Exemple 3

Thème : Emprunt à l'étranger

Le 1er juillet N, on fait un emprunt de 20 000 CHF [1] à la banque Feuholac sise à Genève ; durée de l'emprunt : 1 an ; taux : 6 %.

À la date du contrat, le cours du change est le suivant : 1 CHF = 0,75 €.

Enregistrement comptable

	01-07-N		
512 Banque		15 000	
	164 Emprunts auprès des établissements de crédit		15 000
	20 000 × 0,75		

2 ▶ Les régularisations à l'inventaire [2]

À l'inventaire, les créances et les dettes avec l'étranger doivent être ajustées afin de *figurer au bilan* **au cours du jour de fin d'exercice**. Il y a le plus souvent une différence entre le cours de facturation et ce cours de fin d'exercice ; deux cas peuvent se présenter : les gains latents et les pertes latentes.

A. Les gains latents et les « Différences de conversion – Passif »

Si la différence entre le cours de facturation et le cours de fin d'exercice a pour conséquence :

– ou bien une augmentation des créances ;

– ou bien une diminution des dettes,

on a un **gain latent** enregistré en application du principe de l'image fidèle.

On utilise alors le compte suivant :

477 *Différences de conversion – Passif*

qui se subdivise en :

4771 Augmentation des créances

4772 Diminution des dettes

Ce gain n'est pas définitif, il est simplement provisoire ; le gain définitif – ou la perte définitive – sera déterminé à la date du règlement.

1 CH pour Confédération Helvétique et F pour franc.

2 L'étude de § 2. Les régularisations à l'inventaire pourra être différée à l'occasion de la Partie 3 de l'ouvrage, en particulier entre le chapitre 18 et le chapitre 19.

1. À l'inventaire

Le schéma d'enregistrement est le suivant :

- **Augmentation des créances**

	31-12		
411 Clients			
(ou : 41112 Clients UE)			gain latent
	477 Différences de conversion – Passif		
	(ou : 4771 Augmentation des créances)		

- **Diminution des dettes**

	31-12		
401 Fournisseurs			
(ou : 40112 Fournisseurs UE)			gain latent
	477 Différences de conversion – Passif		
	(ou : 4772 Diminution des dettes)		

Remarque

1. Les gains latents n'ont aucune influence sur le résultat comptable.

2. Au bilan, on lit : *Écarts de conversion – Passif* (et non : différences de conversion).

2. En début d'exercice suivant

On *contre-passe* les écritures d'inventaire ci-dessus ; conséquences :

– le compte **477** est soldé ;

– **les créances et les dettes sont ramenées à leur valeur d'origine** : *les comptes. Fournisseurs et Clients retrouvent leur valeur de facturation.*

B. Les pertes latentes et les « Différences de conversion – Actif »

Si la différence entre le cours de facturation et le cours de fin d'exercice a pour conséquence :

– ou bien une diminution des créances ;

– ou bien une augmentation des dettes,

ou a une **perte latente** enregistrée en application du principe de l'image fidèle. On utilise le compte suivant :

476 *Différences de conversion – Actif*

qui se subdivise en :

4761 Diminution des créances

4762 Augmentation des dettes

Cette perte n'est pas définitive, elle est simplement provisoire ; la perte définitive – ou le gain définitif – sera déterminée à la date du règlement.

1. À l'inventaire

Le schéma d'enregistrement est le suivant :

• **Diminution des créances**

	31-12		
476 Différences de conversion – Actif (ou : 4761 Diminution des créances)			perte latente
	411 Clients (ou : 4112 Clients UE)		

• **Augmentation des dettes**

	31-12		
476 Différences de conversion – Actif (ou : 4762 Augmentation des dettes)			perte latente
	401 Fournisseurs (ou : 40112 Fournisseurs UE)		

En vertu du **principe de prudence**, cette diminution d'actif ou cette augmentation de passif donnent lieu à la constitution d'une *provision pour pertes de change :*

	31-12		
6865 Dotations aux provisions financières			perte latente
	1515 Provisions pour pertes de change		

Remarque

1. Les pertes latentes ont une influence sur le résultat comptable, puisqu'elles entraînent la constitution d'une provision.

2. Au bilan, on lit : *Écarts de conversion – Actif* (et non : différences de conversion).

2. En début d'exercice suivant

On *contre-passe* les écritures d'inventaire ci-dessus (sauf évidemment celle relative à la provision) ; conséquences :

– le compte **476** est soldé ;

– **les créances et les dettes sont ramenées à leur valeur d'origine :** *les comptes Fournisseurs et Clients retrouvent leur valeur de facturation.*

C. Exemples (suite)

Exemple 1

Ventes à l'étranger (suite)

On reprend les données de l'exemple 1 en supposant que le cours du dollar US est le suivant à l'inventaire du 31-12-N : 1 USD = 0,68 €.

Solution

Le cours de facturation était : 1 USD = 0,70 €

Le cours de fin d'exercice est : 1 USD = 0,68 €

baisse de 0,02 :

notre créance diminue, il y a donc une perte latente de : 20 000 × 0,02 = 400 ; d'où les écritures :

	31-12-N		
4761 Diminution des créances [1]		400	
	411 Clients		400
perte latente : 20 000 (0,70 – 0,68) = 400			
	d°		
6865 Dotations aux provisions financières		400	
	1515 Provisions pour pertes de change		400

[1] ou 467 : Différences de conversion : Actif

Et début N+1 :

	01-01-N+1		
411 Clients		400	
	4761 Diminution des créances		400
contre-passion			

La créance sur ce client :

- figure au bilan fin N pour : 14 000 – 400 = 13 600, soit 20 000 × 0,68, donc au cours de fin d'exercice ;
- retrouve début N+1 sa valeur initiale, soit 14 000.

Le compte **4761** est soldé.

Exemple 2

Achats à l'étranger (suite)

On reprend les données de l'exemple 2 en supposant les cours suivants à l'inventaire du 31-12-N :
- 1 CAD = 0,69 € ;
- 1 GBP = 1,18 €.

Solution

1) **ATTOWO** : cours de facturation : 1 CAD = 0,72 €
cours de fin d'exercice : 1 CAD = 0,69 €
baisse de 0,03 :
notre dette diminue, il y a donc un gain latent de : 12 500 × 0,03 = 375 ; d'où l'écriture :

	31-12-N		
401 Fournisseurs		375	
	4772 Diminution des dettes [1]		375
gain latent : 12 500 (0,72 – 0,69)			

[1] ou 477 : Différences de conversions. Passif

Et début N+1 :

	01-01-N+1		
4772 Diminution des dettes		375	
	401 Fournisseurs		375
contre-passion			

La dette envers Attowo :
- figure au bilan fin N pour : 9 000 – 375 = 8 625, soit 12 500 × 0,69, donc au cours de fin d'exercice ;
- retrouve début N+1 sa valeur initiale, soit 9 000.

Le compte **4772** est soldé.

2) **JOHN** cours de facturation : 1 GBP = 1,14 €
cours de fin d'exercice : 1 GBP = 1,18 €
hausse de 0,04 :
notre dette augmente, il y a donc une perte latente de :
15 500 × 0,04 = 620 ; d'où les écritures :

	31-12-N		
4762 Augmentation des dettes [1]		620	
	401 Fournisseurs		620
perte latente : 15 500 (1,18 – 1,14)			
	d°		
6865 Dotations aux provisions financières		620	
	1515 Provisions pour pertes de change		620

[1] ou 476 : Différences de conversions. Actif

Et début N+1 :

	01-01-N+1		
401 Fournisseurs		620	
	4762 Augmentation des dettes		620
contre-passation			

La dette envers John :
- figure au bilan fin N pour : 17 670 + 620 = 18 290, soit 15 500 × 1,18, donc au cours de fin d'exercice ;
- retrouve début N+1 sa valeur initiale, soit 17 670.

Le compte **4762** est soldé.

Exemple 3

Emprunt à l'étranger (suite)

On reprend les données de l'exemple 3 en supposant que le cours du franc suisse est le suivant à l'inventaire du 31-12-N : 1 CHF = 0,72 €.

Solution

Cours au jour de l'emprunt	1 CHF = 0,75 €
Cours de fin d'exercice :	1 CHF = 0,72 €

baisse de 0,03 : notre dette diminue, il y a donc un gain latent de : 20 000 × 0,03 = 600 ; d'où les écritures :

	Débit	Crédit
31-12-N		
164 Emprunts auprès des établissements de crédit	600	
477 Différences de conversion – Passif		600
gain latent : 20 000 (0,75 – 0,72) = 600		
d°		
6611 Intérêts des emprunts et des dettes	648	
16884 Intérêts courus sur emprunts auprès des établissements de crédit		648
en francs suisses : 20 000 × (9/100) × (6/12) = 900		
en euros : 900 × 0,72 = 648		

Et début N+1 :

	Débit	Crédit
01-01-N+1		
477 Différences de conversion – Passif	600	
164 Emprunts auprès des établissements de crédit		600
contre-passation		

Le montant de l'emprunt :
- figure au bilan fin N pour : 15 000 – 600 = 14 400, soit 20 000 × 0,72, donc au cours de fin d'exercice ;
- retrouve début N+1 sa valeur initiale soit 15 000.

Le compte **477** est soldé.

Et début N+1 :

	Débit	Crédit
01-01-N+1		
16884 Intérêts courus sur emprunts auprès des établissements de crédit	648	
6611 Intérêts des emprunts et des dettes		648
contre-passation		

3 ▶ Les règlements

A. Les gains et les pertes de change

Les règlements sont enregistrés en euros sur la base du *cours du jour du règlement*. Rappelons que la contre-passation, en début d'exercice, de la différence de conversion, a ramené créances et dettes à leur valeur d'origine, soit au *cours du jour de facturation*.

Il y a pratiquement toujours une différence entre ces deux cours (facturation et règlement), et elle fait apparaître :

– ou bien un *gain* (certain, définitif et non latent) enregistré à :

766 Gains de change

– ou bien une *perte* (certaine, définitive et non latente) enregistrée à :

666 Pertes de change

Ce qui se traduit par ces différentes hypothèses :

	Créances	Dette
↗ du cours : cours règlement > cours facturation	gain	perte
↘ du cours : cours règlement < cours facturation	perte	gain

On rappelle qu'il n'y a pas compensation entre les gains et les pertes.

B. Exemples (fin)

Exemple 1

Thème : Ventes à l'étranger (fin)

On reprend les données de l'exemple 1 avec sa suite, en supposant que le client américain règle sa dette le 15-01-N+1 alors que le cours du dollar US est le suivant : 1 USD = 0,74 €.

Solution

Cours de facturation : 1 USD = 0,70 €

Cours de règlement : 1 USD = 0,74 €

hausse de 0,04 : on a donc un gain (on encaisse plus que prévu à la facturation) de : 20 000 × 0,04 = 800, et il faut par ailleurs annuler la provision constituée fin N ; d'où les écritures :

		Débit	Crédit
	15-01-N+1		
512	Banque 20 000 × 0,74 = 14 800	14 800	
411	Clients (pour solde)		14 000
766	Gains de change		800
	dº ou 31-12-N+1		
1515	Provisions pour pertes de change	400	
7865	Reprises sur provisions financières annulation provision constituée fin N		400

Remarque. Rappelons que l'on ne doit mettre ici en comparaison que : cours de facturation et cours de règlement.
Les incidences du cours de fin d'exercice, enregistrées fin N, ont été annulées (contre-passées) début N+1.

Exemple 2

Thème : Achats à l'étranger (fin)

On reprend les données de l'exemple 2 avec sa suite, en supposant que l'on règle Attowo et John le 31-01-N+1 alors que les cours sont les suivants :
- 1 CAD = 0,69 € ;
- 1 GBP = 1,18 €.

Solution

1) **ATTOWO** : cours de facturation : 1 CAD = 0,72 €
cours de règlement : 1 CAD = 0,69 €
baisse de 0,03 : on a donc un gain (on décaisse moins que prévu à la facturation) de :
12 500 × 0,03 = 375. D'où l'écriture :

31-01-N+1		
401 Fournisseurs Attowo, pour solde	9 000	
512 Banque 12 500 × 0,69 = 8 625		8 625
766 Gains de change 12 500 (0,72 – 0,69) = 375		375

Remarque. La même que pour exemple 1.

2) **JOHN** cours de facturation : 1 GBP = 1,14 €
cours de règlement : 1 GBP = 1,19 €
hausse de 0,05 : on a donc une perte (on décaisse plus que prévu à la facturation) de : 15 500 × 0,05 = 775 ; et il faut par ailleurs annuler la provision constituée fin N ; d'où les écritures :

31-01-N+1		
40112 Fournisseurs UE John, pour solde	17 670	
666 Pertes de change 15 500 (1,19 – 1,14)	775	
512 Banque 15 500 × 1,19 = 18 445		18 445
d° ou 31-12-N+1		
1515 Provisions pour pertes de change	620	
7865 Reprises sur provisions financières		620
annulation provision constituée fin N		

Remarque. La même que pour exemple 1.

Exemple 3

Thème : Emprunt à l'étranger (fin)

On reprend les données de l'exemple 3 avec sa suite, en supposant que le cours du franc suisse est le suivant à la date de remboursement le 01-07-N+1 : 1 CHF = 0,78 €.

Solution

Cours au jour de l'emprunt : 1 CHF = 0,75 €

Cours au jour du remboursement : 1 CHF = 0,78 €

hausse de 0,03 : on a donc une perte (on décaisse plus que prévu lors de l'emprunt) de : 20 000 × 0,03 = 600 ; et il faut par ailleurs régler les intérêts ; d'où les écritures :

	Débit	Crédit
01-07-N+1		
164 Emprunts auprès des établissements de crédit	15 000	
666 Pertes de change	600	
20 000 (0,78 – 0,75) = 600		
512 Banque		15 600
20 000 × 0,78 = 14 200		

Fiscalement : cette perte est normalement déductible.

Remarque. La même que pour exemple 1

	Débit	Crédit
d°		
6611 Intérêts des emprunts et des dettes	1 053	
512 Banque		1 053
en francs suisses = 15 000 × (9/100) = 1 350		
en euros : 1 350 × 0,78		

4 ▶ Conclusion

A. Les dates concernées

Les opérations en devises peuvent donc s'étaler sur **trois** dates :

– la date de la *facturation* ou du contrat,

– la date *d'inventaire* à la fin de l'exercice N, (et la contre passation correspondante au début de l'exercice N+1)

– la date du *règlement*.

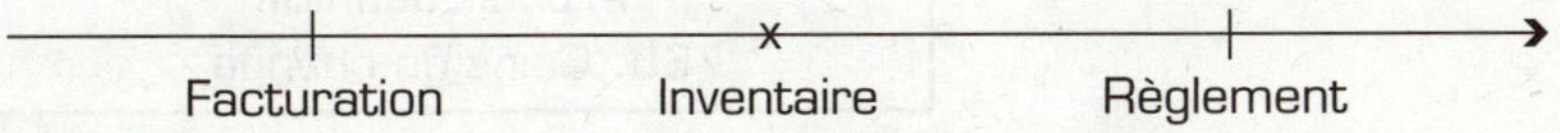

Dans l'hypothèse où la facturation et le règlement s'effectuent au cours du même exercice, les opérations s'étalent sur **deux** dates uniquement :

– la date de la *facturation*,

– la date du *règlement*.

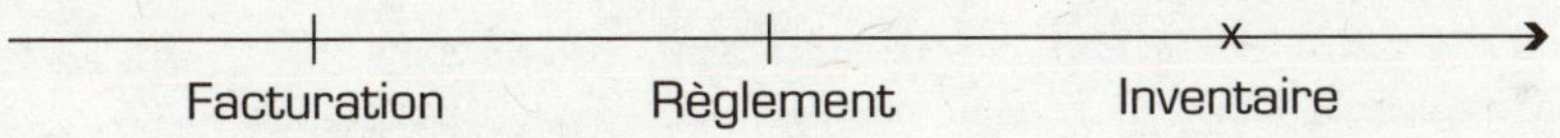

B. Les opérations à effectuer

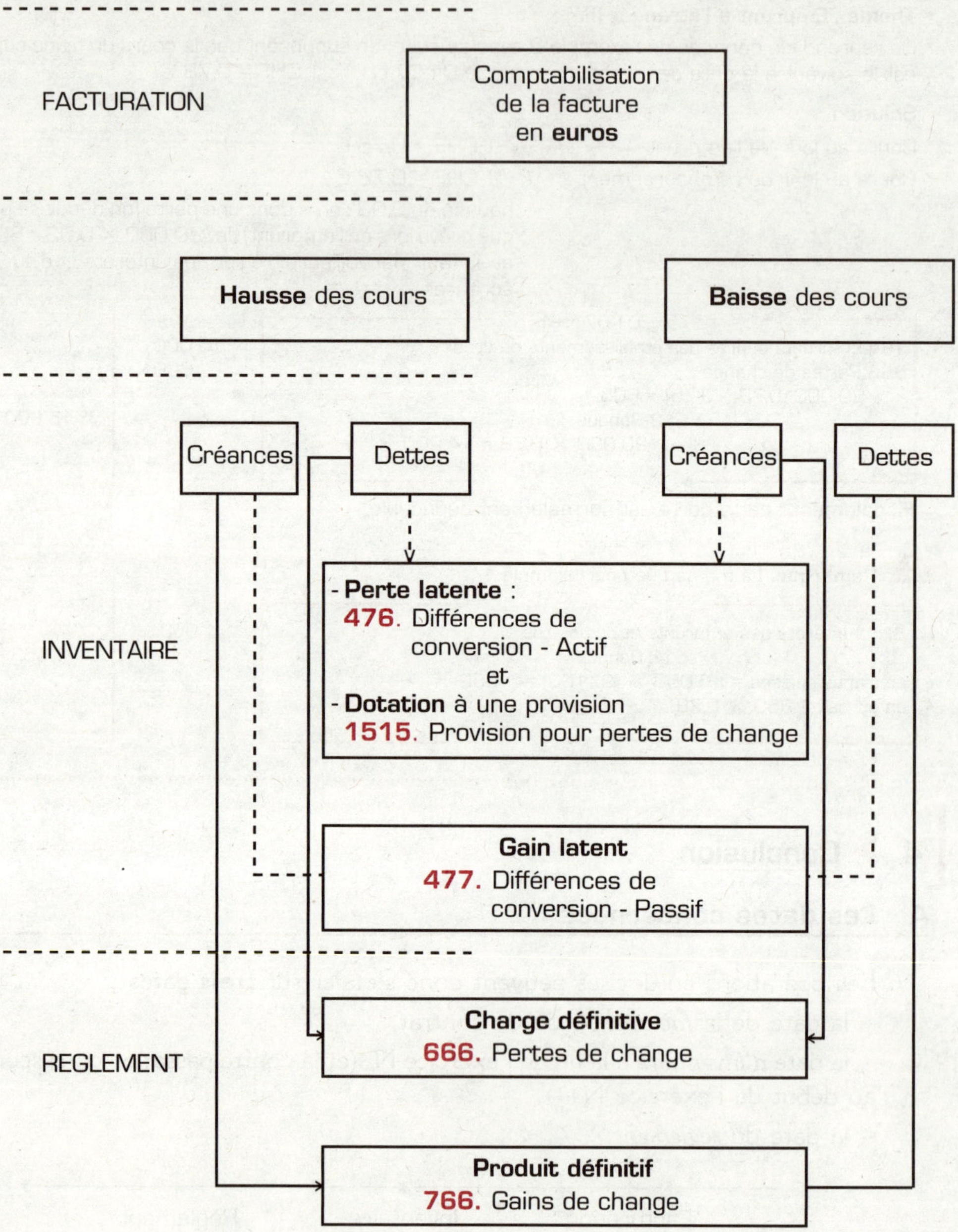

À RETENIR

• Les problèmes de change concernent tous les pays étrangers, exception faite pour les 17 pays qui font partie de la « zone euro ».

• Toute opération est concernée par 2 – ou 3 – cours du change (2 ou 3 dates)

date de facturation → inventaire → date de règlement

• **Facturation** : tout montant en monnaie étrangère est converti en euros « au cours du jour ».

• **Fin exercice :**

– si le cours fait apparaître { • une ↗ des créances • une ↘ des dettes } → gain latent

– si le cours fait apparaître { • une ↘ des créances • une ↗ des dettes } → perte latente

• **Début exercice suivant** : annulation (par contre-passation) des gains latents et des pertes latentes ; donc :

- les créances et les dettes sont ramenées à leur valeur d'origine ;
- les comptes Clients et Fournisseurs retrouvent leur valeur de facturation.

• **Règlement** : influence du cours de fin d'exercice annulée ; on reste donc en présence de deux cours : facturation et règlement :

– si cours règlement > cours facturation { → gain si créance → perte si dette }

– si cours règlement < cours facturation { → perte si créance → gain si dette }

Les pertes et les gains sont définitifs (comptes 666 et 766)

Les conseils

1➤ Bien distinguer les trois zones géographiques concernées :

- **UE zone euro :** pas de problèmes de change (monnaie unique) ; comptes particuliers (terminaison 2) ; 17 pays au 01/01/2011.
- **UE hors zone euro :** } problèmes de change
- **reste du monde :** } problèmes de change

2➤ Si les factures sont établies en euros, aucun problème lié aux cours du change ne se pose.

3➤ Ne rien comptabiliser en devises : convertir en euros.

4➤ Une facture en provenance de l'étranger est généralement libellée en devises : la convertir en euros.

5➤ Une facture à destination de l'étranger peut être libellée en euros : pas de problème ; en devises : la convertir.

6➤ Comptes relatifs aux opérations UE : à quatre, cinq ou six chiffres avec la terminaison **2**.

7➤ Bien voir qu'une opération avec l'étranger est généralement concernée par trois cours de change : *facturation, fin exercice, règlement*.

8➤ Mais il est évident que si facturation et règlement ont lieu au cours du même exercice, le problème des écarts de conversion à l'inventaire ne se pose pas.

9➤ D'après le PCG, un gain **latent** n'a pas d'influence sur le résultat comptable (divergence avec les normes IFRS) ; une perte **latente** a une influence puisqu'une provision est dotée.

10➤ Les gains et les pertes de change inscrits à **766** (« gains de change ») et **666** (« pertes de change ») sont définitifs et influent sur le résultat comptable.

11➤ Bien voir que la contre-passation des différences de conversion, en début d'« exercice suivant », a pour effet de *ramener les créances et les dettes à leur montant initial (au cours de facturation)*.

12➤ Donc, lors du **règlement**, c'est *la différence entre le cours de facturation et le cours de règlement* qui est prise en compte pour déterminer le gain ou la perte de change, **et cette comparaison indique si l'on aura à débiter 666** (« pertes de change ») **ou à créditer 766** (« gains de change »).

13➤ « **476** Différences de conversion – Actif » : cela signifie que ce compte est inscrit à l'actif du bilan, mais il représente une perte latente.

14➤ « **477** Différences de conversion – Passif » : cela signifie que ce compte est inscrit au passif du bilan, mais il représente un gain latent.

15➤ En réalité, on lit au bilan : « Écarts de conversion ».

16➤ En cas de **perte latente**, ne pas oublier la *provision* à porter à **1515** *provisions pour pertes de change* ; et plus tard, sa reprise.

17➤ Pas de TVA sur les ventes à l'étranger.

18➤ TVA au taux français sur les achats à l'étranger hors UE, réglée à l'administration des douanes et non au fournisseur étranger.

19➤ Rappel du mécanisme relatif aux 3 cours du change :

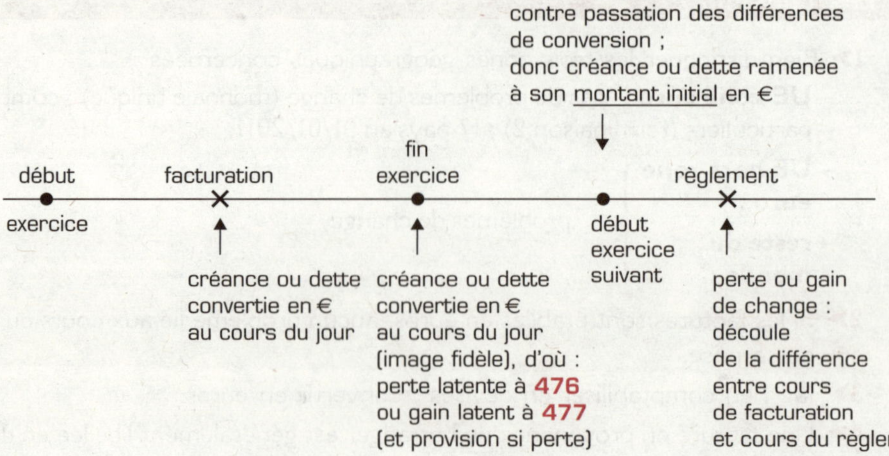

5 ▶ Applications

EXERCICE 12.01

Thème : Ventes à l'étranger (hors UE)

Le 10-11-N, l'entreprise CADENET adresse à son client Salt, négociant à Lake City (Utah, États-Unis) une facture de vente de marchandises s'élevant à 55 000 USD.

- Le cours du dollar américain était le suivant à la date du contrat : 1 USD = 1,04 €.
- Le 31/12, le cours du dollar est : 1 USD = 1,10 €.
- La facture est réglée le 31-01-N+1, alors que le cours est : 1 USD = 1,02 €.

Travail à faire

1. Enregistrer ces opérations.

2. Reprendre cet enregistrement en supposant :

- **Cours à la facturation : inchangé**
- **Cours en fin de facturation : 1 USD = 1,01 €**
- **Cours au règlement : 1 USD = 1,09 €**

EXERCICE 12.02

Thème : Achats à l'étranger (UE et hors UE)

Au cours du dernier trimestre N, l'entreprise CALAVON a reçu les deux factures suivantes, adressées par des fournisseurs étrangers :

- fournisseur Knud à Odense (Danemark) : 16 000 DKK ; date : 25/10 ;
- fournisseur Cook à Perth (Australie) : 25 000 AUD ; date : 25/11.

La facture Knud a été réglée le 13-01-N+1.

La facture Cook a été réglée le 14-02-N+1.

• Les cours de la couronne danoise étaient les suivants :

- 25-10-N : 1 € = 7,46 DDK
- 31-12-N : 1 € = 7,40 DDK
- 13-01-N+1 : 1 € = 7,55 DDK

• Et ceux du dollar australien :

- 25-11-N : 1 € = 1,58 AUD
- 31-12-N : 1 € = 1,65 AUD
- 13-01-N+1 : 1 € = 1,54 AUD

Travail à faire

Enregistrer ces opérations.

exos

EXERCICE 12.03

Thème : Emprunt à l'étranger

L'entreprise CÉRESTE a emprunté, le 01-07-N, la somme de 150 000 CAD à la banque Cabane, dont le siège est à Sept-Îles (Canada).

On avait à cette date : 1 CAD = 0,72 €.

Cet emprunt est amorti en 5 remboursements de 30 000 CAD chacun, versés avec les intérêts à compter du 01-07-N+1.

Le taux d'intérêt est 5 % l'an.

Les cours du dollar canadien ont été les suivants :

- le 31-12-N : 1 CAD = 0,78 €
- le 01-07-N+1 : 1 CAD = 0,76 €

Travail à faire

Passer les écritures concernant :

- **la réception de l'emprunt (01-07-N) ;**
- **le premier inventaire (31-12-N et 01-01-N+1) ;**
- **le premier service (01-07-N+1).**

Téléchargez gratuitement tous les corrigés des exercices, ainsi que les exercices complémentaires sur le site Internet : www.expertisecomptable-foucher.com

Partie 3

Les travaux d'inventaire

CHAPITRE 13

Objet de l'inventaire ; l'inventaire physique

PLAN

► Les opérations commerciales comptabilisées au cours de la 2e Partie sont des *opérations* généralement répétitives (achats-ventes par exemple) qui sont effectuées *au cours d'un exercice comptable* : ces opérations sont dites opérations courantes.

Périodiquement, *en fin d'exercice, certaines constatations s'imposent* ; elles doivent être traduites en termes comptables de manière à dégager *une synthèse de l'exercice écoulé* : résultats obtenus, situation du patrimoine, etc. Ce sont les travaux de fin d'exercice ou travaux d'inventaire.

1 ► Généralités

A. L'intérêt et les objectifs de l'inventaire

1. Obligation légale

D'après le décret du 29 novembre 1983. Art. 2 :

• « Tout commerçant tient obligatoirement un Livre-Journal, un Grand-Livre et un *Livre d'inventaire* ».

D'après le décret du 29 novembre 1983. Art. 6 :

• « *L'inventaire est un relevé de tous les éléments d'actif et de passif* au regard desquels sont mentionnées la quantité et la valeur de chacun d'eux à la date d'inventaire ».

D'après le PCG :

• « Toute entreprise fait, au moins une fois par an, un inventaire de ses éléments actifs et passifs, et arrête ses comptes en vue d'établir son *Bilan et son compte Résultat* ».

2. Intérêt pour l'entreprise

L'inventaire fournit des informations importantes concernant la situation et la gestion de l'entreprise. La fiabilité de ces informations est assurée par la recherche de l'image fidèle qui accompagne toute démarche comptable.

a. L'inventaire, source d'informations

Les travaux d'inventaire conduisent à la connaissance :

– *du patrimoine à une date donnée*, celle de l'inventaire c'est-à-dire à la clôture de l'exercice,

– *des résultats générés par l'activité de l'entreprise pendant une période donnée*, c'est-à-dire au cours de l'exercice écoulé.

b. L'image fidèle, gage de fiabilité des informations

Cette image fidèle est assurée par le respect de certains principes.

– **Le redressement des comptes :** il s'agit de prendre en compte des événements ou des situations pour modifier certains comptes et *les rendre conformes à la réalité économique*.

Exemple

On constate à l'inventaire qu'un client, débiteur de 125 000 € dans les comptes de l'entreprise, est en liquidation judiciaire. On pense recouvrer seulement 30 % du montant de la créance.

Cette constatation se traduira par une écriture de régularisation afin que le compte du client figure au Bilan pour un montant de :

125 000 × 0,30 soit 37 500 € et non pour le montant de 125 000 €.

– **L'autonomie de l'exercice :** il s'agit d'imputer à un exercice toutes les charges et tous les produits de cet exercice, mais *uniquement* les charges et les produits de cet exercice.

Exemple

Soit une prime d'assurance annuelle de 18 000 € réglée le 1er octobre N et couvrant les risques pouvant survenir pendant la période du 1er octobre N au 30 septembre N+1.

Le montant de la charge à imputer à l'exercice N ne doit pas être de 18 000 € comme l'indique le compte concerné, mais de

18 000 × 3/12 = 4 500 c'est-à-dire le montant de la charge correspondant à la couverture des risques assurés du 1er octobre N au 31 décembre N.

B. Plan des opérations d'inventaire

Les opérations d'inventaire ou travaux de fin d'exercice comportent une série de *tâches extra-comptables et comptables* que nous nous contenterons de citer, chacune d'elles faisant l'objet d'une étude approfondie dans les chapitres suivants.

À partir de la Balance de vérification à la date de l'inventaire, sauf indications contraires, le 31 décembre de l'année N, il y a lieu d'effectuer :

1. L'inventaire physique des éléments du patrimoine,

2. L'enregistrement des écritures dites d'inventaire, en deux temps :

• des écritures de *régularisation*, ou de redressement des comptes (amortissements, dépréciations, provisions, ajustement des comptes de gestion…) ;

• des écritures de reclassement ou de *regroupement* conduisant à la détermination du Résultat.

3. L'établissement des documents de synthèse : le compte *Résultat, le Bilan, l'Annexe*.

2 ▶ L'inventaire physique

Tous les éléments patrimoniaux de l'entreprise doivent être recensés et *estimés à leur valeur à la date de la clôture de l'exercice*. Cette estimation doit obéir à certaines règles qui seront appliquées à tous les éléments de l'actif et du passif de l'entreprise.

A. Règles générales

Tout élément doit être évalué à *l'inventaire*, à une valeur répondant à des normes précises.

1. Les différentes valeurs d'un bien

a. Valeur nette comptable

– La valeur nette comptable est égale à sa *valeur brute* diminuée des amortissements cumulés et des dépréciations (PCG nouveau).

– La *valeur brute* ou valeur d'origine ou valeur d'entrée est suivant le cas.

• *Le coût d'acquisition* pour les biens achetés :

Prix d'achat Hors taxes + Frais accessoires d'achat (frais de port, d'installation, de montage, de mise en service).

• *Le coût de production* pour les produits fabriqués = coût d'acquisition des matières premières + frais de fabrication (main-d'œuvre, énergie...).

Ces valeurs constituent des *coûts historiques*.

b. Valeur actuelle

C'est la valeur *la plus élevée* de la valeur vénale et de la valeur d'usage

– **Valeur vénale :** montant qui pourrait être obtenu de la *vente d'un actif*, net des coûts de sortie (PCG nouveau).

Les normes de l'IAS la présentation comme le Prix de Vente net.

– **Valeur d'usage :** valeur des avantages économiques futurs attendus de son utilisation et de sa sortie.
Elle est déterminée en fonction des *flux nets de trésorerie attendus* (PCG nouveau)
Les normes de l'IAS la présentent comme la valeur d'utilité, en introduisant la notion d'actualisation des flux de trésorerie.

2. La valeur retenue à l'inventaire

En application du principe de **prudence**, on doit retenir *la plus faible* des deux valeurs définies ci-dessus :

– Valeur nette comptable.

– Valeur actuelle (valeur vénale ou valeur d'usage).

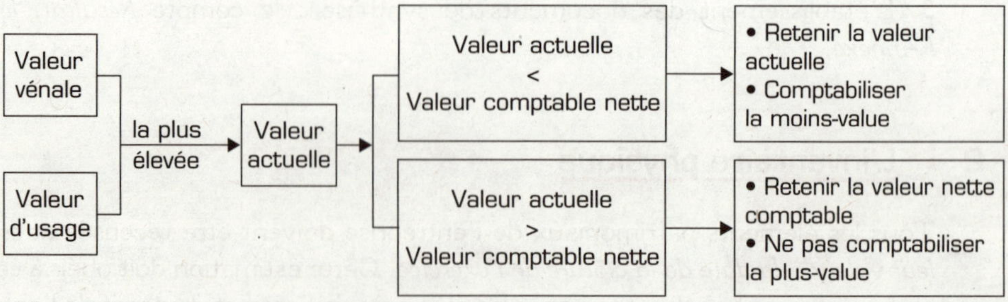

B. Application des règles générales

1. Élément d'Actif

a. Immobilisations corporelles et incorporelles

La moins-value comptabilisée est suivant le cas :

– ***un amortissement :*** dépréciation *irréversible* d'un actif avec le temps, l'usage, l'obsolescence.

L'amortissement serra étudié à l'occasion du Chapitre 15.

– ***une dépréciation :*** perte de valeur qui n'est plus jugée irréversible.

Les dépréciations d'immobilisations seront également étudiées au cours du Chapitre 15.

b. Les titres

TITRES		
ÉLÉMENTS	**Comptes 26 Titres de participation**	**Comptes 27 Autres titres immobilisés Comptes 50 Valeurs mobiliers placement**
VALEUR D'ENTRÉE	**Prix d'acquisition à l'exclusion de tous frais d'acquisition** qui sont imputés à des comptes de charges. *Ex.* : Services bancaires	
VALEUR ACTUELLE	**Valeur d'usage** c.a.d. « la valeur qu'un chef d'entreprise prudent et avisé accepterait de décaisser pour obtenir cette participation ». Cette valeur d'usage peut procéder : – du cours de Bourse (cours moyen du dernier mois) – de la rentabilité de la participation – etc.	– les titres côtés en Bourse sont évalués **au cours moyen du dernier mois** – les titres cotés en Bourse sont évalués à leur **valeur probable de négociation**
MOINS-VALUES	– **Seules les moins-values sont comptabilisées** par l'enregistrement d'une dépréciation. – Pour un même Portefeuille-Titres, **la compensation entre les plus-values** de certains titres **et les moins-values** d'autres titres **n'est pas admise.**	

c. Stocks et Productions en-cours

▶ **Valeur d'entrée**

Coût d'acquisition pour les biens *achetés* : matières premières, autres approvisionnements, marchandises.

Coût de production pour les biens *produits* : produits finis, produits intermédiaires, en-cours…

Pour les corps certains ou les choses de genre individualisables, le coût d'entrée est déterminé article par article ou catégorie par catégorie.

Pour les choses de genre interchangeables, le coût d'entrée moyen résulte de calculs traités au Chapitre 14.

▶ **Valeur à l'inventaire**

L'évaluation du stock est faite à la valeur actuelle.

▶ **Moins-values**

Étant donné que le PCG prescrit de retenir à l'inventaire la plus faible des deux valeurs (valeur d'entrée ou valeur actuelle), *une dépréciation (cf.* Chapitre 16*) doit être constituée pour constater la moins-value chaque fois que la valeur actuelle est inférieure à la valeur d'entrée*.

d. Créances sur les Clients

À l'inventaire, les valeurs portées en compte doivent correspondre aux **valeurs actuelles de ces créances**, ce qui conduit à distinguer trois catégories de clients :

– les clients dont la situation n'exige aucun enregistrement comptable particulier : ce sont les clients *solvables* ;

– les clients dont la situation exige une régularisation comptable : les clients *douteux ou litigieux* pour lesquels l'entreprise doit prévoir une perte probable d'une partie de la créance, ce qui entraîne la création d'une dépréciation (*cf.* Chapitre 16) ;

– les clients *insolvables* pour lesquels l'entreprise doit considérer que le montant de la créance est définitivement irrécouvrable.

e. Disponibilités

▶ **Banques et établissements de crédit**

Le montant inscrit en compte doit correspondre aux fonds réellement disponibles à la date de l'inventaire, d'où la nécessité d'établir un état de rapprochement et d'enregistrer les écritures qui en découlent. Ce point a été étudié au Chapitre 10.

▶ **Caisse**

Le montant inscrit en compte correspond au montant des espèces en Caisse.

2. Les éléments de Passif externe

Valeur d'un élément de Passif	Caractère	
	irréversible	**non irréversible**
En augmentation	Comptabilisation d'un complément de dette	Comptabilisation d'une provision
En diminution	Comptabilisation d'une diminution de dette	Pas de comptabilisation

À RETENIR

• L'inventaire est une obligation légale (au moins une fois par an) qui permet de :

– déterminer le patrimoine de l'entreprise à la fin de l'exercice ;

– de dégager le résultat dégagé au cours de l'exercice.

• Les travaux d'inventaire donnent lieu à deux types d'opérations :

– l'inventaire physique ;

– les travaux comptables conduisant à l'établissement des états financiers ou document de synthèse : le Bilan, le compte Résultat et l'Annexe.

• En application des normes IAS/IFRS, la valeur d'un bien retenue à l'inventaire est déterminée suivant le schéma suivant :

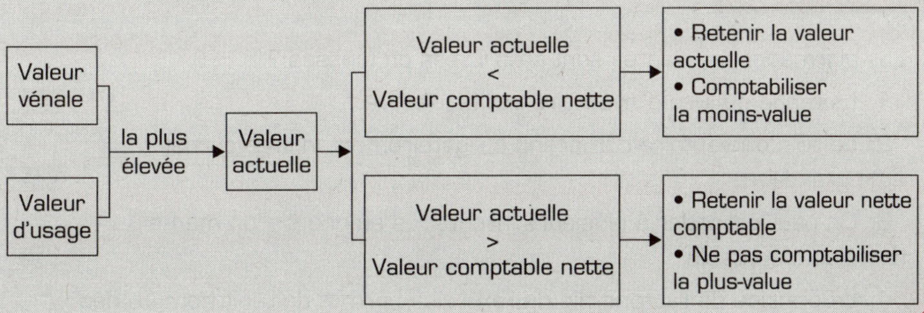

Les conseils

1 Situer les termes « inventaire » et « livre d'inventaire » dans leur contexte légal.

2 Bien comprendre les deux principes : redressement des comptes et autonomie de l'exercice.

3 Noter l'enchaînement des travaux d'inventaire, de la Balance avant inventaire jusqu'à l'établissement des documents de synthèse.

4 Bien assimiler les définitions des différentes valeurs : valeur nette comptable, valeur actuelle, valeur vénale, valeur d'usage.

5 Bien noter les différentes comparaisons qui aboutissent à la détermination de la valeur à l'inventaire.

6 Très important ! Le principe de prudence conduit à :
- comptabiliser les moins-values ;
- ne pas comptabiliser les plus-values.

7 Une immobilisation peut être amortie et/ou dépréciée.

8 Les stocks, les créances sur les clients et les titres peuvent être dépréciés.

9 En matière de titres, ne jamais pratiquer de compensation entre moins-values et plus-values, sauf s'il s'agit de titres de la même société.

10 L'état de rapprochement bancaire permet de déterminer le solde du compte Banque à la date de l'inventaire.

3 ▶ Applications

VRAI/FAUX

Les affirmations suivantes sont-elles vraies ou fausses ?

1. La tenue du livre d'inventaire est facultative. Vrai Faux

2. Le livre d'inventaire comprend obligatoirement le livre-journal et le grand-livre. Vrai Faux

3. On peut procéder à plusieurs inventaires au cours d'un même exercice comptable. Vrai Faux

4. Le principe de l'autonomie de l'exercice permet de tenir compte des dépréciations de certains éléments d'actif. Vrai Faux

5. Les écritures de regroupement conduisent à la détermination du résultat. Vrai Faux

6. L'annexe est un document de synthèse. Vrai Faux

7. La valeur d'entrée d'un bien acquis à titre onéreux est égale à sa valeur vénale. Vrai Faux

8. À la date d'inventaire sont comptabilisées les plus-values et les moins-values. Vrai Faux

9. L'amortissement constate une dépréciation irréversible. Vrai Faux

10. Les commissions perçues par la banque à l'occasion de l'acquisition de titres sont intégrées à la valeur d'entrée des titres. Vrai Faux

11. Les titres cotés en bourse sont évalués à l'inventaire au cours du jour de l'inventaire. Vrai Faux

12. En matière d'évaluation de portefeuille-titres, il y a compensation entre plus-values et moins-values. Vrai Faux

13. Une augmentation irréversible de la valeur d'un élément de passif est comptabilisée sous forme de provision. Vrai Faux

14. Une diminution irréversible de la valeur d'un élément de passif est comptabilisée sous forme de diminution de dette. Vrai Faux

15. Une diminution non irréversible de la valeur d'un élément d'actif n'est pas comptabilisée. Vrai Faux

EXERCICE 13.01

1. À l'inventaire au 31-12-N, on constate qu'un client débiteur de 1 800 € est en liquidation judiciaire depuis le mois de septembre N. Les éléments recueillis permettent de penser que l'entreprise perdra 80 % du montant de sa créance. Pour quel montant le compte de ce client doit-il être porté au bilan ?

2. Une prime annuelle d'assurance couvrant les risques de la période du 1er avril N au 31 mars N+1 s'élève à 15 000 €. Sachant que les primes d'assurance sont toujours payables en début de période, quel montant de cette prime doit être imputé au calcul du résultat de l'exercice N ?

EXERCICE 13.02

On vous fournit les renseignements suivants concernant l'entreprise METALOCEAN au 31-12-N.

a) Constatations d'inventaire :

• L'entreprise possède 1 000 parts sociales de la SARL TUBOLOR dont elle assure le contrôle. Valeur d'usage d'une part : 90 €.

• Le portefeuille de titres de placement comprend :

- 300 actions A – cours à l'inventaire : 45 €,
- 200 actions B – cours à l'inventaire : 130 €.

• Suite à certaines détériorations, le stock de produits finis doit être déprécié de 30 %.

• Le client A, en liquidation judiciaire, est considéré comme totalement insolvable.

b) Autres renseignements :

• Les parts sociales TUBOLOR ont été acquises

- en (N–3) : 600 parts à 60 € l'une.
- en (N–2) : 400 parts à 80 € l'une.

• Les actions ont été achetées

- en (N–2) : 200 actions A à 65 € l'une.
150 actions B à 124 € l'une.
- en (N–1) : 100 actions A à 39 € l'une.
50 actions B à 122 € l'une.

• Le coût de production des produits finis s'élève à 153 000 €.

• Le client A a été débité de 35 000 € en mars (N).

Travail à faire

Déterminer pour les postes suivants les montants nets à porter au bilan :

- **Titres de participation**
- **Titres de placement**
- **Stock de produits finis**
- **Clients.**

Téléchargez gratuitement tous les corrigés des exercices, ainsi que les exercices complémentaires sur le site Internet : www.expertisecomptable-foucher.com

L'enregistrement des stocks

CHAPITRE 14

Plan

▶ Toute entreprise a besoin de stocker, que ce soit des marchandises achetées et revendues en l'état pour les commerçants, ou des approvisionnements et des produits finis pour les producteurs de biens et de services.

Ces stocks doivent être évalués et leurs variations doivent être comptabilisées dans la mesure où elles influencent le montant du résultat de l'entreprise.

1 ▶ Les stocks et leur évaluation

Dans un premier temps, il est nécessaire de définir les différentes catégories de stocks et les méthodes de leur évaluation, aussi bien au niveau des entrées qu'au niveau de la valorisation des sorties.

A. Généralités et terminologie

1. Définition

• « Les stocks constituent l'ensemble des biens ou des services qui interviennent dans le cycle d'exploitation de l'entreprise pour être :

– soit vendus en l'état ou au terme d'un processus de production,

– soit consommés au premier usage » (d'après Plan comptable général).

2. Différentes catégories de stocks

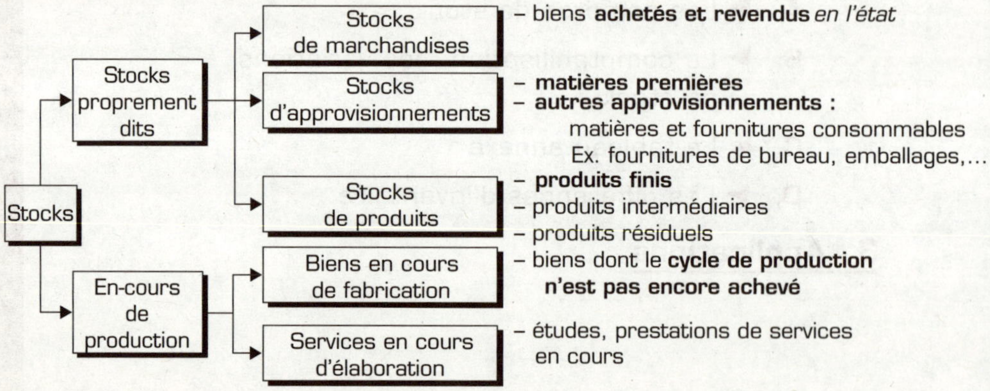

3. Le cycle d'exploitation et la nature des stocks suivant le type d'entreprise

• Cas d'une entreprise de production. *Le cycle d'exploitation* peut être schématisé comme suit :

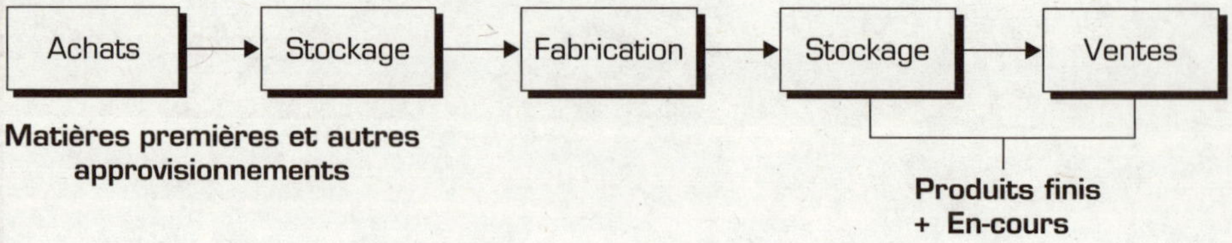

Exemple :
pour une entreprise de tricotage :
– matière première : le fil de laine,
– autres approvisionnements : le fil à coudre, les boutons...
– en-cours : les éléments de vêtements en cours de tricotage et non assemblés,
– produits finis : les vestes, les jupes...
• Cas d'une entreprise de distribution.

Achats → **Stockage** → **Ventes**
Marchandises

Exemple : pour une entreprise de prêt à porter :
– marchandises : les vêtements.

B. L'évaluation des stocks et la valorisation des sorties de stocks

1. Les critères retenus

• **Pour les Matières Premières, les Autres Approvisionnements, les Marchandises**, c'est-à-dire les biens *achetés*, l'évaluation est faite au coût d'acquisition.

Coût d'acquisition = Prix d'achat + Frais d'achat

• **Pour les Produits, les En-cours de production**, c'est-à-dire les biens et services *produits*, l'évaluation est faite au **coût de production**.

**Coût de production = Coût d'achat des matières consommées
+ Charges de production**

2. Les différentes méthodes d'évaluation : les fiches de stocks

Au cours d'une même période, les entrées en stock sont, très souvent, effectuées à des *coûts différents*. Se pose alors le problème de la *valorisation des sorties*. Plusieurs méthodes peuvent être utilisées pour répondre à cette question, l'entreprise décidant de l'une d'entre elles en fonction de la nature des biens stockés.

Exemple

Thème
Renseignements concernant le stock d'une matière première a :
- 1er mars : stock de 600 kg à 71,70 € le kg,
- 7 mars : bon d'entrée 2157 : 3 000 kg ; coût d'acquisition : 72,60 € le kg,
- 12 mars : bon de sortie 2951 : 2 400 kg,
- 17 mars : bon d'entrée 2182 : 1 800 kg ; coût d'acquisition : 73,80 € le kg,
- 24 mars : bon de sortie 3022 : 2 000 kg.

Méthode du coût unitaire moyen pondéré ou CUMP

- CUMP sur le total des entrées (y compris le stock initial).

Dates	Libellés	Entrées			Sorties			Stock		
		Q	PU	M	Q	PU	M	Q	PU	M
01-03	**Stock initial**	**600**	**71,70**	**43 020**				**600**	**71,70**	**43 020**
07-03	Bon d'entrée 2157	3 000	72,60	217 800						
12-03	Bon de sorties 2951				2 400	**72,90**	174 960			
17-03	Bon d'entrée 2182	1 800	73,80	132 840						
24-03	Bon de sortie 3022				2 000	**72,90**	145 800			
		5 400	**72,90**	**393 660**	4 400	**72,90**	320 760	1 000	**72,90**	72 900

Calcul du CUMP 393 660/5 400 = 72,90

Avantage : calculs simples.

Inconvénient : impossibilité de valoriser les sorties en cours de période.

- CUMP après chaque entrée.

Dates	Libellés	Entrées			Sorties			Stock		
		Q	PU	M	Q	PU	M	Q	PU	M
01-03	**Stock initial**	**600**	**71,70**	**43 020**				**600**	**71,70**	**43 020**
07-03	Bon d'entrée 2157	**3 000**	72,60	**217 800**				3 600	**72,45**	260 820
12-03	Bon de sorties 2951				2 400	**72,45**	173 880	1 200	72,45	86 940
17-03	Bon d'entrée 2182	1 800	73,80	132 840				3 000	73,26	219 780
24-03	Bon de sortie 3022				2 000	73,26	146 520	1 000	73,26	73 260
		5 400	72,90	393 660	4 400	72,82	320 400	1 000	**73,26**	73 260

Exemple de calcul :

stock au 7 mars et sortie du 12 mars

(43 020 + 217 800)/(600 + 3 000) = 72,45

– Avantages : méthode logique et rigoureuse, possibilité de valoriser les sorties en cours de période.

– Inconvénient : calculs assez complexes.

Méthode du premier entré, premier sorti ou PEPS

Dates	Libellés	Entrées			Sorties			Stock		
		Q	PU	M	Q	PU	M	Q	PU	M
01-03	**Stock initial**	**600**	**71,70**	**43 020**				**600**	**71,70**	**43 020**
07-03	Bon d'entrée 2157	3 000	72,60	217 800				**600**	**71,70**	**43 020**
								3 000	**72,60**	**217 800**
12-03	Bon de sorties 2951				**600**	**71,70**	**43 020**			
					1 800	**72,60**	**130 680**	1 200	72,60	87 120
17-03	Bon d'entrée 2182	1 800	73,80	132 840				1 200	72,60	87 120
								1 800	73,80	132 840
24-03	Bon de sortie 3022				1 200	72,60	87 120			
					800	73,80	59 040	1 000	73,80	73 800
		5 400	72,90	393 660	4 400	72,90	319 860	1 000	**73,80**	73 800

Conséquences : en période d'inflation, par rapport à la méthode du CUMP, la méthode de PEPS fait apparaître :

- **une minoration** du coût d'achat des matières consommées et des coûts de produits finis ;
- **une majoration** du montant des stocks des matières et du résultat sur produits.

2 ▶ Le traitement comptable à l'inventaire

Dans le cadre de la méthode de l'inventaire intermittent, les stocks et leur valorisation entre le début et la clôture de l'exercice sont *traités uniquement à la date de l'inventaire*.

A. Les comptes de stock

Extrait du Plan comptable général

31 Matières premières
32 Autres approvisionnements
33 En-cours de production de biens
34 En-cours de production de services
35 Stocks de produits
37 Stocks de marchandises

Remarque. Certaines *fournitures*, comme par exemple les fournitures de bureau, sont dites *stockables* : il existe *physiquement* un stock de fournitures de bureau.

Au point de vue comptable, compte tenu de son organisation interne et de l'importance en valeur de ces éléments, l'entreprise peut les traiter comme :

- **Éléments stockés pour lesquels elle pratique l'inventaire intermittent**

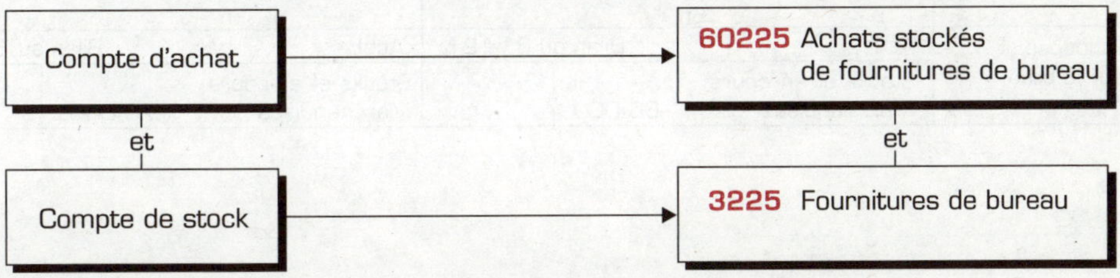

- **Éléments non stockés qui sont traités comme une charge**

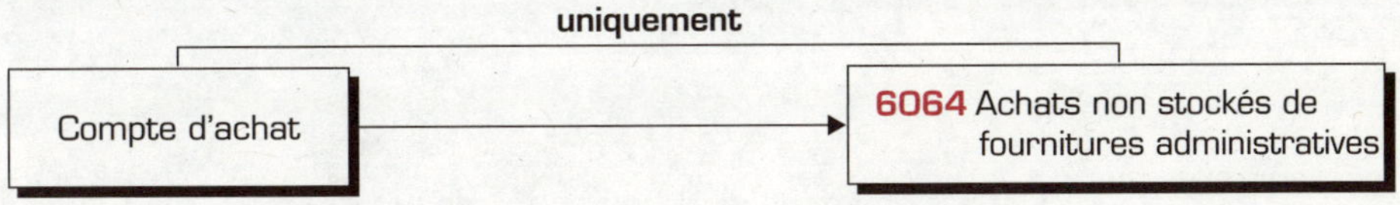

B. La comptabilisation : les variations de stock

1. Cas des biens achetés

On utilise le compte **603** Variation des stocks (Approvisionnements, Marchandises).

Le tableau ci-dessous est établi en fonction des mouvements d'un stock de *marchandises*.

	Cas 1	Cas 2
Thème	Stock final < stock initial Stock au 01-01-N : 93 000 Stock au 31-12-N : 86 000	Stock final > stock initial Stock au 01-01-N : 73 000 Stock au 31-12-N : 78 000
Écritures pour : – annulation → – création ⟶	31-12-N 6037 Variat° stock m/ses — 93 000 370 Stock m/ses — 93 000 31-12-N 370 Stock m/ses — 86 000 6037 Variat° stock m/ses — 86 000	31-12-N 6037 Variat° stock m/ses — 73 000 370 Stock m/ses — 73 000 31-12-N 370 Stock m/ses — 78 000 6037 Variat° stock m/ses — 78 000
Compte 6037 Variat° stock marchandises	6037 Variat° stock marchandises 93 000 | 86 000 *Solde débiteur : 7 000*	6037 Variat° stock marchandises 73 000 | 78 000 *Solde créditeur : 5 000*
Incidence sur le compte Résultat	charges — 12 Résultat N — produits 607 X 6037 + 7 000 Générateur de **perte** : 7 000	charges — 12 Résultat N — produits 607 X 6037 –5 000 Générateur de **bénéfice** : – 5 000
Analyse et conclusion	Appauvrissement → CHARGE	Enrichissement → PRODUIT OU DIMINUTION DE CHARGE
	Le compte 6037 est toujours inscrit au débit du compte 12 Résultat N	
	En +	En –
Incidence sur le bilan	Actif — Bilan au 31-12-N Stocks et en-cours Marchandises 86 000	Actif — Bilan au 31-12-N Stocks et en-cours Marchandises 78 000

2. Cas des biens produits et des en-cours de production

On utilise le compte **71** Production stockée ou **713** Variation des stocks (En-cours, Produits). Le tableau ci-dessous est établi en fonction des mouvements d'un stock de *produits finis*.

Thème	**Cas 1**	**Cas 2**
	Stock final < stock initial Stock au 01-01-N : 62 000 Stock au 31-12-N : 48 000	Stock final > stock initial Stock au 01-01-N : 87 000 Stock au 31-12-N : 93 000
Écritures pour : – annulation → – création ⟶	31-12-N **71355** Variat° stock produits finis — 62 000 **355** Stock P.F. — 62 000 31-12-N **355** Stock P.F. — 48 000 **71355** Variat° stock produits finis — 48 000	31-12-N **71355** Variat° stock produits finis — 87 000 **355** Stock P.F. — 87 000 31-12-N **355** Stock P.F. — 93 000 **71355** Variat° stock produits finis — 93 000
Compte 71355 Variat° stock produits finis	**71355** Variat° stock P.F. 62 000 | 48 000 Solde débiteur : 14 000	**71355** Variat° stock P.F. 87 000 | 93 000 Solde créditeur : 6 000
Incidence sur le compte Résultat	charges — 12 Résultat N — produits **701** X **71355** –14 000 Générateur de **perte** : 14 000	charges — 12 Résultat N — produits **701** X **71355** + 6000 Générateur de **bénéfice** : 6 000
Analyse et conclusion	Appauvrissement → CHARGE OU DIMINUTION DE PRODUIT	Enrichissement → PRODUIT
	Le compte **71355** est toujours inscrit au crédit du compte 12 Résultat N	
	En –	En +
Incidence sur le bilan	Actif — Bilan au 31-12-N Stocks et en-cours Produits finis 48 000	Actif — Bilan au 31-12-N Stocks et en-cours Produits finis 93 000

C. Le tableau annexe

1. Intérêt

Le tableau annexe permet de *justifier* le calcul des variations de stocks constatées au cours de l'exercice. Il doit y avoir *correspondance* avec les montants figurant au compte Résultat et au Bilan.

2. Exemple

L'état des stocks d'une entreprise au 01-01-N et au 31-12-N se présente ainsi :

Stocks	au 01-01-N	au 31-12-N
Marchandises	125 200	189 300
Matières premières	343 500	326 600
Emballages	26 700	29 100
Produits finis	872 800	914 700
Produits rédisuels	5 700	4 200
Produits en-cours	12 400	8 900

3. Présentation du tableau

Le tracé du tableau ci-dessous est celui fourni par le Plan comptable général.

Numéro de comptes	Nature des stocks et des en-cours	À la clôture de l'exercice	À l'ouverture de l'exercice	Variation des stocks	
		a	b	en augmentation a – b	en diminution b – a
	Marchandises et approvisionnements				
	Stocks à revendre en l'état				
37	Marchandises	189 300	125 200	64 100	
	Stocks d'approvisionnements				
31	Matières premières (et fournitures)	326 600	343 500		16 900
32	Autres approvisionnements	29 100	26 700	2 400	
	Total	545 000	495 400	49 600	
	Produits				
351	Produits intermédiaires				
355	Produits finis	914 700	872 800	41 900	
358	Produits résiduels	4 200	5 700		1 500
	Sous-total 1	918 900	878 500	40 400	
	En-cours de production				
331	Produits	8 900	12 400		3 500
335	Travaux				
341	Études				
345	Prestations de services				
	Sous-total 2	8 900	12 400		3 500
	Total			86 500	

D. Les différences d'inventaire

Bien souvent, des *différences de quantités* (généralement des manquants), apparaissent à l'inventaire entre les informations fournies par les *fiches de stock* et les données réelles de *l'inventaire physique*.

Remarque. Dans ce cas, il faut : retenir les quantités réelles pour effectuer les travaux comptables : écritures, compte Variation des stocks, compte Résultat, Bilan, tableau annexe ; et rechercher les causes des différences constatées : erreur, coulage, détérioration ; il s'agit d'un travail extra-comptable.

À RETENIR

- L'évaluation des stocks et la valorisation de leur **sortie** s'effectuent selon trois méthodes principales :

– le coût unitaire moyen pondéré sur le total des entrées, y compris le stock initial (CUMP) ;

– le coût unitaire moyen pondéré après chaque entrée (CUMP) ;

– la méthode du premier entré, premier sorti (PEPS).

- Les variations de stock entre le début et la fin de l'exercice influencent le montant du résultat.

- Ces variations sont enregistrées dans les comptes :
- **603**. Variations de stocks (approvisionnement et marchandises)
→ toujours inscrit au débit du compte Résultat
en + si stock final < stock initial
en – si stock final > stock initial
- **713**. Variations des stocks (en cours de production, produits)
→ toujours inscrit au crédit du compte Résultat
en + si stock final > stock initial
en – si stock final < stock initial

Les conseils

1▶ Dans la méthode du CUMP après chaque entrée, bien remarquer que :
– une entrée modifie le coût unitaire,
– une sortie ne modifie pas le coût unitaire.

2▶ Dans la méthode du CUMP sur le total des entrées, ne pas oublier d'intégrer le stock initial dans votre calcul.

3▶ Bien remarquer la numérotation des comptes de variation de stock : **603** pour les éléments achetés et **713** pour les éléments fabriqués.

4▶ Bien noter l'inscription des comptes **603** (au débit) et **713** (au crédit) du compte Résultat.

3 ▶ Applications

QCM

Parmi les différentes propositions, choisir la réponse qui convient :

Pour un stock de marchandises, si le stock final est supérieur au stock initial, le compte 6037 est :

a. débiteur

b. créditeur

c. ARNC

Pour un stock de produits finis, si le stock final est inférieur au stock initial, le compte 71355 est :

a. débiteur

b. créditeur

c. ARNC

Si le stock initial est inférieur au stock final, le compte 6037 est :

a. inscrit en + au débit du compte Résultat

b. inscrit en – au débit du compte Résultat

c. inscrit en + au crédit du compte Résultat

d. inscrit en – au crédit du compte Résultat

e. ARNC

Si le stock initial est supérieur au stock final, le compte 71355 est :

a. inscrit en + au crédit du compte Résultat

b. inscrit en – au débit du compte Résultat

c. ARNC

En période d'inflation, l'emploi de la méthode PEPS, au lieu d'une méthode de CUMP :

a. augmente la valeur des sorties de matières premières

b. diminue la valeur des sorties de matières premières

c. ARNC

EXERCICE 14.01

1. Dans le cas d'une marchandise, on a :
Stock initial : 520 000 €
Compte **6037** : solde débiteur de 40 000 €

Quel est le montant du stock final ?

2. Dans le cas d'un produit fini, on a :
Stock final : 1 240 000 €
Compte **71355** : solde créditeur de 120 000 €

Quel est le montant du stock initial ?

3. Dans le cas d'une marchandise, on a :
Compte **6037** inscrit au débit du compte Résultat : + 32 000 €
Stock final : 639 000 €

Quel est le montant du stock initial ?

4. Dans le cas d'une matière première, on a :
Compte **6031** inscrit au débit du compte Résultat : – 26 000 €
Stock initial : 253 000 €
Quel est le montant du stock final ?

5. Dans le cas d'un produit fini, on a :
Compte **71355** inscrit au crédit du compte Résultat : + 84 000 €
Stock final : 575 000 €
Quel est le montant du stock initial ?

EXERCICE 14.02

Thème : Fiche de stock ; valorisation des sorties : méthode du CUMP sur le total des entrées

On vous fournit les renseignements suivants concernant les mouvements de stock d'une matière M pendant le mois de septembre N :

- le 5 : Bon d'entrée 12139 pour 3 000 kg à 63,30 € le kg
- le 11 : Bon d'entrée 12154 pour 4 200 kg à 63,50 € le kg
- le 18 : Bon de sortie 43612 pour 5 400 kg
- le 22 : Bon d'entrée 12318 pour 1 000 kg à 64,20 € le kg
- le 25 : Bon de sortie 49314 pour 3 900 kg

Le 1er septembre, il y avait 1 800 kg de matière M en stock pour un coût d'achat total de 113 400 €.

Travail à faire

Présenter la fiche de stock de la matière M pour le mois de septembre en valorisant les sorties suivant la méthode du CUMP sur le total des entrées.

EXERCICE 14.03

Thème : Variation des stocks de marchandises ; écritures

Les Éts Sud-Ouest Sports distribuent des articles de sport à l'échelon régional. Le 1er janvier N, le montant du stock s'élevait à 1 383 425 €. Le 31 décembre N, l'inventaire fait apparaître un stock de 1 526 210 €.

Travail à faire

Enregistrer au journal des Éts Sud-Ouest Sports les écritures d'inventaire correspondant à ces informations.

EXOS

EXERCICE 14.04

Thème : Variation des stocks de matières premières et de produits finis ; écritures

L'entreprise Jardiplast fabrique des arrosoirs à partir d'une matière plastique.

Au 31 décembre N, on vous fournit les renseignements suivants :

Extrait de la Balance par soldes :

31	Stock matières premières	127 480 €
355	Stock produits finis	84 295 €

Données d'inventaire : – 21,5 tonnes de matière à 6 132 € la tonne.
– 4 170 arrosoirs à 8 € l'un.

Travail à faire

Le 31 décembre N, enregistrer au journal de l'entreprise Jardiplast les écritures concernant ces informations.

EXERCICE 14.05

Thème : Variations des stocks de matières premières, de produits finis, de marchandises ; écritures ; incidence sur le compte Résultat

Une entreprise exerce une double activité :

activité de production et activité de distribution.

Au 31 décembre N, on vous fournit les renseignements suivants :

– Extrait de la Balance par soldes :

31	Stock de matières premières	213 529 €
355	Stock de produits finis	930 635 €
37	Stock de marchandises	125 412 €

– Données d'inventaire :

Stock de matières premières	262 154 €
Stock de produits finis	982 127 €
Stock de marchandises	87 918 €

Travail à faire

1. Le 31 décembre N, enregistrer au journal de l'entreprise les écritures concernant ces informations.

2. Présenter l'extrait du compte Résultat (système de base) découlant de cette comptabilisation.

Téléchargez gratuitement tous les corrigés des exercices, ainsi que les exercices complémentaires sur le site Internet : www.expertisecomptable-foucher.com

Les amortissements et les dépréciations des immobilisations

CHAPITRE 15

Plan

▶ Après leur acquisition et au cours de leur utilisation par l'entreprise, les biens d'actif immobilisés, qu'ils soient corporels ou incorporels, sont l'objet de *pertes de valeurs dues aussi bien à l'usage du temps qu'à des causes exceptionnelles*.

Ces pertes de valeur se traduisent, au plan comptable, par des charges inhérentes à ces immobilisations qui peuvent être, suivant le cas :

– Amorties → **amortissements**

– Dépréciées → **dépréciations**

Ce chapitre sera réservé aux amortissements, de caractère irréversible et aux dépréciations, de caractère non irréversible des immobilisations incorporelles et corporelles.

Le problème des immobilisations financières sera traité au Chapitre 16.

L'étude sera conduite à travers les nouvelles dispositions relatives à *l'harmonisation internationale relevant du règlement comptable 2002.10 applicables depuis le 1er janvier 2005*, mais aussi en se référant aux principes et aux applications traditionnels concernant les amortissements et les dépréciations.

1 ▶ Les amortissements

A. Généralités

À l'occasion de l'acquisition d'immobilisations (*cf.* Chapitre 11), les comptes de la classe 2 correspondant à ces immobilisations ont été débités du montant de l'acquisition. Cela *exclut toute imputation de charges* et toute incidence sur le Résultat de l'exercice.

Pourtant, l'acquisition et l'utilisation de ces immobilisations, représentent, au sens économique du terme, une charge et un élément du coût supporté par l'entreprise.

Une technique comptable permettant de tenir compte de ces constatations s'impose : c'est *l'amortissement* des immobilisations.

Au cours des développements ultérieurs, sauf précision expresse, l'exercice comptable coïncide avec l'année civile.

1. Notion d'amortissement

a. Définition

D'après le PCG, l'amortissement est « *la constatation comptable d'un amoindrissement de la valeur d'un élément d'Actif résultant de l'usage, du temps, de changement de technique et de toute autre cause.* »

Il faut noter que cet amoindrissement doit présenter un caractère **irréversible**, ce qui permet de différencier la notion d'amortissement de la notion de dépréciation (*cf.* Section 2).

b. Traduction comptable

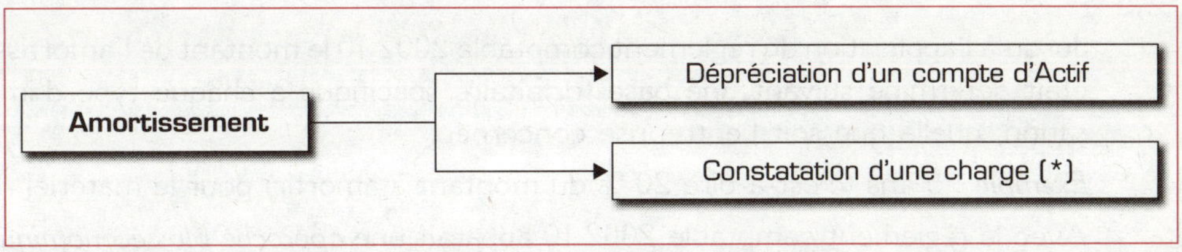

(*) la charge est dite « **calculée** » **car elle ne correspond pas à un décaissement** : en effet, le décaissement a été saisi dans son intégralité à la date de l'acquisition de l'immobilisation.

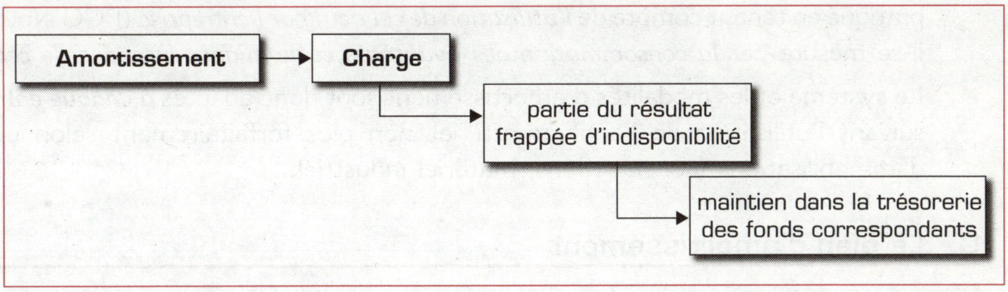

c. Objectif

Ces fonds permettent le *renouvellement* de l'immobilisation amortie, en fin de vie de cette immobilisation, sans avoir recours aux capitaux propres ou à l'endettement. L'amortissement est donc une *source d'autofinancement* (*cf.* Chapitre 25).

2. Les éléments amortissables

a. Les biens amortissables

En harmonisation avec les normes IAS, et en application des avis du Conseil National de la Comptabilité (CNC) de l'année 2004 qui confirment ces convergences, sont considérées comme amortissables, les immobilisations corporelles et incorporelles correspondant à un élément :

– du *patrimoine* de l'entreprise ;

– générant des *avantages économiques futurs*.

Sont donc à exclure des biens amortissables les actifs utilisés par l'entreprise dans le cadre d'un contrat de crédit-bail (norme IAS 17).

b. Les charges étalées

Il s'agit de charges intégralement décaissées au cours d'un exercice, mais que les dirigeants de l'entreprise, dans un souci de bonne gestion, décident d'étaler sur plusieurs exercices, dans le but de pouvoir utiliser la technique de l'amortissement.

Exemples : frais d'établissement, frais de recherche et de développement.

D'après les nouvelles normes IAS/IFRS, la méthode préférentielle à choisir consiste à *les comptabiliser en charges* (pas de recours à l'amortissement) mais il est admis, pour l'instant, que les entreprises peuvent continuer de les considérer comme des éléments amortissables dans le temps.

B. Objectifs

Jusqu'à l'application du règlement comptable 2002.10 le montant de l'amortissement était déterminé suivant une base forfaitaire spécifique à chaque type d'immobilisation, quelle que soit l'entreprise concernée.

Exemple : 5 ans (c'est-à-dire 20 % du montant à amortir) pour le matériel roulant.

Avec le règlement comptable 2002.10 apparaît une *approche plus économique* de la notion amortissement répondant mieux à la notion de « juste valeur » du bien amorti : l'amortissement, répartition d'un coût, celui de l'acquisition de l'actif immobilisé, est pratiqué en tenant compte de *l'utilisation de cet actif par l'entreprise* (PCG Nouveau) : il se mesure par *la consommation des avantages économiques attendus de cet actif*.

Le système et les modalités d'amortissement sont donc adaptés *à chaque entreprise*, suivant l'utilisation de l'actif amorti, et non plus forfaitairement selon un type d'immobilisations (constructions, matériel industriel...).

C. Le plan d'amortissement

1. Principes généraux

Le plan d'amortissement est un *tableau établi pour chaque immobilisation et qui met en évidence à la fin de chaque exercice* :

– **l'annuité d'amortissement de l'exercice N**, c'est-à-dire la dépréciation de l'immobilisation au cours de l'exercice ;

– **la valeur comptable à la fin de l'exercice N ou valeur comptable nette**, valeur qui sera bien sûr la même au début de l'exercice N+1.

Valeur comptable à la fin de l'exercice N	=	Valeur comptable au début de l'exercice N	–	Annuité d'amortissement de l'exercice N

Le plan d'amortissement doit être conçu de telle façon qu'à la fin de la durée d'utilisation prévue, la valeur comptable soit nulle.

Valeur comptable nette = 0

2. La base amortissable

a. L'aspect comptable

• La base amortissable est égale à la *valeur d'entrée* (ou valeur d'origine) de l'immobilisation, *sous déduction éventuelle de sa valeur résiduelle*.

La valeur d'entrée est égale au *coût d'acquisition* (ou de production) *hors taxes récupérables*, compte tenu des dispositions fiscales retenues au chapitre 11.

La valeur résiduelle est égale au montant, net des coûts de sortie, attendu de la cession à la fin de son utilisation (IAS 16).

Base amortissable
=
Valeur brute (coût d'acquisition HT) – Valeur résiduelle éventuelle

b. L'aspect fiscal

En matière fiscale, la valeur résiduelle ne doit pas être prise en compte pour la détermination de la base amortissable.

Il en résulte que l'amortissement fiscal qui pourra être pratiqué sera supérieur à l'amortissement comptable : la différence sera traitée grâce à l'utilisation de l'amortissement dérogatoire qui sera étudiée au cours du chapitre 17.

Exemple

Cas d'une entreprise pour laquelle il n'y a pas de prorata de TVA.
– Coût d'acquisition d'une machine-outil : 63 388 € TTC. Valeur résiduelle : 5 000 € HT.
Base amortissable : 63 388/1,196 = 53 000 €   53 000 – 5 000 = 48 000 €.

3. Les modalités de calcul

a. Point de départ de l'amortissement

L'amortissement d'un actif débute avec la consommation des avantages économiques attendus, c'est-à-dire la **mise en service** de cet actif.

b. Mesure de l'utilisation : le système d'amortissement

• **L'utilisation de l'actif immobilisé peut se mesurer :**

– en **unité de temps** : l'année d'utilisation,

– en **unités d'œuvre de production**. Exemple : nombre de pièces produites par une machine.

Rappel : La durée d'utilisation n'est plus, comme dans le régime antérieur, déterminée forfaitairement pour chaque type d'immobilisation : elle est fixée par l'entreprise suivant *la consommation des avantages économiques qu'elle attend du bien amorti*.

4. Exemples

Exemple 1

Thème

Le 20-03-N, une entreprise acquiert un matériel (coût d'acquisition : 156 000 € HT) dont elle attend une consommation régulière des avantages économiques sur 5 ans.

La mise en service s'effectue le 01-04-N et la valeur résiduelle de ce matériel est considérée comme nulle en fin d'utilisation.

Plan d'amortissement

Année	Amortissement	Amortissements cumulés	Valeur comptable nette
N	**23 400** [1]	**23 400**	**132 600**
N+1	31 200 [2]	54 600	101 400
N+2	31 200	85 800	70 200
N+3	31 200	117 000	39 000
N+4	31 200	148 200	7 800
N+5	7 800 [3]	156 000	0

[1] 156 000 × 0,20 × 9/12
[2] 156 000 × 0,20
[3] 156 000 × 0,20 × 3/12

Exemple 2

Thème

Le 01-01-N, une entreprise met en service une machine acquise 107 640 € TTC.

Conditions d'amortissement :
- Suivant le nombre de pièces produites 30 000 pièces pour chacune des 2 premières années 45 000 pièces pour chacune des 4 dernières années.
- Valeur résiduelle à la fin des 6 années d'utilisation : nulle.

Plan d'amortissement

Base amortissable :
107 640/1,196 = 90 000.
Nombre de pièces produites pendant toute la durée d'utilisation.
(30 000 × 2) + (45 000 × 4) = 240 000 pièces.

Année	Amortissement	Amortissements cumulés	Valeur comptable nette
N	**11 250** [1]	**11 250**	**78 750**
N+1	11 250	22 500	67 500
N+2	16 875 [2]	39 375	50 625
N+3	16 875	56 250	33 750
N+4	16 875	73 125	16 875
N+5	16 875	90 000	0

[1] 90 000 × 30 000/240 000
[2] 90 000 × 45 000/240 000

Exemple 3

Thème

Une machine-outil, mise en service le 01-07-N, est acquise pour un coût d'acquisition de 90 000 € HT. La consommation des avantages économiques est régulière sur une durée d'utilisation de 5 ans au terme de laquelle il est prévu de la céder à un prix estimé à 20 % du coût d'acquisition, moyennant des coûts de sortie de 5 % du prix de cession.

Plan d'amortissement

Prix de cession :	90 000 × 0,20 =	18 000
Coûts de sortie :	18 000 × 0,05 =	– 900
Valeur résiduelle		17 100

Base amortissable : 90 000 – 17 100 = 72 900.

Année	Amortissement	Amortissements cumulés	Valeur comptable nette
N	**7 290** [1]	**7 290**	**65 610**
N+1	14 580 [2]	21 870	51 030
N+2	14 580	36 450	36 450
N+3	14 580	51 030	21 870
N+4	14 580	65 610	7 290
N+5	7 290 [3]	72 900	0

[1] 72 900 × 0,20 × 0,5
[2] 72 900 × 0,20
[3] 72 900 × 0,20 × 0,5

5. Recours à d'autres systèmes

Toutes les dispositions précédentes, émanant du CRC 2002.10, intégré au PCG sont, bien entendu, obligatoires.

Cependant, quand la prévision des profits générés (avantages économiques attendus de l'immobilisation) est trop délicate à évaluer, l'entreprise peut, par défaut, avoir recours à un autre calcul : le **système linéaire basé sur la durée d'utilisation forfaitaire de l'immobilisation**.

Immobilisation	Durée d'utilisation
Bâtiment commerciaux	20 à 50 ans
Bâtiment industriels	20 ans
Matériels et outillages industriels	5 à 10 ans
Matériel roulant (camions, camionnettes, voitures de tourisme, etc.)	4 à 5 ans
Matériels et mobiliers de bureau	5 à 10 ans

a. Amortissement linéaire ou constant

• En application de la loi commune.

• Correspond à une utilisation régulière, donc à une *consommation régulière des avantages économiques attendus de l'actif*.

• **Principe.** L'amortissement effectué est également réparti sur la durée d'utilisation de l'immobilisation.

Annuité d'amortissement	=	Valeur d'origine	×	Taux
↓ constante		↓ constante		↓ constant

Exemple 1

Thème : Cas d'une immobilisation acquise en début d'exercice

Le 2 janvier N, une entreprise fait l'acquisition d'une camionnette. Coût d'acquisition HT : 20 500 €. Durée d'utilisation probable : 5 ans.

Détermination du taux

Durée d'utilisation : N = 5, taux d'amortissement : $t = 100/N$ soit $t = 100/5 = 20\ \%$.

Calcul de l'annuité d'amortissement :

20 500 × 0,20 = 4 100.

Plan d'amortissement

Année	Valeur comptable en début d'exercice	Annuité d'amortissement	Amortissements cumulés	Valeur comptable en fin d'exercice
N	**20 500**	**4 100**	**4 100**	**16 400**
N+1	16 400	4 100	8 200	12 300
N+2	12 300	4 100	12 300	8 200
N+3	8 200	4 100	16 400	4 100
N+4	4 100	4 100	20 500	0

Exemple 2

Thème : Cas d'une immobilisation acquise en cours d'exercice.

Le 9 octobre N, une entreprise fait l'acquisition d'un mobilier de bureau mis en service le 12 octobre N. Coût d'acquisition HT : 7 200 €. Durée d'utilisation prévue : 10 ans.

Détermination du taux

Taux d'amortissement : t = 100/10 = 10 %.

Calcul de la première annuité d'amortissement

– dispositions fiscales : la première annuité doit être réduite, au prorata du temps, à la *durée en jours* qui s'écoule *entre la date de mise en service et la date de l'inventaire*, tous les mois étant comptés forfaitairement pour 30 jours.

Calcul du nombre de jours :	octobre 30-12	18 jours
	novembre	30 jours
	décembre	30 jours
		78 jours

– montant de l'annuité : $a_1 = 7\,200 \times 0{,}10 \times (78/360) = 156$

– conséquence sur l'ensemble du plan de financement. L'amortissement se décompose ainsi :

N	1 annuité *incomplèt* a_1	78 jours →	156
N+1 à N+9	9 annuités *complètes*		
	$a = 7\,200 \times 0{,}10 = 720$	9 ans →	6 480
N+10	1 annuité *incomplète* a_2		
	$a_2 = 7\,200 \times 0{,}10 \times 282/360$	282 jours →	564
		10 ans →	7 200

Plan d'amortissement

Année	Valeur comptable en début d'exercice	Annuité d'amortissement	Amortissements cumulés	Valeur comptable en fin d'exercice
N	**7 200**	**156**	**156**	**7 044**
N+1	7 044	720	876	6 324
N+2	6 324	720	1 596	5 604
N+3	5 604	720	2 316	4 884
N+4	4 884	720	3 036	4 164
N+5	4 164	720	3 756	3 444
N+6	3 444	720	4 476	2 724
N+7	2 724	720	5 196	2 004
N+8	2 004	720	5 916	1 284
N+9	1 284	720	6 636	564
N+10	564	564	7 200	0

Conclusion : dans le cas d'une *acquisition en cours d'année* :

durée d'utilisation de 10 ans → amortissement sur 11 exercices

durée d'utilisation de **N ans** → amortissement sur **N+1 exercices**

b. Amortissement dégressif

• Ce système est exclusivement utilisé en cas de recherche d'un avantage fiscal, par la pratique de *l'amortissement dérogatoire* qui sera étudié au Chapitre 17 de l'ouvrage. C'est pourquoi, il paraît intéressant d'en présenter, dès maintenant, le mécanisme qu'il sera alors indispensable de connaître pour la bonne compréhension de cette étude ultérieure.

• Ce système ne peut être appliqué qu'aux immobilisations suivantes acquises à *l'état neuf* :

– immeubles à l'usage industriel de construction légère,

– certaines installations (installations de sécurité par exemple),

– biens d'équipement industriel : matériels et outillages utilisés pour la manutention, la fabrication, le transport (sauf voitures de tourisme et camionnettes).

▶ Détermination du taux

Le taux à appliquer pour le calcul des annuités est déterminé de la façon suivante :

Taux à appliquer en amortissement dégressif T	=	Taux à appliquer en amortissement constant t	×	Coefficient fiscal

Ce coefficient fiscal qui était de 1,5 ; 2 ou 2,5 suivant la durée d'utilisation, a été minoré de 0,25 par la loi de finances de 2001.

Durée d'utilisation	Biens acquis ou fabriqués jusqu'au 31-12-2000	Biens acquis ou fabriqués depuis le 01-01-2001 [1]
3 et 4 ans	1,5	1,25
5 et 6 ans	2	1,75
> 6 ans	2,5	2,25

[1] Exceptionnellement 1,75 ; 2,25 et 2,75 pour les biens acquis ou fabriqués entre le 4 décembre 2008 et le 31 décembre 2009.

Exemples :

Durée d'utilisation	Biens acquis ou fabriqués jusqu'au 31-12-2000			Biens acquis ou fabriqués depuis le 01-01-2001		
	t	Calcul	T	t	Calcul	T
5 ans	20 %	20 % × 2	40 %	20 %	20 % × 1,75	35 %
8 ans	12,50 %	12,5 % × 2,5	31,25 %	12,50 %	12,50 % × 2,25	28,125 %
10 ans	10 %	10% × 2,5	25 %	10 %	10 % × 2,25	22,50 %

En revanche, pour tenir compte des mesures de relance de fin 2008, la loi de finances rectificative a prévu une majoration temporaire de 0,5 point pour les biens acquis entre le 04/12/08 et le 31/12/09, ce qui correspond aux coefficients suivants : 1,75 ; 2,25 ; 2,75.

Remarque. Dans la suite de cet ouvrage, et en l'absence d'indications contraires, seront utilisés les coefficients suivants : 1,25 ; 1,75 ; 2,25.

▶ Calcul des annuités

Le taux est appliqué à la valeur d'origine pour la première annuité, et à la valeur nette comptable pour les autres annuités.

Quand l'annuité d'amortissement dégagée en amortissement dégressif devient inférieure à l'annuité qui serait dégagée en amortissement constant, le plan d'amortissement est terminé en amortissement constant sur le montant qui reste à amortir.

Exemple 1

Thème : Cas d'une immobilisation acquise en début d'exercice

Le 2 janvier N, une entreprise a fait l'acquisition d'une machine-outil : coût d'acquisition HT : 93 000 €, durée d'utilisation : 5 ans.

Détermination du taux

T = 20 % × 1,75 = 35 %

Plan d'amortissement

Année	Valeur comptable en début d'exercice	Annuité d'amortissement	Amortissements cumulés	Valeur comptable en fin d'exercice
N	**93 000**	**32 550**	**32 550**	**60 450**
N+1	60 450	21 158	53 708	39 292
N+2	39 292	13 752	67 460	25 540
N+3	25 540	12 770 [1]	80 230	12 770
N+4	12 770	12 770	93 000	0

[1] Annuité calculée en dégressif < Annuité calculée en constant
25 540 × 0,35 = 8 939 25 540 × 0,50 = 12 770 (il reste 2 ans)
Les deux dernières années, le plan d'amortissement est terminé par le procédé de l'amortissement constant.

Remarque. Pour se rendre compte de l'époque où le procédé d'amortissement dégressif est remplacé par le procédé de l'amortissement constant, il suffit de raisonner sur les taux ; à une même valeur : 25 540, on applique soit T = 35 %, soit t = 50 % puisqu'il ne reste plus que 2 années de durée d'amortissement.

Exemple 2

Thème : Cas d'une immobilisation acquise en cours d'exercice

Le 19 avril N, une entreprise a fait l'acquisition d'un matériel industriel.
- Coût d'acquisition HT : 43 200 €.
- Durée d'utilisation prévue : 10 ans.

Détermination du taux

Taux d'amortissement :

T = 100/10 × 2,25 = 22,50 %

Calcul de la première annuité d'amortissement

- dispositions fiscales : la première annuité doit être *réduite, au prorata du temps, à la durée en mois qui s'écoule entre le premier jour du mois d'acquisition et la date de l'inventaire* ;
- nombre de mois du 01-04-N au 31-12-N : 9 mois ;
- montant :

43 200 × 0,225 × 9/12 = 7 290.

Remarque. L'exercice d'acquisition est compté pour une *année complète* même quand il y a application de la règle du prorata.
Le plan d'amortissement sera donc *étalé sur 10 exercices.*

Plan d'amortissement

Année	Valeur comptable en début d'exercice	Annuité d'amortissement	Amortissements cumulés	Valeur comptable en fin d'exercice
N	**43 200**	**7 290**	**7 290**	**35 910**
N+1	35 910	8 080	15 370	27 830
N+2	27 830	6 262	21 632	21 568
N+3	21 568	4 853	26 485	16 715
N+4	16 715	3 761	30 246	12 954
N+5	12 954	2 915	33 161	10 039
N+6	10 039[1]	2 510	35 671	7 529
N+7	7 529	2 510	38 181	5 019
N+8	5 019	2 510	40 691	2 509
N+9	2 509	2 509	43 200	0

[1] À partir de N+6, amortissement constant sur 4 ans : 10 039/4 = 2 509,75 arrondi à 2 510.

D. La révision du plan d'amortissement

1. Le principe

Contrairement aux pratiques antérieures au règlement 2002.10, le plan d'amortissement, prévu à l'origine, *peut-être remis en question et modifié à tout moment, au cours de l'utilisation du bien amorti*.

2. Les causes

Elles doivent être significatives et justifiées :

• **modification de la durée d'utilisation prévue**, provenant d'un *changement de rythme* dans la consommation des avantages économiques attendus.

Exemple : augmentation de la production entraînant une accélération de la cadence d'une machine (Exemple 1 ci-après).

• **modification de la base amortissable**

– *augmentation de la base* : dépenses effectuées pour améliorer l'utilisation et le rendement d'une machine, augmentation de la valeur d'usage d'un véhicule... (Exemple 2 ci-après).

– *diminution de la base* : dépréciation d'une immobilisation (Application 1 du § 2-D-2).

3. Exemples

Il s'agit pour chaque exemple de présenter le plan d'amortissement révisé. La valeur résiduelle des immobilisations sera considérée comme nulle dans tous les exemples.

Exemple 1

Thème

Une machine a été mise en service le 01-01-N (coût d'acquisition : 240 000 € HT).

Le plan d'amortissement initial prévoyait une consommation régulière sur 8 ans des avantages économiques attendus. Suite à une étude de marché réalisée fin N+1, il est décidé de doubler la production de pièces fabriquées sur cette machine et de réduire de moitié la durée d'utilisation à venir, en considérant que le rythme d'utilisation continuera d'être linéaire.

Plan d'amortissement révisé

Années	PRÉVU			RÉALISÉ ET RÉVISÉ			
	Amor.	Amor. cumulés	Valeur comptable nette	Amor.	Amor. cumulés	Valeur comptable nette	
N	30 000[1]	30 000	210 000	30 000	30 000	210 000	
N+1	30 000	60 000	180 000	30 000	60 000	180 000	R
N+2	30 000	90 000	150 000	60 000[2]	120 000[3]	120 000	
N+3	30 000	120 000	120 000	60 000	180 000	60 000	
N+4	30 000	150 000	90 000	60 000	240 000	0	
N+5	30 000	180 000	60 000				
N+6	30 000	210 000	30 000				
N+7	30 000	240 000	0				

1 240 000/8

2 Durée d'utilisation réduite à 6/2 = 3 ans 180 000/3 = 60 000

3 60 000 + 60 000

Exemple 2

Thème

Le plan d'amortissement d'un matériel acquis 180 000 € HT et mis en service le 01-01-N a été établi sur les bases d'un amortissement linéaire sur 5 ans.

Le 01-01-N+2, des travaux d'un montant de 30 000 € HT sont effectués sur ce matériel pour améliorer ses conditions d'utilisation. La durée et le mode d'amortissement sont inchangés jusqu'à la fin de la durée d'utilisation.

Plan d'amortissement révisé

Années	PRÉVU				RÉALISÉ ET RÉVISÉ				
	Base amortissable	Amor.	Amor. cumulés	Valeur comptable nette	Base amortissable	Amor.	Amor. cumulés	Valeur comptable nette	
N	180 000	36 000	36 000	144 000	180 000	36 000	36 000	144 000	
N+1	180 000	36 000	72 000	108 000	180 000	36 000	72 000	108 000	R
N+2	180 000	36 000	108 000	72 000	138 000[1]	46 000[2]	118 000[3]	92 000[4]	
N+3	180 000	36 000	144 000	36 000	138 000	46 000	164 000	46 000	
N+4	180 000	36 000	180 000	0	138 000	46 000	210 000	0	

1 Nouvelle base amortissable : 108 000 + 30 000

2 138 000/3

3 72 000+ 46 000

4 138 000 – 46 000

E. Notions sur les composants

1. Définition

Il s'agit d'un *élément* d'un actif immobilisé ayant une *utilisation différente et dissociable* de celle de cet actif auquel il est rattaché.

Il faut donc prévoir, pour ce composant, *un mode et un rythme d'amortissement qui lui est propre* et qui diffère de ceux de l'actif principal.

2. Différentes catégories

On distingue :

– les éléments *destinés à être remplacés* avant la fin de la durée d'utilisation de l'immobilisation.

Exemple : les sièges d'un autocar

– les dépenses *de gros entretien*.

Exemple : les travaux de ravalement de la façade d'un immeuble.

F. La comptabilisation

1. L'enregistrement comptable

a. Principes

• L'amortissement est la constatation :

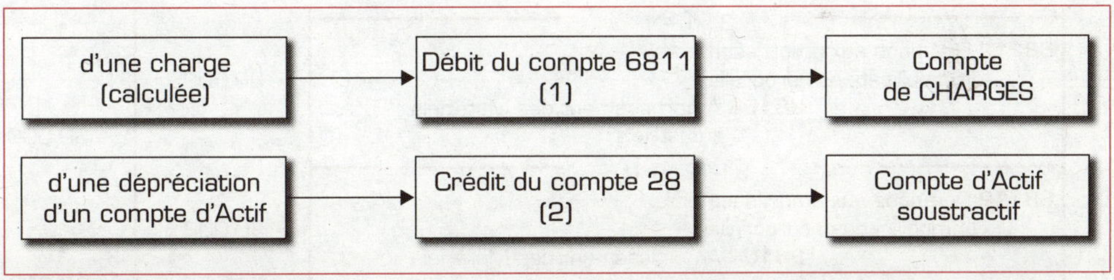

(1) **6811** Dotations aux amortissements sur immobilisations incorporelles et corporelles ou l'un des deux sous-comptes :
68111 Dotations aux amortissements – Immobilisations incorporelles
68112 Dotations aux amortissements – Immobilisations corporelles
Les dotations aux amortissements enregistrées dans ce chapitre constituent uniquement des **charges d'exploitation**, ce qui justifie l'emploi exclusif des sous-comptes de :
681 Dotations aux amortissements, aux dépréciations et aux provisions – Charges d'exploitation
(2) **28** Amortissement des immobilisations (avec le chiffre **8** en 2e position, caractéristique des amortissements)

b. Exemples

Exemple 1

Le plan d'amortissement de l'Application 2 (§ C-5-a) se traduit par les enregistrements comptables suivants :

31-12-N		
68112 Dotations aux amortissements Immobilisations corporelles	156	
28184 Amortissement du mobilier		156
31-12-N+1		
68112 Dotations aux amortissements Immobilisations corporelles	720	
28184 Amortissement du mobilier		720
31-12-N+2		
68112 Dotations aux amortissements Immobilisations corporelles	720	
28184 Amortissement du mobilier		720
etc.		
31-12-N+10		
68112 Dotations aux amortissements Immobilisations corporelles	564	
28184 Amortissement du mobilier		564

Exemple 2

Le plan d'amortissement de l'Exemple 1 (§ D-3) se traduit par les enregistrements comptables suivants :

31-12-N		
68112 Dotations aux amortissements Immobilisations corporelles	30 000	
28154 Amortissement des Matériels industriels		30 000
31-12-N+1		
68112 Dotations aux amortissements Immobilisations corporelles	30 000	
28154 Amortissement des Matériels industriels		30 000
31-12-N+2		
68112 Dotations aux amortissements Immobilisations corporelles	60 000	
28154 Amortissement des Matériels industriels		60 000
31-12-N+3		
68112 Dotations aux amortissements Immobilisations corporelles	60 000	
28154 Amortissement des Matériels industriels		60 000
31-12-N+4		
68112 Dotations aux amortissements Immobilisations corporelles	60 000	
28154 Amortissement des Matériels industriels		60 000

2. Incidence sur les documents de synthèse

En reprenant l'Exemple 2 (§ C-5-a).

Exemple

Inventaire au 31-12-N

Charges	Résultat N	Produits
....		
Dotations aux amortissements	156	
....		

Dotations de l'exercice N ← 156

Actif	**Bilan au 31-12-N**			**Passif**
......				
Mobilier de bureau	7 200	156	7 044	
......				

Inventaire au 31-12-N+1

Charges	Résultat N+1	Produits
....		
Dotations aux amortissements	720 (X)	
....		

Dotations de l'exercice N+1 ← 720 (X)

Actif	**Bilan au 31-12-N+1**			**Passif**
......				
Mobilier de bureau	7 200	876 (Y)	6 324	
......				

Valeur d'origine ← 7 200
Amortissements cumulés jusqu'au 31-12-N+1 ← 876 (Y)
Valeur nette comptable ← 6 324

Attention : ne pas confondre X et Y

Inventaire au 31-12-N+10

Charges	Résultat N+10	Produits
....		
Dotations aux amortissements	564 (X)	
....		

Dotations de l'exercice N+10 ← 564 (X)

Actif	**Bilan au 31-12-N+10**			**Passif**
......				
Mobilier de bureau	7 200	7 200	–	
......				

Valeur nette comptable = 0 ← –

Conclusion

• Une immobilisation, même totalement amortie, doit figurer au Bilan tant qu'elle reste dans le patrimoine de l'entreprise. Exemple pour N+10, le Bilan se présenterait ainsi :

Actif	Bilan au 31-12-N+10			Passif
...				
Mobilier de bureau	7 200	7 200	–	
...				

Le compte d'Immobilisation et le compte d'Amortissement correspondant seront **soldés** et cesseront d'apparaître au Bilan dans les deux cas suivants :

– cession de l'immobilisation,

– mise au rebut.

Par contre les Frais d'établissement doivent disparaître du Bilan lorsqu'ils sont totalement amortis.

Actif	Bilan au 31-12-N			Passif
...				
Frais d'établissement	64 000	64 000	–	
...				

Entraîne au Journal l'écriture suivante pour solde des *deux comptes* :

02-01-N+1		
2801 Amortissement des frais d'établissement	64 000	
201 Frais d'établissement		64 000

3. Les tableaux de l'annexe

Il s'agit de deux tableaux : le tableau des immobilisations, le tableau des amortissements, retraçant, pour un *exercice donné, l'historique* de l'ensemble des immobilisations et des amortissements correspondants.

a. Principes

▶ Le principe général

Situation au début de l'exercice	+	Modification en cours d'exercice	=	Situation en fin d'exercice

La cession des immobilisations doit être abordée dans ce chapitre, bien que son étude approfondie fasse l'objet du chapitre 19. Au niveau de notre étude, il suffit de savoir qu'une cession d'immobilisation qui correspond à une sortie de bien du patrimoine se traduit par :

– le crédit (diminution) du compte d'immobilisation pour le montant de la valeur d'origine ;

– le débit (diminution) du compte d'amortissement correspondant pour le montant cumulé des annuités à la date de la cession.

Le tableau des immobilisations

Celui-ci est tenu **en valeurs brutes**, c'est-à-dire en **valeurs d'origine** :
- pour les augmentations : *acquisitions*,
- pour les diminutions : *cessions ou mises au rebut*.

Valeur au début de l'exercice	+	Augmentations en cours d'exercice	–	Diminutions en cours d'exercice	=	Valeur à la clôture de l'exercice
A	+	**B**	–	**C**	=	**D**

Le tableau des amortissements

Amortissements cumulés au début de l'exercice	+	Augmentations dotations de l'exercice	–	Diminutions d'amortissements de l'exercice	=	Amortissements cumulés à la clôture de l'exercice
A	+	**B**	–	**C**	=	**D**

b. Présentation des Tableaux

Exemple

Thème

Une entreprise a été créée le 1er janvier N avec les immobilisations suivantes :
- des bâtiments : 1 250 000 € ;
- différents matériels de bureau : 72 800 € ;
- du mobilier de bureau : 54 600 €.

Les frais d'établissement engagés à la création de l'entreprise se sont élevés à 37 800 €.

L'entreprise a enregistré au cours de l'exercice N+1, les modifications suivantes de son actif immobilisé :
- le 30 juin : vente d'un mobilier de bureau (valeur d'origine : 15 200 €) ;
- le 12 octobre : achat d'un matériel de bureau 32 400 €.

Le montant de toutes ces immobilisations est donné HT récupérable.

Conditions d'amortissement :

Toutes les immobilisations sont amorties suivant le système de l'amortissement linéaire, correspondant à une consommation régulière des avantages économiques attendus.
- Frais d'établissement : sur 5 ans.
- Bâtiments : sur 20 ans.
- Matériel de bureau : sur 10 ans.
- Mobilier de bureau : sur 10 ans.

Calculs

Dotations aux amortissements (N)

Frais d'établissement :	37 800	×	0,20	=	7 560
Constructions :	1 250 000	×	0,05	=	62 500
Matériel de bureau :	72 800	×	0,10	=	7 280
Mobilier de bureau :	54 600	×	0,10	=	5 460

Dotations aux amortissements N+1

Frais d'établissement :	37 800 × 0,20	=		7 560
Constructions :	1 250 000 × 0,05	=		62 500
Matériel de bureau :				8 090
Ancien :	72 800 × 0,10		7 280	
Nouveau :	32 400 × 0,10 × 3/12	=	810	
Mobilier de bureau :				4 700
Conservé : (54 600 – 15 200) × 0,10		=	3 940	
Cédé :	15 200 × 0,10 × 1/2	=	760	

Amortissements pratiqués sur le montant de l'immobilisation cédée de la date d'acquisition à la date de cession :

15 200 × 0,10 × 1,5 = 2 280

Tableau des immobilisations (exercice N+1)

Rubriques	Situations et mouvements			
	A	B	C	D
	Valeur brute à l'ouverture	Augmentations de l'exercice	Diminutions de l'exercice	Valeur brute à la clôture
Immobilisations incorporelles	37 800	–	–	37 800
Immobilisations corporelles	1 377 400[1]	32 400	15 200	1 394 600
Immobilisations financières	–	–	–	–
TOTAL	1 415 200	32 400	15 200	1 432 400

[1] – Constructions :	1 250 000
– Matériels de bureau :	72 800
– Mobilier de bureau :	54 600
	1 377 400

Tableau des amortissements (exercice N+1)

Rubriques	Situations et mouvements			
	A	B	C	D
	Amor. cumulés à l'ouverture de l'exercice	Augmentations	Diminutions	Amor. cumulés à la clôture de l'exercice
Immobilisations incorporelles	7 560	7 560	–	15 120
Immobilisations corporelles	75 240[1]	75 290[2]	2 280	148 250
Immobilisations financières	–	–	–	–
TOTAL	82 800	82 850	2 280	163 370

[1] – Amortissements des constructions :	62 500
– Amortissements du mobilier de bureau :	5 460
– Amortissement des matériels de bureau :	7 280
	75 240
[2] – Dotations aux amortissements des constructions :	62 500
– Dotations aux amortissements des matériels de bureau :	8 090
– Dotations aux amortissements du mobilier de bureau :	4 700
	75 290

c. Développement des Tableaux

Le cadre général utilisé ci-dessus peut être aménagé dans le but de fournir des informations plus détaillées.

- Développement des rubriques

Les rubriques peuvent être développées en utilisant les comptes à trois chiffres du PCG.

Exemple : immobilisations corporelles : constructions, installations techniques, matériels et outillages industriels, autres immobilisations corporelles.

- Développement des colonnes

Exemple : pour le tableau des immobilisations : colonne B (augmentation) : acquisitions, apports, créations.

4. La comptabilisation des composants

Cette question sera abordée à travers un exemple d'application.

Exemple

Thème

– Le 01-01-N, l'entreprise de transport de personnes TRANSOCEAN fait l'acquisition d'un autocar pour un coût de :
Autocar (sans aménagements intérieurs) 120 000 € HT.
Aménagements intérieurs 9 000 € HT.
– Le règlement au comptant s'effectue par chèque bancaire.
– On prévoit pour l'autocar une durée d'utilisation de 6 ans (valeur résiduelle nulle), mais les aménagements intérieurs devraient être remplacés tous les 3 ans. Les éléments remplacés seront mis au rebut sans valeur résiduelle. On choisit le système d'amortissement linéaire conforme au rythme régulier de la consommation des avantages économiques attendus.
– Le 01-01-N+3 : remplacement des aménagements intérieurs pour un coût de 12 000 € HT.

Plan d'amortissement (après remplacement des aménagements intérieurs)

Années	Autocar (hors aménagements intérieurs)			Aménagements intérieurs			Total des dotations
	Base amortissable	Dotation	Valeur nette comptable	Base amortissable	Dotation	Valeur nette comptable	
N	**120 000**	**20 000**	**100 000**	**9 000**	**3 000**	**6 000**	**23 000**
N+1	120 000	20 000	80 000	9 000	3 000	3 000	23 000
N+2	120 000	20 000	60 000	9 000	3 000	–	23 000
N+3	120 000	20 000	40 000	12 000	4 000	8 000	24 000
N+4	120 000	20 000	20 000	12 000	4 000	4 000	24 000
N+5	120 000	20 000	–	12 000	4 000	–	24 000

Enregistrements comptables

	Débit	Crédit
01-01-N		
2182 Matériel de transport		
120 000 + 9 000	129 000	
44562 TVA déd. sur immobilisations		
129 000 × 0,196	25 284	
512 Banque		154 284
31-12-N		
68112 Dotations aux amortissements sur immobilisations corporelles	23 000	
28182 Amortissement du Matériel de transport		
20 000 + 3 000		23 000
31-12-N+1		
68112 Dotations aux amortissements sur immobilisations corporelles	23 000	
28182 Amortissement du Matériel de transport		23 000
20 000 + 3 000		
31-12-N+2		
68112 Dotations aux amortissements sur immobilisations corporelles	23 000	
28182 Amortissement du Matériel de transport		23 000
20 000 + 3 000		
01-01-N+3		
2182 Matériel de transport	12 000	
44562 TVA déd. sur immobilisations		
12 000 × 0,196	2 352	
512 Banque		14 352
31-12-N+3		
68112 Dotations aux amortissements sur immobilisations corporelles	24 000	
28182 Amortissement du Matériel de transport		
20 000 + 4 000		24 000
31-12-N+4		
68112 Dotations aux amortissements sur immobilisations corporelles	24 000	
28182 Amortissement du Matériel de transport		
20 000 + 4 000		24 000
01-01-N+5		
68112 Dotations aux amortissements sur immobilisations corporelles	24 000	
28182 Amortissement du Matériel de transport		
20 000 + 4 000		24 000

Incidence sur le bilan

Bilan au 31-12-N+5

.....			
Matériel de transport	141 000	141 000	-
.....			

Remarque. On aurait pu utiliser deux sous comptes pour individualiser chacun des comptes **2182** et **28182** :
21821 Matériel de transport (autocar sans aménagements intérieurs)
21822 Matériel de transport (aménagements intérieurs)
281821 Amortissement du Matériel de transport (autocar sans aménagements intérieurs)
281822 Amortissement du Matériel de transport (aménagements intérieurs)
Dans cette hypothèse, il eût fallu passer l'enregistrement comptable suivant *pour solder les comptes concernant les aménagements intérieurs mis au rebut.*

31-12-N+2		
281822 Amortissement du Matériel de transport (aménagements intérieurs)	9 000	
21822 Matériel de transport (aménagement intérieurs)		9 000

5. Conclusion générale

L'enregistrement comptable des amortissements se traduit par des informations portées au compte **Résultat**, au **Bilan**, à **l'Annexe**. Ces informations se *complètent et se recoupent* comme le met en évidence le schéma ci-dessous, illustré par un exemple :

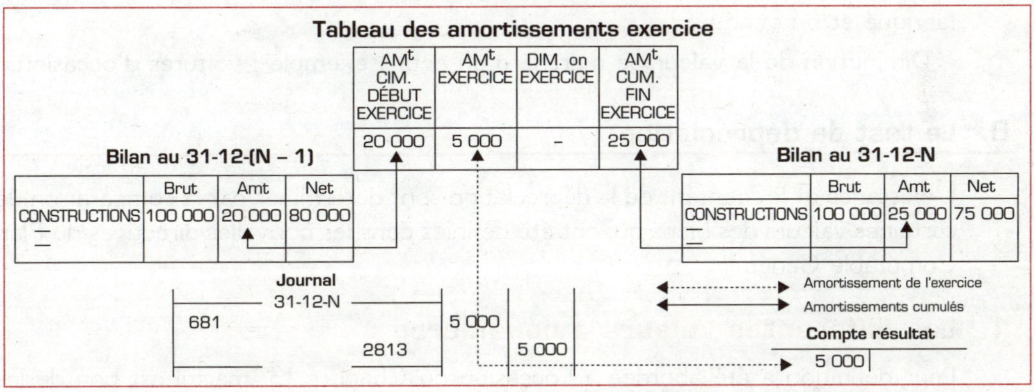

2 Les dépréciations

Dans le règlement comptable 2002.10 ont été prévues des dispositions concernant les dépréciations éventuelles des actifs immobilisés, leur suivi et leur comptabilisation ; à la fin de l'exercice, il est nécessaire, en plus des amortissements pratiqués, et pour chaque immobilisation :

– de rechercher s'il existe un *indice quelconque* qui mettrait en évidence une perte de valeur de l'actif considéré ;

– de mettre en œuvre, dans ce cas, un *test de dépréciation* déterminant l'existence et le montant de la dépréciation à retenir.

A. Les indices de perte de valeur

On doit considérer deux types d'indice : ceux *internes* à l'entreprise et ceux qui sont externes.

1. Les indices internes

– Modification importante dans le mode d'utilisation ; exemple : restructuration du marché de l'entreprise entraînant une utilisation moindre d'un certain type de matériel.

– Facteur d'obsolescence qui n'a pas été pris en compte au niveau de l'amortissement.

– Dégradation physique de toute nature : avaries, défauts graves et récurrents dans le fonctionnement.

– Performance inférieure à celle initialement prévue.

2. Les indices externes

– Toute cause macroéconomique (niveau de vie, structure et habitudes de consommation) entraînant une baisse significative de la consommation du produit fabriqué et/ou vendu.

– Diminution de la valeur de marché d'un actif ; exemple : voitures d'occasion.

B. Le test de dépréciation

L'existence et le montant de la dépréciation sont déterminés par la comparaison de certaines valeurs des biens qui ont été définies dans les nouvelles directives du Plan Comptable Général.

1. Les différentes valeurs à considérer

Leur définition a été abordée à l'occasion du Chapitre 13, mais il est bon de les rappeler, ne serait-ce que pour les préciser.

a. La valeur nette comptable (VNC)

La valeur nette comptable d'un actif est égale à sa valeur d'origine (ou valeur brute) diminuée des amortissements pratiqués et les dépréciations constituées.

b. La valeur vénale (VV)

La valeur vénale est le montant que l'on peut espérer obtenir de la cession du bien, dans les conditions actuelles du marché, déduction faire des coûts de sortie externes et internes.

c. La valeur d'usage (VU)

La valeur d'usage est la valeur des avantages économiques futurs que l'on attend de l'utilisation du bien. Elle peut s'évaluer à partir de la prévision des flux nets de trésorerie générés par cet actif au cours de son utilisation et/ou à l'occasion de sa sortie du patrimoine.

Remarque. Il y a lieu, bien entendu, d'actualiser ces flux nets pour les évaluer à la date de constitution de la dépréciation.

d. La valeur actuelle (VA)

C'est la valeur *la plus élevée* des deux valeurs : valeur vénale et valeur d'usage.

2. Le processus de la détermination de la dépréciation

a. Le principe

Il y a lieu de constituer une provision quand :

Valeur actuelle < Valeur nette comptable

avec

Dépréciation = Valeur nette comptable – Valeur actuelle

La valeur nette comptable est connue (comptes de l'entreprise). Mais il reste, en principe, à déterminer la *valeur actuelle*, et pour cela.

– la *valeur vénale*
et
– la *valeur d'usage*
} afin de retenir *la plus élevée de ces deux valeurs*

Une analyse logique nous conduit à simplifier la procédure de recherche et de détermination d'une éventuelle dépréciation. En particulier, dans certains cas, *on peut éviter de calculer la valeur d'usage*, généralement la plus complexe à évaluer. Il suffit, pour cela, d'utiliser l'organigramme suivant :

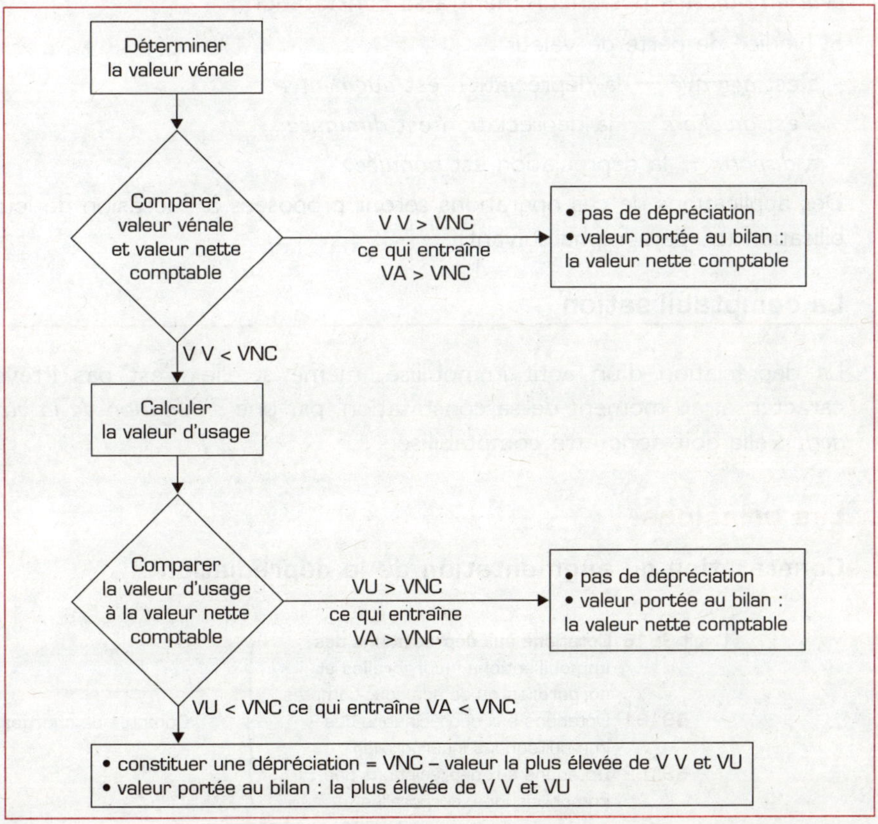

b. Exemples

- **Cas nº 1 :** V V = 200 VNC = 180

Inutile de calculer la valeur d'usage.

Pas de dépréciation.

Retenir au bilan la valeur nette comptable = 180

- **Cas nº 2 :** V V = 400 VU = 600 VNC = 450

Pas de dépréciation.

Retenir au bilan la valeur nette comptable = 450

- **Cas nº 3 :** V V = 1 200 VU = 1 000 VNC = 1 400

Dépréciation : 1 400 – 1 200 = 200

Retenir au bilan la valeur actuelle (ici la VV) = 1 200

- **Cas nº 4 :** V V = 1 500 VU = 1 800 VNC = 1 900

Dépréciation : 1 900 – 1 800 = 100

Retenir au bilan la valeur actuelle (ici la VU) = 1 800

3. Le suivi des dépréciations

Suivant l'évolution de l'indice de perte de valeur de l'actif immobilisé, la dépréciation *peut être ajustée* postérieurement à sa constatation.

Si l'indice de perte de valeur :

– s'est *aggravé* → la dépréciation est *augmentée*,

– s'est *amélioré* → la dépréciation est *diminuée*,

– a *disparu* → la dépréciation est *annulée*.

Des applications de ces opérations seront proposées à l'occasion de leur comptabilisation (*cf.* paragraphe suivant).

C. La comptabilisation

La dépréciation d'un actif immobilisé, même si elle n'est pas irréversible, se caractérise, au moment de sa constatation, par une *diminution de la valeur de cet actif* : elle doit donc être comptabilisée.

1. Les principes

a. Constatation ou augmentation de la dépréciation

Débit 6816	**Dotations aux dépréciations des immobilisations incorporelles et corporelles** ou de ses sous-comptes	Comptes de **charges**
68161	Dotations aux dépréciations des immobilisations incorporelles	
68162	Dotations aux dépréciations des immobilisations corporelles	

Crédit de 29 Dépréciations des immobilisations ou de ses sous-comptes (et de leurs ventilations) 290 Dépréciation des immob. incorporelles 291 Dépréciation des immob. corporelles	}	Comptes **d'actif soustractif** (chiffre **9** en 2e position caractéristique des dépréciations)

b. Diminution ou annulation d'une dépréciation

Débit de 29 ou de ses sous-comptes (290-291)	}	**Diminution de la dépréciation**
Crédit de 7816 Reprises sur dépréciations des immobilisations incorporelles et corporelles ou de ses sous-comptes 78161 Reprises sur dépréciations des immobilisations incorporelles 78162 Reprises sur dépréciations des immobilisations corporelles	}	Comptes de **produits**

Remarque. C'est à partir du 1er janvier 2005 que la terminologie du Plan Comptable Général a été modifiée :
« Dotations aux provisions pour dépréciations des immobilisations ».
« Reprises sur provisions pour dépréciations des immobilisations » ont été remplacées par :
« *Dotations aux dépréciations* des immobilisations ».
« *Reprises sur dépréciations* des immobilisations ».

2. Exemple

▶ Thème

Soient les opérations suivantes concernant le matériel industriel d'une entreprise :

– 01-07-N : Acquisition d'une machine-outil A : 120 000 € HT.

– 01-10-N : Acquisition d'une machine-outil B : 300 000 € HT.

– 31-12-N+1 : modification de la structure du marché de l'entreprise entraînant une perte d'utilité de la machine A qui doit être dépréciée de 40 % de sa valeur d'origine.

– 31-12-N+2 : dégradation physique de la machine B conduisant à la déprécier de 20 % de sa valeur d'origine. Par contre, la perte d'utilité de la machine A a été surestimée : la dépréciation constatée le 31-12-N+1 est ramenée à 30 % de la valeur d'origine de l'actif.

– Au cours du traitement comptable ci-dessous, il sera uniquement tenu compte des dépréciations et de leur suivi, à l'exclusion des amortissements relatifs à ces immobilisations.

Enregistrements comptables

		Débit	Crédit
	01-07-N		
2154 Matériel industriel		120 000	
44562 TVA déd. sur immobilisations		23 520	
	404 Fournisseurs d'immobilisations		143 520
	01-10-N		
2154 Matériel industriel		300 000	
44562 TVA déd sur immobilisations		58 800	
	404 Fournisseurs d'immobilisations		358 800
	31-12-N+1		
68162 Dotations aux dépréciations des immobilisations corporelles		48 000	
	29154 Dépréciations du matériel industriel		48 000
Machine A : 120 000 × 0,40			
	31-12-N+2		
68162 Dotations aux dépréciations des immobilisations corporelles		60 000	
	29154 Dépréciations du matériel industriel		60 000
Machine B : 300 000 × 0,20			
	d°		
29154 Dépréciations du matériel industriel		12 000	
	78162 Reprises sur dépréc. du matériel industriel		12 000
Machine A : 120 000 (0,40 – 0,30)			

Tableau des dépréciations

Il est de même structure que le tableau des amortissements présenté dans la première partie du chapitre.

Tableau des dépréciations au 31-12-N+2

Rubriques	Situations et mouvements			
	A Dépréciations au début de l'exercice	B Augmentations Dotations de l'exercice	C Diminutions Reprises de l'exercice	D Dépréciations à la fin de l'exercice
… Matériel industriel …	48 000	60 000	12 000	96 000 [1]
Total	48 000	60 000	12 000	96 000

[1] A + B – C = 48 000 + 60 000 – 12 000 = 96 000

Dépréciations des machines au 31-12-N+2 :

Machine A : 48 000 – 12 000 = 36 000

Machine B : = 60 000

96 000

D. Les dépréciations et le plan d'amortissement

1. Le principe

• La constatation d'une dépréciation et sa reprise éventuelle *modifient la valeur nette comptable* de l'immobilisation, donc la *base amortissable* pour les amortissements restant à effectuer :

– la constatation → diminution de la base amortissable,

– la reprise → augmentation de la base amortissable.

• Il y a donc lieu, à l'occasion de chaque opération de ce type, de *modifier le plan d'amortissement initialement prévu selon les dispositions du règlement* comptable 2002.10.

2. Exemples

Dans les deux exemples qui sont présentés en application, on admettra que la valeur résiduelle de chaque immobilisation considérée est nulle.

Exemple 1

Thème

Une immobilisation a été acquise le 01-01-N à un coût de 36 000 € HT. La consommation des avantages économiques attendus étant régulière, il a été initialement prévu un amortissement linéaire sur 8 ans.

Le 31-12-N+3, on considère que cette immobilisation est dépréciée de 20 % de sa valeur d'acquisition. On maintient la même durée et le même mode d'amortissement jusqu'à la fin de l'utilisation.

Plan d'amortissement révisé

Années	PRÉVU				RÉALISÉ ET RÉVISÉ				
	Base amortissable	Amor.	Amor. cumulés	Valeur comptable nette	Dépréc.	Base amortissable	Amor.	Amor. cumulés	Valeur comptable nette
N	36 000	4 500[1]	4 500	31 500		36 000	4 500	4 500	31 500
N+1	36 000	4 500	9 000	27 000		36 000	4 500	9 000	27 000
N+2	36 000	4 500	13 500	22 500		36 000	4 500	13 500	22 500
N+3	36 000	4 500	18 000	18 000	7 200[2]	36 000	4 500	18 000	10 800[3]
N+4	36 000	4 500	22 500	13 500		10 800[3]	2 700[4]	20 700[5]	8 100[6]
N+5	36 000	4 500	27 000	9 000		10 800	2 700	23 400	5 400
N+6	36 000	4 500	31 500	4 500		10 800	2 700	26 100	2 700
N+7	36 000	4 500	36 000	0		10 800	2 700	28 800	0

1 36 000/8 = 4 500

2 36 000 × 0,20 = 7 200

3 Base amortissable pour N+4 = Valeur comptable nette au 31-12-N+3, c'est-à-dire, la valeur à amortir pour la partie révisé du plan
= VCN au 31-12-N+2 – Amortissement N+3 – Dépréciation
= 22 500 – 4 500 – 7 200 = 10 800

4 10 800/4 = 2 700

5 18 000 + 2 700 = 20 700

6 10 800 – 2 700 = 8 100

Exemple 2

Thème

Un camion semi-remorque est acquis par une entreprise de transport le 01-01-N. Coût d'acquisition : 360 000 € HT. Le plan d'amortissement initial est établi suivant le mode linéaire sur la base d'une utilisation régulière totale de 240 000 km à répartir sur 6 ans.

– Le 01-01-N+1 : l'extension de la zone d'utilisation de ce camion conduit l'entreprise à réviser ses prévisions et de les porter à 50 000 km par an, la capacité totale d'utilisation restant la même.

– Le 31-12-N+2 : la constatation de certaines détériorations sur le véhicule dues à la cadence accélérée de son utilisation incite l'entreprise à le déprécier de 20 % de son coût d'acquisition. Pour tenir compte de contraintes techniques et commerciales, il est néanmoins décidé de maintenir le même rythme d'utilisation.

Plan d'amortissement révisé (après les deux révisions)

Années	PRÉVU				RÉALISÉ ET RÉVISÉ					
	Base amortissable	Amor.	Amor. cumulés	Valeur comptable nette	Dépréc.	Base amortissable	Amor.	Amor. cumulés	Valeur comptable nette	
N	360 000	60 000[1]	60 000	300 000		360 000	60 000	60 000	300 000	
N+1	360 000	60 000	120 000	240 000		300 000	75 000[3]	135 000	225 000	R1
N+2	360 000	60 000	180 000	180 000	72 000[2]	300 000	75 000	210 000	78 000	
N+3	360 000	60 000	240 000	120 000		78 000[4]	39 000	249 000	39 000	R2
N+4	360 000	60 000	300 000	60 000		78 000	39 000	288 000	0	
N+5	360 000	60 000	360 000	0						

[1] Utilisation annuelle : 240 000/6 = 40 000 km
360 000/240 000 = 1,50 € par km
Amortissement annuel : 40 000 × 1,50 = 60 000 ou plus simplement : consommation régulière sur 6 ans = 360 000/6 = 60 000

[2] Dépréciation : 360 000 × 0,20 = 72 000

[3] Utilisation restante : 240 000 – 40 000 = 200 000 km pour une durée de 200 000/50 000 = 4 ans
Reste à amortir (VCN au 31-12-N) : 300 000
Amortissement annuel : 300 000/4 = 75 000
ou plus simplement 50 000 × 1,50 = 75 000

[4] Valeur comptable nette au 31-12-N+2 et Base amortissable pour N+3 et N+4
= VCN au 31-12-N+1 – Amortissement N+2 – Dépréciation
= 225 000 – 75 0000 – 72 000 = 78 000.

3. Cas particulier : limitation de la reprise

a. Le problème posé

La reprise d'une dépréciation ne peut amener la valeur nette comptable à un niveau supérieur à celui qui aurait été atteint en tenant compte uniquement du plan d'amortissement initial non affecté par la dépréciation (disposition du règlement 2002.10).

b. Exemple

▶ Thème

– 01-01-N : acquisition d'un matériel 120 000 € HT ; amortissement linéaire sur 5 ans.

– 31-12-N+1 : dépréciation de 30 000 €.

– 31-12-N+2 : reprise prévue de 25 000 €.

▶ Calculs préalables

Il faut déterminer la valeur nette comptable au 31-12-N+2.

– Sans tenir compte de la dépréciation du 31-12-N+1

120 000 – (3 x 24 000) = **48 000**

amortissements N, N+1, N+2 : 120 000/5

– En tenant compte de la dépréciation du 31-12-N+1

valeur d'origine	120 000
amortissement N	– 24 000
amortissement N+1	– 24 000
dépréciation du 31-12-N+1	– 30 000
valeur nette comptable (nouvelle base amortissable)	42 000
amortissement N+2	– 14 000
reprise éventuelle au 31-12-N+2	+ 25 000
valeur nette comptable	**53 000**

53 000 > 48 000

▶ Conclusion

Cette valeur nette comptable (53 000) est supérieure de 5 000 à celle qui est admise (48 000), ce qui limite la reprise à 25 000 – 5 000 = 20 000.

À RETENIR

• « L'amortissement est **la constatation comptable d'un amoindrissement de la valeur d'un élément d'actif** résultant de l'usage, du temps, de changement de technique et de toute autre cause » PCG.

• Base amortissable = Valeur brute hors taxes récupérables – Valeur résiduelle.

• Les modalités de calcul relèvent, depuis le règlement comptable 2002.10, de la **mesure de la consommation des avantages économiques attendus de l'actif amorti** ou encore, par défaut du :

– système de **l'amortissement constant** ou linéaire ; le taux d'amortissement est appliqué à la valeur d'origine ou base amortissable ;

– système de **l'amortissement dégressif** pour bénéficier d'un avantage fiscal ; le taux (taux amortissement linéaire × coefficient fiscal) est appliqué à la valeur comptable nette.

• La prévision des amortissements d'une immobilisation se traduit par l'élaboration d'un **plan d'amortissement** qui peut être **révisé** à tout moment, à cause d'une modification de la durée d'utilisation prévue ou du montant de la base amortissable.

• À chaque élément d'actif **dissociable (composants)** correspond un plan d'amortissement pour chaque composant.

• La comptabilisation d'un amortissement se traduit par :

– le **débit** d'un compte de **charges** : **6811**. Dotations aux amortissements sur immobilisations incorporelles et corporelles (ou de ses sous comptes).

– le **crédit** d'un **compte d'actif soustractif** : **28** Amortissements des immobilisations (ou de ses sous-comptes).

------ ➤

• Une dépréciation est la ***constatation comptable de la baisse (non irréversible)*** de la valeur d'un élément d'actif dû à un événement exceptionnel : dégradation physique, obsolence qui n'a pas été pris en compte au niveau de l'amortissement.

• **Dépréciation = Valeur nette comptable – Valeur actuelle**

avec valeur actuelle = la plus élevée des deux valeurs : valeur vénale et valeur d'usage.

• La constatation d'une **dépréciation** modifie la valeur nette comptable, donc la base amortissable, ce qui nécessite une **révision du plan d'amortissement**.

• Une dépréciation qui n'est plus justifiée ou qui semble surévaluée doit être supprimée ou diminuée, c'est-à-dire **reprise**,

• La comptabilisation d'une dépréciation se traduit par :

– le **débit** d'un compte de **charges** : **6816** Dotations aux dépréciations des immobilisations incorporelles et corporelles (ou de ses sous-comptes).

– le **crédit** d'un **compte d'actif soustractif** : **29** Dépréciation des immobilisations (ou de ses sous-comptes).

Les conseils

1➤ Bien noter le caractère irréversible de l'amortissement.

2➤ Retenir l'expression « charges calculées » qui sera très importante dans la suite du cours, en particulier pour la détermination de la Capacité d'autofinancement.

3➤ Noter qu'une voiture de tourisme est amortie sur le coût d'acquisition TTC.

4➤ S'habituer au fait que le procédé de l'amortissement dégressif n'est plus qu'une option pour bénéficier de l'avantage fiscal correspondant.

5➤ Connaître parfaitement la structure d'un plan d'amortissement.

6➤ Noter la différence fondamentale entre les comptes :

– **6811** Dotations aux amortissements d'immobilisations → compte de Charges correspond à la dotation de l'année → compte Résultat.

– **28**... Amortissement des immobilisations → compte d'Actif soustractif correspond au montant des amortissements cumulés → Bilan.

7➤ Dans la numérotation des comptes du PCG, remarquer que le chiffre **8** en deuxième position est spécifique d'un compte d'amortissement.

8➤ Sauf pour les Frais d'établissement, maintenir au Bilan la valeur d'une immobilisation totalement amortie et le montant des amortissements correspondants tant que cette immobilisation n'est pas sortie du patrimoine de l'entreprise.

9➤ Le Tableau des Immobilisations est tenu en valeurs d'origine ; remarque particulièrement importante au niveau des diminutions : une cession y est enregistrée pour sa valeur d'origine (et non sa valeur de cession).

10➤ Au Tableau des Amortissements, le montant des amortissements pratiqués sur les immobilisations cédées figure en Diminutions.

11➤ Bien comprendre l'enchaînement et la complémentarité des opérations d'amortissement au niveau des documents comptables :

– au Journal : l'écriture constatant la dotation de l'exercice,

– au compte Résultat : la charge correspondant à la dotation de l'exercice,

– au Bilan : en Actif soustractif, le montant des amortissements cumulés,

– dans les Tableaux de l'Annexe : historique de l'exercice en matière d'immobilisations et d'amortissements.

12➤ Bien comprendre les causes de la révision d'un plan d'amortissement et bien maîtriser les mécanismes de calcul qui conduisent au plan révisé.

13➤ Comprendre et retenir les définitions des différentes valeurs d'un bien d'actif immobilisé : valeur nette comptable, valeur actuelle, valeur vénale, valeur d'usage.

14➤ Quand une dépréciation est :

– constatée ou augmentée : débit de **6816** (ou de ses sous-comptes **68161** et **68162**),

– diminuée ou annulée : crédit de **7816** (ou de ses sous-comptes **78161** et **78162**).

15➤ Bien noter que, dans le Plan comptable général actualisé, la terminologie des comptes :

– **290** Provision pour dépréciations des immobilisations incorporelles.

– **291** Provision pour dépréciations des immobilisations corporelles

est remplacée par :

– **290** Dépréciations des immobilisations incorporelles.

– **291** Dépréciations des immobilisations corporelles.

16➤ Remarquer le chiffre **9** en deuxième position pour identifier un compte de dépréciation.

290 Dépréciations…

17➤ Bien comprendre qu'une dépréciation modifie la valeur nette comptable d'une immobilisation, donc sa valeur amortissable et que s'impose alors une révision du plan d'amortissement dont il faut savoir maîtriser le mécanisme.

18➤ Attention à la limitation du montant d'une reprise au cas où la valeur nette comptable serait supérieure à la valeur nette comptable qui résulterait du calcul en excluant la dépréciation initiale.

3 ▶ Applications

VRAI/FAUX

Les affirmations suivantes sont-elles vraies ou fausses ?

1. L'amortissement constate une dépréciation irréversible. Vrai Faux

2. Les frais d'établissement ne s'amortissent pas. Vrai Faux

3. À la fin de la durée d'utilisation d'une immobilisation, on a : Valeur d'origine = Somme des valeurs nettes comptables. Vrai Faux

4. La base d'amortissement d'un véhicule de tourisme est égale au coût d'achat TTC. Vrai Faux

5. On peut établir le plan d'amortissement d'une machine en utilisant le nombre de pièces produites. Vrai Faux

6. Une modification du système de production n'entraîne pas la révision du plan d'amortissement de la machine correspondante. Vrai Faux

7. Un camion acheté d'occasion peut être amorti suivant le système de l'amortissement dégressif. Vrai Faux

8. Une immobilisation acquise en cours d'exercice et utilisable pendant 8 ans est amortie sur 8 exercices selon le procédé de l'amortissement linéaire. Vrai Faux

9. Dans le système de l'amortissement linéaire, la première annuité est réduite, au prorata du temps, à la durée en jours qui s'écoule de la date d'acquisition à la date de clôture de l'exercice. Vrai Faux

10. Pour une durée d'utilisation de 5 ans, le taux d'amortissement dégressif est de 20 %. Vrai Faux

11. Base amortissable = Valeur d'origine + Valeur résiduelle. Vrai Faux

12. Un compte **28** est un compte d'actif soustractif. Vrai Faux

13. Il n'existe pas de compte Amortissement des charges à répartir. Vrai Faux

14. Le compte correspondant à une immobilisation corporelle totalement amortie, mais faisant encore partie du patrimoine de l'entreprise doit disparaître du bilan. Vrai Faux

15. Le compte **201** Frais d'établissement, totalement amorti, doit disparaître du bilan. Vrai Faux

16. Dans le tableau des immobilisations, la diminution provenant d'une cession d'immobilisation est enregistrée au prix de cession de l'immobilisation. Vrai Faux

17. Il doit y avoir correspondance entre les informations de la colonne D du tableau des amortissements de l'exercice N-1 et les amortissements cumulés portés au bilan au 31-12-N. Vrai Faux

18. La valeur actuelle d'un bien immobilisé est la plus faible des deux valeurs : valeur vénale et valeur d'usage. Vrai Faux

19. Dépréciation = valeur actuelle – valeur nette comptable. Vrai Faux

20. Le compte **7816** Reprise sur dépréciation des immobilisations est un compte de charges. Vrai Faux

21. Une dépréciation modifie le plan d'amortissement initial. Vrai Faux

22. Le montant d'une reprise consécutive à une dépréciation est toujours admis. Vrai Faux

23. Pour un bien d'actif immobilisé, on a : Vrai Faux
Valeur nette comptable (VNC) = valeur d'origine + dépréciation – reprise. Vrai Faux

▶ **Traiter les exercices d'entraînement suivants, en considérant que, sauf indications contraires :**

– l'entreprise a un prorata de TVA de 100 % ;

– l'exercice comptable coïncide avec l'année civile ;

– les immobilisations sont assujetties au taux normal de TVA, de 19,60 % ;

– les coefficients fiscaux à appliquer correspondent à des biens acquis après le 01-01-2001 (soit 1,25 – 1,75, – 2,25).

– en matière d'amortissement linéaire, la consommation des avantages économiques attendus est considérée comme régulière durant toute la durée d'utilisation.

EXERCICE 15.01

Répondre aux questions suivantes :

1. Expliquer : pourquoi une dotation est appelée « charge calculée » ?

2. Déterminer la base d'amortissement :

- d'un camion acquis : 121 992 € TTC ;
- d'une voiture de tourisme acquise : 17 940 € TTC ;
- d'une machine-outil acquise : 75 000 € HT, prorata de TVA de 80 %.

3. Citer des biens qui peuvent être amortis suivant le procédé de l'amortissement dégressif.

4. À quels taux d'amortissement linéaire correspondent les durées d'utilisation suivantes : 4 ans ; 6 ans ; 8 ans ; 10 ans ; 25 ans.

5. À quelles durées d'utilisation correspondent les taux d'amortissement linéaire suivants : 5 % ; 8 % ; 12 % ; 331/3 %.

6. Une machine-outil acquise 150 000 € HT sera utilisée pour une production de 20 000 pièces au cours de l'année N, et 10 000 pièces au cours de chacune des trois années suivantes.

Déterminer le montant de l'amortissement en N, N+1, N+2, N+3.

7. Un matériel industriel acquis 144 000 € HT le 3 novembre N est mis en service le 12 novembre N. Sa durée probable d'utilisation est de 10 ans.
Quel est le montant de la première annuité :
- en appliquant le système d'amortissement linéaire ;
- en appliquant le système d'amortissement dégressif.

8. Un matériel est acquis au cours de l'exercice N. Sa durée d'utilisation est de 5 ans.
Quel sera le dernier exercice au cours duquel ce matériel sera totalement amorti :
- en appliquant le système d'amortissement linéaire ;
- en appliquant le système d'amortissement dégressif.

9. Extrait du Bilan au 31-12-N :

Matériel de transport	1 650 000	420 000	1 230 000

La dotation annuelle de l'exercice N+1 est de 348 000. Il n'y a eu ni cession, ni acquisition au cours de l'exercice N+1.
Présenter le poste Matériel de transport au bilan au 31-12-N+1.

10. On extrait les renseignements suivants du tableau des immobilisations au 31-12-N :
- valeur au début de l'exercice 1 880 000 ;
- cession en cours d'exercice 340 000 ;
- valeur à la clôture de l'exercice 1 970 000.

Quel est le montant des acquisitions au cours de l'exercice N ?

11. On extrait les renseignements suivants du tableau des amortissements au 31-12-N :
- amortissements cumulés au début de l'exercice 452 000 ;
- dotation de l'exercice 89 000 ;
- amortissements cumulés à la fin de l'exercice 476 000.

Quel est le montant des amortissements cumulés des immobilisations cédées ?

EXERCICE 15.02

Thème : Plan d'amortissement linéaire

Une entreprise a fait l'acquisition de divers mobiliers de bureau aux conditions suivantes :
- date d'acquisition : 15 septembre N,
- date de mise en service : 18 septembre N,
- coût d'acquisition : 32 292 € TTC.

Sa durée d'utilisation est de 10 ans.

Travail à faire

Présenter le plan d'amortissement de cette immobilisation établi suivant le système de l'amortissement linéaire.

exos

EXERCICE 15.03

Thème : Plan d'amortissement dégressif (fiscal)

Une entreprise a fait l'acquisition de divers matériels industriels aux conditions suivantes :

- date d'acquisition : 19 mars N,
- date de mise en service : 24 mars N,
- coût d'acquisition : 645 206,58 € TTC,
- leur durée d'utilisation est de 5 ans.

L'entreprise applique un prorata de TVA de 90 %.

Travail à faire

Présenter le plan d'amortissement de cette immobilisation établi suivant le système de l'amortissement dégressif. Les calculs seront arrondis à l'euro près.

EXERCICE 15.04

Thème : Base amortissable ; valeur résiduelle, unites de production ; plan d'amortissement

L'entreprise METALOCEAN a fait l'acquisition d'un camion le 01-01-N ; prix d'acquisition 215 280 TTC.

Ce camion sera amorti en 5 ans suivant le nombre de kilomètres parcourus :

- 60 000 km par an au cours des trois premières années,
- 10 000 km par an au cours des deux dernières années.

Le prix de cession de ce camion au terme des 5 ans d'utilisation est estimé à 15 % de sa valeur d'origine ; coût de sortie : 30 % du prix de cession.

Travail à faire

1. Déterminer le montant de la base amortissable.

2. Présenter le plan d'amortissement.

EXERCICE 15.05

Thème : Changement de rythme d'utilisation entraînant la révision du plan d'amortissement

Début N, une entreprise fait l'acquisition (coût d'acquisition : 120 000 € HT) d'une machine-outil dans l'objectif de produire 10 000 pièces par an pendant 5 ans. Une étude de marché réalisée fin N conduit à modifier les prévisions de production.

Travail à faire

Présenter le plan d'amortissement révisé dans les deux cas suivants :

1. **Il est prévu de produire 20 000 pièces par an.**
2. **Il est prévu de produire 5 000 pièces par an.**

exos

EXERCICE 15.06

Thème : Amortissements et dépréciation ; plan d'amortissement révisé ; comptabilisation ; extrait de bilan

L'entreprise METALADOUR fait l'acquisition le 01-01-N d'une machine-outil pour 120 000 € HT ; amortissement linéaire sur 5 ans correspondant à la consommation des avantages économiques attendus.

Le 31-12-N+2, on constate une dépréciation de cette machine égale à 25 % de sa valeur d'origine, mais on décide de conserver les conditions d'amortissement inchangé.

Travail à faire

1. **Présenter le plan d'amortissement révisé au 31-12-N+2.**
2. **Enregistrer les opérations nécessaires relatives à cette machine le 31-12-N ; le 31-12-N+1 ; le 31-12-N+2.**
3. **Présenter l'extrait de bilan au 31-12-N+2 concernant cette machine.**

Téléchargez gratuitement tous les corrigés des exercices, ainsi que les exercices complémentaires sur le site Internet : www.expertisecomptable-foucher.com

La dépréciation des autres éléments d'actif

CHAPITRE 16

Plan

▶ En fin d'exercice, la perte de valeur des *immobilisations* est constatée par des amortissements ou par des dépréciations, parfois par les deux à la fois.

La perte de valeur **d'autres éléments d'actif** tels que :

– les stocks,

– les créances,

– les éléments financiers,

est une diminution considérée comme *non irréversible* que l'on constate sous la forme de **dépréciations**.

À la fin de chaque exercice, ces dépréciations sont :

• ou bien annulées si elles sont devenues sans objet ;

• ou bien ajustées, c'est-à-dire :

– augmentées si elles s'avèrent insuffisantes,

– diminuées si elles paraissent excédentaires.

1 ▶ Éléments concernés

Les *principaux* éléments d'actif concernés sont les suivants :

– les **stocks** inscrits à :

31 Matières premières

32 Autres approvisionnements

35 Produits

37 Marchandises

– les **créances** inscrites à :

41 Clients et comptes rattachés

46 Débiteurs divers

– les **valeurs mobilières de placement** inscrites à :

503 Actions

506 Obligations

2 ▶ Comptabilisation

A. Constatation de la dépréciation

Une dépréciation est une charge d'exploitation, ou financière, ou exceptionnelle, avec sa contrepartie : un compte d'actif soustractif caractérisé par le chiffre 9 en troisième position.

Comptes débités		Comptes crédités
681	Dotations aux amortissements, dépréciations et provisions Charges d'exploitation	39 } Dépréciations de … ou leurs sous-comptes
686	Dotations aux amortissements, dépréciations et provisions Charges financières	49
687	Dotations aux amortissements, dépréciations et provisions Charges exceptionnelles	59

Comme pour les amortissements, on ne crédite pas les comptes d'actif concernés, mais les comptes. « Dépréciations de ».

B. Enregistrement au Bilan

En **actif soustractif**, *comme les amortissements* (et dans la même colonne).

C. Ajustement en fin d'exercice

À l'inverse des amortissements qui se cumulent d'exercice en exercice, les dépréciations ***s'ajustent*** à la fin de chaque exercice :

1. Dépréciation jugée insuffisante

On la **complète** par un enregistrement identique à celui de la création :

		31-12-N		
681 ou 686 ou 687			complément	
	39 ou 49 ou 59			complément
augmentation dépréciation				

2. Dépréciation jugée trop importante

On la **diminue** en utilisant les comptes **78** Reprises sur amortissements, dépréciations et provisions :

		31-12-N		
39 ou 49 ou 59			excédent	
	781 ou 786 ou 787			excédent
diminution dépréciation				

3. Dépréciation devenue sans objet

Si la perte de valeur a disparu (ou si le bien a été vendu), on **annule** la dépréciation :

31-12-N		
39 ou **49** ou **59**	montant total	
781 ou **786** ou **787**		montant total
annulation dépréciation		

D. Exemple

En première approche de la difficulté et ***pour simplifier, il ne sera pas tenu compte, dans ce 1er exemple, de la TVA*** (ce qui sera fait au cours du paragraphe 3).

• *À l'inventaire du 31-12-N*, nous constatons que deux de nos clients sont en difficulté :

– Roger, qui nous doit 3 000 € et qui ne nous paiera vraisemblablement que 70 % de sa dette ;

– Rabbit, qui nous doit 5 000 € et au sujet duquel notre perte probable sera de 40 %.

31-12-N		
416 Clients douteux ou litigieux	8 000	
411 Clients		8 000
virement des créances douteuses : 3 000 + 5 000		
d°		
68174 Dotations aux dépréciations des créances	2 900	
491 Dépréciations des comptes de clients		2 900
Roger : perte probable : 30 % de 3 000 = 900		
Rabbit : perte probable : 40 % de 5 000 = 2 000		

Remarque. Dépréciation = perte probable ; ne pas confondre (ne pas inverser) % perte prévue et % encaissement prévu.

• *En mai N+1*, Roger nous règle pour solde de tout compte (c'est-à-dire ne réglera plus rien) la somme de 1 600 :

mai N + 1		
512 Banque	1 600	
654 Pertes sur créances irrécouvrables [1]	1 400	
416 Clients douteux ou litigieux		3 000
Roger : pour solde de son compte		
31-12-N + 1 [2]		
491 Dépréciations des comptes de clients	900	
78174 Reprises sur dépréciations des créances		900
Roger : solde dépréciation devenue sans objet		

[1] ou **6714** Créances devenues irrécouvrables dans l'exercice, si l'on juge la perte exceptionnelle.

[2] écriture pouvant être passée à la même date que la précédente.

• *Fin N+1*, Rabbit n'a toujours rien payé, mais sa situation s'est améliorée et l'on espère récupérer, en N+2, 90 % de notre créance :

31-12-N + 1		
491 Dépréciations des comptes de clients	1 500	
78174 Reprises sur dépréciations des créances		1 500
dépréciation nécessaire : 10 % de 5 000 = 500		
dépréciation existante 40 % de 5 000 = 2 000		
excédent : 30 % de 5 000 = 1 500		
(pour ramener la dépréciation à 500)		

• *Le 28-02-N+2*, Rabbit nous règle intégralement sa dette :

28-02-N+2		
512 Banque	5 000	
416 Clients douteux ou litigieux		5 000
Rabbit : pour solde de son compte		
d° ou 31-12-N+2		
491 Dépréciations des comptes de clients	500	
78174 Reprises sur dépréciations des créances		500
Rabbit : solde dépréciation devenue sans objet		

On notera :

– que Roger fait apparaître :

en N, une charge de 900 (dotation) ;

en N+1, une charge de 1 400 (perte), et un profit de 900 (reprise) ;

donc pour l'ensemble de deux exercices, une charge de 1 400 qui correspond bien au montant impayé : 3 000 – 1 600.

– que Rabbit fait apparaître :

en N, une charge de 2 000 (dotation) ;

en N+1, un profit de 1 500 (reprise) ;

en N+2, un profit de 500 (reprise) ;

donc ni charge ni produit pour l'ensemble des trois exercices, ce qui est normal puisqu'il a intégralement payé sa dette.

Remarque. Si une créance inscrite au compte **411** Clients devient totalement irrécouvrable, il est inutile (et inopportun) de la virer à **416** Clients douteux, et de constituer une provision de 100 %. Il convient de passer :

654 Pertes sur créances irrécouvrables [1]	total créance	
411 Clients (et non 416)		total créance

[1] ou **6541** : pertes sur créances irrécouvrables de l'exercice
ou **6544** : pertes sur créances irrécouvrables des exercices antérieurs
ou **6714** : créances devenues irrécouvrables dans l'exercice

3 ▶ Créances douteuses et créances impayées

A. Les principes

– La dépréciation est calculée sur la créance hors taxe.

– Si une créance est impayée, l'entreprise peut récupérer la TVA qui avait été collectée. La perte apparaît donc hors TVA.

B. Les différents cas possibles : la conduite à tenir à l'inventaire N

1. Clients déjà considérés comme douteux à l'inventaire précédent (N-1)

avec ou sans règlement en cours d'exercice

↗ créances en cours : ajuster la dépréciation : dotation ou reprise

↘ créances considérées comme irrécouvrables (pour solde)
- enregistrer la perte
- éventuellement, solder la dépréciation

2. Clients considérés comme douteux à l'inventaire N

– Virement de la créance au compte **412** Clients douteux.

– Créer une dépréciation : dotation.

3. Clients dont la créance est irrécouvrable à l'inventaire N

Enregistrer la perte.

C. Applications

Exemple 1

Thème

- *Extrait de la Balance AVANT inventaire au 31-12-N*

416	Clients douteux ou litigieux	3 767,40	
491	Dépréciations des comptes de clients		1 700,00

- *Situation des créances douteuses anciennes :*

Noms	Créances TTC	Dépréciations fin N–1	Sommes perçues en N	Observations
A	1 913,60	800,00	777,40	Solde irrécouvrable
B	2 870,40	900,00	239,20	Porter la dépréciation à 60 % du solde

- *Créances devenues douteuses en N :*

Noms	Créances TTC	Dépréciations à constituer
C	1 937,52	25 %
D	2 344,16	20 %
E	2 392,00	30 %

Ajustements

- *Douteux anciens :*

A : 1 913,60		777,40	
B : 2 870,40		239,20	
4 784,00	–	1 016,60	= 3 767,40

On constate que l'on a 3 767,40 à la balance, donc les règlements ont été enregistrés. On constate aussi que 800 + 900 = 1 700 ; ces 1 700 apparaissent également à la balance, donc les dépréciations n'ont pas été régularisées.

	Débit	Crédit	
A			
654 Pertes sur créances irrécouvrables	950,00		Perte hors TVA
44571 État, TVA collectée	186,20		sur impayé
416 Clients douteux ou litigieux 1 913,60 – 777,40		1 136,20	Pour solde
491 Dépréciations des comptes de clients	800,00		Solde de la
78174 Reprises sur dép. des créances		800,00	dépréciation devenue sans objet
B			
68174 Dotations aux dépréciations des créances	420,00		Complément
491 Dépréciations des comptes de clients		420,00	de dépréciation
Reste dû : 2 870,40 – 239,20 = 2 631,20 soit 2 200 hors TVA Dépréciation : 60 % de 2 200 : 1 320 } 420 (complément) déjà existante : 900			

• *Douteux nouveaux :* à virer à **416** (pas encore fait, voir balance), puis dépréciation à constituer sur les créances hors TVA :

C, D, E			
416 Clients douteux ou litigieux	6 673,68		Inutile de passer six écritures, mais conserver le détail dans les comptes
411 Clients		6 673,68	
B			
68174 Dotations aux dépréciations des créances	1 397,00		
491 Dépréciations des comptes de clients		1 397,00	
C : 1 937,52 / 1,196 = 1 620 et 25 % de 1 620 = 405			
D : 2 344,16 / 1,196 = 1 960 et 20 % de 1 960 = 392			
E : 2 392,00 / 1,196 = 2 000 et 30 % de 200 = 600			
1 397			

Il n'y a évidemment pas compensation entre les dotations et les reprises.

Exemple 2

Thème

• *Extrait de la Balance AVANT inventaire au 31-12-N :*

416	Clients douteux ou litigieux	30 714,88	
491	Dépréciations des comptes de clients		14 460,00

• *Extrait du Relevé nominatif des clients (comptes **411**) au 31-12-N :*

Noms	Créances TTC	Dépréciations à constituer
A	6 219,20	50 %
B	13 156,00	60 %
C	4 305,60	totalement irrécouvrable

• *Détail du compte **416** Clients douteux ou litigieux :*

Douteux au 30-12-N-1	Créances TTC	Dépréciations fin N – 1	Règlements en N	Observations
D	2 966,88	620,00	1 500,00	pour solde
E	5 980,00	2 500,00	3 000,00	pour solde
F	9 328,80	2 340,00	1 000,00	porter la dépréciation à 50 %
G	17 940,00	9 000,00	0	irrécouvrable
	36 214,88	14 460,00	5 500,00	

• *Créance soldée et partiellement récupérée :*
Le client H, dont la créance avait été considérée comme irrécouvrable fin N-1, vient d'adresser un chèque de 1 794 € qui n'a pas encore été comptabilisé.

Ajustements

Douteux anciens :

36 214,88 – 5 500,00 = 30 714,88 que l'on a à la Balance : les règlements ont donc été enregistrés.

Dépréciation des douteux anciens : 14 460,00 que l'on a à la Balance : les dépréciations n'ont donc pas été ajustées.

A + B		
416 Clients douteux ou litigieux	19 375,20	
411 Clients		19 375,20
6 219,20 + 13 156,00		
A + B		
68174 Dotations aux dépréciations des créances	7 000,00	
491 Dépréciations des comptes de clients		7 000,00
pour A : 50 % de 6 219,20/1,196 = 2 600,00		
pour B : 40 % de 13 156,00/1,196 = 4 400,00		
C		
654 Pertes sur créances irrécouvrables	3 600,00	
44571 État TVA collectée	705,60	
411 Clients		4 305,60
4 305,60 / 1,196 = 3 600		
D		
654 Pertes sur créances irrécouvrables	1 225,82	
44571 État TVA collectée	240,26	
416 Clients douteux ou litigieux		1 466,08
2 966,08 – 1 500,00 = 1 466,08		
1 466,08/1,196 = 1 225,82		
D		
491 Dépréciations des comptes de clients	620,00	
78174 Reprises sur dépréciations des créances		620,00
E		
654 Pertes sur créances irrécouvrables	2 491,64	
44571 État TVA collectée	488,36	
416 Clients douteux ou litigieux		2 980,00
5 980,00 – 3 000,00 = 2 980,00		
2 980,00/1,196 = 2 491,64		
E		
491 Dépréciations des comptes de clients	2 500,00	
78174 Reprises sur dépréciations des créances		2 500,00
F		
68174 Dotations aux dépréciations des créances	1 141,10	
491 Dépréciations des comptes de clients		1 141,10
reste dû : 9 326,80 – 1 000,00 = 8 326,80		
soit HT : 8 326,80/1,196 = 6 962,20		
dépréciation nécessaire : 50 % × 6 962,20 = 3 481,10		
dépréciation existante : 2 340,00		
dépréciation à compléter de : 1 141,10		
G		
654 Pertes sur créances irrécouvrables	15 000,00	
44571 État TVA collectée	2 940,00	
416 Clients douteux ou litigieux		17 940,00
17 940 / 1,196 = 15 000		
G		
491 Dépréciations des comptes de clients	9 000,00	
78174 Reprises sur dépréciations des créances		9 000,00
H		
512 Banque	1 794,00	
771 Produits exceptionnels sur opérations de gestion		1 500,00
(ou 772 Produits sur exercices antérieurs)		
(ou 7714 Rentrées sur créances amorties)		
44571 État TVA collectée [1]		294,00

[1] on suppose la TVA récupérée sur l'impayé fin N–1.

Il n'y a évidemment pas compensation entre les dotations et les reprises.

4 ▶ La dépréciation des stocks et des VMP

A. Stock et en-cours

• En fin d'exercice, on doit annuler les stocks initiaux, puis constater les stocks finaux (voir Chapitre 14) en passant :

603 Variations stocks...			
713 Variation stocks...			
3... Stocks			
annulation stocks initiaux			

ET

3... Stocks...			
603 Variations stocks...			
713 Variations stocks			
Constatation stocks finaux			

• Pour ce qui est des dépréciations, on a deux possibilités :

– ou bien, solder les dépréciations des stocks initiaux et constater les dépréciations des stocks finaux :

39... Dépréciations des stocks et en-cours	dépréc. SI	
78173 Reprises sur dépréciations des stocks et en-cours		dépréc. SI
68173 Dotations aux dépréciations stocks et en-cours	dépréc. SF	
39... Dépréciations des stocks et en-cours		dépréc. SF

– ou bien, comme pour toute autre dépréciation, procéder à l'ajustement (en complétant ou en diminuant la dépréciation pour stocks initiaux) :

complément → dotation
diminution → reprise

Exemple

Thème

Après vérification des existants en stock et valorisation correspondante, on a dressé l'état suivant au 31-12-N :

Éléments inventoriés	31 décembre N-1 (Rappel)		31 décembre N (Inventaire)	
	Montant brut	Dépréciation estimée	Montant brut	Dépréciation estimée
Marchandises	8 000	300	15 000	900
Emballages	2 800	180	2 900	195
Matières consommables	1 700		1 600	

Écritures

		Débit	Crédit
	31-12-N		
60371 Variation des stocks de marchandises		8 000	
60326 Variation des stocks d'emballages		2 800	
60321 Variation des stocks de matières consommables		1 700	
pour solde	371 Stock de marchandises		8 000
	326 Stock d'emballages		2 800
	321 Stock de matières consommables		1 700
annulation SI			
	d°		
371 Stock de marchandises		15 000	
326 Stock d'emballages		2 900	
321 Stock de matières consommables		1 600	
	60371 Variation des stocks de marchandises		15 000
	60326 Variation des stocks d'emballages		2 900
	60321 Variation des stocks de matières consommables		1 600
constatation SF			
	d°		
pour solde 3971 Dépréciations des stocks de marchandises		300	
3926 Dépréciations des stocks d'emballages		180	
	78173 Reprises sur dépréciations des stocks		480
annulation dépréciation SI			
	d°		
68173 Dotations aux dépréciations des stocks et en-cours		1 095	
	3971 Dépréc. des stocks de marchandises		900
	3926 Dépréciations des stocks d'emballages		195
constitution dépréciation SF			

ou bien pour les provisions, ajustement :

		Débit	Crédit
	d°		
68173 Dotation aux dépréciations des stocks et en-cours		615	
	3971 Dépréc. des stocks de marchandises 900 – 300		600
	3926 Dépréciations des stocks d'emballages 195 – 180		15
complément dépréciation SF			

B. Valeurs mobilières de placement (VMP)

Comptes à utiliser :

68665 Dotations aux dépréciations des VMP (dotations à caractère financier).

5903 Dépréciations des VMP Actions.

5906 Dépréciations des VMP Obligations.

Et pour les reprises :

78665 Reprises sur dépréciations des VMP.

Remarque. Comme pour les titres immobilisés, le calcul des dépréciations pour VMP se fait en examinant les titres *catégorie par catégorie*, et en comparant valeur d'entrée et valeur en fin d'exercice :

– si cette comparaison fait apparaître une hausse, c'est-à-dire une plus-value : rien à enregistrer en vertu du principe de prudence (ce gain n'est que latent) ;

– si cette comparaison fait apparaître une baisse, c'est-à-dire une moins-value : constitution d'une dépréciation (toujours eu égard au principe de prudence) ;

et, les titres étant examinés catégorie par catégorie, *on ne compense pas plus-values et moins-values* ; exception : on procède à cette compensation pour les titres de même catégorie, c'est-à-dire émis par la même société et acquis à des dates différentes.

Exemple 1

Thème

• *Extrait de la Balance avant inventaire au 31-12-N :*

503	VMP Actions	4 030	
5903	Dépréciations des VMP Actions		582

• *Renseignements relatifs aux VMP à la même date :*

Titres	Nombre	Valeur d'entrée	Valeur au 31-12-N
A	10	160	192
B	4	285	205
C	3	430	276

Enregistrement comptable

On a bien :

(10 × 160) + (4 × 285) + (3 × 430) = 4 030 : Montant inscrit à la balance.

Dépréciation nécessaire :	B : 4 (285 – 205) =	320
	C : 3 (430 – 276) =	462
		782
	dépréciation existante :	582
	à compléter de :	**200**

31-12-N		
68663 Dotations aux dépréciations des VMP	200	
5903 Dépréciations des VMP		200

Exemple 2

Thème

Fin N, avant inventaire, la dépréciation des VMP est égale à 153,61 ; l'état de ces titres se présente ainsi :

Actions	nombre	prix d'achat	Valeur fin N
CASTEL	12	166,00	153,20
MOISSAC	18	143,00	144,50
BEAUMONT			
anciennes	20	116,00	} 141.20
nouvelles	40	156,30	

Enregistrement comptable

Moissac :	plus-value donc rien à enregistrer			
Castel :	dépréciation nécessaire : 12 (166 – 153,20)	=		153,60
Beaumont :	anciennes : plus-value : 20 (141,20 – 116)	=	504	
	nouvelles : moins-value : 40 (156,30 – 141,20)	=	604	
	dépréciation nécessaire	=		100,00
				253,60
Dépréciation déjà existante :				153,61
Complément à effectuer :				**99,99**

31-12-N		
68663 Dotations aux dépréciations des VMP	99,99	
5903 Dépréciations des VMP		99,99

Exemple 3

Thème

• *Extrait de la Balance avant inventaire au 31-12-N :*

503	VMP Actions	11 165	
5903	Dépréciations des VMP Actions		515

• *État des VMP anciennes au 31-12-N :*

Titres	Valeur globale d'entrée	Dépréciations fin N-1
10 actions A	2 480	105
20 actions B	3 660	290
8 actions C	1 872	Néant
15 actions D	1 695	120
	9 707	515

• *Acquisitions en N : 12 actions E à 121,50 l'une.*
• *Valeurs unitaires d'inventaire fin N :*

A	B	C	D	E
231,40	175,50	193,00	101,40	108,50

Enregistrement comptable

Dépréciation nécessaire :	A : 2 480 – (10 x 231,40) = 166 donc à ↗ de	61	
	B : 3 660 – (20 x 175,50) = 150 donc à ↘ de		140
	C : 1 872 – (8 x 193,00) = 328 donc à ↗ de	328	
	D : 1 695 – (15 x 101,40) = 174 donc à ↗ de	54	
	E : 12 x (121,50 – 108,50) = 156 donc à ↗ de	156	
		599	140
		(dotations)	(reprises)

31-12-N		
68665 Dotations aux dépréciations des VMP	599	
5903 Dépréciations des VMP		599
5903 Dépréciations des VMP	140	
78665 Reprises sur dépréciations des VMP		140

On ne compense évidemment pas la dotation et la reprise.
Il peut être très utile de dresser le tableau suivant :

Titres	Valeur d'entrée	Valeur actuelle	Dépréciation nécessaire	Dépréciation existante	Dotation	Reprise
A	2 480	2 314	166	105	61	
B	3 660	3 510	150	290		140
C	1 872	1 544	328		328	
D	1 695	1 521	174	120	54	
E	1 458	1 302	156		156	
			974	515	599	140
			(459)		(459)	

(Globalement, diminution de **459** ; mais on ne compensera pas les dotations et les reprises.)

Exemple

Thème

- Acquisition au cours de l'exercice (N-1) :

100 actions x à 260 € l'une,
200 actions y à 160 € l'une,
50 actions z à 420 € l'une.

- Cours de l'action au 31.12 (N-1) :

Actions x : 300 €,
Actions y : 120 €,
Actions z : 360 €.

- Cours des actions au 31.12 (N) :

Actions x : 240 €,
Actions y : 90 €,
Actions z : 500 €.

Enregistrements comptables :

31.12 (N-1)		
68665. Dotation aux dépréciations des valeurs mobilières de placement	**11 000**	
5903. Dépréciations des actions		11 000
Actions y : (160 – 120) 200 = 8 000		
Actions z : (420 – 360) 50 = 3 000		
11 000		
31.12 (N)		
68665. Dotations aux dépréciations des valeurs mobilières de placement	8 000	
5903. Dépréciations des actions		8 000
Actions x : (260 – 240) 100 = 2 000		
Actions y : (120 – 90) 200 = 6 000		
8 000		
d°		
5903. Dépréciations des actions	3 000	
78665. Reprises sur dépréciations des valeurs mobilières de placement		3 000
Actions z :		

Aspect fiscal des dépréciations d'actif

Cas général : la dotation est normalement déductible, (et la reprise est normalement imposable), **si** la perte de valeur est :

– probable et pas seulement éventuelle,

– nettement précisée quant à sa nature et à son montant ; par exemple, individualisation des clients douteux,(sinon : dotation non déductible → réintégration ; et reprise non imposable → déduction).

Cas des dépréciations des titres : non déductibles (rattachées à d'autres régimes fiscaux tels que celui des plus et moins-values professionnelles).

À RETENIR

• Une dépréciation est une perte de valeur, **non irréversible**, d'un élément d'actif : stocks, créances, valeurs mobilières de placement.

• Cette dépréciation est enregistrée dans un compte **de charges** (681, 686, 687) en contrepartie d'un compte **d'actif soustractif** (39, 49, 59).

• En fin d'exercice, il peut y avoir :

- constatation d'une dépréciation : **dotation** ;
- annulation (si devenue sans objet) d'une dépréciation : **reprise** ;
- ajustement de la dépréciation :
- en augmentation : complément de dépréciation,
- en diminution : reprise.

• **Stocks** :

- annulation du stock initial et création du stock final en utilisant le compte 603. **Variation des stocks** (ou ses sous-comptes) ;
- annulation de la dépréciation du stock initial (reprise : compte 78173) et création de la dépréciation du stock final (Dotation : compte 68173).

• **Créances** :

- nouveaux clients douteux : création de la dépréciation correspondante (compte 68174) ;
- anciens clients douteux : ajustement de la dépréciation (Dotation 68174 ou Reprise 78174) pour les créances en cours, enregistrement de la perte (654. **Pertes sur créances irrécouvrables**) pour les créances douteuses définitivement irrécouvrables.

• **Valeurs mobilières de placement :**

- création d'une dépréciation (compte 68665) pour les titres en baisse ;
- reprise d'une dépréciation (compte 78665) pour les titres en hausse ayant été dépréciés à l'occasion d'exercices antérieurs.

Les conseils

Créances douteuses

1▸ Dépréciation à calculer sur le montant hors taxe.

2▸ Dépréciation égale à la perte probable et non à la récupération espérée.

3▸ À traiter (si l'énoncé ne précise rien), de la façon qui paraît la plus simple :

- soit client par client ;
- soit globalement grâce à un tableau préparatoire ;
- soit par catégorie ; exemple :
  - douteux anciens insolvables,
  - douteux anciens partiellement solvables,
  - douteux nouveaux.

4▸ Quelle que soit la méthode adoptée, ne pas compenser dotations et reprises.

5▸ Ne pas repasser des écritures déjà enregistrées, par exemple le règlement des clients ; pour cela, bien lire l'énoncé ; le plus souvent :

- nominal TTC – encaissements = restant dû que l'on a à la Balance : donc règlements enregistrés ;
- dépréciation donnée dans l'état des douteux = la même qu'à la Balance : donc non régularisée.

6▸ Ne pas oublier de récupérer la TVA sur l'impayé et utiliser **44571** (TVA collectée) de préférence à **44551** (TVA à décaisser).

7▸ Si une créance est totalement irrécouvrable, la solder en récupérant la TVA, ne pas la virer auparavant à **416** (clients douteux ou litigieux) avec 100 % de dépréciation.

8▸ Sommes versées par les clients et les clients douteux : sauf stipulation contraire de l'énoncé, *ces montants sont TTC car un client paye toujours TVA incluse*, **même s'il s'agit de nombres ronds**.

Autres dépréciations

9▸ Dépréciations pour titres :

– titres en hausse : ne rien enregistrer ;

– titres en baisse : dépréciation ;

– donc ne pas compenser plus-values et moins-values, sauf s'il s'agit de titres de même origine achetés à des dates et des prix différents.

10▸ Dépréciations des stocks : bien différencier l'annulation du stock initial (et sa dépréciation éventuelle) et la création du stock final (et sa dépréciation éventuelle).

5 ▸ Applications

VRAI/FAUX

Les affirmations suivantes sont-elles vrais ou fausses ?

1. Une dépréciation a toujours un caractère provisoire. Vrai ☐ Faux ☐

2. Les dépréciations d'actif s'enregistrent au crédit des comptes **39**, **49** et **59**. Vrai Faux

3. Les dépréciations d'actif s'inscrivent au passif du bilan. Vrai Faux

4. Les dépréciations se cumulent en fin d'exercice. Vrai Faux

5. Si la perte probable sur une créance est de 60 %, la dépréciation sera elle aussi de 60 %. Vrai Faux

6. Les dépréciations des créances douteuses se calculent sur la dette réelle des clients. Vrai Faux

7. On ne peut récupérer la TVA sur les créances impayées. Vrai Faux

8. Une perte sur créance irrécouvrable apparaît TVA incluse. Vrai Faux

9. Une créance totalement irrécouvrable doit faire l'objet d'une dépréciation à 100 %. Vrai Faux

10. Une dépréciation constate une baisse de valeur irréversible. Vrai Faux

11. Lorsqu'on ajuste des dépréciations, on compense dotations et reprises. Vrai Faux

12. Une action dont le cours est en hausse donne lieu à l'enregistrement d'une plus-value. Vrai Faux

13. Les dépréciations des titres s'évaluent catégorie par catégorie. Vrai Faux

14. Il peut arriver que l'on compense des plus-values et des moins-values sur titres. Vrai Faux

15. Les dépréciations des stocks s'évaluent globalement. Vrai Faux

16. Les en-cours ne peuvent faire l'objet de dépréciations. Vrai Faux

17. La TVA récupérée sur des créances impayées est portée au débit du compte **44571**. Vrai Faux

18. En fin d'exercice on peut traiter de deux manières la dépréciation des stocks. Vrai Faux

EXERCICE 16.01

Thème : Créances douteuses (1 seul client)

Courant N, l'entreprise MALEMORT a adressé à son client Comtat une facture de ventes de marchandises s'élevant à 60 000 € HT (TVA : taux normal).

Fin N, cette créance est considérée comme récupérable à seulement 40 %.

Fin N+1, la perte est évaluée à 70 %.

Courant N+2, Comtat règle 44 850 €.

Fin N+2, le reliquat sur cette créance est définitivement perdu.

Travail à faire

Enregistrer ces opérations.

EXERCICE 16.02

Thème : Créances douteuses (plusieurs clients)

Le 31/12/N, on trouve dans la balance avant inventaire de l'entreprise MÉRINDOL :

416	Client, douteux ou litigieux	5 651,10	
491	Dépréciations des comptes de clients		2 550,00

La situation des clients douteux anciens est la suivante :

Noms	Créances TTC fin N-1	Dépréciations fin N-1	Somme perçue en N	Observations
A	2 870,40	1 200	1 166,10	créance irrécupérable
B	4 305,60	1 350	358,80	porter la dépréciation à 60 % du solde
	7 176,00	2 550	1 524,90	

Les créances devenues douteuses en N sont les suivantes :

Noms	Créances TTC	Dépréciation à constituer
C	2 906,28	25 %
D	3 516,24	20 %
D	3 588,00	30 %
	10 010,52	

Travail à faire

Passer les écritures fin N, concernant : A ; puis B ; puis (C + D + E).

EXERCICE 16.03

Thème : Titres

Le 31/12/N, l'état des VMP actions se présente ainsi dans l'entreprise MÉNERBES, avant inventaire :

VMP actions	Nombre	Valeurs unitaires d'entrée	Dépréciations fin N - 1	Valeurs unitaires fin N
Oppède	10	160	100	170
Rustrel	20	250	40	240
Sault				
(achat N-1) anciennes	15	220	néant	225
(achat N) nouvelles	25	240	néant	225

Travail à faire

Ajuster la dépréciation fin N.

Téléchargez gratuitement tous les corrigés des exercices, ainsi que les exercices complémentaires sur le site Internet : www.expertisecomptable-foucher.com

CHAPITRE 17

Les provisions

PLAN

▶ Il existe deux catégories de provisions :

– les provisions **pour risques et charges** constatent, en fin d'exercice, un risque futur ou une charge future ; c'est le cas par exemple des provisions pour pertes de change : risque ; et pour gros entretien : charge. À la fin de chaque exercice, ces provisions sont annulées si elles sont devenues sans objet ; ou bien ajustées, c'est-à-dire augmentées si elles s'avèrent insuffisantes, ou diminuées si elles paraissent excédentaires ;

– les provisions **réglementées** ont un caractère purement fiscal ; elles constituent un artifice comptable qui permet de profiter et d'exercer le droit à un avantage fiscal ; leur étude sera limitée aux amortissements dérogatoires.

1 ▶ Les provisions pour risques et charges

A. Définition et justification

Selon le PCG (art. 312-8) : « *une provision est comptabilisée pour les risques et charges nettement précisés quant à leur objet, et dont l'échéance ou le montant ne peuvent être fixés de façon précise* ».

En vertu du principe de prudence, de telles provisions doivent être constituées par les entreprises ; elles se divisent en deux catégories :

• Les provisions pour **risques** (compte **151**) qui comprennent essentiellement :

– les provisions pour litiges (compte **1511**) ;

– les provisions pour garanties données aux clients (compte **1512**) ;

– les provisions pour amendes et pénalités (compte **1514**) ;

– les provisions pour pertes de change (compte **1515**).

• Les provisions pour **charges** dans lesquelles nous ne retiendrons ici que :

– les provisions pour gros entretien ou grandes révisions (compte **1572**) ;

– les provisions pour remise en état (compte **1581**).

B. Comptabilisation

1. Création, complément

• DÉBIT des comptes :

6815 Dotations aux provisions d'exploitation ;

6865 Dotations aux provisions financières ;

6875 Dotations aux provisions exceptionnelles ;

• par le CRÉDIT des comptes **15** ci-dessus indiqués ;

2. Reprises

• DÉBIT des comptes **15**.

• par le CRÉDIT des comptes.

7815 Reprises sur provisions d'exploitation ;

7865 Reprises sur provisions financières ;

7875 Reprises sur provisions exceptionnelles.

3. Position au Bilan

Elles figurent au passif, où elles constituent la dernière rubrique des capitaux propres :

PROVISIONS		
Provisions pour risques		
Provisions pour charges		
TOTAL II		

Exemple 1

Thème et écritures

• Au cours de l'exercice N, on a engagé un procès contre un fournisseur ; les frais prévisibles sont de 20 000 € ; rien n'a encore été enregistré à ce sujet ; il s'agit d'une opération exceptionnelle.

	Débit	Crédit
31-12-N		
6875 Dotations aux provisions exceptionnelles	20 000	
1511 Provisions pour litiges		20 000

• Le litige est toujours en cours fin N+1, mais son issue paraît favorable et on réduit la provision de 75 % :

	Débit	Crédit
31-12-N		
1511 Provisions pour litiges	15 000	
7875 Reprises sur prov. exceptionnelles		15 000

• Le procès a lieu courant N+2 ; les frais réels s'élèvent à 4 000 €.

	Débit	Crédit
Courant N+2		
671 Charges exceptionnelles sur opérations de gestion ou **6718** Autres charges exceptionnelles sur opérations de gestion ou **6788** Charges exceptionnelles diverses	4 000	
512 Banque		4 000
d° ou 31-12-N+2		
1511 Provisions pour litiges	5 000	
7875 Reprises sur provisions exceptionnelles		5 000

Exemple 2

Thème

Courant N, on décide d'effectuer en N+2 de grosses réparations qui coûteront vraisemblablement, à leur date de facturation, 210 000 HT ; il est décidé de répartir cette charge, par parties égales, sur les exercices N, N+1 et N+2 ; la charge réelle, réglée en septembre N+2, s'élève à la somme prévue ; ces grosses réparations n'ont pas un caractère exceptionnel.

Écritures

	Débit	Crédit
Fin N		
6815 Dotations aux provisions d'exploitation	70 000	
1572 Provisions pour gros entretien ou grandes révisions		70 000
Fin N+1		
6815 Dotations aux provisions d'exploitation	70 000	
1572 Provisions pour gros entretien ou grandes révisions		70 000
Septembre N+2		
615 Entretien et réparations	210 000	
44666 État, TVA déd. s/ autres biens et services	41 160	
512 Banque		251 160
d° ou fin N+2		
1572 Provisions pour gros entretien ou grandes révisions	140 000	
7815 Reprises sur prov. d'exploitation		140 000

On vérifie que la charge de 210 000 a été supportée :
- pour 70 000 par l'exercice N (débit de **6815**)
- pour 70 000 par l'exercice N+1 (débit de **6815**)
- pour 70 000 par l'exercice N+2 (débit de **615**, crédit de **7815**)

↓ pour 21 000 ↓ pour 14 000

On peut éviter la constitution de provisions pour gros entretien ou grandes révisions en adoptant, à l'entrée du bien, la méthode de comptabilisation des actifs par composants (*cf.* Chapitre 15).

Aspect fiscal des provisions pour risques et charges

La dotation est normalement déductible, (et la reprise est normalement imposable) **si** le risque ou la charge :

– est probable et pas seulement éventuel ;

– est nettement précisé quant à sa nature et à son montant ; par exemple, garanties données aux clients ;

– résulte d'événements en cours à la clôture de l'exercice ;

– est lui-même déductible ; ce qui exclut par exemple les provisions pour amendes et pénalités.

2 ▶ Les amortissements dérogatoires

Rappelons que les amortissements dérogatoires (compte **145**) font partie des provisions réglementées, lesquelles ont pour objet une diminution du bénéfice et donc de l'impôt – avantage temporaire car elles seront dans le futur rapportées au bénéfice imposable.

A. Définition

PCG art. 322-2 : « *des textes particuliers autorisent la comptabilisation d'amortissements dérogatoires ne correspondant pas à l'objet normal d'un amortissement* ».

B. Exemples

Les entreprises sont parfois fiscalement autorisées à procéder à des amortissements qui dépassent la dépréciation réelle du bien ; citons :
– l'amortissement en 12 mois des acquisitions de logiciels et de sites Internet, des équipements d'énergie renouvelable avant le 1er janvier 2011 ;
– l'amortissement dégressif lui-même, dans la mesure où les premières annuités sont surévaluées ;
– la possibilité fiscale de ne pas prendre en compte la valeur résiduelle pour déterminer la base amortissable.

C. Calcul

On appelle :
– amortissement *fiscal*, l'amortissement autorisé ;
– amortissement *économiquement justifié*, celui qui correspond à la véritable dépréciation (respect de l'image fidèle) ;
et on a :

amortissement *fiscal*
– amortissement *économique*
= amortissement **dérogatoire**

D. Comptabilisation

On enregistre :
– l'amortissement économique ;
– puis l'amortissement dérogatoire.

Le schéma d'écritures est le suivant :

31-12		
681 Dotations aux amortissements		amortissement économique
	28... Amortissements de...	
dº		
68725 Dotations aux prov. réglementées – Amortissements dérogatoires		amortissement dérogatoire
	145 Amortissements dérogatoires	

Ainsi, l'image fidèle est conservée au bilan, qui ne tient compte que de l'amortissement économiquement justifié (les amortissements dérogatoires figurant au passif dans les provisions réglementées).

Si la différence ci-dessus (*cf.* exemple 1 suivant) est négative, c'est-à-dire si, en fin d'amortissement :

amortissement fiscal < amortissement économique,

on a une reprise sur amortissements dérogatoires :

31-12		
145 Amortissements dérogatoires		différence : économique – fiscal
	78725 Reprises sur amortissements dérogatoires	
dº		

Aspect fiscal

L'amortissement **fiscal** est **déductible**.

On a, en principe :

– en *début d'amortissement*, un bénéfice et un impôt moins importants qu'avec l'amortissement économique ;

– *en fin d'amortissement*, les reprises sur amortissements dérogatoires viennent augmenter le bénéfice d'un montant égal à celui dont il avait été diminué.

Il en résulte néanmoins un effet de trésorerie favorisant l'investissement.

Exemple 1

Thème

Un matériel est acheté (et immédiatement mis en service) 100 000 HT le 1er octobre N : il est amorti en 4 ans selon le système dégressif, mais l'amortissement linéaire est économiquement justifié.

Calculs, enregistrements et aspect fiscal

• Tableau

Dates	Annuités écon. : L [1]	V.N.C.	Annuités fiscales : D [2]	Amts dérogatoires	
				Dotations	Reprises
fin N	6 250 [3]	93 750	7 813	1 563	
fin N+1	25 000	68 750	30 729	5 729	
fin N+2	25 000	43 750	30 729	5 729	
fin N+3	25 000	18 750	30 729	5 729	
fin N+4	18 750	0			18 750
	100 000		*100 000*	*18 750*	*18 750*

[1] Taux L = 25 % (4 ans)

[2] Taux D = 25 % × 1,25 = 31,25 %

[3] 3 mois (1/4 annuité complète)

On voit que « l'image fidèle » sera conservée dans les bilans successifs, puisqu'ils enregistreront les amortissements économiquement justifiés, ainsi que les valeurs résiduelles qui en découlent.

• Écritures et comptes d'amortissements

– *Fin N :*

		Débit	Crédit
	31-12-N		
68112	Dotations aux amortissements sur immobilisations corporelles	6 250	
28154	Amortissements du matériel industriel		6 250
	d°		
68725	Dotations aux amortissements dérogatoires	1 563	
145	Amortissements dérogatoires		1 563

28154	
	6 250

145	
	1 563

Fiscalement : l'exercice N supporte une charge de 7 813 (égale à l'amortissement fiscal), et cette charge est déductible.

– *Fin N+1 :*

		Débit	Crédit
	31-12-N+1		
68112	Dotations aux amortissements sur immobilisations corporelles	25 000	
28154	Amortissements du matériel industriel		25 000
	d°		
68725	Dotations aux amortissements dérogatoires	5 729	
145	Amortissements dérogatoires		5 729

28154	
	6 250
	25 000

145	
	1 563
	5 729

Fiscalement : l'exercice N+1 supporte une charge de 30 729 (égale à l'amortissement fiscal), et cette charge est déductible.

– *Fin N+2 :*

		Débit	Crédit
	31-12-N+2		
68112	Dotations aux amortissements sur immobilisations corporelles	25 000	
28154	Amortissements du matériel industriel		25 000
	d°		
68725	Dotations aux amortissements dérogatoires	5 729	
145	Amortissements dérogatoires		5 729

28154		145	
	6 250		1 563
	25 000		5 729
	25 000		5 729

Fiscalement : l'exercice N+2 supporte une charge de 30 729 (égale à l'amortissement fiscal), et cette charge est déductible.

– *Fin N+3 :*

31-12-N+3		
68112 Dotations aux amortissements sur immobilisations corporelles	25 000	
28154 Amortissements du matériel industriel		25 000
dº		
68725 Dotations aux amortissements dérogatoires	5 729	
145 Amortissements dérogatoires		5 729

28154		145	
	6 250		1 563
	25 000		5 729
	25 000		5 729
	25 000		5 729

Fiscalement : l'exercice N+3 supporte une charge de 30 729 (égale à l'amortissement fiscal), et cette charge est déductible.

– *Fin N+4 :*

31-12-N+4		
68112 Dotations aux amortissements sur immobilisations corporelles	18 750	
28154 Amortissements du matériel industriel		18 750
dº		
145 Amortissements dérogatoires	18 750	
78725 Reprises sur amortissements dérogatoires		18 750

28154		145	
	6 250	18 750	1 563
	25 000		5 729
	25 000		5 729
	25 000		5 729
	18 750		
	100 000	*Soldé*	

Fiscalement : la charge (débit de **68112**) et le produit (crédit de **78725**) de 18 750 se compensent ; la charge de 100 000 est supportée par les 4 exercices concernés par l'amortissement fiscal (dégressif) : voir tableau ci-dessus, colonne « annuités fiscales » ; pas de charge (comptable ou fiscale) pour l'exercice N+4.

Remarque. L'avantage fiscal (charge supplémentaire) :

fin N	de	1 563
fin N+1	de	5 729
fin N+2	de	5 729
fin N+3	de	5 729
soit au total :		18 750

est compensé fin N+4 par un produit supplémentaire de 18 750.

Exemple 2

Thème

Un logiciel est acheté 4 800 € HT en janvier N ; il doit être utilisé 4 ans ; son amortissement linéaire paraît économiquement justifié.

Aspect fiscal

Les logiciels achetés (et non créés) bénéficient d'un amortissement sur 12 mois, le mois d'acquisition étant compté en entier.

Calcul, enregistrement et aspect fiscal

• **Tableau**

Dates	Annuités écon. : L	V.N.C.	Annuités fiscales	Am^{ts} dérogatoires	
				Dotations	Reprises
fin N	1 200	3 600	4 800	3 600	
fin N+1	1 200	2 400			1 200
fin N+2	1 200	1 200			1 200
fin N+3	1 200	0			1 200
	4 800		*4 800*	*3 600*	*3 600*

L'*« image fidèle »* sera conservée dans les bilans successifs.

• **Écritures**

Compte débité	Compte crédité	Libellé	Débit	Crédit
		Fin N		
68111		Dotations aux amortissements sur immobilisations incorporelles	1 200	
	2805	Amortissements des concessions et droits similaires, brevets, licences, logiciels, droits et valeurs similaires		1 200
		d°		
68725		Dotations aux amortissements dérogatoires	3 600	
	145	Amortissements dérogatoires		3 600

2805	
	1 200

145	
	3 600

Fiscalement : l'exercice N supporte une charge de 4 800 (la totalité de l'achat), et cette charge est déductible.

Compte débité	Compte crédité	Libellé	Débit	Crédit
		Fin N+1		
68111		Dotations aux amortissements sur immobilisations incorporelles	1 200	
	2805	Amortissements des concessions et droits similaires, brevets, licences, logiciels, droits et valeurs similaires		1 200
		d°		
145		Amortissements dérogatoires	1 200	
	78725	Reprises sur amortissements dérogatoires		1 200

2805	
	1 200
	1 200

145	
1 200	3 600

Fiscalement : l'exercice N+1 ne supporte aucune charge (le débit de 68111 et le crédit de 78725 se compensent).

------ ➤

Fin N+2
Écriture identique à celles de fin N+1

2805	
	1 200
	1 200
	1 200

145	
1 200	3 600
1 200	

Comme pour l'exercice précédent, l'exercice N+2 ne supporte aucune charge.

Fin N+3
Écriture identique à celles de fin N+1 et fin N+2

2805	
	1 200
	1 200
	1 200
	1 200
	4 800

145	
1 200	3 600
1 200	
1 200	
Soldé	

Comme N+1 et N+2, l'exercice N+3 ne supporte aucune charge.
La charge de 4 800 est supportée en totalité par l'exercice N.

Exemple 3

Thème

Un camion a été acquis 120 000 HT le 1er janvier N. Sa valeur résiduelle est estimée à 20 000 HT au terme de 5 ans d'utilisation, au cours desquels on pratiquera l'amortissement linéaire.

Calculs

Dates	Amortissements économiques	Amortissements fiscaux	Amortissement dérogatoires
31.12.N	**20 000[1]**	**24 000[2]**	**4 000[3]**
31.12 (N+1)	20 000	24 000	4 000
31.12 (N+2)	20 000	24 000	4 000
31.12 (N+3)	20 000	24 000	4 000
31.12 (N+4)	20 000	24 000	4 000

[1] Base amortissable du point de vue comptable : 120 000 – 20 000 = 100 000
100 000/5 = 20 000

[2] Base amortissable du point de vue fiscal : 120 000 (on ne tient pas compte de la valeur résiduelle – voir Chapitre 15)
120 000/5 = 24 000

[3] 24 000 – 20 000

Enregistrements comptables :

	Débit	Crédit
31.12.N		
68112 Dotations aux amortissements sur immobilisations corporelles	20 000	
68725 Dotations aux amortissements dérogatoires	4 000	
28182 Amortissement du matériel de transport		20 000
145 Amortissements dérogatoires		4 000
Mêmes écritures pour les mêmes montants le 31.12 (N+1), 31.12 (N+2), 31.12 (N+3), 31.12 (N+4).		

À RETENIR

• Provisions pour **risques et charges**

Elles concernent :

- des charges futures ; *ex.* : gros entretien ; remise en état ;
- des risques futurs ; *ex.* : litiges ; pertes de change.

Mécanisme :

- création courant N ou fin N ;
- ajustement ou annulation courant ou fin des exercices suivants.

Au bilan (au passif) comptes **15**.

• Provisions **réglementées**

Elles découlent de textes fiscaux, et permettent de réduire – de façon temporaire – le bénéfice imposable.

Au bilan : au passif : comptes **14**.

La plus courante : les amortissements dérogatoires (**145**).

Les conseils

1➤ Bien noter que, depuis la réforme de la terminologie, le terme **provision** est réservé aux comptes **14** (provisions réglementées) et **15** (provisions pour risques et charges) et ne concerne plus la perte de valeur de certains éléments d'actif.

2➤ Connaître les 2 principales provisions pour risques :

– **1511** : pour litiges
– **1515** : pour pertes de change

et pour charges :

– **1572** : pour gros entretien ou grandes révisions
– **1581** : pour remises en état

3➤ Savoir situer les provisions au passif du bilan ; on a entre *Capitaux propres* et *Dettes* :

PROVISIONS

Provisions pour risques
Provisions pour charges } Total II

4➤ Bien connaître les mécanismes de création, ajustement, reprise, annulation.

5➤ Voir qu'il existe 3 types de dotations : **6815**, **6865**, **6875** (et donc 3 types de reprises).

6➤ Dominer le mécanisme des amortissements dérogatoires :

fiscal (autorisé)
– économique (normal)

= dérogatoire → à **145**)
(et si économique > fiscal → reprise)

3 ▶ Applications

VRAI/FAUX

Les affirmations suivantes sont-elles vraies ou fausses ?

1. Les provisions enregistrent des dépréciations d'éléments d'actif. Vrai Faux

2. Les provisions sont automatiquement annulées en fin d'exercice. Vrai Faux

3. Une provision devenue sans objet est conservée. Vrai Faux

4. Les provisions sont ajustées en fin d'exercice. Vrai Faux

5. On peut créer une provision pour amende fiscale. Vrai Faux

6. Il existe trois catégories de provisions. Vrai Faux

7. Une provision peut constater un risque simplement éventuel. Vrai Faux

8. Les provisions ne figurent pas au bilan. Vrai Faux

9. Les provisions figurent à l'actif du bilan en soustraction. Vrai Faux

10. Les provisions figurent au passif du bilan dans les dettes. Vrai Faux

11. On peut compenser dotations et reprises. Vrai Faux

12. Les provisions répondent au principe de prudence. Vrai Faux

13. Les provisions réglementées ont un caractère purement fiscal. Vrai Faux

14. L'amortissement dérogatoire est la différence entre l'amortissement fiscal et l'amortissement économique. Vrai Faux

15. Si la différence ci-dessus est négative, on procède à une reprise. Vrai Faux

16. Les provisions réglementées produisent en général un « effet de trésorerie ». Vrai Faux

EXERCICE 17.01

Thème : Provisions pour litiges

Courant N, l'entreprise MONASTIERS se voit intenter un procès par son client JOUCAS qui lui réclame 35 000 € à titre de dommages et intérêts.

Fin N+1, le litige n'est toujours pas réglé, mais il apparaît de façon quasi certaine que l'entreprise devra verser la somme de 25 000 € à son client.

LE 14-02-N+2, l'entreprise doit payer, et règle par chèques :

- 30 000 € de dommages et intérêts ;
- 2 500 € de frais de justice ;
- 3 000 € à son avocat.

Toutes ces opérations sont considérées comme exceptionnelles.

Travail à faire

1. Passer les écritures au journal.

2. Analyser la charge supportée par l'entreprise.

EXERCICE 17.02

Thème : Provisions pour gros entretien ou grandes révisions

Courant N, l'entreprise PIERREDON décide de procéder en N + 2 à d'importants travaux dans son usine de SAUMANE.

Le devis s'élève à 510 000 € HT.

La charge est à répartir par fractions égales sur les exercices N, N + 1 et N + 2.

Les travaux sont effectués en avril-mai N+2 ; leur coût réel est 600 000 € HT et leur réglement a lieu le 15/06.

Travail à faire

1. Passer les écritures au journal.

2. Analyser la charge supportée par l'entreprise.

EXERCICE 17.03

Thème : Provisions pour pertes de change

L'entreprise SAUMANE commercialise des articles de sport d'origine étrangère.

Elle a reçu le 15 septembre N une facture de son fournisseur japonais Ippon : 540 000 JPY, facture payable en février N+1.

La livraison a lieu le 10 octobre N, et la TVA est réglée à cette date.

La facture est réglée le 14/02/N+1.

Les cours du Yen sont les suivants :

- à la facturation : 1 € = 135 yens ;
- le 31/12/N : 1 € = 125 yens ;
- au règlement : 1 € = 144 yens.

Travail à faire

Enregistrer ces opérations.

exos

EXERCICE 17.04

Thème : Amortissements dérogatoires

L'entreprise SÉNANQUE a fait construire, dans le cadre des installations de lutte contre la pollution, un bassin de décantation et d'épuration des eaux industrielles.

Ce bassin a coûté 456 000 € HT, a été mis en service le 1er juin N, et est normalement amorti de façon linéaire en 20 ans.

Mais il entre dans le cadre de la lutte antipollution, et peut être à ce titre être amorti à 100 % sur 12 mois à compter de sa mise en service : l'entreprise entend bénéficier de cet avantage fiscal.

Travail à faire

Calculer et enregistrer, fin N, les amortissements de ce bassin.

EXERCICE 17.05

Thème : Amortissements dérogatoires

L'entreprise SILVACANE a acheté et fait installer, pour un prix total de 120 000 € HT, un matériel antipollution pour lequel elle bénéficie de l'amortissement exceptionnel fiscal sur 12 mois, alors que l'amortissement économiquement justifié est l'amortissement dégressif en 5 ans.

Les travaux de mise en place ont été terminés le 31 août N.

Travail à faire

1. **Présenter un tableau faisant apparaître les amortissements :**
   - ***économiques ;***
   - ***fiscaux ;***
   - ***dérogatoires.***
2. **Dire comment la charge de 120 000 est répartie dans le temps.**
3. **Passer les écritures fin N et fin N+4.**

Téléchargez gratuitement tous les corrigés des exercices, ainsi que les exercices complémentaires sur le site Internet : www.expertisecomptable-foucher.com

CHAPITRE 18

L'ajustement des charges et des produits

PLAN

▶ L'activité de toute entreprise est découpée en périodes d'un an appelées exercices.

Le principe d'**indépendance des exercices** veut que le résultat soit déterminé **exercice par exercice**.

Le Plan comptable décide que « le compte de résultat récapitule les charges et les produits de l'exercice, sans qu'il soit tenu compte de leur date de paiement ou d'encaissement ».

Le résultat est donc déterminé par **toutes les charges de l'exercice**, et **elles seules** ; et par **tous les produits de l'exercice**, et **eux seuls**.

Or, il est fréquent que des produits et des charges :

– relatifs à l'exercice, ne soient pas encore enregistrés à la date de calcul du résultat ;

– et inversement, soient déjà enregistrés, alors qu'ils concernent l'exercice suivant.

Il faut donc ajuster les charges et les produits à l'inventaire ; et aussi, par voie de conséquence, au début de l'exercice suivant.

Pour effectuer ces **ajustements**, on utilise des comptes :

– **d'actif** : **charges constatées d'avance et produits à recevoir ;**

– **de passif** : **charges à payer et produits perçus d'avance.**

Dans ce chapitre on abordera également la question des **provisions pour congés payés** qui s'apparente aux charges à payer.

1 ▶ Les comptes d'actif : charges constatées d'avance et produits à recevoir

A. Généralités

• A la clôture de l'exercice N, il y a lieu de **créditer** :

– *des comptes de charges* pour les montants correspondant à des charges enregistrées (décaissées au cours de l'exercice N, mais qui doivent être imputées à l'exercice (N+1) ;

– *des comptes de produits* de l'exercice N qui seront enregistrées (encaissés) au cours de l'exercice (N+1).

• En contrepartie de ces crédits, il faut **débiter** *des comptes d'actif du bilan*

Comptes de **créances**	4098. RRR à obtenir 4181. Clients - Factures à établir 4287. Personnel - Produit à recevoir 4387. Organismes sociaux - Produits à recevoir 4487. Etat - Produits à recevoir 4687. Divers - Produits à recevoir
Compte de **régularisation** (bas de bilan)	486. Charges constatées d'avance

• **Conclusion :**

Débit de comptes d'ACTIF (créances ou régularisation)	↔	CRÉDIT de comptes de - PRODUITS[1] (imputation) - CHARGES (annulation)

[1] ou de charges soustractives : 609 - RRR obtenus sur achats.

B. Les charges constatées d'avance

1. Définition

Il s'agit de charges *enregistrées au cours de l'exercice N*, mais qui sont *imputables*, en totalité ou en partie à *l'exercice suivant (N+1)*.

2. Comptabilisation

Il faut donc « extraire » de l'exercice N (pour l'annuler) la charge relative à l'exercice suivant et la faire supporter par cet exercice (N+1).

Exemple 1

• **Le thème** : Une entreprise a souscrit le 01-04-N un contrat d'assurances couvrant certains risques jusqu'au 31-03-(N+1) ; montant : 6 000 € ; la prime a été versée en totalité le 01-04-N, pas de T.V.A.

• **Le paiement de la prime** :

		Débit	Crédit
	01-04-N		
616 Primes d'assurances		6 000	
	512 Banque		6 000

• **Le constat** :
Cette charge ne concerne *l'exercice N* que pour *9 mois*, soit 6 000/12 × 9 = 4 500, et concerne *l'exercice (N+1)* pour *3 mois* soit : 6 000/12 × 3 = 1 500.

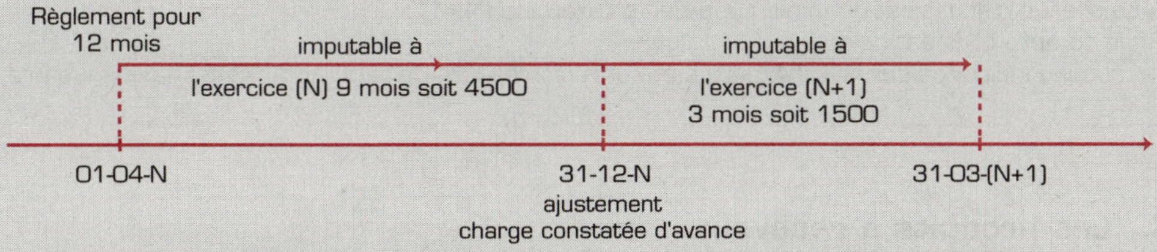

• **L'ajustement à la fin de l'exercice N** :

			Débit	Crédit
		31-12-N		
Compte de **régularisation** actif	486 Charges constatées d'avance		1 500	
annulation d'une partie de la **charge**		616 Primes d'assurances		1 500

Le compte **616** reste donc bien débiteur de 4 500, ce qui correspond bien à la charge à imputer à l'exercice N.

• **La contre passation au début de l'exercice (N+1)** :

01-01-N+1		
616 Primes d'assurances	1 500	
486 Charges constatées d'avance		1 500

- une charge de 1 500 est donc bien imputée à l'exercice (N+1) ;
- le compte **486** est soldé.

Exemple 2

• **Le thème** : une entreprise a reçu et comptabilisé une facture d'achat de marchandises le 20-12-N ; montant net à payer : 2 392 TTC. La livraison des marchandises s'effectuera le 15-11-(N+1).

• **La comptabilisation de la facture** :

20-12-N		
607 Achats de marchandises	2 000	
44566 État, TVA déductible sur ABS	392	
401 Fournisseurs		2 392

• **Le constat** : la marchandise n'étant pas entrée en stock, *le débit du compte Achat doit être annulé pour l'exercice N* et transféré sur l'exercice (N+1).

• **L'ajustement à la fin de l'exercice (N)** :

	31-12-N		
Compte de **régularisation** actif ←	**486** Charges constatées d'avance	2 000	
annulation de la **charge** ←	**607** Achats de marchandises		2 000

• **La contrepassation au début de l'exercice (N+1)** :

01-01-N+1		
607 Achats de marchandises	2 000	
486 Charges constatées d'avance		2 000

• La charge d'achat est donc bien imputée à l'exercice (N+1) :
- le compte **486** est soldé ;
- aucune incidence sur la T.V.A. : elle a été enregistrée lors de la comptabilisation de la facture.

C. Les produits à recevoir

1. Définition

Il s'agit de *produits* qui ne seront *enregistrés qu'au cours de l'exercice suivant (N+1)* mais qui sont *imputables*, en totalité ou en partie, *à l'exercice* N qui se termine.

2. Comptabilisation

Il faut donc *enregistrer* à l'inventaire (N), *les produits qui concernent cet exercice N* et sans incidence sur l'exercice suivant (N+1).

Exemple 1

• **Le thème** : une entreprise a effectué, le 20-12-N, une opération de courtage ; la note qui s'élève à 2 400 HT ne sera adressée que le 15-01-(N+1).

• **Le constat** : la note n'est pas encore adressée au moment de l'inventaire du 31-12-N ; le produit correspondant n'a pas été enregistré ; *il faut le comptabiliser pour l'imputer à l'exercice N.*

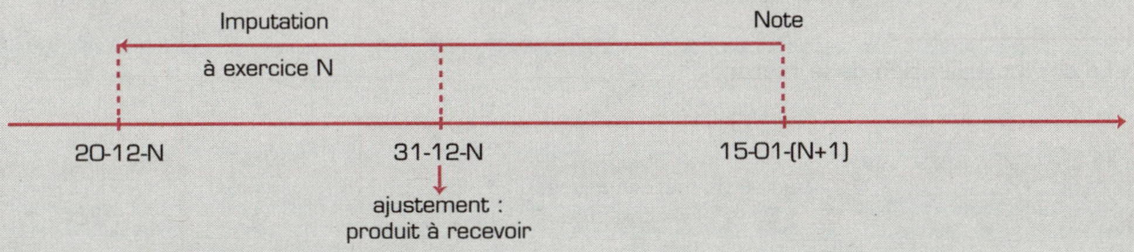

• **L'ajustement à la fin de l'exercice N** :

	31-12-N	Débit	Crédit
Compte de **créances** ←	4687 Divers. Produits à recevoir	2 870,40	
Imputation du **produit** ←	7082 Commissions et courtages		2 400
Compte **d'attente** ←	44587 TVA sur facture à établir		470,40

• **La contrepassation au début de l'exercice (N+1)** :

01-01-N+1	Débit	Crédit
7082 Commissions et courtages	2 400	
44587 TVA sur facture à établir	470,40	
4687 Divers = Produits à recevoir		2 870,40

• **La comptabilisation de la note :**

15-01-N+1	Débit	Crédit
467 Autres comptes débiteurs	2 870,40	
7082 Commissions et courtages		2 400
44571 État - TVA collectée		470,40

Les comptes 4687, 44587 et 7082 (pas de produit en N+1) sont soldés.

Exemple 2

– **Le thème** : une entreprise a livré, le 20-12-N 10 764 € TTC de marchandises ; la facture ne sera adressée au client que le 15-01-(N+1).

– **Le constat à l'inventaire** : les marchandises ne sont plus en stock au 31-12-N ; *leur vente doit dont être enregistrée*, même si la facture n'est pas encore adressée.

– **L'ajustement à la fin de l'exercice N** :

	31-12-N	Débit	Crédit
Compte de **créances** ←	4181 Clients - Factures à établir	10 764	
Imputation du **produit** ←	707 Ventes de marchandises		9 000
Compte **d'attente** ←	44587 TVA sur factures à établir		1 764

- le compte **4181**, est tenu TVA incluse comme le compte **411** clients ;
- le compte **44587** correspond à une TVA collectée future.

• **La contrepassation au début de l'exercice (N+1)** :

	Débit	Crédit
01-01-N+1		
707 Ventes de marchandises	9 000	
44587 TVA sur facture à établir	1 764	
4181 Clients - Factures à établir		10 764

• **La comptabilisation de la facture** :

	Débit	Crédit
15-01-N+1		
411 Clients	10 764	
707 Ventes de marchandises		9 000
44571 États - TVA collectée		1 764

Les comptes **4181**, **44587** et **707** (pas de produit en N+1) sont soldés.

D. Les rabais, remises et ristournes à obtenir

1. Définition

Il s'agit de rabais, remises et ristournes obtenues d'un fournisseur *au cours de l'exercice N alors que l'avoir correspondant ne sera reçu qu'au cours de l'exercice suivant (N+1)*.

On peut noter que les RRR à obtenir s'apparentent aux *produits à recevoir*, même si leur traitement met en œuvre un compte de charges soustractive **609**. Rabais, remises et ristournes obtenus sur achats.

2. Comptabilisation

Il faut *enregistrer le rabais, la remise ou la ristourne à l'inventaire de l'exercice N*, même si l'avoir correspondant n'est pas encore parvenu.

Exemple

• **Le thème** : Une entreprise a obtenu, en décembre N, une promesse de rabais de 2 400 € HT sur une facture de novembre N, en raison d'un lot de marchandises défectueux, l'avoir correspondant ne sera reçu qu'en janvier (N+1).

• **Le constat** : l'avoir n'étant pas encore reçu, *il faut enregistrer le rabais à l'inventaire N* pour l'imputer à cet exercice N.

• **L'ajustement à la fin de l'exercice N** :

		Débit	Crédit
	31-12-N		
Compte de **créances**	4098 Fournisseurs - RRR à obtenir et autres avoirs non encore reçus	2 990	
Imputation de la **charge soustractive**	6097 RRR obtenus sur achats de marchandises		2 500
Compte **d'attente**	44586 TVA sur factures non parvenues		490

• **La contrepassation au début de l'exercice (N+1) :**

01-01-N+1		
6097 RRR obtenus sur achats marchandises	2 500	
44586 TVA sur factures non parvenues	490	
4098 Fournisseurs - RRR à obtenir et autres avoirs non encore reçus		2 990

• **L'enregistrement de l'avoir** :

janvier N+1		
401 Fournisseurs	2 990	
6097 RRR. obtenus sur achats de marchandises		2 500
44566 Etat, TVA déductible sur ABS		490

Les comptes **4098**, **44586** et **6097** (pas de charge soustractive en N+1) sont soldés.

2 ▶ Les comptes de passif : charges à payer et produits perçus d'avance

A. Généralités

• A la clôture de l'exercice N, il y a lieu de **débiter** :

– *des comptes de charges* pour des montants correspondant à des charges imputables à l'exercice N, mais qui seront constatées (décaissées) au cours de l'exercice (N+1).

– *des comptes de produits* pour des produits constatées (encaissés) au cours de l'exercice N, mais qui sont imputables à l'exercice (N+1).

• En contrepartie de ces débits, il faut **créditer** *des comptes de Passif du bilan* :

Comptes de **dettes** :
- 4081. Fournisseurs - Factures non parvenues
- 4198. RRR à accorder
- 4286. Personnel - Autres charges à payer
- 4386. Organismes sociaux - Autres charges à payer
- 4486. Etat - Charges à payer
- 4686. Divers - Charges à payer

Compte de **régularisation** (bas de bilan) :
- 487. Produits constatées d'avance

• **Conclusion**

DÉBIT de comptes de		CRÉDIT de comptes de PASSIF
- charges[1] (imputation) - produits (annulation)	◀——▶	(dettes ou régularisation)

[1] ou de produits soustractifs : 709 - RRR accordés sur ventes.

B. Les charges à payer

1. Définition

Il s'agit de charges *qui ne seront enregistrées qu'au cours de l'exercice suivant (N+1)*, mais qui sont *imputables*, en totalité ou en partie, à *l'exercice N* qui se termine.

2. Comptabilisation

Il faut donc enregistrer à la fin de l'exercice N la charge qui concerne cet exercice, de manière à ne pas la faire supporter par l'exercice suivant (N+1).

Exemple 1

- **Le thème** : Le 31-12-N, une entreprise évalue sa consommation d'électricité de décembre N à 450 € HT. La facture correspondante ne sera reçue qu'en janvier (N+1).
- **Le constat** ; A l'inventaire N, la facture, non encore reçue, n'est donc pas, bien entendu, enregistrée. *Il faut donc imputer la charge correspondante à l'exercice N.*

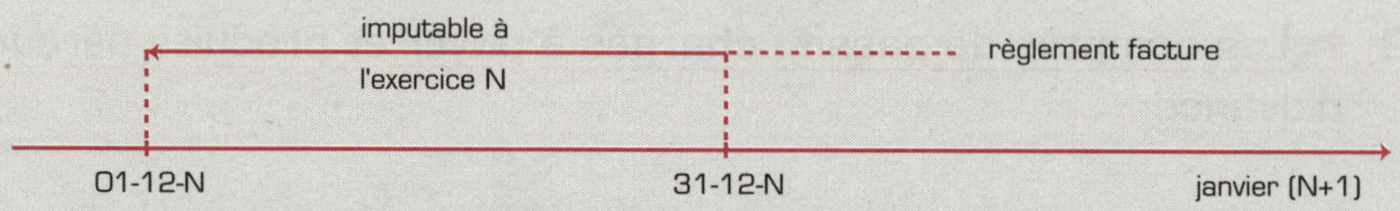

- **L'ajustement à la fin de l'exercice N** :

	31-12-N		
Imputation de la **charge**	6061 Achats de fournitures non stockables	450	
Compte **d'attente**	44586 TVA sur factures non parvenues	88,20	
Compte de **dettes**	4081 Fournisseurs - Factures non parvenues		538,20

- **La contrepassation au début de l'exercice (N+1)** :

01-01-N+1		
4081 Fournisseurs - Factures non parvenues	538,20	
6061 Achats de fournitures non stockables		450
44586 TVA sur factures non parvenues		88,20

- **L'enregistrement de la facture** :

Janvier N+1		
6061 Achats de fournitures non stockables	450	
44566 État, TVA déductible sur ABS	88,20	
401 Fournisseurs		538,20

- le compte 6061 est soldé pour l'exercice (N+1) ;
- les comptes 4081 et 44586 sont soldés.

Exemple 2

- **Le thème :** Une entreprise a reçu le 20-12-N un lot de marchandises, mais la facture du fournisseur ne sera adressée que le 15-01-(N+1) ; montant prévu (suivant catalogue) : 2 500 € HT.
- **Le constat** *à l'inventaire* : La marchandise qui a été livrée fait partie du stock : *l'achat correspondant doit donc être enregistré*, même si la facture n'est pas encore parvenue.
- **L'ajustement à la fin de l'exercice N** :

	31-12-N		
Imputation de l'**achat** ←	607 Achats de marchandises	2 500	
Compte **d'attente** ←	44586 TVA sur factures non parvenues[1]	490	
Compte de **dettes** ←	4081 Fournisseurs - Factures non parvenues		2 990

[1] la facture n'étant pas parvenu. Il n'y a pas encore déductibilité de la TVA.

- **La contrepassation au début de l'exercice (N+1)** :

01-01-N+1		
4081 Fournisseurs. Factures non parvenues	2 990	
607 Achats de marchandises		2 500
44586 TVA sur factures non parvenues		490

- **L'enregistrement de la facture** :

15-01-N+1		
607 Achats de marchandises	2 500	
44566 État, TVA déductible sur ABS	490	
401 Fournisseurs		2 990

- le compte **607** est soldé pour l'exercice (N+1) ;
- les comptes **4081** et **44586** sont soldés.

C. Les produits constatés d'avance

1. Définition

Il s'agit de produits *enregistrés au cours de l'exercice N*, mais qui sont *relatifs*, en totalité ou en partie, *à l'exercice suivant (N+1)*.

2. Comptabilisation

Il faut donc « extraire » de l'exercice N (pour l'annuler) le produit relatif à l'exercice suivant et en faire bénéficier cet exercice (N+1).

Exemple 1

- **Le thème** : Une entreprise a encaissé le 01-10-N le montant d'une redevance sur brevet et dont elle a concédé l'exploitation : 3 000 € HT pour la période du 01-10-(N) au 31-09-(N+1).
- **L'encaissement de la redevance** :

	01-10-N		
512 Banques		3 588	
	7511 Redevances pour brevet		3 000
	44571 État, TVA collectée		588

- **Le constat** :

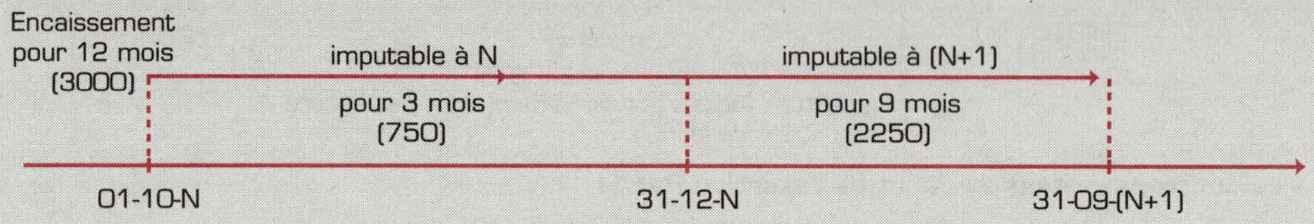

- **L'ajustement à la fin de l'exercice N** :

		31-12-N		
annulation d'une partie du **produit** ←	7511 Redevances pour brevets		2 250	
compte de **régularisation** passif ←		487 Produits constatés d'avance		2 250

- **La contrepassation au début de l'exercice (N+1)** :

	01-01-N+1		
487 Produits constatés d'avance		2 250	
	7511 Redevances pour brevet		2 250

- le compte **487** est soldé ;
- le produit est imputée de 2 250 pour l'exercice (N+1).

Exemple 2

- **Le thème** : Une entreprise a adressé et enregistré une facture, correspondant à une vente de marchandises, le 15-12-N ; montant : 6 000 € HT ; la marchandise sera livrée le 31-01-(N+1).
- **L'enregistrement de la facture** :

	15-12-N		
411 Clients		7 176	
	707 Ventes de marchandises		6 000
	44571 État, TVA collectée		1 176

- **Le constat** : La marchandise n'étant pas livrée, elle est toujours en stock à l'inventaire de l'exercice N ; *il faut donc annuler cette vente pour l'exercice N* et la transférer à l'exercice (N+1).
- **L'ajustement à la fin de l'exercice N** :

		31-12-N		
annulation du **produit** pour N ←	707 Ventes de marchandises		6 000	
compte de **régularisation** passif ←		487 Produits constatés d'avance		6 000

• **La contrepassation au début de l'exercice (N+1)** :

01-01-N+1			
487	Produits constatés d'avance	6 000	
	707 Ventes de marchandises		6 000

- la vente est donc bien imputée à l'exercice (N+1) ;
- le compte 487 est soldé.

D. Les rabais, remises et ristournes à accorder

1. Définition

Il s'agit de *rabais, remises et ristournes accordés* à un client *au cours de l'exercice N*, alors que l'avoir correspondant ne sera établi et *envoyé qu'au cours de l'exercice suivant (N+1)*.

On peut noter que les RRR à accorder s'apparentent aux charges à payer, même si leur traitement met en œuvre un compte de produits soustractifs 709 RRR accordés sur ventes.

2. Comptabilisation

Il faut enregistrer le rabais, la remise ou la ristourne à l'inventaire de l'exercice N, même si l'avoir correspondant n'est pas encore établi.

Exemple

• **Le thème** : Une entreprise a promis, en décembre N d'accorder à un client un rabais de 800 € HT, sur une facture de novembre, en raison d'un lot de marchandises défectueux ; l'avoir correspondant ne sera établi qu'en janvier (N+1).
• **Le constat** : l'avoir n'étant pas encore établi, *il faut enregistrer le rabais à l'inventaire N* de façon qu'il soit imputé à cet exercice N.
• **L'ajustement à la fin de l'exercice N** :

	31-12-N		
Imputation du **produit soustractif** ←	7097 RRR accordés sur ventes marchandises	800	
Compte **à attente** ←	44587 TVA sur factures à établir	156,80	
Compte de **dettes** ←	4198 Clients - RRR à accorder et autres avoirs établir		956,80

• **La contrepassation au début de l'exercice (N+1)** :

01-01-N+1			
4198	Clients - RRR à accorder et autres avoirs à établir	956,80	
	7097 RRR accordés sur ventes marchandises		800
	44587 TVA sur factures à établir		156,80

• **L'enregistrement de l'avoir :**

	Janvier N+1		
7097 RRR accordés sur ventes marchandises		800	
44571 État - TVA collectée		156,80	
	411 Clients		956,80

Les comptes **4198**, **44587** et **7097** (pas de produit soustractif en N+1) sont soldés.

3 ▶ Les provisions pour congés payés

Cette expression « provisions pour congés payés » est trompeuse : **comptablement, il s'agit d'une simple charge à payer**. La période légale de calcul des congés payés s'étend du 1er juin N au 31 mai N+1. Si la date de fin d'exercice est le 31-12, les salariés ont à cette date acquis pendant 7 mois des droits à congés payés : cela se traduit pour l'entreprise par une ***charge*** et une ***dette*** enregistrées ainsi (la charge doit être incluse dans les charges de l'exercice N qui se termine, comme toute charge à payer) :

	31-12-N	
6412 Congés payés		→ charge, subdivision de **641** : « rémunérations du personnel »
	4282 Dettes provisionnées [1] pour congés à payer	→ dette, subdivision de **428** : « personnel, charges à payer »

[1] D'où l'expression « provisions » pour congés payés ; provisionnées signifie ici : prévisibles.

Puis selon le schéma classique de contrepassation au début de l'ex. N+1 :

	01-01-N+1
4282 Dettes provisionnées pour congés à payer	
	6412 Congés payés contre-passation

Exemple

Thème

À l'inventaire du 31-12-N, on a calculé que les droits acquis par les salariés depuis le 1er juin, au titre des congés payés, s'élèvent à 68 000 €.

Ajustement

	31-12-N		
6412 Congés payés		68 000	
	4282 Dettes provisionnées pour congés à payer		68 000
	01-01-N+1		
4282 Dettes provisionnées pour congés à payer		68 000	
	6412 Congés payés contre-passation		68 000

À RETENIR

Principe d'indépendance des exercices : il faut rattacher à chaque exercice les produits et les charges qui le concernent, et eux seuls. D'où nécessité d'ajustement à l'inventaire.

Charges constatées d'avance : charges enregistrées en N, mais qui concernent – tout ou partie – N+1 ; *ex.* : facture d'achat enregistrée en N, mais marchandises non encore parvenues fin N.

Produits constatés d'avance : produits enregistrés en N, mais qui concernent – tout ou partie – N+1 ; *ex.* : facture de vente en registrée en N, mais marchandises non encore livrées fin N.

Charges à payer : charges qui concernent – tout ou partie – N, mais qui ne seront enregistrées qu'en N+1 ; *ex.* : marchandises reçues, mais facture non encore parvenue fin N.

Produits à recevoir : produits qui concernent – tout ou partie – N, mais qui ne seront enregistrés qu'en N+1 ; *ex.* : marchandises livrées, mais facture non encore établie fin N.

Les conseils

1.➤ Bien noter les quatre grands « classiques » :
- facture reçue sans la marchandise → charge constatée d'avance
- facture envoyée sans la marchandise → produit constaté d'avance
- marchandise reçue sans la facture → charge à payer
- marchandise livrée sans la facture → produit à recevoir

2.➤ Faire très attention aux dates : tant de mois d'avance, tant de mois à payer…

3.➤ En cas d'hésitation, se situer à la date de fin d'exercice, et analyser la situation ; par exemple :
- le 1er avril N, on a payé 12 mois d'assurance → donc 3 mois d'avance pour N+1 ;
- le 31-12, on n'a pas encore reçu la facture relative à des travaux d'entretien faits en décembre → charge à payer.

4.➤ Achats intracommunautaires : penser à utiliser les comptes spécifiques.

5.➤ Bien voir que :
- **44586** représente une *future* TVA déductible,
- **44587** représente une *future* TVA collectée.

6.➤ En cas de difficulté en ce qui concerne **44586** et **44587** :
- achats et ventes fonctionnent HT,
- clients et fournisseurs fonctionnent TTC,
- et donc, la TVA équilibre l'écriture.

7. ➤ RRR à accorder et RRR à recevoir : les comptes **44586** et **44587** fonctionnent en sens inverse du sens habituel, car ils enregistrent une future *diminution* de TVA (déductible pour **44586**, collectée pour **44587**).

4 ▶ Applications

VRAI/FAUX

Les affirmations suivantes sont-elles vraies ou fausses ?

1. On n'enregistre pas une facture reçue sans la marchandise. Vrai Faux

2. On n'enregistre pas davantage une réception de marchandises si la facture n'est pas parvenue. Vrai Faux

3. Une charge déjà payée en partie pour le prochain exercice est une charge à payer. Vrai Faux

4. Une charge déjà payée en partie pour le prochain exercice est une charge constatée d'avance. Vrai Faux

5. Le compte **486** figure au passif du bilan. Vrai Faux

6. Le compte **486** ne figure pas au bilan. Vrai Faux

7. Le compte **486** figure au bilan dans la rubrique « Créances ». Vrai Faux

8. Le compte **487** figure au passif du bilan. Vrai Faux

9. Les charges et les produits : à payer, à recevoir, constatés d'avance, n'influent pas sur le résultat. Vrai Faux

10. Les comptes suivants sont prévus par le PCG : **4081** – **4181** – **44586** – **44587**. Vrai Faux

11. Les rabais, remises et ristournes (RRR) à accorder ne s'enregistrent pas. Vrai Faux

12. À l'inverse, il faut comptabiliser les RRR à obtenir. Vrai Faux

13. Le compte **44586** représente une future TVA déductible. Vrai Faux

14. Le compte **44587** représente une future TVA déductible. Vrai Faux

15. La « provision pour congés payés » est une banale charge à payer. Vrai Faux

EXERCICE 18.01

Thème : Charges et produits constatés d'avance. Charges à payer et produits à recevoir

L'entreprise VAUGINES a réalisé, dans les derniers mois de l'exercice N, les opérations suivantes :

1. Règlement, le 01-09, d'une prime d'assurance couvrant une période de 12 mois : 18 000 € (pas de TVA).

2. Encaissement, le 02-11, de la redevance annuelle d'un brevet, redevance qui s'élève à 6 000 € HT par mois et qui doit normalement être perçue le 1er de chaque mois.

3. Du personnel intérimaire a été utilisé en décembre ; coût : 3 000 € HT ; la facture n'est parvenue que le 25-01-N+1.

4. Un entrepôt a été loué pour les 3 derniers mois de N à une autre entreprise : 1 600 € HT par mois ; la facture n'a été envoyée que le 15-01-N+1.

Travail à faire

Passer, en N et en N+1, les écritures relatives à ces opérations.

Nota : l'exercice comptable coïncide avec l'année civile.

EXERCICE 18.02

Thème : Charges et produits constatés d'avance. Charges à payer et produits à recevoir. RRR à accorder et à obtenir. Opérations intracommunautaires

L'entreprise VÉNASQUE a réalisé, dans les derniers mois de l'exercice N, les opérations suivantes :

1. Réception, le 20-12, d'une facture d'achat de marchandises : 1 196 € TTC ; ce lot n'a pas encore été réceptionné le 31-12.

2. Règlement, le 01-09, d'une prime d'assurance couvrant 12 mois : 12 000 € (pas de TVA).

3. Envoi à un client, le 15-12, d'une facture de ventes de marchandises : 5 980 € TTC ; ces dernières seront expédiées en janvier N+1.

4. Réception, le 01-11, de la redevance pour 1 an d'un brevet dont l'exploitation a été concédée ; cette redevance s'élève à 25 000 € HT par mois, et doit normalement être perçue le 1er de chaque mois.

5. Réception, le 12-12, d'un lot de marchandises valant 3 000 € HT ; et de la facture correspondante, le 10-01-N+1.

6. On a utilisé en décembre les services d'un chauffeur intérimaire ; coût : 3 500 € HT charges comprises ; la facture est reçue le 13-01-N+1.

7. On a livré, le 12-12, des marchandises pour un montant de 8 970 € TTC ; la facture est envoyée le 27-01-N+1.

8. On a effectué en décembre, à titre exceptionnel, une opération de courtage ; la note, s'élevant à 3 500 € HT, est envoyée au débiteur le 31-01-N+1.

exos

9. Après avoir envoyé à un client, le 20-12, une facture de ventes de marchandises s'élevant à 110 000 € HT, on accepte de lui accorder une remise de 10 % ; l'avoir est établi le 21-01-N+1.

10. Après avoir enregistré, le 15-12, une facture d'achats de marchandises s'élevant à 120 000 € HT, on obtient du fournisseur un rabais de 15 % ; l'avoir est reçu le 21-01-N+1.

11. On a reçu le 01-12 une livraison de marchandises estimée à 5 000 € HT ; la facture ne nous est adressée que le 31-01-N+1 par le fournisseur espagnol.

Travail à faire

Passer en N et N+1, les écritures relatives à ces opérations (si deux solutions existent, choisir la plus rapide). *Nota : l'exercice comptable coïncide avec l'année civile.*

Téléchargez gratuitement tous les corrigés des exercices, ainsi que les exercices complémentaires sur le site Internet : www.expertisecomptable-foucher.com

CHAPITRE 19

Les opérations de désinvestissement et leur régularisation

Plan

▶ Les cessions d'éléments d'actif *échappant au cycle normal d'exploitation* « stocks-créances » sont l'objet de ce chapitre. Il s'agit de :

– *cessions d'immobilisations* qui doivent être considérées comme des opérations *de caractère exceptionnel* ;

– *cessions de titres* qui se rattachent aux *opérations financières* de l'entreprise.

Ces opérations sont effectuées dans le courant d'un exercice, mais sont traitées dans cette partie consacrée aux travaux d'inventaire pour tenir compte de leur incidence sur ces travaux et des régularisations qui en découlent.

Remarque. Sauf indication contraire l'entreprise sera considérée comme ayant un prorata de TVA de 100 % (voir Chapitre 11), et les immobilisations comme soumises au taux normal de TVA de 19,60 %.

1 ▶ Cession d'immobilisations non financières

Une entreprise peut être amenée à céder certaines de ses immobilisations, c'est-à-dire à procéder à des opérations de *désinvestissement*, généralement accompagnées d'une autre acquisition : remplacement d'un matériel par un matériel neuf identique ou plus performant.

A. Cession d'une immobilisation non amortissable

1. Principes

L'analyse comptable de ce type d'opération peut se présenter ainsi :

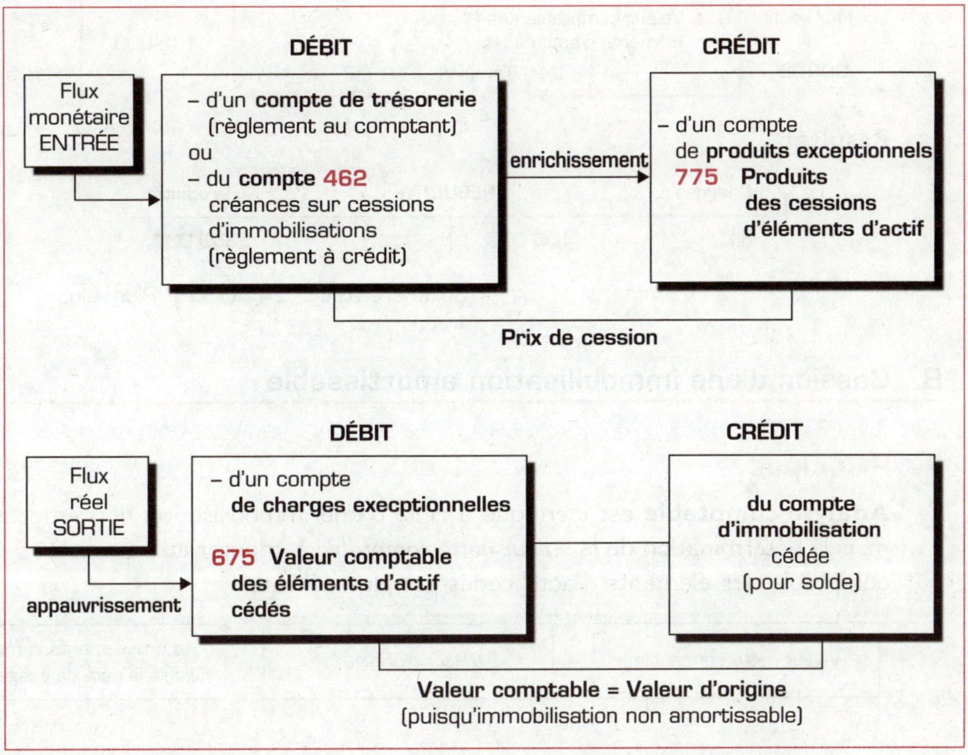

Ce double enregistrement a une incidence sur le Résultat.

Charges	RÉSULTAT		Produits
675	A	B	775

Deux cas peuvent se présenter :

– **A > B** : opération génératrice *de perte* → **moins-value**

– **A < B** : opération génératrice *de bénéfice* → **plus-value**

2. Exemple

▶ **Thème**

Le 25 septembre N, une entreprise a cédé pour 350 000 € un terrain (règlement par chèque bancaire) qu'elle avait acquis 105 000 € le 1er octobre N-1.

Enregistrement comptable

		25-09-N		
Flux financier	512 Banque		350 000	
ENTRÉE		775 Produits des cessions d'éléments d'actif		350 000
		d°		
Flux réel	675 Valeur comptable des éléments d'actif cédés		105 000	
SORTIE		211 Terrains		105 000

Résultat

Charges		Produits	
	RÉSULTAT		
675	105 000	775	350 000

Solde créditeur : 245 000 → Plus-value

B. Cession d'une immobilisation amortissable

1. Principes

Analyse comptable est identique à celle d'une immobilisation non amortissable, mais la détermination de la *valeur nette comptable* à imputer au compte **675** Valeur comptable des éléments d'actif cédés est plus délicate.

Valeur nette comptable	=	Valeur d'origine	–	Amortissements cumulés jusqu'à la date de cession (1)

(1)

Amortissements cumulés jusqu'à la date de cession	=	Amortissements cumulés jusqu'à la date du dernier inventaire précédant la cession	+	**Dotation aux amortissements complémentaire** de la date du dernier inventaire jusqu'à la date de cession

– Flux financier ENTRÉE : *identique* à celui de l'analyse dans le cas d'une immobilisation non amortissable (Paragraphe 1).

– Flux réel SORTIE :

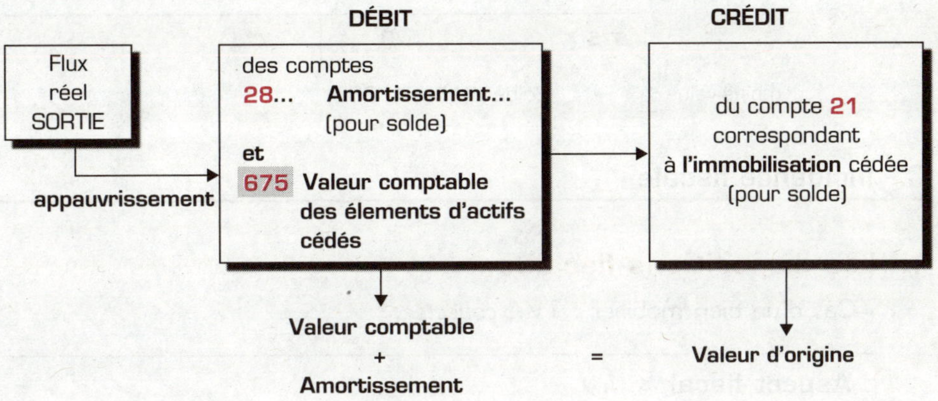

Incidence sur le Résultat : *identique* à celle de l'analyse dans le cas d'une immobilisation non amortissable (Paragraphe 1).

2. Exemple

▶ Thème

Un mobilier de bureau acquis 1 800 € HT le 1er juillet N-7 est cédé pour 210 € le 30 avril N (règlement le 31 mai N). Ce mobilier est amorti suivant le système de l'amortissement constant, taux 10 %.

▶ Comptabilisation

		Débit	Crédit
	30-04-N		
Flux financier ENTRÉE	462 Créances sur cession immobilisations	210	
	775 Produits des cessions d'éléments d'actif		210
	d°		
Dotation complémentaire [1]	68112 Dotation aux amortissements sur immobilisations corporelles	60	
	28184 Amortissement mobilier		60
	d°		
Flux réel SORTIE	28184 Amortissement mobilier [2]	1 230	
	675 Valeur comptable des éléments d'actif cédés	570	
	2184 Mobilier de bureau		1 800

1 Dotation complémentaire : 1 800 × 0,10 × 4/12 = 60

2 **Solde** du compte d'amortissement : 1 230

Amortissements jusqu'au 31-12-N-1 : 1 800 × 0,10 × 6,5 = 1 170

\+ Dotation complémentaire 60

Remarque. En principe, seule la première écriture est passée à la date de la cession, les deux suivantes le sont à la date de l'inventaire suivant la cession.

Résultat

Charges	RÉSULTAT		Produits
675	570	775	210

moins-value → Solde débiteur : 360

C. Incidence fiscale

1. Les dispositions fiscales

- Cas d'un bien mobilier : *TVA collectée*.

Aspect fiscal

Champ d'application : il s'agit de *biens mobiliers d'investissement* : matériels et outillages industriels, matériels de transport, matériels et mobiliers de bureau, etc.

Principe : depuis le 1er janvier 1990, la cession entraîne *une collecte de TVA au taux normal de 19,60 %* quelle que soit l'identité de l'acquéreur.

Exemple

L'entreprise Modif cède à l'entreprise Réform un micro-ordinateur au prix de 2 000 € HT ;

TVA : 2 000 × 0,196 = 392 → TVA collectée pour Modif ; → TVA déductible pour Réform

- Cas d'un immeuble bâti : *TVA à reverser*.

Champ d'action : il s'agit *des bâtiments*.

Aspect fiscal

Principe : une entreprise qui cède une construction avant le commencement de la 19e année qui suit celle de l'acquisition doit *reverser à l'État une partie de la TVA déductible* dont elle avait bénéficié à l'acquisition de cette construction.

$$\text{TVA à reverser} = \text{TVA déductible} - \text{TVA déductible} \times n/20$$

avec n : nombre d'années civiles ou de fractions d'années civiles écoulées entre la date d'acquisition et la date de cession.

Exemple

Le 1er octobre N, l'entreprise Jiho cède à l'entreprise Ivert un immeuble acquis 800 000 € HT à sa construction le 1er avril N-3.

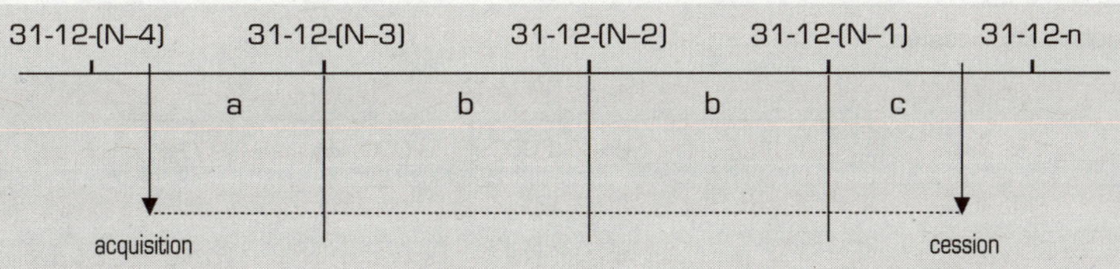

a = une fraction d'année civile
b = une année civile } n = 4
c = une fraction d'année civile

TVA déductible : 800 000 × 0,196 = 156 800
TVA à reverser : 156 800 – 156 800 × 4/20 = 125 440

TVA de 94 080 → TVA à reverser pour Jiho
TVA de 94 080 → TVA déductible pour Ivert

2. La comptabilisation

Exemple 1

Thème : Cas d'un bien mobilier

Le 1er mars N, l'entreprise Valle cède à l'entreprise Isaire divers mobiliers de bureau acquis 60 000 € HT le 1er septembre N-5 et amortis sur 10 ans en système linéaire.

Prix de cession : 20 000 € HT. Règlement par chèque bancaire.

Enregistrement comptable chez le vendeur Valle :

		Débit	Crédit
	01-03-N		
	512 Banque	23 920	
	775 Produits des cessions d'éléments d'actif		**20 000**
	44571 État, TVA collectée 20 000 × 0,196		3 920
	d°		
	68112 Dotation aux amortissements sur immobilisations corporelles	1 000	
1	28184 Amortissement mobilier		1 000
	d°		
2	28184 Amortissement mobilier [2]	27 000	
	675 Valeur comptable des éléments d'actif cédés	**33 000**	
	2184 Mobilier de bureau		60 000

[1] Dotation complémentaire : 60 000 × 0,10 × 2/12 = 1 000
[2] Solde du compte **28184** :
Amortissement jusqu'au 31-12-N-1 : 60 000 × 0,10 × 52/12 = 26 000
Dotation complémentaire = 1 000
27 000

Résultat sur cession

D	RÉSULTAT	C
675 →	33 000 | 20 000	← 775

Moins value de 13 000 ← Solde débiteur : 13 000

Enregistrement comptable chez l'acheteur Isaire :

		01-03-N		
2184		Mobilier	**20 000**	
44562		État, TVA déductible sur immobilisations	3 920	
	512	Banque		23 920

Exemple

Thème : Cas d'un immeuble bâti

le 1er avril N, l'entreprise Carpi cède à l'entreprise Lemer un immeuble acquis 1 200 000 € HT à sa construction le 1er juillet N-2 et amorti sur 20 ans en système linéaire. Règlement par chèque bancaire de 1 699 920 € (TVA comprise).

Enregistrement comptable chez le vendeur Carpi :

			01-04-N		
	512		Banque	1 699 920	
		775	Produits des cessions d'éléments d'actif		**1 699 920**
			d°		
1	675		Valeur comptable des éléments d'actif cédés	**199 920**	
		44551	État, TVA à décaisser		199 920
			d°		
2	68112		Dotations aux amortissements sur immobilisations corporelles	15 000	
		2813	Amortissement des constructions		15 000
			d°		
3	2813		Amortissement des constructions	105 000	
	675		Valeur comptable des éléments cédés	**1 095 000**	
		213	Constructions		1 200 000

1 La TVA à reverser entraîne une augmentation du coût d'acquisition, donc de la valeur comptable nette de l'immobilisation cédée

TVA déductible à l'acquisition : 1 200 000	× 0,196	=	235 200
TVA à reverser : 235 200 – 235 200	× 3/20	=	199 920
2 Dotation complémentaire : 1 200 000	× 0,05 × 3/12	=	15 000
3 Solde du compte 2813 :			
Amor. jusqu'au 31-12-N– 1 : 1 200 000	× 0,05 × 1,5	=	90 000
Dotation complémentaire		=	15 000
			105 000

Résultat sur cession

D	RÉSULTAT	C
675 → 1 294 920		1 699 920 ← 775

Solde créditeur : 405 000 → Plus-value de 405 000

Enregistrement comptable chez l'acheteur Lemer

	01-04-N		
213	Constructions	1 500 000	
44562	État, TVA déductible sur immobilisations	199 920	
512	Banque		1 699 920

D. Incidence sur les tableaux de l'annexe

1. Le principe

Les cessions d'immobilisations sont inscrites dans les tableaux de l'Annexe (*cf.* Chapitre 15).

Tableau des immobilisations

Rubriques	A	B	C	D
… …			X	

Valeur *d'origine* de l'immobilisation cédée

A = valeur brute à l'ouverture de l'exercice, B = augmentations, C = diminutions, D = valeur brute à la clôture de l'exercice.

Tableau des amortissements

Rubriques	A	B	C	D
… …			Y	

Amortissements *cumulés* de l'immobilisation cédée

A = amortissements cumulés au début de l'exercice, B = augmentations : dotations de l'exercice, C = diminutions d'amortissements de l'exercice, D = amortissements cumulés à la fin de l'exercice.

2. Exemple

Reprendre le thème de l'exemple du § C.2 (cas du bien mobilier).

Tableau des immobilisations

Rubriques	A	B	C	D
... Mobilier de bureau			60 000	

Tableau des amortissements

Rubriques	A	B	C	D
... Mobilier de bureau			27 000	

2 ▶ Cession des titres

La cession des titres se traduit par :
– l'enregistrement de deux flux : le flux monétaire ENTRÉE, le flux réel SORTIE,
– la reprise sur dépréciation dans le cas de titres dépréciés.

Cependant, *l'enregistrement comptable est différent* selon qu'il s'agit de titres :
– de la **classe 2** :
Titres de participation
Titres immobilisés
– de la **classe 5** :
Valeurs mobilières de placement (VMP).

A. Cession des titres de la classe 2

Une entreprise peut être amenée à céder des titres de participation pour des raisons diverses telles que le renoncement à une participation peu rentable, le changement de stratégie : croissance interne plutôt que croissance externe...

1. Principes

Ces titres étant des immobilisations (financières), l'enregistrement de la cession fait intervenir, comme pour la cession des autres immobilisations (*cf.* Paragraphe I.A.B) les comptes :

675 Valeur comptable d'éléments d'actif cédés

775 Produits des cessions d'éléments d'actif

De même, le Résultat dégagé par la cession est déterminé de façon comptable :

Montant du compte **775** > Montant du compte **675**	→ **Plus-value**
Montant du compte **775** < Montant du compte **675**	→ **Moins-value**

2. Exemple

▶ Thème

En N-1, la société Chardon a fait l'acquisition de 10 000 actions de la Société Lumine au cours de 210 € l'une. Elle s'assure ainsi un contrôle de cette société.

Le 15 septembre N, les dirigeants de Chardon renoncent à cette participation et revendent toutes les actions Lumine au cours de 190 € l'une ; commission bancaire : 2 % du montant de la vente : TVA au taux normal sur la commission.

À la date de la cession, la dépréciation constituée sur ces actions s'élevait à 80 000 €.

▶ Enregistrement comptable

	15-09-N		
Flux monétaire ENTRÉE	**512** Banque	1 854 552	
	6271 Frais sur titres 190 × 10 000 × 0,02	38 000	
	44566 TVA déd. sur autres biens et services 38 000 × 0,196	7 448	
	775 Produits des cessions d'éléments d'actif		**1 900 000**
	d°		
Flux réel	**675** Valeur comptable des éléments d'actif cédés	**2 100 000**	
	261 Titres de participation 210 × 10 000		2 100 000
	d°		
Reprise de la provision	**2961** Dépréciation des titres de participation	80 000	
	78662 Reprise sur dépréciation des immob. financières		80 000

▶ Résultat

D	RÉSULTAT		C
675	2 100 000	1 900 000	**775**

Moins-value ← Solde débiteur : 200 000

B. Cession de valeurs mobilières de placement

Une entreprise peut être amenée à céder des titres considérés comme valeurs mobilières de placement pour différentes raisons comme le besoin de liquidité, la spéculation à la hausse…

1. Principes

Un calcul arithmétique permet de déterminer, au préalable, le résultat de l'opération.

Des informations fournies par ce calcul extra-comptable dépend le choix du compte à utiliser. Les comptes utilisés sont :

– soit 667 **Charges nettes sur cession de VMP** ;

– soit 767 **Produits nets de cession de VMP**.

Deux cas peuvent se présenter :

Prix de cession > Prix d'acquisition → **Plus-value** → Utilisation du compte 767

Prix de cession < Prix d'acquisition → **Moins-value** → Utilisation du compte 667

Dans chacun de ces cas, le même compte (soit 667, soit 767) est utilisé aussi bien pour l'enregistrement du flux d'entrée que pour l'enregistrement du flux de sortie.

2. Exemples

Exemple 1

Thème

Un extrait de la Balance par soldes de l'entreprise CHARDON se présente ainsi au 30 septembre N :

…	…		
503	**Actions**	**24 250**	
5903	**Dépréciations des actions**		**1 250**
…	…		

Il s'agit de 50 actions X achetées 485 € l'une au cours de l'exercice N-1.

Le 15 octobre N, toutes ces actions sont cédées au cours de 450 € l'une ; commission bancaire : 4 % du montant de la vente ; TVA au taux normal sur la commission.

Détermination extra-comptable du résultat

Prix de cession < Prix d'acquisition → **Moins-value** (485 – 450) × 50 = 1 750 → Utilisation du compte 667

Enregistrement comptable

		Débit	Crédit
	30-04-N		
Flux monétaire	512 Banque	21 423,60	
	6271 Frais sur titres 450 × 50 × 0,04	900,00	
ENTRÉE	44566 TVA déd. sur autres biens et services	176,40	
	667 Charges nettes sur cessions de VMP 450 × 50		22 500,00
	d°		
Flux réel SORTIE	667 Charges nettes sur cessions de VMP	24 250,00	
	503 Actions 485 × 50		24 250,00
	d°		
	5903 Dépréciations des actions	1 250,00	
Reprise de la provision	78665 Reprises sur dépréciations des VMP		1 250,00

Résultat

Charges		RÉSULTAT	Produits
667	1 750 000		

Moins-value ← Solde débiteur : 1 750 000

Exemple 2

Thème

Un extrait de la Balance par soldes de l'entreprise Chardon se présente ainsi au 30 avril N :

...	...		
503	**Actions**	**12 380**	
5903	**Dépréciations des actions**		**280**
...	...		

Il s'agit de 20 actions Y achetées 619 € l'une au cours de l'exercice N-1. Le 18 mai N, toutes ces actions sont cédées au cours de 650 € l'une ; commission bancaire : 4 % du montant de la vente ; TVA au taux normal sur la commission.

Détermination extra-comptable du résultat

Prix de cession > Prix d'acquisition → **Plus-value (650 – 619) × 20 = 620** → Utilisation du compte 767

Enregistrement comptable

			Débit	Crédit
	18-05-N			
Flux monétaire ENTRÉE	512 Banque		12 378,08	
	6271 Frais sur titres 650 × 20 × 0,04		520,00	
	44566 TVA déd. sur autres biens et services		101,92	
		767 Produits nets sur cessions de VMP 650 × 20		13 000,00
	d°			
Flux réel SORTIE	767 Produits nets sur cessions de VMP		12 380,00	
		503 Action		12 380,00
		503 Actions		
	d°			
Reprise de la provision	5903 Dépréciations des actions		280,00	
		78665 Reprises sur dépréciations des VMP		280,00

Résultat

Charges	RÉSULTAT	Produits
	620	767

Solde créditeur : 620 ——► Plus-value

C. Estimation de la valeur de sortie du patrimoine

Le problème se pose quand une entreprise cède des titres d'une même société, *acquis à des dates différentes, donc, en principe, à des cours différents*.

Le PCG précise que « *la valeur d'entrée de la fraction cédée est estimée au prix d'achat moyen pondéré ou, à défaut, en présumant que le premier élément sorti est le premier entré* » ce qui laisse le choix entre :

– la méthode du Premier Entré, Premier Sorti (PEPS désignée aussi précédemment FIFO de l'anglais First In, First Out), plus particulièrement réservée aux Titres de participation,

– la méthode du Coût Unitaire Moyen Pondéré (CUMP) pour les autres valeurs mobilières.

1. Exemple de la méthode PEPS

▶ Thème

L'entreprise Sodec a fait l'acquisition de :

– 1 000 actions Miral au cours de 240 € le 15 mars N,

– 3 000 actions Miral au cours de 255 € le 20 octobre N,

– 1 500 actions Miral au cours de 260 € le 12 février N+1,

en vue de contrôler la société Miral.

Les dirigeants de l'entreprise Sodec renoncent à cette stratégie et cèdent le 15 mars N+1, 5 000 actions Miral au cours de 272 €.

La valeur d'entrée des titres cédés est estimée suivant la méthode PEPS.

Par souci de simplification, il ne sera pas tenu compte des frais occasionnés par la vente des titres.

Évaluation de la valeur d'entrée des titres cédés

240 × 1 000 = 240 000
255 × 3 000 = 765 000
260 × 1 000 = 260 000
1 265 000 pour 5 000 actions

Enregistrement comptable

	15-05-N+1		
512 Banque		1 360 000	
	775 Produits des cessions d'éléments d'actif 272 × 5 000		1 360 000
	d°		
675 Valeur comptable des éléments d'actif cédés		1 265 000	
	261 Titres de participation		1 265 000

2. Exemple de la méthode du CUMP

Thème

L'entreprise Chardon a fait l'acquisition, dans un but de spéculation, de :

- 60 actions Kiwi au cours de 390 € le 18 avril N,
- 100 actions Kiwi au cours de 420 € le 25 juin N,
- 40 actions Kiwi au cours de 405 € le 10 septembre N.

Le 25 octobre N, ses dirigeants décident de céder 150 actions Kiwi au cours de 392 €.

La valeur d'entrée des titres cédés est estimée suivant la méthode CUMP.

Par souci de simplification, il ne sera pas tenu compte des frais occasionnés par la vente des titres.

Évaluation de la valeur d'entrée des titres cédés

390 × 60 = 23 400
420 × 100 = 42 000
405 × 40 = 16 200
CUMP 408m × 200 = **81 600**
soit une valeur d'entrée de : 408 × 150 = 61 200.

Enregistrement comptable

		Débit	Crédit
	25-10-N		
512 Banque		58 800	
	667 Charges nettes sur cessions de VMP 392 × 150		58 800
	d°		
667 Charges nettes sur cessions de VMP		61 200	
	503 Actions		61 200

D. Incidence sur les tableaux de l'annexe

1. Principes

Les cessions de titres entraînent l'inscription :

– **au tableau des immobilisations** : pour les titres de la classe 2 enregistrés dans les Immobilisations financières ;

– **au tableau des dépréciations** : pour toutes les catégories de titres (classe 2 et classe 5) qui ont été dépréciées.

2. Exemple

Reprendre l'ensemble des trois thèmes des Sections A et B.

Tableau des immobilisations (fin N)

Rubriques	A	B	C	D
... Immobilisations financières ...			2 100 000	

Valeur d'entrée des titres de participation cédés

A = Valeur brute à l'ouverture de l'exercice, B = Augmentations, C = Diminutions, D = Valeur brute à la fin de l'exercice.

Tableau des dépréciations (fin N)

Rubriques	A	B	C	D
... ...			81 530	

Reprise sur provisions constituées sur titres cédés 80 000 + 1 250 + 280 = 81 530

A = Dépréciations au début de l'exercice, B = Augmentations : dotations de l'exercice, C = Diminutions : reprises de l'exercice, D = Dépréciations à la fin de l'exercice.

À RETENIR

- La cession d'une **immobilisation non financière** se traduit par un double flux :

– **Flux financier d'entrée**

Débit d'un compte de **trésorerie** et/ou

du compte **462** – Créances sur cessions d'immobilisations.

Crédit d'un compte de produits exceptionnels

775 – Produits des cessions d'éléments d'actif.

– **Flux réel de sortie**

Débit d'un compte **28** – Amortissements des immobilisations et

du compte **675** – Valeurs comptables des éléments d'actif cédés.

Crédit d'un compte **21** – Immobilisations :

- La cession d'un immeuble bâti génère une **TVA à reverser**.
- La cession de **titres de participation et de titres immobilisés** est traitée comme la cession d'une immobilisation financière (avec reprise éventuelle des dépréciations).
- La cession de **titres de placement** entraîne l'utilisation des comptes :

667 – Charges nettes sur cessions de valeurs mobilières de placement → cas d'une *moins-value*, ou

767 – Produits nets sur cessions de valeurs mobilières de placement → cas d'une *plus-value*.

- La valeur de **sortie** des titres peut être estimée suivant la méthode.

– du Premier Entré – Premier Sorti (PEPS), ou

– du Coût Unitaire Moyen Pondéré (CUMP).

Les conseils

1➤ Remarquer la symétrie de la codification des comptes **675** et **775**.

2➤ Ne pas oublier de comptabiliser la dotation complémentaire dans le cas d'une cession d'immobilisation amortissable.

3➤ Pour le calcul de la TVA à reverser, se rappeler qu'il faut prendre en considération le nombre de vingtièmes égal au nombre de fractions d'années ou d'années civiles écoulées de la date d'acquisition à la date de cession.

4➤ Le règlement de la TVA à reverser augmente, a posteriori, le coût d'une immobilisation acquise. À la cession de l'immobilisation, l'augmentation de ce coût doit être prise en compte, d'où l'obligation d'imputer le montant de la TVA à reverser au compte **675**.

5➤ Bien comprendre le principe de la transmissibilité d'une partie de la TVA déductible du vendeur à l'acquéreur de l'immobilisation, ce qui entraîne :

– pour le vendeur : l'emploi du compte **44571** ou **44551**,

– pour l'acquéreur : l'emploi du compte **44562**.

6➤ Dans le cas de cession d'immobilisation, le traitement fiscal et sa traduction comptable sont différents suivant que l'immobilisation est un immeuble bâti (TVA collectée) ou un bien d'investissement mobilier (TVA à reverser).

7➤ La sortie d'un élément d'actif immobilisé est inscrite au Tableau des immobilisations à sa valeur d'origine.

8➤ En matière de cession de titres, savoir distinguer la nature de ces titres, puisque l'enregistrement comptable est différent. Si les titres cédés sont comptabilisés :

– à la classe 2, utiliser les comptes **675** et **775**,

– à la classe 5, utiliser les comptes **667** ou **767**.

9➤ Pour une cession de valeurs mobilières de placement, les comptes **667** et **767** ne sont jamais employés en même temps.
– **667** est utilisé en cas de moins-value,
– **767** est utilisé en cas de plus-value.

10➤ En cas de cession de titres dépréciés, ne pas oublier de solder la dépréciation.

3 ▶ Applications

VRAI/FAUX

Les affirmations suivantes sont-elles vraies ou fausses ?

1. Le compte **775** Produits des cessions d'éléments d'actif est tenu en valeur d'origine de l'immobilisation cédée. Vrai Faux

2. Une cession d'immobilisation dégage une plus-value si le montant du compte **675** Valeurs comptables des éléments d'actif cédés est inférieur au montant du compte **775** Produits des cessions d'éléments d'actif. Vrai Faux

3. La dotation aux amortissements complémentaire augmente le montant du compte **675** Valeurs comptables des éléments d'actif cédés. Vrai Faux

4. La cession en N d'un immeuble bâti acquis en N-10 entraîne un reversement de TVA. Vrai Faux

5. La cession en N d'un immeuble acquis en N-5 entraîne un reversement de TVA. Vrai Faux

6. La cession en N d'un matériel acquis en N n'entraîne pas un reversement de TVA. Vrai Faux

7. La cession de titres enregistrés dans le compte **271** Titres immobilisés est comptabilisée en utilisant les comptes **675** Valeurs comptables des éléments d'actif cédés et **775** Produits des cessions d'éléments d'actif. Vrai Faux

8. Les commissions sur vente de titres de participation viennent en déduction du compte **775** Produits des cessions d'éléments d'actif. Vrai Faux

9. Le compte **667** Charges nettes sur cession de VMP est un compte de charges exceptionnelles. Vrai Faux

10. La cession de titres de placement d'une même société nécessite l'utilisation des comptes **667** Charges nettes sur cession de VMP et **767** Produits nets sur cession de VMP. Vrai Faux

EXERCICE 19.01

1. Matériel industriel :

- acquisition en N pour 100 000 € HT ;
- cession en N+3 à une entreprise utilisatrice contre un chèque de 59 800 € ;
- amortissement : 60 000 € à la date de cession.

Calculer le montant de la TVA collectée et le résultat généré par cette cession.

2. Titres de participation :

- acquisition :
  - le 15 janvier N, 10 000 actions au cours de 200 €,
  - le 20 mai N, 5 000 actions au cours de 210 € ;
- cession, le 30 novembre N, de 11 000 actions au cours de 250 €.

Calculer le résultat dégagé par cette cession (méthode PEPS).

3. Valeurs mobilières de placement :

- acquisition :
  - le 10 février N, 20 actions au cours de 54 €,
  - le 15 septembre N, 40 actions au cours de 51 € ;
- cession, le 12 octobre N, de 50 actions au cours de 50,50 €

Calculer le résultat dégagé par cette cession (méthode CUMP).

4. Valeurs mobilières de placement (VMP) :

- acquisition :
  - le 10 mars N, 100 actions au cours de 330 €,
  - le 10 mai N, 50 actions ;
  - cession, le 20 août N, de 120 actions au cours de 350 € ;
  - plus-value dégagée : 1 200.

Déterminer le cours de l'achat du 10 mai N (méthode CUMP).

EXERCICE 19.02

Thème : Cession d'un bien mobilier. TVA : calcul et écritures

Le 12 mars N, l'entreprise Durand a fait l'acquisition d'un camion : 57 408 € TTC. Un montant de 20 % a été réglé à l'acquisition (chèque bancaire), le solde au 31 décembre N.

Elle a pratiqué sur ce bien l'amortissement linéaire sur 5 ans qui correspond à une consommation régulière des avantages économiques attendus.

Le 30 septembre N+1, elle cède ce camion à un garagiste ; règlement par chèque bancaire de 33 488 €.

Travail à faire

1 Passer au journal de l'entreprise Durand les écritures concernant l'opération d'acquisition et de cession de ce camion.

2 Déterminer le résultat de cession.

EXERCICE 19.03

Thème : Recherche d'éléments. Régularisation de cession

Une entreprise effectue les opérations d'inventaire le 30 juin de chaque année.

On vous donne les informations suivantes concernant le matériel industriel :

– Matériel industriel au 01-07-N intégralement amorti, acquis le 01-07-N-5	800 000 €
– Valeur d'entrée d'un matériel cédé qui avait été acquis le 01-07-N-5	63 000 €
– Acquisitions au cours de l'exercice N – N+1	100 000 €
– Amortissements du matériel industriel au 01-07-N	400 000
– Dotation linéaire de l'exercice N – N+1	82 250
– Amortissements afférents à l'élément cédé en cours d'exercice	32 550

– Lors de la vente, l'entreprise a reçu un chèque de 29 900 € que le comptable a enregistré au crédit du compte d'attente **471** et au crédit du compte **44571**.

Travail à faire

1 Retrouver : le taux d'amortissement linéaire du matériel industriel ; la date de cession du matériel ; la date d'acquisition du nouveau matériel.

2 Enregistrer au journal de l'entreprise toutes les écritures découlant des informations ci-dessus au 30 juin N+1. Utiliser le taux de TVA égal à 19,60 %.

EXERCICE 19.04

Thème : Valeurs mobilières de placement : acquisition, dépréciation, cession

Le 10 septembre N-1, un commerçant fait l'acquisition, dans un but spéculatif, de 50 actions SIDEC au cours de 159 €.

Le 31 décembre N-1, cette action est cotée 155 €.

Le 8 octobre N, ce commerçant revend 20 de ces actions au cours du jour soit 164 €.

L'achat et la vente des titres ont donné lieu à perception par la banque d'une commission de 4 % du montant des transactions. TVA au taux normal sur les commissions.

Travail à faire

1 Enregistrer toutes les écritures concernant les informations ci-dessus.

2 Présenter, après les opérations de cession, les comptes 503 Actions et 5903 Dépréciation des actions. Quelle est la signification de leur solde ?

Les comptes annuels

CHAPITRE 20

PLAN

► À partir de la *Balance avant inventaire* et des constatations conduisant aux *écritures de régularisation* (amortissements, dépréciations, provisions, ajustement des comptes de charges et de produits...), *il s'agit de présenter les comptes annuels ou les états financiers ou documents de synthèse à la clôture de l'exercice.*

– *le compte Résultat* → résultat de l'exercice,

– *le bilan* → structure du patrimoine à la clôture de l'exercice,

– *l'Annexe* → justification et complément des informations fournies par le compte Résultat et le bilan.

Ces travaux seront effectués dans le cadre du *système de base* ; l'étude des documents de synthèse du système développé sera abordée dans la 5e partie.

1 ► Principes

A. Schéma général

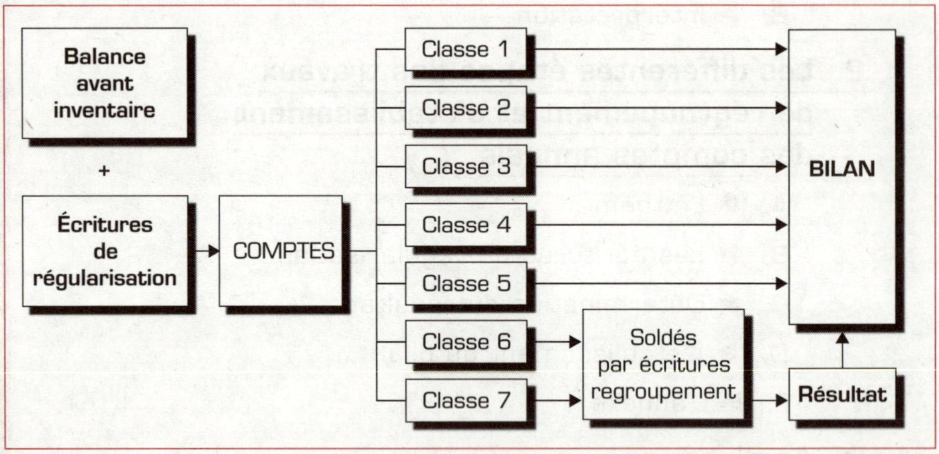

B. Interprétation

1. Rappel

Le solde du *compte Résultat* est toujours inscrit *au passif du bilan* (voir chapitre 2) :

– Solde *Créditeur* (*bénéfice*) : **en** +

– Solde *Débiteur* (*perte*) : **en –**

2. Contrôle

L'égalité : actif du bilan = passif bilan (y compris compte Résultat) assure le contrôle des opérations de regroupement conduisant à la détermination du Résultat et à l'établissement des états financiers.

2 ▶ Les différentes étapes des travaux de regroupement et d'établissement des comptes annuels

A. Le thème

Remarque. Le thème suivant sera utilisé comme support pour l'ensemble des travaux développés dans ce chapitre, ce qui justifie sa place dans le plan de cette étude.

L'entreprise individuelle Tounelle a été créée 1er janvier (N-2).

Au 31 décembre N, la Balance, par soldes, avant inventaire se présente comme suit :

101	Capital individuel		323 000,00
151	Provisions pour risques		3 000,00
157	Provision pour charges à répartir		4 000,00
164	Emprunt auprès Établissements de crédit		60 000,00
201	Frais d'établissement	5 200,00	
211	Terrains	21 570,00	
213	Constructions	64 000,00	
215	Installations techniques	207 800,00	
2182	Matériel de transport	58 600,00	
2183	Matériel de bureau et informatique	24 000,00	
275	Dépôts et cautionnements versés	3 200,00	
2801	Amortissements frais d'établissement		2 080,00
2813	Amortissements des constructions		6 400,00
2815	Amortissements installations techniques		49 600,00
28182	Amortissements du matériel de transport		29 300,00
28183	Amortissements du matériel de bureau		7 200,00
311	Stock matières premières	37 682,00	
326	Stock emballages	4 678,00	
355	Stock produits finis	62 411,00	
3955	Dépréciations des produits finis		1 314,00
401	Fournisseurs		47 440,00
403	Fournisseurs-Effets à payer		15 198,00
4096	Fournisseurs-Créances pour emb. à rendre	10 259,00	
411	Clients	83 394,10	
413	Clients-Effets à recevoir	5 800,00	
416	Clients douteux ou litigieux	3 767,40	
4196	Clients-Dettes p. emballages consignés		3 719,00
44551	État TVA à décaisser		10 032,00
491	Dépréciations des comptes clients		1 700,00
503	Actions	4 030,00	
512	Banque	5 757,00	
531	Caisse	2 910,50	
5903	Dépréciations des actions		582,00
601	Achats matières premières	679 615,00	
6026	Achats emballages	31 697,00	
606	Achats non stockés matières et fournitures	25 000,00	
6091	RRR obtenus sur achats mat. premières		11 627,00

616	Primes d'assurances	12 000,00	
622	Rémunérations d'intermédiaires	50 220,00	
623	Publicité	12 417,00	
624	Transports de biens	67 750,00	
626	Frais postaux	32 000,00	
635	Autres impôts	94 352,00	
641	Rémunérations du personnel	281 715,00	
645	Charges Sécurité Sociale et prévoyance	141 835,00	
661	Charges d'intérêts	14 028,00	
671	Charges exceptionnelles (gestion)	5 200,00	
672	Charges sur exercices antérieurs	1 750,00	
701	Ventes de produits finis		1 491 532,00
708	Produits des activités annexes		1 185,00
7091	RRR accordés sur ventes produits finis	15 362,00	
764	Revenus des VMP		1 091,00
		2 070 000,00	**2 070 000,00**

Les constatations suivantes sont faites à l'inventaire du 31 décembre N :

a) Au 1er janvier N-2, le poste « Installations techniques, matériel et outillage industriels » comprenait trois machines :

Machines	Valeur d'origine
M1	50 000
M2	28 000
M3	46 000

Le 29 juin N, la machine M3 a été vendue au prix de 24 200 €. Le comptable n'a passé que l'écriture suivante :

		Débit	Crédit
512 Banque		28 943,20	
	215 Installations techniques matériels et outillages industriels		24 200,00
	44751 TVA collectée		4 743,20

Le 30 juin N, l'entreprise a acquis une machine M4 pour une valeur de 108 000 € HT. Toutes les machines sont amorties au même taux selon le mode linéaire.

Par ailleurs, depuis la création de l'entreprise, les débits des autres comptes de valeurs immobilisées n'ont pas été modifiés et toutes les immobilisations sont amorties suivant le système de l'amortissement linéaire, correspondant au rythme des avantages économiques attendus.

b) La Provision pour risques de 3 000 €, créée à la fin de l'exercice précédent, devait couvrir les frais d'un procès à l'issue incertaine. L'entreprise a été condamnée à verser la somme de 2 700 €. Lors du règlement, cette somme a été inscrite au débit du compte « Charges exceptionnelles sur opérations de gestion ».

c) En ce qui concerne les créances douteuses, la situation se présente ainsi :

Nom client	Montant créance TTC au 31-12-N−1	Dépréciation au 31-12-N−1	Encaissé en N	Observations
Cyril	1 920,10	800	783,90	Solde irrécouvrable
Daniel	2 872,40	900	241,20	Porter la dépréciation à 60 % de la somme due

Créances douteuses de l'exercice N

Nom client	Montant créance TTC	Dépréciation à constituer
André	1 937,52	25 %
Paul	2 344,16	20 %
Arsène	2 392,00	30 %

d) On possède les renseignements suivants sur les titres de placement :

Nature des titres	Quantités	Prix d'achat unitaire	Cours moyen décembre N
Actions A	10	160	192
Actions B	4	285	205
Actions C	3	430	276

e) L'entreprise a contracté le 29 mars N-1 un emprunt de 70 000 € remboursable en sept ans par fractions de 10 000 € à échéance du 1er avril. Le premier remboursement a eu lieu le 1er avril N. Le montant des intérêts, au taux de 10 %, se calcule chaque année sur le capital restant dû. Il est versé à la même date que la fraction remboursée de l'emprunt.

f) On sait d'autre part que :

- La prime d'assurance du matériel de transport, 6 600 € HT, payée le 30 octobre N, concerne la période du 1er novembre N au 31 octobre N+1.
- Le stock de fournitures de bureau s'élève à 1 410 €.
- Les frais restant à payer comprennent :

– des frais postaux non soumis à TVA : 650 €,

– la consommation d'électricité de décembre : 500 € HT.

- Le 27 décembre N, une facture d'achats de matières, 1 190 € HT, a été comptabilisée. La livraison n'a pas été effectuée au 31 décembre.
- Un fournisseur doit accorder une ristourne de 410 € HT.
- L'inventaire des stocks comporte :

– des matières premières pour une valeur de 49 128 € (l'état d'un lot justifie la constitution d'une dépréciation de 843 €),

– des produits finis pour 84 613 €,

– des emballages commerciaux appartenant à l'entreprise pour 5 372 €.

B. Les écritures de régularisation

Elles sont encore appelées écritures de redressement ou, plus généralement, écritures d'inventaire.

1. Définition

Ces écritures permettent d'actualiser les comptes à la date de l'inventaire.

Exemples : une dotation aux amortissements pour constater la dépréciation d'une immobilisation, une dotation aux dépréciations pour enregistrer la perte probable d'une créance sur un client en difficulté.

Ces écritures ont fait l'objet d'une étude approfondie dans les chapitres 14 à 19.

2. Écritures

a)

	31-12-N		
6811	Dotations aux amortissements sur immobilisations corporelles et incorporelles	53 490,00	
2801	Amortissements des frais d'établissement 5 200 × 0,20 [1]		1 040,00
2813	Amortissement constructions 64 000 × 0,05 [2]		3 200,00
2815	amortissement des installations techniques [3] M1 : 50 000 × 0,20 = 10 000 M2 : 28 000 × 0,20 = 5 600 M3 : 46 000 × 0,20 × 6/12 = 4 600 M4 : 108 000 × 0,20 × 6/12 = 10 800		31 000,00
28182	Amortissement matériel de transport 58 600 × 0,25 [4]		14 650,00
28183	Amortissement matériel de bureau 24 000 × 0,15 [5]		3 600,00

[1] 2 080/2 = 1 040 — 1 040/5 200 = 0,20
[2] 6 400/2 = 3 200 — 3 200/64 000 = 0,05
[3] 49 600/2 = 24 800 — 24 800/(50 000 + 28 000 + 46 000) = 0,20
[4] 29 300/2 = 14 650 — 14 650/58 600 = 0,25
[5] 7 200/2 = 3 600 — 3 600/24 000 = 0,15

	31-12-N		
215	Installations techniques, matériels et outillages industriels	24 200,00	
775	Produits des cessions d'éléments d'actif		24 200,00
	d°		
2815	Amortissements des installations techniques 46 000 × 0,20 × 2,5	23 000,00	
675	Valeur comptable des éléments d'actifs cédés	23 000,00	
215	Installations techniques		46 000,00

b)

		Débit	Crédit
	dº		
151 Provisions pour risques		3 000,00	
	7875 Reprises sur provision pour risques et ch. exceptionnelles		3 000,00

c)

		Débit	Crédit
	dº		
6544 Pertes sur créances irrécouvrables des exercices antérieurs $\frac{1\,920{,}10 - 783{,}90}{1{,}196}$		950,00	
44571 État TVA collectée 950 × 0,196		186,20	
	416 Clients douteux 1 920,10 – 783,90 client Cyril		1 136,20
	dº		
491 Dépréciations comptes clients		800,00	
	78174 Reprises sur dépréciations des créances		800,00
	dº		
68174 Dotations aux dépréciations des créances		420,00	
	491 Dépréciations comptes clients Dépréciation nécessaire : $\frac{2\,872{,}40 - 241{,}20}{1{,}196} \times 0{,}60 = 1\,320{,}00$ Dépréciation déjà constituée : 900,00 à augmenter de 420,00 client Daniel		420,00
	dº		
416 Clients douteux		6 673,68	
	411 Clients André, Paul, Arsène : 1 937,52 + 2 344,16 + 2 392,00		6 673,68
	dº		
68174 Dotations aux dépréciations des créances		1 397,00	
	491 Dépréciations comptes clients		1 397,00
André 1 937,52/1,196 × 0 25 = 405,00 Paul 2 344,16/1,196 × 0,20 = 392,00 Arsène 2 392,00/1,196 × 0,30 = 600,00 1 397,00			

d)

	dº		
68665 Dotations aux dépréciations des VMP		200,00	
	5903 Dépréciations des actions		200,00
	Dépréciation nécessaire :		
	Actions B : (285 – 205) × 4 = 320,00		
	Actions C : (430 – 276) × 3 = 462,00		
	782,00		
	Dépréciation déjà constituée : 582,00		
	à augmenter de : 200,00		

e)

	dº		
661 Charges d'intérêts		4 500,00	
	16884 Intérêts courus sur emprunts auprès d'Éts de crédit		4 500,00
	60 000 × 0,10 × 9/12		

f)

	dº		
486 Charges constatées d'avance		6 910,00	
	616 Primes d'assurances 6 600 × 10/12		5 500,00
	606 Achats non stockés de matières et fournitures		1 410,00
	dº		
626 Frais postaux		650,00	
606 Achats non stockés de matières et fournitures		500,00	
44586 TVA sur factures non parvenues 500 × 0,196		98,00	
	408 Fournisseurs factures non parvenues		1 248,00
	dº		
486 Charges constatées d'avance		1 190,00	
	601 Achats de matières premières		1 190,00
	dº		
4098 RRR à obtenir		490,36	
	6091 RRR obtenus sur achats de matières premières		410,00
	44586 TVA sur factures non parvenues 410 × 1,196		80,36

	d°		
60311 Variation stock matières premières		37 682,00	
60326 Variations stock emballages		4 678,00	
71355 Variations stock produits finis		62 411,00	
	311 Stock matières premières		37 682,00
	326 Stock emballages		4 678,00
	355 Stock produits finis		62 411,00
	d°		
3955 Dépréciations des stocks produits finis		1 314,00	
	78173 Reprise sur dépréciations des stocks		1 314,00
	d°		
311 Stock matières premières		49 128,00	
326 Stock emballages		5 372,00	
355 Stock produits finis		84 613,00	
	60311 Variations stock matières premières		49 128,00
	60326 Variations stock emballages		5 372,00
	71355 Variations stock produits finis		84 613,00
	d°		
68173 Dotations aux dépréciations des stocks		843,00	
	3911 Dépréciations des stocks matières premières		843,00

g) Solde des comptes 6091 et 7091

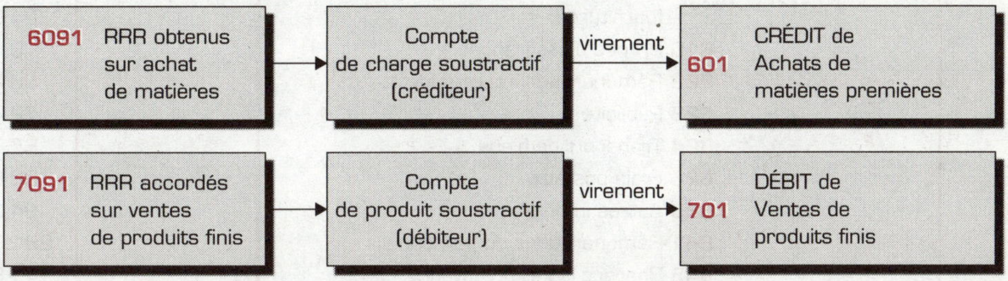

	d°		
6091 RRR obtenus sur achats matières premières		12 037,00	
	601 Achats matières premières		12 307,00
	d°		
701 Ventes de produits finis		15 362,00	
	7091 RRR accordés sur ventes de produits finis		15 362,00

C. Détermination du résultat

1. Écritures de détermination du résultat

Les écritures de détermination du résultat sont *appelées écritures de regroupement ou écritures de reclassement* ; ce sont des écritures de virement.

• Principe

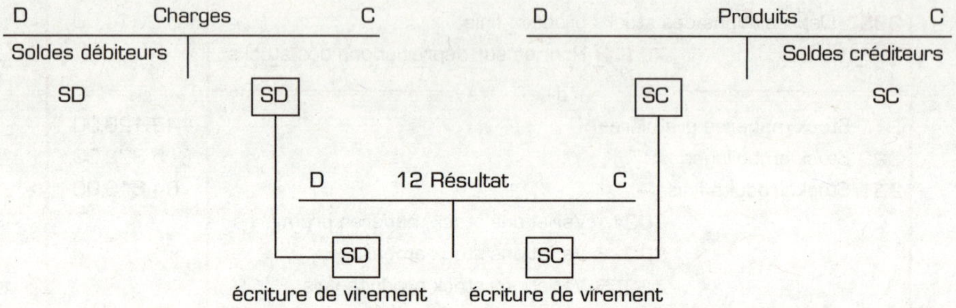

	31-12-N		
12 Résultat		**1 503 252,00**	
60311 Variation stock matières premières		11 446,00	
60326 Variation stock emballages		694,00	
	601 Achats matières premières		666 388,00
	6026 Achats emballages		31 697,00
	606 Achats non stockés matières et fournitures		24 090,00
	616 Primes d'assurances		6 500,00
	622 Rémunération intermédiaires		50 220,00
	623 Publicité		12 417,00
	624 Transport de biens		67 750,00
	626 Frais postaux		32 650,00
	635 Autres impôts		94 352,00
	641 Rémunérations du personnel		281 715,00
	645 Charges SS et prévoyance		141 835,00
	6544 Pertes sur créances irrécouvrables des exercices antérieurs		950,00
	661 Charges d'intérêts		18 528,00
	671 Charges exceptionnelles sur opérations de gestion		5 200,00
	672 Charges sur ex. antérieurs		1 750,00
	675 Valeur comptable des éléments d'actif cédés		23 000,00
	6811 Dotations amortissements sur immobilisations		53 490,00
	68173 Dotations aux dépréciations des stocks		843,00
	68174 Dotations aux dépréciations des créances		1 817,00
	68665 Dotations aux dépréciations des VMP		200,00

d°		
701 Ventes de produits finis	1 476 170,00	
708 Produits des activités annexes	1 185,00	
71355 Variation stock produits finis	22 202,00	
764 Revenus des VMP	1 091,00	
775 Produits cessions d'éléments d'actif	24 200,00	
78173 Reprises sur dépréciations des stocks	1 314,00	
78174 Reprises sur dépréciations des créances	800,00	
7875 Reprises sur provisions pour risques charges exceptionnels	3 000,00	
12 Résultat		**1 529 962,00**

Après reports au Grand-Livre, le Résultat de l'exercice est fourni par le solde créditeur du compte **12 Résultat** : 1 529 962,00 – 1 503 252,00 = **26 710,00** (BÉNÉFICE).

2. Le compte Résultat

• **Principe.** La structure du compte Résultat (en compte) se présente ainsi :

Débit			Crédit	
Charges d'exploitation	**60** **61** **62** **63** **64** **65**		**Produits d'exploitation**	**70** **71** **72** **73** **74** **75**
y compris	**681**		y compris	**781**
Charges financières	**66**		**Produits financiers**	**76**
y compris	**686**		y compris	**786**
Charges exceptionnelles	**67**		**Produits exceptionnels**	**77**
y compris	**687**		y compris	**787**

Sur le compte Résultat de l'exercice N, sont rappelées les informations correspondantes de l'exercice N-1.

La présentation du compte Résultat peut être faite soit en *compte*, soit en *liste*.

Les applications suivantes reprendront chacune de ces présentations.

• **Présentation du compte résultat en compte**. Il est fréquent qu'un poste du compte Résultat regroupe plusieurs comptes utilisés dans le cadre du Plan comptable de l'entreprise.

• Présenter *les travaux de* ***retraitement*** sous forme de *tableaux* paraît être une solution intéressante.

Achats de matières premières et autres approvisionnements		
601	Achats de matières premières	666 388
6026	Achats d'emballages	31 697
		698 085

Variation des stocks de matières premières et autres approvisionnements		
60311	Variation stock de matières premières	– 11 446
60326	Variation stock d'emballages	– 694
		– 12 140

Autres achats et charges externes		
606	Achats non stockés de matières et fournitures	24 090
616	Primes d'assurance	6 500
622	Rémunérations d'intermédiaires	50 220
623	Publicité	12 417
624	Transport de biens	67 750
626	Frais postaux	32 650
		193 627

Dotations aux dépréciations d'actif circulant		
68173	Dotations aux dépréciations des stocks	843
68174	Dotations aux dépréciations des créances	1 817
		2 660

Charges exceptionnelles sur opérations de gestion		
671	Charges exceptionnelles sur opérations de gestion	5 200
672	Charges sur exercices antérieurs	1 750
		6 950

Production vendue		
701	Ventes de produits finis	1 476 170
708	Produits des activités annexes	1 185
		1 477 355

Reprises sur dépréciations d'exploitation		
78173	Reprises sur dépréciations des stocks	1 314
78174	Reprises sur dépréciations des créances	800
		2 114

Ces retraitements étant effectués, il est possible de présenter le compte Résultat.

Compte de résultat de l'exercice – Charges		
Charges (hors taxes)	**Exercice N**	**Exercice N–1**
Charges d'exploitation :		
Achats de marchandises		
Variation de stock		
Achats de matières premières et autres approvisionnements	698 085	
Variation de stock	– 12 140	
Autres achats et charges externes [1]	193 627	
Impôts, taxes et versements assimilés	94 352	
Salaires et traitements	281 715	
Charges sociales	141 835	
Dotations aux amortissements et dépréciations		
Sur immob. : dotations aux amortissements	53 490	
Sur immob. : dotations aux dépréciations		
Sur actif circulant : dotations aux dépréciations	2 660	
Dotations aux provisions		
Autres charges	950	
Total I	1 454 574	

[1] Y compris :
- redevance de crédit-bail mobilier,
- redevance de crédit-bail immobilier.

Compte de résultat de l'exercice – Charges		
Charges (hors taxes)	**Exercice N**	**Exercice N-1**
Quotes-parts de résultat sur opérations faites en commun (II)		
Charges financières :		
Dotations aux amortissements, dépréciations et provisions	200	
Intérêts et charges assimilées	18 528	
Différences négatives de change		
Charges nettes sur cessions de valeurs mobilières de placement		
Total III	18 728	
Charges exceptionnelles :		
Sur opérations de gestion	6 950	
Sur opérations en capital	23 000	
Dotation aux amortissements, dépréciations et provisions		
Total IV	29 950	
Participation des salariés aux fruits de l'expansion (V)		
Impôts sur les bénéfices (VI)		
Total des charges (I + II + III + IV + V + VI)	1 503 252	
Solde créditeur = bénéfice	26 710	
TOTAL GÉNÉRAL	1 529 962	

Compte de résultat de l'exercice – Produits		
Produits (hors taxes)	**Exercice N**	**Exercice N-1**
Produits d'exploitation :		
Ventes de marchandises		
Productions vendues (biens et services)	1 477 355	
Sous-total A – Montant net du chiffre d'affaires	1 477 355	
dont à l'exportation		
Production stockée	22 202	
Production immobilisée		
Subventions d'exploitation		
Reprises sur dépréciations, provisions (et amortissements), transfert de charges	2 114	
Autres produits		
Sous-total B	24 316	
Total I (A + B)	1 501 671	
Quotes-parts de résultat sur opérations faites en commun (II)		
Produits financiers :		
De participation		
D'autres valeurs mobilières et créances de l'actif immobilisé	1 091	
Autres intérêts et produits assimilés		
Reprises sur dépréciations et provisions, transfert de charges		
Différence positive de charge		
Produits nets sur cessions de valeurs mobilières de déplacement		
Total III	1 091	
Produits exceptionnels :		
Sur opérations de gestion		
Sur opérations en capital	24 200	
Reprise sur dépréciations et provisions, transfert de charges	3 000	
Total IV	27 200	
Total des produits (I + II +III +IV)	1 529 692	
Solde débiteur = **perte**		
TOTAL GÉNÉRAL	1 529 962	

• **Présentation du compte Résultat en liste.**

Principe. L'établissement du compte Résultat en liste peut être considéré comme une *ébauche d'analyse* dans la mesure où apparaissent :

1 Produits d'exploitation – Charges d'exploitation =
± Résultat d'exploitation

2 Produits financiers – Charges financières =
± Résultat financier

4 Produits exceptionnels – Charges exceptionnelles =
± Résultat exceptionnel

avec comme Résultat **intermédiaire** :

3 Résultat courant =
± Résultat d'exploitation ± Résultat financier

et comme Résultat **final** :

Résultat net de l'exercice
=
± Résultat d'exploitation ± Résultat financier ± Résultat exceptionnel
ou bien
=
Produits – Charges

Ces principes étant posés, et compte tenu des tableaux de retraitement du paragraphe précédent, il est possible de présenter *le compte Résultat en liste*.

Compte de résultat de l'exercice (en liste)		
	Exercice N	**Exercice N-1**
Produits d'exploitation :		
Ventes de marchandises		
Productions vendues (biens et services)	1 477 355	
Montant net du chiffre d'affaires		
dont à l'exportation		
Production stockée	22 202	
Production immobilisée		
Subventions d'exploitation		
Reprises sur dépréc. prov. (et amor.), transferts de charges	2 114	
Autres produits		
Total I	1 501 671	

Compte de résultat de l'exercice (en liste)	Exercice N	Exercice N-1
Charges d'exploitation :		
Achats de marchandises		
Variation de stock		
Achats de matières premières et autres approvisionnements	698 085	
Variation de stock	- 12 140	
Autres achats et charges externes [1]	193 627	
Impôts, taxes et versements assimilés	94 352	
Salaires et traitements	281 715	
Charges sociales	141 835	
Dotations aux amortissements et dépréciations		
Sur immob. : dotations aux amortissements	53 490	
Sur immob. : dotations aux dépréciations		
Sur actif circulant : dotations aux dépréciations	2 660	
Dotations aux provisions		
Autres charges	950	
Total II	1 454 574	
1. RÉSULTAT D'EXPLOITATION (I – II)	47 097	
Quotes-parts de résultat sur opérations faites en commun :		
Bénéfices ou pertes transférées **III**		
Pertes ou bénéfices transférés **IV**		
Produits financiers :		
De participation		
D'autres valeurs mobilières et créances de l'actif immobilisé	1 091	
Autres intérêts et produits assimilées		
Reprise sur dépréciations et provisions, transfert de charges		
Différences positives de charge		
Produits nets sur cessions de valeurs mobilières de placement		
Total V	1091	
Charges financières :		
Dotations aux amortissements, dépréciations et provisions	200	
Intérêts et charges assimilées	18 528	
Différences négatives de change		
Charges nettes sur cessions de valeurs mobilières de placement		
Total VI	18 728	
2. RÉSULTAT FINANCIER (V – VI)	- 17 637	
3. RÉSULTAT COURANT avant impôts (I – II + III – IV + V – VI)	29 460	
Produits exceptionnels :		
Sur opérations de gestion		
Sur opérations en capital	24 200	
Reprise sur dépréciations et provisions, transfert de charges	3 000	
Total VII	27 200	
Charges exceptionnelles :		
Sur opérations de gestion	6 950	
Sur opérations en capital	23 000	
Dotation aux amortissements et aux provisions		
Total VIII	29 950	

[1] Y compris :
- redevance de crédit-bail mobilier ;
- redevance de crédit-bail immobilier.

Compte de résultat de l'exercice (en liste)		
	Exercice N	Exercice N-1
4. RÉSULTAT EXCEPTIONNEL (VII – VIII)	– 2 750	
Participation des salariés aux fruits de l'expansion (IX)		
Impôts sur les bénéfices (X)		
Total des produits (I + III + V + VII)	1 529 962	
Total des charges (II + IV +VI +VIII + IX + X)	1 503 252	
Bénéfices ou perte	**26 710**	

D. L'établissement du bilan

1. Principes

• Destination des comptes

Comptes ayant un solde ***Débiteur*** → **ACTIF DU BILAN** ou exceptionnellement PASSIF SOUSTRACTIF (*ex* : Résultat débiteur)

Comptes ayant un solde ***Créditeur*** → **PASSIF DU BILAN** ou ACTIF SOUSTRACTIF (Amortissements et dépréciations d'actif)

• Présentation de l'actif soustractif

L'actif soustractif est présenté sur trois colonnes, de manière à distinguer pour chacun des éléments ayant donné lieu à amortissement ou à dépréciation :

– *la valeur brute ou valeur d'origine,*

– *le cumul des amortissements ou le montant de la dépréciation à la date du bilan,*

– *la valeur nette ou valeur actuelle.*

• Rappel du bilan précédent

Sur le bilan de l'exercice N sont rappelées les informations correspondantes de l'exercice N-1. *Seules figurent les valeurs nettes* des immobilisations soumises à amortissement ou à dépréciation.

• Structure hiérarchique

Les comptes sont regroupés en respectant une hiérarchie :

Niveau	Nom	Exemple
1	Masse	Actif immobilisé
2	Rubrique	Immobilisations corporelles
3	Poste	Constructions

• Ordre de classement des comptes

Les comptes sont classés :

– **à l'actif :** dans l'ordre *de liquidité croissante* ;

– **au passif :** dans l'ordre *d'exigibilité croissante*.

• Les deux types de passif

Le passif d'un bilan peut être présenté :

– *avant* répartition du résultat → le solde du compte Résultat figure au bilan

– *après* répartition du résultat → le solde du compte Résultat ne figure pas au bilan.

2. Présentation du bilan

Un poste du bilan regroupe plusieurs comptes utilisés dans le cadre du Plan comptable de l'entreprise. Présenter les travaux de **retraitement** sous forme de tableaux paraît être une solution intéressante.

Autres immobilisations corporelles		
2182	Matériel de transport	58 600,00
2183	Matériel de bureau et informatique	24 000,00
		82 600,00

Amortissements des autres immobilisations corporelles		
28182	Amortissement du matériel de transport	43 950,00
28183	Amortissement du matériel de bureau et informatique	10 800,00
		54 750,00

Stocks matières premières et autres approvisionnements		
311	Stock matières premières	49 128,00
326	Stock emballages	5 372,00
		54 500,00

Créances clients et comptes rattachés		
411	Clients	76 720,42
413	Clients-Effets à recevoir	5 800,00
416	Clients douteux	9 304,88
		91 825,30

Autres créances		
4096	Fournisseurs-Créances pour emballages à rendre	10 259,00
4098	RRR à obtenir	490,36
44571	TVA collectée	186,20
44586	TVA sur factures non parvenues	17,64
		10 953,20

Dettes fournisseurs et comptes rattachés		
401	Fournisseurs	47 440,00
403	Fournisseurs-Effets à payer	15 198,00
408	Fournisseurs-Factures non parvenues	1 248,00
		63 886,00

Ces retraitements étant effectués, *il est possible d'établir le bilan*. À titre de contrôle et en application du principe de la partie double, il est possible *de vérifier que le montant du résultat dégagé à partir du compte Résultat et le montant du Résultat figurant au bilan sont* **identiques**.

Bilan				
Actif	Exercice N			Ex. N-1
	Brut	Amor. et dépréc. (à déduire)	Net	Net
ACTIF IMMOBILISÉ				
Immobilisations incorporelles :				
Frais d'établissement	5 200	3 120	2 080	
Frais de recherche et de dév.				
Concessions, brevets, licences, marques, procédés, droits et valeurs similaires				
Fonds commercial [1]				
Autres				
Avances et acomptes				
Immobilisations corporelles :				
Terrains	21 570		21 570	
Constructions	64 000	9 600	54 400	
Installations techniques, matériel et outillage industriels	186 000	57 600	128 400	
Autres	82 600	54 750	27 850	
Immobilisations corporelles en cours				
Avances et acomptes				
Immobilisations financières [2] :				
Participations				
TIAP [3]				
Créances rattachées à des participations				
Autres titres immobilisés				
Prêts				
Autres	3 200	–	3 200	
Total I	362 570	125 070	237 500	
ACTIF CIRCULANT				
Stocks et en-cours :				
Matières premières et autres approv.	54 500	843	53 657	
En-cours de product. (biens et services)				
Produits intermédiaires et finis	84 613	–	84 613	
Marchandises				
Avances et acomptes versés sur commandes				
Créances [4] :				
Créances Clients et Comptes rattachés	91 825,30	2 717	89 108,30	
Autres	10 953,20	–	10 953,20	
Capital souscrit – appelé, non versé				
Valeurs mobilières de placement :				
Actions propres				
Autres titres	4 030,00	782	3 248,00	
Disponibilités	8 667,50	–	8 667,50	
Charges constatées d'avance	8 100,00	–	8 100,00	
Total II	262 689	4 342	258 347	
Charges à répartir sur plusieurs exercices (III)				
Primes de remboursement des obligations (IV)				
Écarts de conversion actif (V)				
TOTAL GÉNÉRAL (I + II +III + IV + V)	625 259	129 412	495 847	

[1] Dont droit au bail

[2] Dont à moins d'un an

[3] Titres immobilisés de l'activité de portefeuille

[4] Dont à plus d'un an

Bilan (avant répartition)		
Passif	**Exercice N**	**Exercice N-1**
CAPITAUX PROPRES		
Capital (dont versé...)	323 000	
Primes d'émissions, de fusion, d'apport		
Écart de réévaluation		
Réserves :		
Réserve légale		
Réserves statutaires ou contractuelles		
Réserves réglementées		
Autres		
Report à nouveau		
Résultat de l'exercice (bénéfice ou perte)	**26 710**	
Subvention d'investissement		
Provisions réglementées		
Total I	349 710	
Provisions pour risques		
Provisions pour charges	4 000	
Total II	4 000	
DETTES		
Emprunts obligataires convertibles		
Autres emprunts obligataires		
Emprunts et dettes auprès des établissements de crédits [1]	60 000	
Emprunts et dettes financières divers	4 500	
Avances et *acomptes* reçus sur commandes en cours		
Dettes Fournisseurs et Comptes rattachés	63 886	
Dettes fiscales et sociales	10 032	
Dettes sur immobilisations et Comptes rattachés		
Autres dettes	3 719	
Produits constatés d'avance		
Total III	142 137	
Écarts de conversation passif (IV)		
TOTAL GÉNÉRAL (I + II + III + IV)	495 847	

[1] Dont concours bancaires courants et soldes créditeurs de banques

E. L'annexe

1. Définition

L'Annexe est un ensemble d'états et de tableaux justifiant ou complétant les informations portées au compte Résultat et au bilan :

- le Tableau des immobilisations (Chapitre 15) ;
- le Tableau des amortissements (Chapitre 15) ;
- le Tableau des dépréciations (Chapitres 15 et 16) ;
- l'État des échéances des créances et des dettes ;
- etc.

2. Exemple

a. Tableau des immobilisations

Situations et mouvem^ts^ / Rubriques	A Valeur brute à l'ouverture de l'exercice	B Augmentations	C Diminutions	D Valeur brute à la clôture de l'exercice
Immob. incorporelles	5 200	–	–	5 200
Immob. corporelles	292 170	108 000	46 000	354 170
Immob. financières	3 200	–	–	3 200
Total	300 570	108 000	46 000	362 570

b. Tableau des amortissements

Situations et mouvem^ts^ / Rubriques	A Amortissements cumulés au début de l'exercice	B Augmentations dotations de l'exercice	C Diminutions d'amortissements de l'exercice	D Valeur brute à la clôture de l'exercice
Immob. incorporelles	2 080	1 040	–	3 120
Immob. corporelles	92 500	52 450	23 000	121 950
Immob. financières	–	–	–	–
Total	94 580	53 490	23 000	125 070

c. Tableau des dépréciations

Situations et mouvem^ts^ / Rubriques	A Dépréciations au début de l'exercice	B Augmentations dotations de l'exercice	C Diminutions reprises de l'exercice	D Dépréciations à la fin de l'exercice
Prov. réglementées			–	
Prov. pour risques et charges	7 000	–	3 000	4 000
Prov. pour dépréciations	3 596	2 860	2 114	4 342
Total	10 596	2 860	5 114	8 342

À RETENIR

- Certaines constatations à l'inventaire (actif à amortir, à déprécier, risques à provisionner, factures à payer, intérêts courus et non payés, etc.) nécessitent des enregistrements comptables : ce sont les *écritures d'inventaire, ou écritures de redressement, ou écritures de régularisation* : amortissements, dépréciations, provisions, charges à payer, charges constatées d'avances, etc.
- Balance avant inventaire + Écritures de régularisation → Balance **après** inventaire
- *Les écritures de regroupement, ou écritures de reclassement* (virements au débit et au crédit du compte Résultat) entraînent le **solde des comptes de la classe 6 (Charges) et de la classe 7 (Produits)** et conduisent à l'établissement des *comptes annuels, ou documents de synthèse, ou états financiers* : compte **Résultat, bilan, Annexe**.
- Le bilan et le compte Résultat peuvent être présentés en *tableau ou en liste* (première approche de l'analyse comptable).

Les conseils

1➤ Bien noter la terminologie afin d'éviter les confusions entre :

– les écritures de régularisation ou de redressement,

– les écritures de regroupement ou de reclassement ou de détermination du résultat.

2➤ Le compte Résultat est établi uniquement à partir des comptes des classes 6 et 7. Le bilan est établi uniquement à partir des comptes des classes 1 à 5.

3➤ Retenir les grandes lignes de la structure du compte Résultat et de la structure du bilan.

4➤ Pour les travaux de retraitement, s'attacher à la terminologie proposée.

Exemples :

– pour le compte Résultat :

Autres achats **Et** **Charges externes**

Regroupent les achats autres
que ceux déjà inscrits
C'est-à-dire :
606 Achats non stockés

Regroupent les charges correspondant
à des services rendus
par des agents extérieurs :
61 Services extérieurs
62 Autres services extérieurs

– pour le bilan :

Autres créances

Regroupe les comptes débiteurs de la classe 4,
à l'exclusion des comptes inscrits
dans un poste spécifique :
Comptes de clients et compte de régularisation

5➤ Bien comprendre les possibilités d'analyse offertes par la présentation du compte Résultat en liste.

6➤ L'Annexe est considérée comme un document de synthèse, qui, par ses tableaux, complète et justifie les informations portées sur les deux états financiers : le compte Résultat et le bilan.

3 ▶ Applications

VRAI/FAUX

Les affirmations suivantes sont-elles vraies ou fausses ?

1. Le bilan ne comporte que les comptes des classes 1, 2, 3, 4 et 5. Vrai Faux

2. Après l'enregistrement de toutes les écritures d'inventaire, tous les comptes des classes 6 et 7 sont soldés. Vrai Faux

3. Le compte **71** Production stockée est inscrit au débit du compte Résultat s'il est débiteur. Vrai Faux

4. Le compte **603** Variation de stocks est inscrit au débit ou au crédit du compte Résultat suivant la nature de son solde. Vrai Faux

5. Le compte **481** Charges à répartir sur plusieurs exercices est inscrit au compte Résultat. Vrai Faux

6. Le bénéfice net d'un exercice est toujours inférieur au bénéfice d'exploitation. Vrai Faux

7. Le bénéfice financier peut être supérieur au bénéfice d'exploitation. Vrai Faux

8. Le compte **487** Produits constatés d'avance est un compte de bilan. Vrai Faux

9. Le compte **4198** RRR à accorder est un compte du poste « Créances clients et comptes rattachés ». Vrai Faux

10. Le compte **4196** Clients, dettes pour emballages consignés est un compte du poste « Autres dettes ». Vrai Faux

EXERCICE 20.01

Les informations suivantes concernent un exercice N :

1.	Produits d'exploitation	1 520 000 €
	Charges d'exploitation	1 230 000 €
	Produits financiers	54 000 €
	Charges financières	82 000 €
	Produits exceptionnels	40 000 €
	Charges exceptionnelles	50 000 €

Déterminer le résultat d'exploitation, le résultat financier, le résultat exceptionnel et le résultat net par deux méthodes différentes.

2.	Résultat financier (bénéfice) =	40 000 €
	Résultat exceptionnel (perte)	– 90 000 €
	Résultat net (bénéfice) =	1 500 000 €

Déterminer le résultat d'exploitation.

EXERCICE 20.02

Thème : Le bilan

Soit l'extrait de la balance par soldes, après inventaire, au 31-12-N de l'entreprise OREC :

101	Capital	8 000 000
120	Résultat	à déterminer
145	Amortissements dérogatoires	125 200
157	Provision pour charges à répartir sur plusieurs exercices	90 000
164	Emprunts auprès Établissements de crédit	650 000
201	Frais d'établissement	216 000
207	Fonds commercial	600 000
211	Terrains	450 000
213	Constructions	1 320 000
2182	Matériel de transport	214 680
2183	Matériel de bureau et informatique	103 257
2184	Mobilier	62 105
2801	Amortissements frais d'établissement	144 000
2813	Amortissements des constructions	208 300
28182	Amortissements du matériel de transport	119 627
28183	Amortissements du matériel de bureau informatique	42 985
28184	Amortissements du mobilier	14 509
320	Stock autres approvisionnements	32 314
370	Stock marchandises	6 783 518
397	Dépréciations du stock marchandises	29 400
401	Fournisseurs	3 567 912
403	Fournisseurs – Effets à payer	2 109 615
404	Fournisseurs d'immobilisations	189 700
408	Fournisseurs – Factures non parvenues	45 914
4091	Fournisseurs – Avances et acomptes versés sur commandes	53 100
4096	Fournisseurs – Créances pour emballages à rendre	481 037
411	Clients	5 907 118
413	Clients – Effets à recevoir	1 342 913
416	Clients douteux ou litigieux	58 167
4181	Clients – Factures à établir	15 209
4191	Clients – Avances et acomptes reçus sur commandes	32 560
4196	Clients – Dettes pour emballages consignés	41 627
421	Personnel – Rémunérations dues	437 983
431	Sécurité sociale	155 114
437	Autres organismes sociaux	43 813
444	État – Impôts sur les bénéfices (créditeur)	609 530
44551	État – TVA à décaisser	137 514
4686	Divers – Charges à payer	14 212
476	Différences de conversion actif	17 125
491	Dépréciations des comptes clients	59 605
503	Actions	103 210
512	Banque (créditeur)	285 628
530	Caisse	12 737
5903	Dépréciations des actions	5 915

Présenter le bilan, avant répartition, au 31-12-N.

Téléchargez gratuitement tous les corrigés des exercices, ainsi que les exercices complémentaires sur le site Internet : www.expertisecomptable-foucher.com

La clôture et la réouverture des comptes

CHAPITRE 21

Plan

► Après avoir étudié les travaux comptables qui conduisent à la détermination du résultat et à l'établissement des documents de synthèse de l'exercice N, il est indispensable de procéder aux *travaux de clôture de cet exercice et aux travaux de réouverture de l'exercice suivant*. Par ailleurs, il est intéressant de connaître *l'affectation du Résultat de l'exercice N*.

1 ► Clôture et réouverture des livres

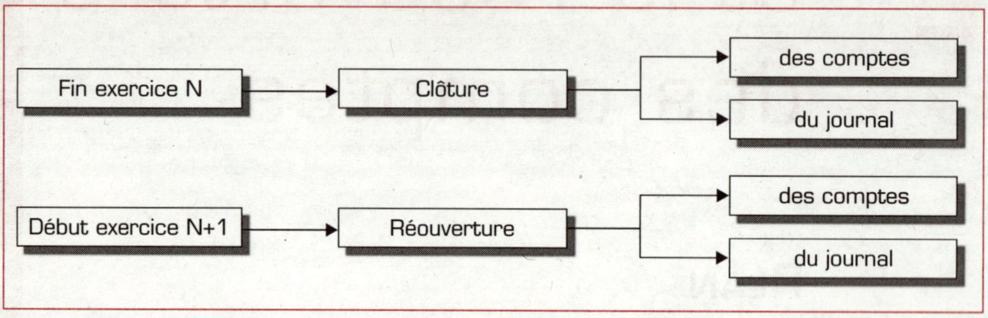

A. Clôture (ou arrêté) et réouverture des comptes

Cette question a déjà été traitée au Chapitre 3.

B. Clôture et réouverture du journal

1. Clôture

Clôturer ou arrêter le Journal consiste à totaliser tous les montants portés en Débit et en Crédit depuis le début de l'exercice, à savoir :

– les montants concernant les écritures courantes ;

– les montants concernant les écritures d'inventaire, y compris celles de détermination de Résultat.

Les totaux ainsi obtenus sont non seulement égaux entre eux (Débit = Crédit), mais ils sont aussi égaux à ceux de la Balance établie à ce stade des travaux comptables qui est dite *Balance après inventaire*.

2. Réouverture

Pour assurer l'égalité suivante :

Totaux journal = Totaux balance

il est indispensable, au début de l'exercice N+1, de reprendre au journal les comptes de Bilan en :

– débitant les comptes ayant un solde débiteur ;

– créditant les comptes ayant un solde créditeur.

Trois méthodes sont possibles. Elles seront présentées en utilisant le thème d'application du chapitre précédent.

Exemple

1re méthode

Elle consiste à utiliser comme compte de liaison le compte prévu à cet effet par le PCG : 890 Bilan d'ouverture.

	01-01-N+1		
201 Frais d'établissement		5 200,00	
211 Terrains		21 570,00	
213 Constructions		64 000,00	
… …		…	
	890 Bilan d'ouverture		T
	d°		
890 Bilan d'ouverture		T	
	101 Capital		323 000,00
	120 Résultat		26 710,00
	157 Provisions pour charges à répartir		4 000,00
	… …		…

2e méthode

Elle consiste tout simplement, en une seule écriture, à :
- débiter les comptes ayant un solde débiteur ;
- créditeur les comptes ayant un solde créditeur.

	01-01-N+1		
201 Frais d'établissement		5 200,00	
211 Terrains		21 570,00	
213 Constructions		64 000,00	
… …		…	
	101 Capital		323 000,00
	120 Résultat		26 710,00
	157 Provisions pour charges à répartir		4 000,00
	… …		…

3e méthode

Sans comptabiliser systématiquement tous les comptes, il s'agit en une seule ligne, de reprendre les totaux :
- des soldes débiteurs, c'est-à-dire le Total de l'Actif brut : par simple lecture : 625 259 ;
- des soldes créditeurs : Total du Passif + Total des comptes d'Actif soustractif, donc 495 847 + 129 412 = 625 259.

Il suffit, alors, de passer l'écriture :

	01-01-N+1		
Total des soldes (débiteurs ou créditeurs) réouverture du Journal		625 259,00	625 259,00

Cette méthode est naturellement *plus rapide* que les précédentes beaucoup plus lourdes à pratiquer.

C. Contre-passation des écritures d'ajustement des comptes de charges et des comptes de produits

La contre-passation des écritures d'ajustement étudiées au Chapitre 18 se situe à ce stade des travaux comptables.

	01-01-N+1		
601	Achats matières premières	1 190,00	
606	Achats non stockés matières et fournitures	1 410,00	
616	Primes d'assurances	5 500,00	
486	Charges constatées d'avance		8 100,00

Cette écriture permet *d'imputer à l'exercice N+1*, le montant des charges relatives à cet exercice bien qu'elles aient été *décaissées en N*.

	d°		
408	Fournisseurs – Factures non parvenues	1 248,00	
606	Achat non stockés matières et fournitures		500,00
626	Frais postaux		650,00
44586	TVA sur factures non parvenues		98,00

Cette écriture permet *d'annuler, par avance, pour l'exercice N+1 des charges imputées au cours de l'exercice (N) et qui seront enregistrées dans les comptes à la réception des factures correspondantes*.

2 ▶ L'affectation du résultat

Seule sera abordée l'affectation du résultat dans une *entreprise individuelle*, la répartition du bénéfice d'une entreprise sociétaire ne relevant pas du domaine de cet ouvrage.

A. Cas d'un bénéfice

1. Les différentes affectations possibles

L'exploitant d'une entreprise individuelle peut, suivant ses besoins et ceux de son entreprise mener les actions suivantes :

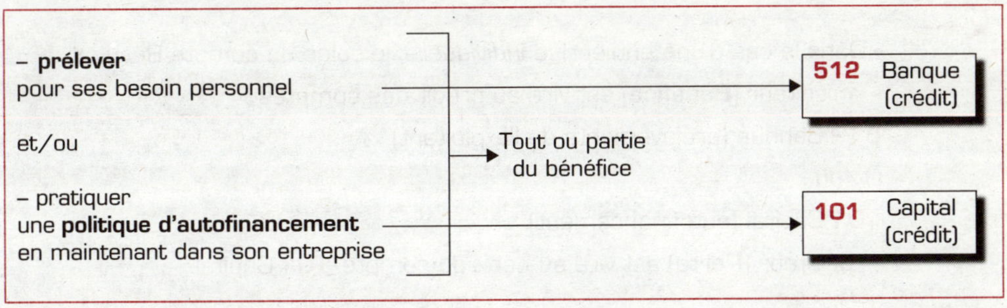

2. Exemple

Le 15 janvier N+1, M. Tunelle décide d'augmenter son capital de 5 000 € et de prélever, par chèque bancaire, le solde du bénéfice.

	15-01-N+1		
120 Résultat		26 710,00	
	101 Capital		5 000,00
	512 Banque		21 710,00

B. Cas d'une perte

La perte est considérée comme *une diminution du capital*. La structure de l'écriture d'affectation est la suivante :

	Date		
101 Capital		X	
	120 Résultat		X

À RETENIR

- Il existe plusieurs façons de clore et rouvrir le journal, mais il suffit d'utiliser la formule suivante :

	01-01-N+1		
Total des soldes (débiteurs ou créditeurs) réouverture du journal		T	T

Total de l'actif brut

Total : Passif + Actif soustractif

- Afin de respecter le principe de l'autonomie de l'exercice, il est nécessaire de **contre-passer, au 01-01-N+1, les écritures d'ajustement des comptes de charges et de produits** qui ont été enregistrées au 31-12-(N).

- Dans le cas d'une entreprise *individuelle*, le solde du compte Résultat :
- créditeur (**Bénéfice**) est viré au crédit des comptes :

512 Banque (prélèvements de l'exploitant)

et/ou

101 Capital (autofinancement).

- débiteur (**Perte**) est viré au débit du compte **101** Capital.

Les conseils

1➤ Se reporter au chapitre 3 pour revoir le procédé détaillé de clôture et de réouverture d'un compte.

2➤ Ne pas oublier qu'après avoir passé toutes les écritures d'inventaire au Journal, on a la relation : Totaux Journal = Totaux Balance après inventaire.

3➤ Connaître les trois méthodes de réouverture du Journal.

4➤ Pour rouvrir le Journal, par le procédé le plus rapide (celui généralement demandé dans les sujets d'examen), ne pas oublier pour déterminer le montant total des soldes débiteurs et créditeurs, l'existence de comptes soustractifs de l'Actif et éventuellement du Passif.

5➤ Bien comprendre la nécessité et la finalité de la contre-passation au début de l'exercice N+1 des écritures d'ajustement des comptes de charges et de produits de l'inventaire N.

6➤ Situer les affectations possibles du Résultat dans leur contexte économique (prélèvement ou autofinancement) pour mieux assimiler leur traduction comptable.

3 ▶ Applications

VRAI/FAUX

Les affirmations suivantes sont-elles vraies ou fausses ?

1. Un compte est arrêté du côté le plus élevé. Vrai ☐ Faux ☐

2. Quand toutes les écritures d'inventaire ont été passées, on a la relation suivante : Totaux journal = Totaux balance + Totaux bilan. Vrai ☐ Faux ☐

3. Les comptes Bilan d'ouverture et Bilan de clôture sont des comptes de la classe 8. Vrai ☐ Faux ☐

4. Au début d'un exercice, le compte **486** Charges constatées d'avance est débité. Vrai ☐ Faux ☐

5. L'autofinancement dans une entreprise individuelle se traduit par un crédit du compte Capital. Vrai ☐ Faux ☐

exos

EXERCICE 21.01

1. Un loyer trimestriel de 6 000 € payable d'avance couvre la période du 1er novembre N au 31 janvier N+1. Quelle écriture doit-on passer à ce sujet au début de l'exercice N+1 ?

2. Extrait du bilan au 31-12-N :

- Total passif : 1 250 000 €.
- Total des amortissements et des dépréciations à déduire de l'actif : 640 000 €.

Travail à faire

Déterminer le montant du solde à reprendre pour l'ouverture du journal au 01-01-N+1.

EXERCICE 21.02

Thème : Affectation du résultat : recherche d'éléments. Écritures

On vous fournit les renseignements suivants concernant l'entreprise Marest :

- Extrait du passif du bilan avant répartition au 31-12-N :

Capital	500 000
Résultat (bénéfice)	B

- Extrait du passif du bilan après répartition au 31-12-N :

Capital	520 000

- M. Marest a effectué un prélèvement correspondant au 3/4 du montant du bénéfice réalisé.

Travail à faire

1. Déterminer le montant B du bénéfice de l'exercice N.

2. Enregistrer au journal de l'entreprise Marest l'affectation du résultat.

Téléchargez gratuitement tous les corrigés des exercices, ainsi que les exercices complémentaires sur le site Internet : www.expertisecomptable-foucher.com

Partie 4

Organisation pratique de la comptabilité

Les pièces comptables ; organisation et contrôle comptables ; les systèmes comptables

CHAPITRE 22

Plan

▶ Après l'analyse des mécanismes comptables et l'étude approfondie des opérations courantes et des travaux d'inventaire, il s'agit de présenter les principaux systèmes d'enregistrement utilisés dans le cadre de l'organisation pratique d'une comptabilité.

Le passage de l'étude théorique à la *réalité concrète* vécue au quotidien par les entreprises ressort en grande partie de *l'organisation de ces entreprises*.

L'organisation de la tenue de la comptabilité diffère en fonction :

• de la nature des utilisateurs, suivant qu'il s'agit :

– d'entreprises ayant leurs propres services comptables ; généralement de grandes entreprises pour lesquelles la fonction comptable est assumée comme les autres fonctions ;

– de cabinets comptables qui assurent la fonction comptable pour le compte de plusieurs entreprises généralement petites ou moyennes ;

• des moyens humains et matériels dont disposent les entreprises pour assurer cette fonction (niveau quantitatif et qualitatif du personnel, matériel plus ou moins performant,...).

Il n'existe donc pas une solution type, mais des organisations très variées. Dans tous les cas, cependant, la tenue de la comptabilité suppose l'application de la loi et des directives du PCG, ne serait-ce que pour préserver des conditions de preuve indiscutables en cas de litige. *Des règles générales nées de cette contrainte et de la pratique ont pu être mises en évidence et constituent les systèmes comptables*. On distingue dans l'ordre chronologique de leur mise en application : le système classique, le système centralisateur, le système informatisé (abordé au chapitre suivant).

1 ▶ L'imputation

Le problème consiste à faire *l'analyse comptable de l'opération à enregistrer dans les comptes*. Cette opération est matérialisée par un document :

– interne : *ex.* : pièce de caisse, souche de chèque ;

– externe : *ex.* : facture, traite, relevé de banque.

L'imputation ou analyse comptable consiste à déterminer pour chaque opération : les comptes intéressés et pour chaque compte : sa position Débit ou Crédit et le montant correspondant.

L'imputation est une tâche fondamentale puisque de l'enregistrement des différentes écritures découlent tous les traitements nécessaires à la tenue d'une comptabilité. C'est une affaire de spécialiste. La division du travail a donc conduit à distinguer d'une part l'imputation, d'autre part les tâches purement matérielles d'enregistrement.

A. La préimputation ou préparation de l'imputation et de l'enregistrement comptable

Le problème consiste à effectuer l'analyse comptable d'un document soit sur *le document lui-même*, soit sur une fiche appelée *ticket comptable*.

1. Exemple

Soit la facture (schématique) suivante, adressée par les établissements Leroy à leur client Rigon.

Ets LEROY		
doit	Rigon	
	Le 15 octobre N	
	Facture 4137	
Brut marchandises		1 800,00
– remise 10 %		180,00
		1 620,00
Port forfaitaire		290,00
		1 910,00
TVA 19,60 %		374,36
Net à payer TTC		2 284,36 €

2. Préimputation sur le document lui-même

Il suffit d'inscrire pour chaque montant à comptabiliser :

- le numéro du compte à imputer ;
- le sens des mouvements : D pour Débit, C pour Crédit.

Exemple

Ets LEROY				
doit	Rigon			
	Le 15 octobre N			
	Facture 4137			
Brut marchandises		1 800,00		
– remise 10 %		180,00		
		1 620,00	7071	C
Port forfaitaire		290,00	7085	C
		1 910,00		
TVA 19,60 %		374,36	44571	C
Net à payer TTC		2 284,36 €	411	D

3. Préimputation sur ticket comptable

Exemple

Nº ticket : 8413 Document : N : 4137	Nature : facture client	Date : 15 octobre N
À Débiter	411 Clients	2 284,36
À Créditer	44571 TVA collectée 7071 Ventes marchandises A 7085 Port et frais accessoires facturés	374,36 1 620,00 290,00

B. L'organisation de l'imputation

Cette organisation dépend des contraintes imposées par les travaux comptables à effectuer et des moyens dont dispose le service comptable.

2 ▶ Le système classique

A. L'organisation classique

1. Présentation

Cette organisation, *articulée autour d'un Journal à deux colonnes*, est caractérisée par l'enchaînement des différents travaux comptables suivants :

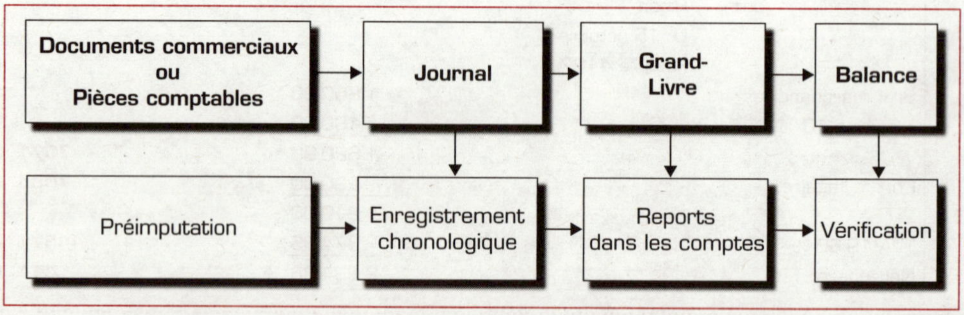

2. Enregistrement comptable dans les livres

Ces enregistrements ont été étudiés à l'occasion du Chapitre 4 et de ses applications. Il suffit donc – à titre de rappel – de noter ici les **prescriptions légales** concernant ces documents.

• **Le Journal**

Écriture	**Date**	« Les écritures affectant le patrimoine de l'entreprise sont enregistrées » *opération par opération et jour par jour sur le Livre-Journal.*
	Compte(s) et montant(s) débité(s) et crédité(s)	Tout enregistrement comptable précise l'origine, le contenu et « l'*imputation de chaque donnée*...
	Libellé	...ainsi que les *références de la pièce justificative* qui l'appuie ».

• **Le Grand-livre**

Report des écritures du Journal dans les comptes	« Les écritures du Livre-Journal sont portées sur le Grand-Livre et ventilées selon le plan des comptes du commerçant. »

• **La Balance :** sans prescription légale, la Balance est un document important puisqu'elle assure : la présentation résumée de tous *les comptes du Grand-Livre* et la *vérification* des reports.

B. Les contrôles : les erreurs et leur correction

1. Les contrôles

Les contrôles propres à l'utilisation du système classique ont été étudiés à l'occasion du chapitre 4. On peut rappeler qu'ils sont assurés par les trois égalités suivantes :

Total des Débits du Journal = Total des Crédits du Journal

Total sommes Débit = Total sommes Crédit de la Balance = Total du Journal

Total des soldes Débiteurs de la Balance = Total des soldes Créditeurs de la Balance

2. La constatation des erreurs et leur correction

• **Les erreurs d'imputation au Journal.** L'erreur peut se produire au niveau des *comptes utilisés* et/ou des *montants*.

Exemple

Le chèque nº 3315247 d'un montant de 64 371 €, adressé au fournisseur Savin le 21-10-n en règlement d'une facture antérieure, a été comptabilisé ainsi :

	21-10-N		
401 Fournisseurs		64 317	
	512 Banque chèque nº 3315247		64 317

Constatation : erreur dans les montants imputés.

Correction : trois procédés peuvent être utilisés.

- 1er procédé : contre-passation

		23-10-N		
	512 Banque		64 317	
		401 Fournisseurs annulation écriture du 21-10		64 317
		dº		
Écriture correcte	**401** Fournisseurs		64 371	
		512 Banque chèque nº 3315247		64 371

- 2e procédé : complément à zéro

Le complément du montant 64 317 s'écrit :

$\bar{1}$ 3 5 6 8 | 3

($\bar{1}$ 3 5 6 8 : complément de 9 ; 3 : complément de 10)

ce qui signifie : – 100 000 + 35 683 = – 64 317

En effet :

$$\begin{array}{r} 64\,317 \\ +\,\bar{1}35\,683 \\ \hline =000\,000 \end{array} \quad \text{ou} \quad \begin{array}{r} 64\,317 \\ -\,64\,317 \\ \hline =00\,000 \end{array}$$

d'où les écritures :

		28-10-N		
	401 Fournisseurs		135 683	
		512 Banque annulation écriture du 21-10		135 683
		dº		
Écriture correcte	**401** Fournisseurs		64 371	
		512 Banque chèque nº 3315247		64 371

- 3e procédé : écriture de rectification

Pas d'annulation de l'écriture erronée. Enregistrement d'une écriture complémentaire qui, venant s'ajouter à l'écriture erronée, conduit à des comptes exacts et des montants exacts.

	23-10-N		
401 Fournisseurs		54	
	512 Banque rectification erreur écriture du 23-10 64 371 – 64 317		54

• **Les égalités fondamentales ne sont pas respectées.** Cette constatation permet de déceler une erreur dans la *saisie* ou le *report d'un montant*.

L'égalité suivante :

Total des Débits du Journal = Total des Crédits du Journal

n'est pas respectée. *Il y a erreur de montant dans une écriture du Journal.*

L'égalité suivante :

Total sommes Débit
=
Total sommes Crédit } **de la Balance = Total du Journal**

n'est pas respectée.

Plusieurs types d'erreurs sont possibles :

– erreur de report du Journal au Grand-Livre ;

– erreur de report du Grand-Livre à la Balance ;

– erreur de calcul dans les totaux des comptes.

L'égalité suivante :

Total des soldes Débiteurs de la Balance
=
Total des soldes Créditeurs de la Balance

n'est pas respectée. *Il y a erreur dans le calcul des soldes.*

C. La division des comptes : comptes individuels et comptes collectifs

1. Nécessité

L'étude des comptes (Chapitre 3) a montré la nécessité de tenir deux catégories de comptes pour les Clients et les Fournisseurs :

– les comptes *collectifs* **401** FOURNISSEURS et **411** CLIENTS ;

– les comptes *individuels* de *Fournisseurs* et de *Clients*.

Cet enregistrement sur deux documents distincts répond à un double objectif :

– **l'information** : les *comptes collectifs* nécessaires, entre autre, à *l'établissement du Bilan* et les *comptes individuels* nécessaires au *suivi de la position de chacun des tiers concernés* ;

– **le contrôle** grâce au *double enregistrement*.

2. Exemple

▶ Thème

Le 1er octobre N, les documents (ou extraits de documents) se présentent ainsi :

Extrait de la Balance générale

N°	Comptes	Sommes		Soldes	
		Débit	Crédit	Débiteurs	Créditeurs
401	Fournisseurs	36 700	171 600		134 900
411	Clients	221 600	72 900	148 700	

Relevé nominatif des Fournisseurs

N°	Fournisseurs	Sommes		Soldes	
		Débit	Crédit	Débiteurs	Créditeurs
401.01	André	12 500	87 900		75 400
401.02	Rémy	24 200	83 700		59 500
		36 700	171 600		134 900

Relevé nominatif des Clients

N°	Clients	Sommes		Soldes	
		Débit	Crédit	Débiteurs	Créditeurs
411.01	Bernard	82 400	21 600	60 800	
411.02	Camille	70 200	–	70 200	
411.03	Daniel	19 300	16 100	3 200	
411.04	René	49 700	35 200	14 500	
		221 600	72 900	148 700	

Au cours du mois d'octobre, on a enregistré au Journal, entre autres, les débits et les crédits des comptes suivants :

André	Débit de 25 300	Bernard	aucune imputation
Rémy	Débit de 42 700	Camille	Débit de 29 600
	Crédit de 86 400		Crédit de 70 200
Daniel	Crédit de 3 200	René	Débit de 35 400

▶ Les Grands-Livres au 31 octobre N

Grand-Livre général

401 Fournisseurs

36 700	171 600
25 300	86 400
42 700	
104 700	**258 000**

411 Clients

221 600	72 900
29 600	70 200
35 400	3 200
286 600	**146 300**

Grand-Livre auxiliaire des Fournisseurs

401.01 Fournisseurs André

12 500	87 900
25 300	
37 800	**87 900**

401.02 Fournisseur Rémy

24 200	83 700
42 700	86 400
66 900	**170 100**

Grand-Livre auxiliaire des Clients

411.01 Client Bernard

82 400	21 600
82 400	**21 600**

411.02 Client Camille

70 200	70 200
29 600	
99 800	**70 200**

411.03 Client Daniel

19 300	16 100
	3 200
19 300	**19 300**

411.01 Client René

49 700	35 200
35 400	
85 100	**35 200**

Ces mêmes documents présentés au 31 octobre N

Extrait de la Balance générale

N°	Comptes	Sommes		Soldes	
		Débit	Crédit	Débiteurs	Créditeurs
...	...				
401	Fournisseurs	104 700	258 000		153 300
411	Clients	286 600	146 300	140 300	

Relevé nominatif des Clients

N°	Comptes	Sommes		Soldes	
		Débit	Crédit	Débiteurs	Créditeurs
...	...				
411.01	Bernard	82 400	21 600	60 800	
411.02	Camille	99 800	70 200	29 600	
411.03	Daniel	19 300	19 300	–	–
411.04	René	85 100	35 200	49 900	
		286 600	146 300	140 300	

Relevé nominatif des Fournisseurs

N°	Comptes	Sommes		Soldes	
		Débit	Crédit	Débiteurs	Créditeurs
...	...				
401.01	André	37 800	87 900		50 100
401.02	Rémy	66 900	170 100		103 200
		104 700	258 000		153 300

CONTRÔLES INTERNES

D. Le perfectionnement du système : la prétotalisation

Au cas où le *volume des informations à traiter, très important, entraînerait un très grand nombre d'enregistrements*, tels qu'ils ont été décrits précédemment, l'entreprise peut avoir recours à un procédé assurant un perfectionnement du système : *la prétotalisation.*

1. Principe

Les imputations concernant *des pièces comptables de même nature sont traitées par lots* ; elles sont *regroupées et totalisées sur un bordereau* conduisant à *l'enregistrement d'une seule écriture au Journal*.

2. Exemple

Les imputations relatives aux factures reçues des fournisseurs peuvent donner lieu à l'établissement du bordereau suivant :

Bordereau des factures Fournisseurs								Folio 17
Date	N° Facture	Fournisseur	Compte					
			À Débiter				À Créditer	
			4096	44566	607	6241	401	765
09-10	43137	Anatole		312,48	1 500,00	180,00	1 992,48	
15-10	23908	Bernard	540,00	892,80	4 800,00	–	6 232,80	
28-10	73101	Thierry	200,00	515,22	3 200,00	210,00	3 485,22	640,00
28-10	37815	Robert		1 650,75	8 500,00	630,00	10 525,75	255,00
			740,00	3 371,25	18 000,00	1 020,00	22 236,25	895,00

Ce bordereau se traduit par une seule écriture au Journal.

31-10		
4096 Fournisseurs-Créances pour emballages à rendre	740,00	
44566 TVA déductible sur autres biens et services	3 371,25	
607 Achats de marchandises	18 000,00	
6241 Transports sur achats	1 020,00	
401 Fournisseurs		22 236,25
765 Escomptes obtenus		895,00
bordereau des factures fournisseurs folio 17		

La précision du libellé qui renvoie aux pièces justificatives reste conforme au décret du 29 novembre 1983.

3. La division du Journal

Dans une telle organisation, faisant appel à l'établissement de bordereaux de prétotalisation, la division du *Journal en plusieurs journaux*, peut être envisagée.

Exemple

Le Journal des Factures-fournisseurs, le Journal des Factures-clients, le Journal des Opérations diverses, pour les opérations ne concernant pas les deux premiers.

3 ▶ Le système centralisateur

La pratique du système classique a mis en évidence les inconvénients de ce système lorsque le nombre des opérations est important. *La nécessité d'une division du travail plus poussée a conduit à la mise en place d'un nouveau système : le système centralisateur.*

Ce système est basé sur le regroupement d'imputations comptables de même nature telles que les recettes de trésorerie, les dépenses de trésorerie, les achats, les ventes, etc.

Remarque. Le système classique et le système centralisateur diffèrent UNIQUEMENT *au niveau de la conception de l'enregistrement au Journal.* Tous les autres documents comptables qui découlent du traitement restent les mêmes.

A. Le principe : la division du journal, les journaux auxiliaires

Le Journal, généralement unique, à deux colonnes, du système classique *est divisé en un certain nombre de journaux à colonnes de ventilation.*

Ces journaux appelés Journaux divisionnaires ou auxiliaires correspondent chacun à un regroupement d'imputations comptables de même type.

Cette division du Journal est conforme aux dispositions du décret du 29 novembre 1983.

Art. 5. « *Le Livre-Journal et le Grand-Livre sont détaillés en autant de Journaux auxiliaires et de Livres auxiliaires que les besoins du commerce l'exigent.*

Les écritures portées sur les Journaux et les Livres auxiliaires sont centralisées une fois par mois, au moins, sur le Livre-Journal et le Grand-Livre. »

1. Exemple de Journal auxiliaire : le Journal de Caisse-Débit (ou Caisse-Recettes)

Exemple

Thème

Au cours de la première quinzaine du mois d'octobre, une entreprise a effectué, entre autre, les opérations suivantes :

Le 5 : règlement en espèces du client Henri (nº 411 018) qui devait 355,80 €.

Le 8 : récapitulation des ventes de la semaine contre espèces 10 345,40 € TTC (TVA au taux normal).

Le 10 : règlement en espèces du client Paul (nº 411 039) qui devait 213,30 €.

Le 12 : encaissement en espèces de coupons provenant de divers titres considérés comme valeurs mobilières de placement : 158 €.

Le 15 : récapitulation des ventes de la semaine contre espèces : 8 742,76 € TTC (TVA au taux normal).

Constatation

Toutes ces opérations présentent un caractère commun : elles entraînent une entrée d'espèces se traduisant en termes comptables par un débit du compte Caisse : leur enregistrement va donc s'effectuer dans un Journal de Caisse-Débit (ou Caisse-Recettes).

Présentation du Journal

Journal auxiliaire de Caisse Débit								Folio nº 17
				À Débiter	À Créditer			
Dates	Nº pièces comptables	Reports aux GLA	Libellés	53 Caisse	411 Clients	44571 TVA collectée	707 Ventes March.	764 Revenus VMP
05-10	R737	**018**	Règlement **Henri**	355,80	355,80			
08-10	R738		Ventes semaine du 03 au 08	10 345,40		1 695,40	8 650,00	
10-10	R739	**039**	Règlement **Paul**	213,30	213,30			
12-10	R740		Coupons de VMP	158,00				158,00
15-10	R741		Ventes semaine du 10 au 15	8 742,76		1 432,76	7 310,00	
15-10			Totaux	19 815,26	569,10	3 128,16	15 960,00	158,00

- Il faudra reporter :
  - 355,30 € au crédit du compte individuel Henri ;
  - 213,30 € au crédit du compte individuel Paul

d'où la nécessité de prévoir une colonne avec le numéro des comptes individuels des Fournisseurs et des Clients.

- Les colonnes de ventilation sont limitées en nombre (format du support). L'enregistrement des opérations peu fréquentes a conduit à prévoir une colonne Divers. La colonne Divers doit permettre de retrouver le nom (ou plus simplement le numéro) du compte correspondant au montant.

La centralisation au Journal général

15-10		
53 Caisse	19 815,26	
411 Clients		569,10
44571 TVA collectée		3 128,16
707 Ventes de marchandises		15 960,00
764 Revenus des VMP		158,00
d'après Journal auxiliaire Caisse-Débit Folio 17		

2. Les différents journaux

- **Une liste traditionnelle.** En première approche du problème posé, on peut établir la liste suivante des journaux *les plus fréquemment utilisés*.
  - Journal de Caisse-Débit (ou Caisse-Recettes) ;
  - Journal de Caisse-Crédit (ou Caisse-Dépenses) ;
  - Journal Banque-Débit ;
  - Journal Banque-Crédit ;
  - Journal des Achats (au comptant et à crédit) ;
  - Journal des Ventes (au comptant et à crédit) ;
  - Journal des Effets à recevoir Débit (ou Entrées) ;
  - Journal des Effets à recevoir Crédit (ou Sorties) ;
  - Journal des Effets à payer Crédit (ou Sorties) ;

– Journal des Effets à payer Débit (ou Entrées) ;
– Journal des Opérations diverses.

• **L'adaptation aux besoins de l'entreprise.** La liste précédente n'est pas exhaustive.

Exemple

Une entreprise ayant un compte chèques postal ouvrira : un Journal Chèques Postaux-Débit, un Journal Chèques Postaux-Crédit.

• **Certains journaux peuvent être supprimés.**

Exemple

Une entreprise qui ne tire pas de traite sur ses clients n'ouvrira pas de Journaux d'Effets à recevoir.
Dans certains cas, il peut être intéressant de limiter le Journal des Achats (et/ou des Ventes) au Journal des Achats (et/ou des Ventes) à crédit.

3. Les problèmes posés

• **Le risque d'un double enregistrement.** Certaines opérations doivent être enregistrées dans deux journaux :

Ex. 1 : Versements d'espèces en banque { Journal de **Banque-Débit** / Journal de **Caisse-Crédit**

Ex. 2 : Achats au comptant réglés par chèque { Journal des **Achats** / Journal de **Banque-Crédit**

Une technique particulière permet d'éviter que ces opérations ne soient comptabilisées deux fois : l'utilisation d'un compte de liaison :
58 Virements internes.

Exemple

Le principe
Soit à enregistrer l'opération suivante : Le 5 octobre : versement d'espèces en banque : 1 500 €.
Les journaux auxiliaires intéressés se présentent alors ainsi :

Journal auxiliaire Banque-Débit						
		COMPTES				
		À DÉBITER	À CRÉDITER			
Dates	Libellés	512 Banque	58 Virements internes			
05-11	Versement d'espèces	1 500	1 500			

Au lieu et place de **53 Caisse** ←

Journal auxiliaire Caisse-Crédit						
		COMPTES				
		À CRÉDITER	À DÉBITER			
Dates	Libellés	53 Caisse	58 Virements internes			
05-11	Versement d'espèces	1 500	1 500			

Au lieu et place de **512 Banque**

La centralisation au Journal général se présentera ainsi :

		Débit	Crédit
	30-11		
	512 Banque	1 500	
	...		
Soldé	**58 Virements internes**		1 500
	...		
	d'après Journal auxiliaire Banque-Débit Folio		
	58 Virements internes	1 500	
	...		
	53 Caisse		1 500
	...		
	d'après Journal auxiliaire Caisse-Crédit Folio		

L'emploi du compte **58** Virements internes conduit, comme il se doit, à débiter le compte **512** Banque, à créditer le compte **53** Caisse, pour un montant de 1 500 €, malgré l'enregistrement dans deux journaux auxiliaires.

Les différents sous-comptes du compte 58 Virements internes. Dans un souci de précision, il est possible d'utiliser des sous-comptes du compte **58** Virements internes.

Le tableau ci-dessous met en évidence le nom de ces sous-comptes :

Journaux Utilisés	BANQUE Crédit	CAISSE Crédit	VENTES au comptant et à Crédit	EFFETS À RECEVOIR Crédit
BANQUE Débit		Virements de fonds	Ventes au comptant	Effets à l'escompte ou Effets à l'encaissement
CAISSE Débit	Virements de fonds		Ventes au comptant	Effets en recette
ACHATS au Comptant et à Crédit	Achats au comptant	Achats au comptant		
EFFETS À PAYER Débit	Effets domiciliés	Effets payés		

• **La colonne intérieure.** *Le principe* :

Journal auxiliaire Caisse-Crédit						
		COMPTES				
Dates	Libellés	À DÉBITER	À CRÉDITER			
		512 Banque	X	Y	Z	T

colonne *principale* généralement *unique*

À côté de cette colonne unique peuvent être prévues une (ou plusieurs) colonne(s) dites colonne(s) intérieure(s). *Les colonnes intérieures enregistrent les imputations de même sens que la colonne principale* (soit Débit, soit Crédit).

Exemple

Soit à enregistrer les opérations suivantes :

28 mars : remise d'une traite à l'escompte de valeur nominale : 18 300 €.

3 avril : réception de l'avis de crédit correspondant de la banque ;

escompte : 291 € (la commission et la TVA sur commission sont volontairement négligées).

Journal auxiliaire Effets à recevoir Sortie						
		COMPTES				
Dates	Libellés	À CRÉDITER	À DÉBITER			
		413 Effets à recevoir	58 Virements internes	A	B	C
28-03	Remise à L'escompte traite 3114	18 300	18 300			

Journal auxiliaire Banque-Débit						
		COMPTES				
Dates	Libellés	À DÉBITER		À CRÉDITER		
		512 Banque	661 Charges d'intérêts	58 Virements internes	E	F
03-04	Avis de crédit 6113	18 009	291	18 300		

colonne intérieure

B. L'organisation générale du système et les contrôles

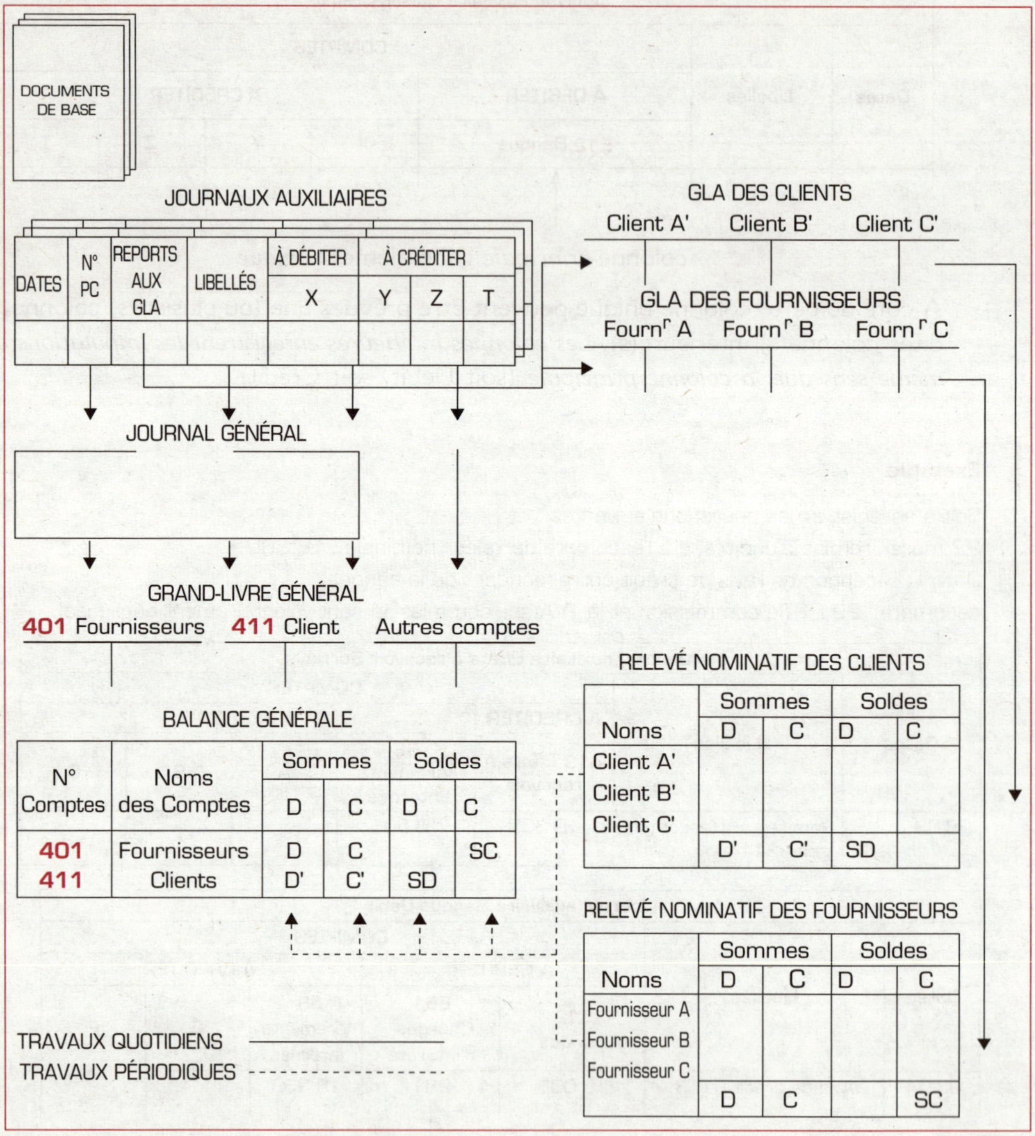

4 ▶ Conclusion

La mise en application d'un système comptable montre ses limites et aussi ses imperfections au niveau des tâches matérielles. Les utilisateurs ont toujours été à la recherche de moyens plus efficaces pour atténuer les contraintes et supprimer les imperfections. Les systèmes comptables évoluent également en fonction du progrès technique. De nouveaux outils conduisent à de nouvelles organisations des tâches comptables : la comptabilité informatisée conduisant aux systèmes comptables intégrés abordés au chapitre suivant.

À RETENIR

- **L'imputation** ou enregistrement comptable consiste à déterminer, pour chaque opération : les comptes intéressés et, pour chaque compte : sa position **Débit** ou **Crédit** et le **montant** correspondant.
- **La préimputation** prépare au travail d'imputation ; elle peut s'effectuer sur le *document de base lui-même* (*exemple* : facture) ou sur un *ticket comptable.*
- **Les erreurs d'imputation** peuvent être corrigées en utilisant l'une des trois méthodes suivantes : la contre-passation, le complément à zéro et l'écriture de rectification.
- **Le système classique** est un système articulé autour d'un *journal unique à deux colonnes*, dans lequel on enregistre chronologiquement les différentes opérations, de l'entreprise.
- **Le système centralisateur** est caractérisé par l'utilisation de *plusieurs journaux à colonnes de ventilation*, appelés *journaux divisionnaires* ou *journaux auxiliaires*, chaque journal étant réservé à un **regroupement** d'imputations comptables de même type.
- Quel que soit le système choisi, en plus du journal (ou des journaux), on doit utiliser :

– le **Grand-Livre**, c'est-à-dire l'ensemble des comptes, avec, éventuellement, un Grand-Livre Général pour les comptes collectifs, et des Grands-Livres Auxiliaires pour les comptes individuels de clients et de fournisseurs ;

– la **Balance**, à titre de vérification.

Les conseils

1➤ Bien comprendre l'importance de la préimputation : c'est la phase qui conditionne l'ensemble des travaux d'enregistrement comptable.

2➤ Comprendre, retenir et appliquer les égalités conduisant au contrôle de reports (Journal → Grand-Livre → Balance).

3➤ En cas d'erreur constatée par une égalité non respectée, faire la différence des deux montants.

4➤ Pour rectifier une erreur au Journal :
- erreur simple : utiliser le procédé de l'écriture de rectification ;
- erreur plus complexe : utiliser le procédé de la contre-passation.

5➤ Bien noter la différence entre un compte collectif et un compte individuel :
- retenir à ce sujet la terminologie employée au niveau des Balances :
- Balance générale ;
- Relevé nominatif (ou Balance) des Clients et des Fournisseurs.

6➤ Comprendre l'intérêt de la prétotalisation et ne pas confondre prétotalisation et préimputation.

7➤ S'exercer à concevoir le tracé d'un Journal auxiliaire.

8➤ Ne pas oublier qu'à l'occasion de la tenue d'un journal auxiliaire, toute imputation à un compte de client ou de fournisseur doit être reportée au compte individuel correspondant.

9➤ Ne pas apprendre la liste des différents journaux auxiliaires... très variable suivant les cas : s'adapter aux besoins de l'entreprise ou à l'énoncé du problème.

10➤ Veiller à l'emploi du compte Virements interne à chaque fois qu'une opération est enregistrée dans deux journaux auxiliaires.

11➤ Utiliser le compte Virements internes de préférence à ses sous-comptes.

12➤ Ne pas apprendre l'intitulé des sous-comptes de Virements internes. On les retrouve facilement avec un peu de réflexion.

13➤ Ne pas confondre colonne principale et colonne intérieure et bien noter la particularité de cette colonne intérieure.

14➤ Bien comprendre le schéma représentant l'organigramme du système centralisateur et les contrôles qu'il assure.

5 ▶ Applications

VRAI/FAUX

Les affirmations suivantes sont-elles vraies ou fausses ?

1. Le ticket comptable est un instrument de pré-imputation. Vrai ☐ Faux ☐

2. Si le total des sommes débit de la balance diffère du total du journal, une erreur a obligatoirement été commise dans une écriture du journal. Vrai ☐ Faux ☐

3. Le relevé nominatif des clients fournit l'historique complet de chaque compte client. Vrai ☐ Faux ☐

4. L'emploi du bordereau de pré-totalisation entraîne une diminution du nombre d'écritures au journal. Vrai ☐ Faux ☐

5. Le compte Virements internes peut être utilisé pour une opération concernant à la fois le journal des achats à crédit et le journal de banque-crédit. Vrai ☐ Faux ☐

6. Il faut obligatoirement tenir un journal des effets à payer-débit. Vrai ☐ Faux ☐

7. Une dotation aux amortissements est enregistrée dans le journal des opérations diverses. Vrai ☐ Faux ☐

8. L'emploi du compte **665** Escomptes accordés nécessite une colonne intérieure au journal de banque-crédit. Vrai ☐ Faux ☐

EXERCICE 22.01

Thème : Correction d'erreur au journal

La facture schématique suivante :

Éts Praline		
	doit	
	Vady le 25 octobre N Facture 117213	
Brut marchandises		15 000,00 €
Port forfaitaire		840,00
		15 840,00
TVA 19,60 %		3 104,64
Net à payer TTC		**18 944,64** €

a été enregistrée ainsi au journal des Éts Praline :

	Débit	Crédit
25-10-N		
411 Clients	18 944,64	
707 Ventes de marchandises		15 000,00
6242 Transports sur ventes		840,00
44571 TVA collectée Facture 117213		3 104,64

Travail à faire

1. Reconnaître l'erreur qui a été commise.

2. Le 29-10-N, corriger cette erreur au journal des Éts Praline en utilisant trois procédés différents.

Téléchargez gratuitement tous les corrigés des exercices, ainsi que les exercices complémentaires sur le site Internet : www.expertisecomptable-foucher.com

CHAPITRE 23

Les traitements informatisés

PLAN

▶ *L'informatique appliquée à la comptabilité a profondément modifié l'organisation comptable au cours de ces dernières années.*

Les premières applications ont été le privilège d'une minorité d'entreprises ; les coûts élevés des équipements et du fonctionnement n'apportaient une rentabilité certaine qu'à un petit nombre d'utilisateurs.

À l'heure actuelle, la micro-informatique a permis de retourner la tendance : micro-ordinateurs et logiciels adaptés voient leur coût facilement amorti par le gain de productivité qu'ils génèrent. Les réticences qui existent encore dans certaines entreprises se situent bien davantage au niveau des mentalités.

1 ▶ Généralités

A. Évolution des systèmes comptables

Avant l'informatisation des systèmes comptables, le système centralisateur d'une part, la technique de la comptabilité par décalque encore plus archaïque d'autre part, avaient largement supplanté l'emploi du système classique. *Grâce à l'informatique, le système classique traditionnel retrouve une place privilégiée puisque la plupart de ses imperfections disparaissent* :

– le volume des opérations traitées n'est plus un problème ;

– les reports, les regroupements, les ventilations peuvent être automatisés ;

– les contrôles numériques sont effectués dès la saisie des informations ; seules peuvent subsister les erreurs d'imputation de comptes.

B. Les étapes du traitement informatisé

Quelle que soit sa complexité, un traitement informatisé se décompose toujours en deux étapes :

1re étape : *la saisie des informations comptables après imputation par l'intermédiaire d'un clavier.*

2e étape : *le traitement des données proprement dit à partir des informations saisies.*

À partir de cette **saisie unique**, un logiciel bien adapté permet :

– d'obtenir les documents comptables sur imprimés nécessaires à toute entreprise, tels que Journal, Grand-Livre, Grands-livres auxiliaires, Balances, compte Résultat, Bilan, Annexe ;

– de réaliser des travaux extra-comptables, tels que déclarations fiscales et sociales, statistiques...

Lorsqu'il est possible de réaliser toutes ces opérations, à partir d'une *saisie unique*, on parle de *système comptable intégré*.

La 2e étape ne sera pas abordée ici puisqu'elle relève d'un cours de Traitement des données. Seul sera étudié le *problème de la présentation matérielle de l'imputation pour permettre une meilleure saisie à partir d'un clavier.*

C. Les avantages

Les avantages d'un traitement comptable informatisé sont considérables :

– **la saisie unique** des informations *élimine les risques d'erreurs dus aux reports* et apporte un gain de temps appréciable ;

– **la rapidité d'exécution** : davantage d'informations traitées, davantage d'informations produites dans un même laps de temps ;

– **la fiabilité** : un traitement bien conçu conduit à un résultat certain ;

– **la conformité avec la loi et le PCG** :

Décret du 29 novembre 1983. Art. 2 « *Des documents informatiques écrits peuvent tenir lieu de Livre-Journal et de Livre d'Inventaire : dans ce cas, ils doivent être identifiés, numérotés et datés dès leur établissement par des moyens offrant toute garantie en matière de preuve.* » Il est important de noter que le PCG a été révisé en 1982, entre autre chose, dans l'optique de la mise en place et du développement des systèmes de traitement informatisé.

2 ▶ Le bordereau de saisie

A. Définition

Le bordereau de saisie** est une présentation particulière de la **préimputation en vue de préparer le travail de saisie proprement dit : Document : → Bordereau de saisie → Clavier.

B. Présentation

1. Principe

Le bordereau de saisie correspond à un journal (ou plusieurs journaux) à deux colonnes du système classique. Les informations sont *codifiées* d'où l'importance des *numéros de comptes du PCG*.

Les caractères alphabétiques ou numériques sont séparés les uns des autres de manière à faciliter la lecture en vue de la saisie caractère par caractère sur le clavier.

Un tracé sous forme de grilles ou « *peignes* » est pré-imprimé à cet effet.

2. Exemple

▶ Thème

Le 3 avril N, les Établissements Julien adressent à leur client Valy (nº 411.2317) la facture 884127 dont les éléments sont donnés ci-dessous :

Brut marchandises HT	13 500,00 €
– Remise 10 %	1 350,00
Net commercial	12 150,00
– Escompte de règlement 2 %	243,00
Net financier	11 907,00
Port forfaitaire	861,00
	12 768,00
TVA 19,60 %	2 502,53
	15 270,53
Emballages consignés HT	350,00
Net à payer TTC	**15 620,53 €**

Les Éts Julien utilisent un journal unique pour leurs enregistrements comptables.

▶ Bordereau de saisie

NOM Ets JULIEN JOURNAL UNIQUE DATE 04 0N FOLIO N° 1

N° de cpte général	N° de cpte auxil.	Numéro de pièce.	Jour	Libellé	Montant	D C
411000	2317	884127	03	FACTURE VALY	15620,53	D
665000		884127	03	R	243,00	D
707000		884127	03	R	12150,00	C
708500		884127	03	R	861,00	C
445710		884127	03	R	2502,53	C
419600		884127	03	R	350,00	C

3 ▶ L'organisation de la saisie

La saisie peut être effectuée soit sur un *bordereau unique*, soit sur *plusieurs bordereaux*.

Le choix entre ces deux options est déterminé par :

– le volume des informations à traiter ;

– l'opportunité d'appliquer aux enregistrements comptables le principe de la division du travail.

A. Saisie sur un seul bordereau

1. Principe

Les différentes opérations sont saisies, en vrac, sur un bordereau unique, quelle que soit leur nature : achat, vente, mouvement de trésorerie... Ce procédé est essentiellement utilisé par les entreprises ayant peu d'informations à traiter : la saisie est, dans ce cas, confiée à un seul employé.

2. Exemple

▶ Thème

Au cours du mois d'avril N, l'entreprise Uhalde a effectué, entre autres, les opérations suivantes :

– Le 3 : achat au fournisseur Elhuyar, compte **401137** :

Facture 18129 ; Brut marchandises : 12 600 € HT ; Remise : 20 % ; Port forfaitaire : 1 450 € HT ; TVA au taux normal ; Règlement à 60 jours fin de mois.

– Le 8 : avis de crédit 3418 : virement bancaire du client Baruc, compte **411312**, en règlement d'une facture du mois de mars : 7 513 €.

– Le 9 : acceptation de la traite 1639 du fournisseur Elhuyar, en règlement de la facture du 3 avril.

– Le 12 : vente au client Bourel compte **411518** ; Facture 23113 ; Brut marchandises : 6 400 € HT ; Remise : 10 % ; Port forfaitaire : 750 € HT ; TVA au taux normal ; Emballages consignés : 300 € HT ; Règlement à 30 jours fin de mois.

– Le 14 : tirage de la traite 9835 sur le client Bourel en règlement de la facture du 12 avril.

– Le 16 : règlement par chèque bancaire 214612 des frais d'entretien du matériel de bureau : 2 450 € HT ; TVA au taux normal.

– Le 19 : remise à l'escompte auprès de la banque de la traite 9835.

– Le 21 : achat de timbres-poste réglé en espèces : 600 €. Reçu 6115.

– Le 22 : avis de crédit 7929 relatif à la remise du 19 avril :

Escompte	103,00
Commissions	67,00
TVA sur commissions	13,13
	183,13 €

– Le 26 : avis de crédit 18103 relatif à l'encaissement par la banque de coupons de valeurs mobilières de placement : 925 €.

Bordereau de saisie

NOM ENTREPRISE UHALDE JOURNAL UNIQUE DATE 04 0N FOLIO N° 1

N° de cpte général	N° de cpte auxil.	Numéro de pièce.	Jour	Libellé	Montant	D C
607000		18129	03	FACTURE ELHUYAR	10080,00	D
624100		18129	03	R	1450,00	D
445660		18129	03	R	2259,88	D
401000	0137	18129	03	R	13789,88	C
512000		3418	08	VIREMENT BARUC	7513,00	D
411000	0312	3418	08	R	7513,00	C
401000	0137	1639	09	TRAITE ELHUYAR	13789,88	D
403000		1639	09	R	13789,88	C
411000	0518	23113	12	FACTURE BOUREL	8085,96	D
707000		23113	12	R	5760,00	C
708500		23113	12	R	750,00	C
419600		23113	12	R	300,00	C
445710		23113	12	R	1275,96	C
413000		9835	14	TRAITE BOUREL	8085,96	D
411000	0518	9835	14	R	8085,96	C
615000		214612	16	REPARATION MICRO	2450,00	D
445660		214612	16	R	480,20	D
512000		214612	16	R	2930,20	C
511400		9835	19	REMISE TRAITE ESCOMPTE	8085,96	D
413000		9835	19	R	8085,96	C
626000		6115	21	TIMBRES POSTE	600,00	D
530000		6115	21	R	600,00	C
512000			22	BORDEREAU ESCOMPTE	7902,83	D
661000			22	R	103,00	D
627000			22	R	67,00	D
445660			22	R	13,13	D
511400			22	R	8085,96	C
512000		18103	26	ENCAISSEMENT COUPON	925,00	D
764000		18103	26	R	925,00	C
					,	

B. Saisie sur plusieurs bordereaux

1. Principe

La division du travail s'impose lorsque le volume des opérations effectuées par l'entreprise est trop important pour être traité par un seul employé. *L'imputation est alors effectuée sur plusieurs bordereaux, chaque bordereau correspondant à des lots d'opérations de même nature* ; un employé peut être spécialisé dans un type de saisie déterminé. Dans ce cas, on peut, par exemple, utiliser les bordereaux suivants :

– bordereau des factures fournisseurs ;

– bordereau des factures clients ;

– bordereau de trésorerie (y compris les opérations sur effets de commerce) ;

– bordereau des opérations diverses.

2. Exemple

▶ Thème

Au cours du mois de décembre N, l'entreprise Revard a effectué, entre autres, les opérations suivantes :

– Le 5 : facture 610215 du fournisseur Relay, compte **401037** :

Brut marchandises : 183 400 € HT ; Remise : 20 % ; Règlement à 90 jours fin de mois.

– Le 10 : vente au client Lapaix, compte **411249** :

Facture 387515 ; Brut marchandises : 62 500 € HT ; Remise : 10 % ; Escompte de règlement : 2 % ; Port forfaitaire : 683 € HT ; Règlement sous huitaine.

– Le 12 : acceptation de la traite 10693 tirée par le fournisseur Relay en règlement de la facture 610215.

– Le 14 : encaissement du chèque 712609 du client Lapaix en règlement de la facture 387515.

– Le 16 : vente au client Soiran, compte **411359** :

Facture 387516 ; Brut marchandises : 83 500 € HT ; Remise : 5 % ; Règlement à 60 jours fin de mois.

– Le 17 : avances versées au personnel par virements bancaires : 85 000 €.

– Le 18 : tirage de la traite 142108 sur le client Soiran en règlement de la facture 387516.

– Le 19 : facture 102778 du fournisseur Viquande, compte **401083** :

Brut marchandises : 105 180 € HT ; Escompte de règlement : 2 % ; Règlement sous huitaine.

– Le 22 : remise à l'escompte de la traite 142108.

– Le 25 : virement bancaire 272115 à l'ordre du fournisseur Viquande en règlement de la facture 102778.

– Le 29 : avis de crédit 673129 concernant la remise du 22 décembre. Taux d'escompte : 12 % ; Commissions : 95 € ; TVA sur commission au taux normal.

– Le 31 : récapitulation du livre de paie :

Salaires bruts		263 200 €
– Retenues ouvrières :		40 317 €
Sécurité sociale	29 170	
Assedic	6 212	
Caisse retraite non cadres	3 245	
Caisse retraite cadres	1 529	
APEC	161	
		222 883 €
Avances		85 000 €
Salaires net à payer		**137 883 €**

– Le 31 : virements bancaires (bordereau de virement 834525) à l'ordre des salariés en règlement de la paie de décembre.

– Le 31 : enregistrement des charges patronales correspondantes :

Sécurité sociale	75 924 €
Assedic	11 212 €
Caisse retraite non cadres	5 812 €
Caisse retraite cadres	1 647 €
APEC	208 €
Total	**94 803 €**

Les constatations d'inventaire au 31 décembre N sont les suivantes :

– Amortissement des immobilisations ;

Nature des immobilisations	Valeur d'origine	Taux d'amortissement linéaire
Constructions	1 280 000 €	5 %
Autres immobilisations corporelles	883 000 €	10 %

– Montant du stock de marchandises au 01-01-N : 613 520 € ;

– Montant du stock de marchandises au 31-12-N : 782 610 €.

Enregistrer toutes ces informations sur les bordereaux de saisie suivants :

– Factures fournisseurs ;

– Factures clients ;

– Trésorerie ;

– Opérations diverses.

NB • Appliquer le taux normal de TVA aux transactions sur les marchandises.

Les bordereaux de saisie

NOM ETts REVARD JOURNAL FACTURES FOURNISSEURS DATE 12 0N FOLIO N° 1

N° de cpte général	N° de cpte auxil.	Numéro de pièce.	Jour	Libellé	Montant	D C
607000		610215	05	FACTURE RELAY	14720,00	D
445660		610215	05	R	2875,12	D
401000	0137	610215	05	R	17547,12	C
607000		102778	19	FACTURE VIQUANDE	10518,00	D
445660		102778	19	R	2020,97	D
401000	0083	102778	19	R	12327,37	C
765000		102778	19	R	210,60	C

NOM ETts REVARD JOURNAL FACTURES CLIENTS DATE 12 0N FOLIO N° 1

N° de cpte général	N° de cpte auxil.	Numéro de pièce.	Jour	Libellé	Montant	D C
411000	0249	387515	10	FACTURE LARAIX	66746,37	D
665000		387515	10	R	1125,00	D
707000		387515	10	R	56250,00	C
708500		387515	10	R	683,00	C
445710		387515	10	R	10938,37	C
411000	0359	387516	16	FACTURE SOIRAIN	94872,70	D
707000		387516	16	R	79325,00	C
445710		387516	16	R	15547,70	C

NOM ETts REVARD — JOURNAL TRÉSORERIE — DATE 12 ON — FOLIO N° 1

N° de cpte général	N° de cpte auxil.	Numéro de pièce.	Jour	Libellé	Montant	D C
401000	0037	10693	12	TRAITE RELAY	175477,12	D
403000		10693	12	R	175477,12	C
512000		712609	14	CHÈQUE LAPAIX	66746,37	D
411000	0249	712609	14	R	66746,37	C
425000		108683	17	AVANCES PERSONNEL	85000,00	D
512000		108683	17	R	85000,00	C
413000		142108	18	TRAITE SOIRAIN	94872,70	D
411000	0359	142108	18	R	94872,70	C
511400		142108	22	REMISE ESCOMPTE	94872,70	D
413000		142108	22	R	94872,70	C
401000	0083	272115	25	VIREMENT VIQUANDE	123279,37	D
512000		272115	25	R	123279,37	C
512000		673129	29	AVIS CRÉDIT	92608,63	D
661000		673129	29	R	2150,45	D
627000		673129	29	R	95,00	D
445660		673129	29	R	18,62	D
511400		673129	29	R	94872,70	C
421000		673129	31	VIREMENT SALAIRES	137883,00	D
512100		834525	31	R	137883,00	C

NOM ETts REVARD — JOURNAL OPÉRATIONS DIVERSES — DATE 12 ON — FOLIO N° 1

N° de cpte général	N° de cpte auxil.	Numéro de pièce.	Jour	Libellé	Montant	D C
641000			31	CENTRALISATION PAIE	263200,00	D
421000			31	R	263200,00	C
421000			31	PRÉCOMPTE	40317,00	D
431000			31	R	29170,00	C
437100			31	R	6212,00	C
437200			31	R	3245,00	C
437300			31	R	1529,00	C
437400			31	R	161,00	C
421000			31	RETENUE AVANCE	85000,00	D
425000			31	R	85000,00	C
645000			31	CHARGES PATRONALES	94803,00	D
431000			31	R	75924,00	C
437100			31	R	11212,00	C
437200			31	R	5812,00	C
437300			31	R	1647,00	C
437400			31	R	208,00	C
681100			31	PLAN D'AMORTISSEMENT	15230,00	D
281300			31	R	6400,00	C
281800			31	R	8830,00	C
603700			31	STOCK INITIAL	61352,00	D
370000			31	R	61352,00	C
370000			31	STOCK FINAL	78261,00	D
603700			31	R	78261,00	C

À RETENIR

- L'informatisation des traitements comptables se caractérise par une **saisie unique**, à partir de laquelle on produit, grâce à des logiciels spécifiques :
  - les livres et documents comptables : Journal, Grand-livre, Balance, compte Résultat, Bilan, Annexe ;
  - des documents extra-comptables : déclarations fiscales, sociales.
- La saisie sur clavier s'effectue à partir de **bordereaux de saisie** utilisés comme outil d'imputation.
- Le bordereau de saisie s'apparente à un journal à deux colonnes du système classique.

• L'organisation comptable s'articule autour de l'un des deux procédés suivants :

– utilisation d'un **bordereau unique** quel que soit le type d'opération ;

– utilisation de **plusieurs bordereaux**, chaque bordereau correspondant à des opérations de même type.

Exemple : bordereau de factures clients.

Les conseils

1➤ Bien noter la différence entre la saisie, généralement unique, et les traitements qui en découlent.

2➤ Comprendre que la saisie sur bordereau est le travail de préimputation.

3➤ Le bordereau de saisie, quelle que soit sa présentation, peut être considéré comme le brouillon d'un Journal à deux colonnes du système classique.

4➤ Les numéros de comptes ont un rôle fondamental dans la saisie sur les bordereaux.

5➤ La saisie sur bordereau est une tâche matérielle à caractère professionnel : ne pas négliger certaines informations, tel le numéro de la pièce comptable comptabilisée ou enregistrée.

6➤ Toute imputation à un compte général, utilisé comme compte collectif (Clients, Fournisseurs) nécessite une imputation de même montant et de même sens au compte individuel correspondant.

7➤ Écrire très lisiblement les différents caractères dans les cases du « peigne » sur le tracé du bordereau.

4 ▶ Applications

VRAI/FAUX

Les affirmations suivantes sont-elles vraies ou fausses ?

1. La saisie sur bordereau est un travail de prétotalisation. Vrai ☐ Faux ☐

2. Sur un bordereau de saisie, les noms des comptes n'apparaissent pas. Vrai ☐ Faux ☐

3. Un bordereau de saisie est l'équivalent d'un journal à deux colonnes. Vrai ☐ Faux ☐

4. L'imputation à un compte général nécessite obligatoirement l'imputation à un compte individuel. Vrai ☐ Faux ☐

5. La saisie sur ordinateur à partir de bordereaux de saisie nécessite des connaissances comptables. Vrai ☐ Faux ☐

exos

EXERCICE 23.01

Thème : bordereau de saisie

Le 18 septembre N, l'entreprise INTERMEUBLES reçoit, du fournisseur TOUTCUIR, une facture dont on vous communique les éléments :

- Livraison de 4 canapés cuir 3 places à 800 € HT l'un ;
- Remise 10 % ;
- Frais de port : 380 € ;
- Règlement sous huitaine ;
- TVA au taux de 19,60 %.

Le 25 septembre N, INTERMEUBLES adresse à TOUTCUIR un chèque bancaire en règlement de cette facture.

Travail à faire

Enregistrer ces opérations sur le bordereau de saisie ci-joint.

NOM .... JOURNAL .... DATE ___ ___ FOLIO N° ___

N° de cpte général	N° de cpte auxil.	Numéro de pièce.	Jour	Libellé	Montant	D C

Téléchargez gratuitement tous les corrigés des exercices, ainsi que les exercices complémentaires sur le site Internet : www.expertisecomptable-foucher.com

Partie 5

Les documents de synthèse

CHAPITRE 24

Les comptes annuels dans les différents systèmes

PLAN

▶ Le plan comptable général a prévu trois systèmes de tenue de la comptabilité.

– Le système *abrégé* utilisé dans les très petites entreprises : les mécanismes et enregistrements comptables sont les mêmes que ceux qui ont été étudiés depuis le début de l'ouvrage. On peut signaler comme caractère spécifique l'emploi exclusif des comptes à deux chiffres ;

– Le système de *base* ;

– Le système *développé*.

À l'occasion de ce chapitre, on insistera sur les spécificités du *système développé* au niveau de l'*établissement des comptes annuels* et une *comparaison* sera établie *avec le système de base* à chaque fois qu'elle apparaîtra utile, voire nécessaire.

1 ▶ Généralités

A. Objectifs

Le système développé est un ***système d'informations plus complet*** que le système de base permettant, d'après le PCG de :

– suivre et d'orienter l'évolution de l'activité de l'entreprise : le système développé est un *outil plus performant* ;

– de favoriser la collecte d'informations normalisées par grandes catégories d'agents économiques : le système développé est un *outil de macro-économie*.

Cet objectif est atteint grâce à :

– la présentation de ***documents de synthèse*** (*Bilan, compte Résultat, Annexe*) ***plus détaillés*** ;

– l'élaboration ***d'annexes complémentaires*** : tableau des Soldes Intermédiaires de Gestion (SIG), Capacité d'Autofinancement (CAF), Tableau des Emplois et des Ressources de l'entreprise ou Tableau de Financement...

B. Champ d'application

Le système développé n'est pas obligatoire sauf pour les grandes entreprises : *les entreprises ont la possibilité de l'appliquer partiellement ou en totalité. Exemple* : une entreprise tenue d'appliquer le système de base peut présenter, élaborer certains documents spécifiques du système développé : SIG, Tableau de financement...

2 ▶ Les documents de synthèse

A. Le bilan en système développé

Par rapport au système de base, les différences apparaissent uniquement au niveau du ***module des créances et du module des dettes***.

1. Module des créances

Système de base	Système développé
Créances : – créances *clients* et comptes rattachés – *autres* créances	**Créances d'exploitation :** – créances *clients* et comptes rattachées – *autres* **Créances diverses**

La ventilation des créances dans le système développé se situe donc à *deux niveaux* :

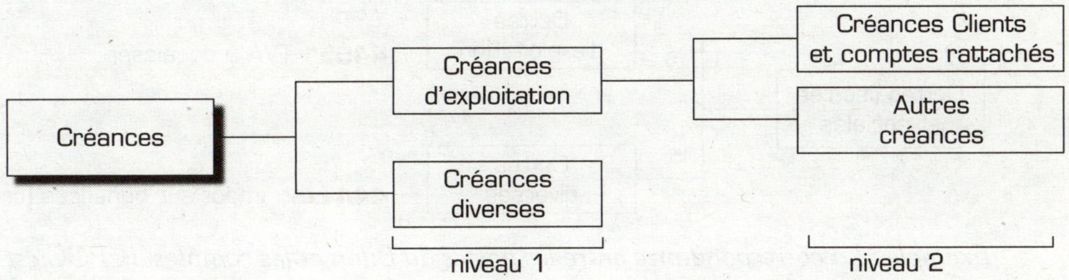

La *correspondance entre les postes du Bilan et les comptes du PCG* est fournie par le tableau ci-dessous :

Postes du bilan	Intitulés des comptes
Créances d'exploitation	**Créances**
Créances clients et comptes rattachés [1]	**411**. Clients ; **413**. Effets à recevoir ; **416**. Clients douteux ou litigieux [2] ; **417**. « Créances », sur travaux non encore facturables [2] ; **418**. Clients – Produits non encore facturés [2].
Autres	**4096**. Fournisseurs – Créances pour emballages et matériel à rendre ; **4098**. Rabais, remises et ristournes à obtenir avoirs non encore reçus ; **425**. Personnel – Avances et acomptes ; **4287**. Personnel – Produits à recevoir ; **4387**. Organismes sociaux – produits à recevoir ; **4417**. Subventions d'exploitation à recevoir ; **4456**. Taxes sur le chiffre d'affaires à régulariser ou en attente ; **4458 D**. Taxes sur le chiffre d'affaires déductible (pour partie) [3] ; **4487**. État – Produits à recevoir (pour partie) [4].
Créances diverses	**4411**. Subventions d'investissement à recevoir ; **4418**. Subventions d'équilibre à recevoir ; **443 D**. Opérations particulières avec l'État, les collectivités publiques les organismes internationaux ; **444 D**. Impôts sur les bénéfices [5] ; **4487**. État – Produits à recevoir (pour partie) [6] ; **4456**. Taxes sur le chiffre d'affaires déductibles (pour partie) [7] ; **451 D**. Groupe (comptes courants) [8][9] ; **455 D**. Associés (comptes courants) [10] ; **456 D**. Associés – Opérations sur le capital [11] ; **458 D**. Associés – opérations faites en commun et en GIE (comptes courants ; **462**. Créances sur cessions d'immobilisations [12] ; **465**. Créances sur cessions de valeurs mobilières de placement ; **467 D**. Autres comptes débiteurs ; **4687**. Divers – Produits à recevoir.
Capital souscrit, et appelé, non versé	**4562**. Apporteurs – Capital appelé, non versé.

[1] et [2] Créances résultant de ventes ou de prestations de services.
[3] TVA déductible afférente aux opérations d'exploitation uniquement.
[4] Créances concernant l'exploitation.
[5] Acomptes versés (cas de perte fiscale ou de bénéfice imposable insuffisant).
[6] Créances ne concernant pas l'exploitation.
[7] TVA déductible afférente aux opérations autres que d'exploitation.
[8] Ou à classer en immobilisations financières selon le cas.
[9] À regrouper dans l'annexe avec les autres indications sur les sociétés liées.
[10] *Cf.* sur ce point art. 51 et 106 de la loi sur les sociétés.
[11] Sauf 4562 à inscrire au poste correspondant de l'actif circulant.
[12] Préciser dans l'annexe : dont sociétés liées.

Les avances et acomptes versés sur commande constituent un poste de l'actif circulant inscrit sur une ligne distincte avant les créances d'exploitation (compte 4091).

2. Module des dettes

Dans le système développé, on note les faits suivants.

• Une ventilation beaucoup plus nette entre : dettes financières, dettes d'exploitation, dettes diverses.

• Une ventilation de certaines catégories de dettes en : dettes d'exploitation, dettes diverses.

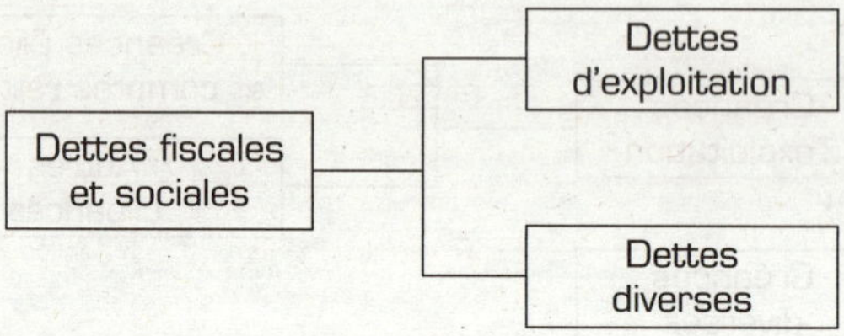

Exemples :

44551 TVA à décaisser

444 État, impôt sur bénéfices (créditeur)

Exemple : La correspondance entre les postes du Bilan et les comptes du PCG est donnée par le tableau ci-dessous :

Postes du bilan	Intitulés des comptes
Dettes d'exploitation	**Dettes**
Dettes fournisseurs et comptes rattachés [1]	**401**. Fournisseurs ; **403**. Fournisseurs – Effets à payer [2] ; **4081**. Fournisseurs – Factures non parvenues [2].
Dettes fiscales et sociales	**421**. Personnel – Rémunérations dues ; **422**. Comités d'entreprises, d'établissement... ; **427**. Personnel – Oppositions ; **4282**. Dettes provisionnées pour congés à payer ; **4286**. Personnel – Autres charges à payer ; **431**. Sécurité sociale ; **437**. Autres organismes sociaux [3] ; **4386**. Organismes sociaux – Charges à payer ; **4455**. Taxes sur le chiffre d'affaires à décaisser ; **4458** C. Taxes sur le chiffre d'affaires à régulariser ou en attente ; **446**. Obligations cautionnées ; **447**. Autres impôts, taxes et versements assimilés ; **4486**. État – Charges à payer (pour partie) [4].
Autres	**4196**. Clients – Dettes pour emballages et matériels consignés ; **4198**. Rabais, remises et ristournes à accorder et autres avoirs à établir [5] ; **4419**. Avances sur subventions (pour partie) [6].
Dettes diverses	
Dettes sur immobilisations et comptes rattachés	**269**. Versements restant à effectuer sur titres de participation non libérés ; **279**. Versements restant à effectuer sur titres immobilisés non libérés ; **404**. Fournisseurs d'immobilisations [7] ; **405**. Fournisseurs d'immobilisation – Effets à payer ; **4084**. Fournisseurs – Factures non parvenues ; fournisseurs d'immobilisations [8].
Dettes fiscales (impôts sur les bénéfices)	**444 C**. État – Impôts sur les bénéfices
Autres	**424**. Participation des salariés aux fruits de l'expansion ; **426**. Personnel – Dépôts ; **4284**. Dettes provisionnées pour participation des salariés aux fruits de l'expansion ; **4419**. Avances sur subventions (pour partie) ; **442**. État – Impôts et taxes recouvrables sur des tiers ; **443 C**. Opérations particulières avec l'État – Charges à payer (pour partie) [9] ; **451 C**. Groupe (comptes courants) [10] ; **455 C**. Associés (comptes courants) ; **456 C**. Associés – Opérations sur le capital ; **457**. Associés – Dividendes à payer ; **458 C**. Associés – Opérations faites en commun et en GIE (comptes courant) ; **464**. Dettes sur acquisitions de valeurs mobilières de placement ; **467**. Autres comptes créditeurs ; **4686**. Divers – Charges à payer ; **509**. Versement restant à effectuer sur valeurs mobilières de placement non libérées.

[1] et [2] Dettes sur achats ou prestation de services.

[3] Tels que Assédic, caisse de retraite, etc.

[4] Dettes concernant l'exploitation.

[5] Préciser dans l'annexe « dont entreprises liées ».

[6] Avances sur subventions d'exploitation.

[7] Préciser dans l'annexe ; – dont entreprise liées ; – dont effets de commerce y compris éventuellement intérêts courus (**4086** pour partie).

[8] Autre qu'avances sur subventions d'exploitation.

[9] Dettes ne concernant pas l'exploitation.

[10] Ou à classer en « Emprunts et dettes financières divers ».

Les avances et acomptes reçus sur commandes en cours constituent un poste de dettes inscrit sur une ligne distincte avant les dettes d'exploitation (compte 4191).

B. Le compte résultat en système développé

1. Principes

Par rapport au compte Résultat en système de base, on peut noter les différences suivantes :

• **Deux colonnes de montants** (au lieu d'une) *ce qui permet de dégager des totaux partiels qui seront utilisés pour l'établissement du Tableau des SIG...*

– Coût d'achat des marchandises vendues dans l'exercice =

Achats de marchandises

± Variations des stocks de marchandises

– Consommations de l'exercice en provenance des tiers =

Achats stockés d'approvisionnement (matières premières et autres approvisionnements)

± Variations des stocks d'approvisionnement

+ Achats de sous-traitance

+ Achats non stockés de matières et fournitures

+ Services extérieurs (Personnel extérieur, Loyers au audit-bail, Autres).

• **Une ventilation plus détaillée des postes.**

Système de base	Système développé
Autres achats et charges externes	• Achats de sous-traitance • Achats non stockés de matières et fournitures • Services extérieurs : – personnel extérieur – loyer en crédit-bail – autres

2. Présentation du compte

Cette présentation normalisée par le PCG sera utilisée à l'occasion de l'Exercice 24.02 du Chapitre 24 de l'ouvrage d'entraînement[1].

C. Les annexes complémentaires

Il s'agit *d'annexes s'ajoutant à l'Annexe du système de base*.

1) Le Tableau des Soldes Intermédiaires de Gestion (SIG) ; *Cf.* Chapitre 25.

2) La détermination de la Capacité d'Autofinancement ; *Cf.* Chapitre 25.

3) Le Tableau des Emplois et des Ressources ou Tableau de Financement ; *Cf.* Chapitre 26.

[1] H. Davasse, M. Parruitte, *Introduction à la comptabilité. Entraînement et cas corrigés*, Éditions FOUCHER, 2007.

4) La répartition fonctionnelle des charges d'exploitation. Un tableau normalisé par le PCG permet, sans avoir recours à la tenue d'une comptabilité analytique de reclasser les charges par nature en charges par fonctions : fonction production, fonction commerciale, charges communes non réparties.

À RETENIR

- Le **système développé** est un système *plus élaboré* et plus complet que le **système de base**.
- Les **comptes annuels** (compte Résultat, Bilan, Annexe) sont plus *détaillés* dans le **système développé** que dans **le système de base**.
- En ce qui concerne le **Bilan**, les différences apparemment au niveau des deux modules :

– *Créances* (actif) ;

– *Dettes* (passif).

- Pour le compte **Résultat**, les différences se situent au niveau des postes « *Achats* » et « *Charges externes* », ce qui génère de nouveaux modules :

– Coût d'achat des marchandises vendues dans l'exercice ;

– Consommation de l'exercice en provenance des tiers.

Les conseils

1➤ Bien noter la différence entre la ventilation des créances au Bilan suivant que l'on utilise le système de base ou le système développé.

2➤ Même remarque pour la ventilation des dettes au Bilan.

3➤ Remarquer que le poste Créances et comptes rattachés regroupe les comptes :

– de racine **41** : **411** ; **413** ; **416** ; **418** ;

– débiteurs, ce qui exclut le compte **419**.

4➤ Remarquer de la même façon que le poste Dettes fournisseurs et comptes rattachés regroupe les comptes :

– de racine **40** : **401** ; **403** ; **408** ;

– créditeurs : ce qui exclut **409** ;

– relatifs au cycle d'exploitation, ce qui exclut le compte **404**, classé dans les Dettes diverses.

5➤ D'une façon générale, pour regrouper les comptes dans les postes adéquats, ne rien apprendre, mais raisonner, cas par cas, en posant une série de questions.

– *Exemple* : **44566** TVA déductible sur biens et services

– Est-ce une créance liée au cycle d'exploitation ?

Oui ? Créances d'exploitation

– Est-ce un compte de racine **41** ?

Non ? Autres.

6 En ce qui concerne le compte Résultat, ne pas oublier la deuxième colonne qui permet de dégager des totaux partiels d'une grande importance.

7 Se rappeler que : Coût d'achat des marchandises vendues = Achats de marchandises ± Variation des stocks.

8 Bien comprendre que la consommation en provenance de tiers est l'ensemble des charges engagées auprès des tiers pour acquérir des biens (autres que les marchandises) et des services. Charges engagées auprès des tiers = regroupement des comptes **60** (sauf **607**), **61** et **62**.

9 En principe, à chaque compte d'achats stockés correspond un compte de Variation de stocks.

10 Bien comprendre que la Production vendue regroupe toutes les ventes de biens (autres que ventes de marchandises) et de services.
– Production vendue = regroupement de tous comptes de **701** à **706** (inclus)

11 Bien noter que le montant qui apparaît au compte Production stockée ne représente pas le stock en fin d'exercice, mais la variation de stocks des produits finis.

12 Ne pas oublier que les conseils donnés en ce qui concerne le système de base restent valables. *Exemple* : reclassement des Charges et des Produits en trois grandes catégories : Exploitation, Financiers, Exceptionnels.

3 Applications

VRAI/FAUX

Les affirmations suivantes sont-elles vraies ou fausses ?

1. Le compte **203** Frais de recherche est à classer dans les immobilisations corporelles. Vrai ☐ Faux ☐

2. Le compte **261** Titres de participation est à classer dans les immobilisations financières. Vrai ☐ Faux ☐

3. Le compte **4091** Fournisseurs avances et acomptes versés sur commandes est à classer dans les dettes d'exploitation. Vrai ☐ Faux ☐

4. Le compte **487** Produits constatés d'avance est à classer dans les régularisations d'actif. Vrai ☐ Faux ☐

5. Le compte **481** Charges à répartir sur plusieurs exercices est à classer dans les régularisations d'actif. Vrai ☐ Faux ☐

6. Le compte **4096** Fournisseurs, créances pour emballages à rendre est à classer dans les créances diverses. Vrai ☐ Faux ☐

7. Le compte **465** Créances sur cession de VMP est à classer dans les autres créances d'exploitation. Vrai ☐ Faux ☐

8. Le compte **4196** Clients, dettes pour emballages consignés est à classer dans les autres dettes d'exploitation. Vrai ☐ Faux ☐

9. Le compte **4198** RRR à accorder est à classer dans les autres dettes diverses. Vrai Faux

10. Le compte **408** Fournisseurs, factures non parvenues est à classer dans les dettes fournisseurs et comptes rattachés. Vrai Faux

11. La variation de stocks de marchandises est toujours inscrite au débit du compte Résultat. Vrai Faux

12. Les achats de sous-traitance constituent un élément de la consommation en provenance des tiers. Vrai Faux

13. Les charges de personnel constituent un élément de la consommation en provenance des tiers. Vrai Faux

14. La production stockée est le montant du stock de produits finis en fin d'exercice. Vrai Faux

15. Le compte **79** Transfert de charges est inscrit au crédit du compte Résultat. Vrai Faux

16. Le compte **654** Pertes sur créances irrécouvrables est un compte de charges exceptionnelles. Vrai Faux

17. Le compte **775** Produits de cession d'éléments d'actif est un produit exceptionnel sur opérations de gestion. Vrai Faux

18. Le compte **695** Impôt sur le bénéfice est une charge d'exploitation. Vrai Faux

19. Le compte **666** Pertes de change est une charge financière. Vrai Faux

20. Le compte **765** Escomptes obtenus est un produit d'exploitation. Vrai Faux

exos

EXERCICE 24.01

Thème : Créances et dettes au bilan en système développé

L'entreprise Fidier vous fournit une liste de comptes avec leur solde tels qu'ils apparaissent à la balance après inventaire au 31-12-N :

164	Emprunts auprès Établissements de crédit	600 000
401	Fournisseurs	1 237 512
403	Fournisseurs – Effets à payer	346 205
404	Fournisseurs d'immobilisations	450 000
408	Fournisseurs – Factures non parvenues	23 648
4096	Fournisseurs – Créances pour emballages à rendre	5 827
4098	RRR à obtenir	8 415
411	Clients	837 243
413	Clients – Effets à recevoir	212 148
416	Clients douteux	15 629
418	Clients – Produits non encore facturés	4 226
4196	Clients – Dettes pour emballages consignés	6 529
4198	RRR à accorder	9 415
421	Personnel – Rémunérations dues	103 516
425	Personnel – Avances et acomptes	15 250
431	Sécurité sociale	38 912
437	Autres organismes sociaux	8 459
4386	Organismes sociaux – Autres charges à payer	5 213
444	État – Impôts sur les bénéfices [1]	45 619
4455	TVA à décaisser	123 317
4458	TVA à régulariser [2]	301 819
4486	État – Autres charges à payer [3]	10 345
462	Créances sur cession d'immobilisations	25 110
465	Créances sur cession de VMP	77 055
4686	Divers – Charges à payer	4 518
491	Dépréciations des comptes de clients	6 120

[1] Créditeur.

[2] Débiteur.

[3] Hors exploitation.

Travail à faire

Présenter les rubriques de créances et de dettes au bilan au 31-12-N dans le cas du système développé.

Téléchargez gratuitement tous les corrigés des exercices, ainsi que les exercices complémentaires sur le site Internet : www.expertisecomptable-foucher.com

CHAPITRE 25

Les soldes intermédiaires de gestion et la capacité d'autofinancement

Plan

► Il s'agit de calculs dont les résultats fournissent des informations très intéressantes au niveau :

– de l'entreprise et de son environnement ; en particulier, en matière de communication financière et de documents liés à la prévention des difficultés ;

– de l'Économie Nationale en général.

Pour cela, il est nécessaire de pouvoir les globaliser, ce qui suppose une certaine normalisation prévue par le Plan Comptable Général.

1 ► Les soldes intermédiaires de gestion (SIG)

A. Le principe

1. Rappel

• **1re approche du Résultat : le compte Résultat**. Le résultat est obtenu, *sans souci d'analyse*, à partir d'une seule différence :

Produits – Charges = Résultat

• **2e approche du résultat : le compte Résultat en liste**. Le compte Résultat en liste permet d'obtenir le résultat par plusieurs différences, ce qui constitue déjà une *ébauche d'analyse*.

Produits d'exploitation – Charges d'exploitation = Résultat d'exploitation.

Produits financiers – Charges financières = Résultat financier.

Produits exceptionnels – Charges exceptionnelles = Résultat exceptionnel.

Le Résultat de l'exercice est la synthèse de ces trois résultats partiels.

2. Les SIG

Les SIG constituent un *approfondissement de cette méthode d'analyse* dans la mesure où l'on aboutit au Résultat net de l'exercice en *calculant des résultats intermédiaires, appelés Soldes, chacun de ces soldes étant obtenu par une relation du type* :

Masse de produits – Masse de charges.

B. Schéma général

Considérons une entreprise ayant une *double activité* :

– activité de **production** : achats de matières et autres approvisionnements, fabrication et vente de produits finis ;

– activité de **distribution** : achat et revente de marchandises en l'état.

L'enchaînement des calculs conduisant à la détermination des SIG peut être ainsi schématisé (voir page suivante).

On désigne par :

A : Reprises sur amortissements, dépréciations et provisions (Produits d'exploitation) et Transferts de Charges d'exploitation + Autres produits d'exploitation.	B : Dotations aux amortissements, dépréciations et provisions (Charges d'exploitation) + Autres charges d'exploitation. IB : Impôt sur les bénéfices. PS : Participation des salariés.

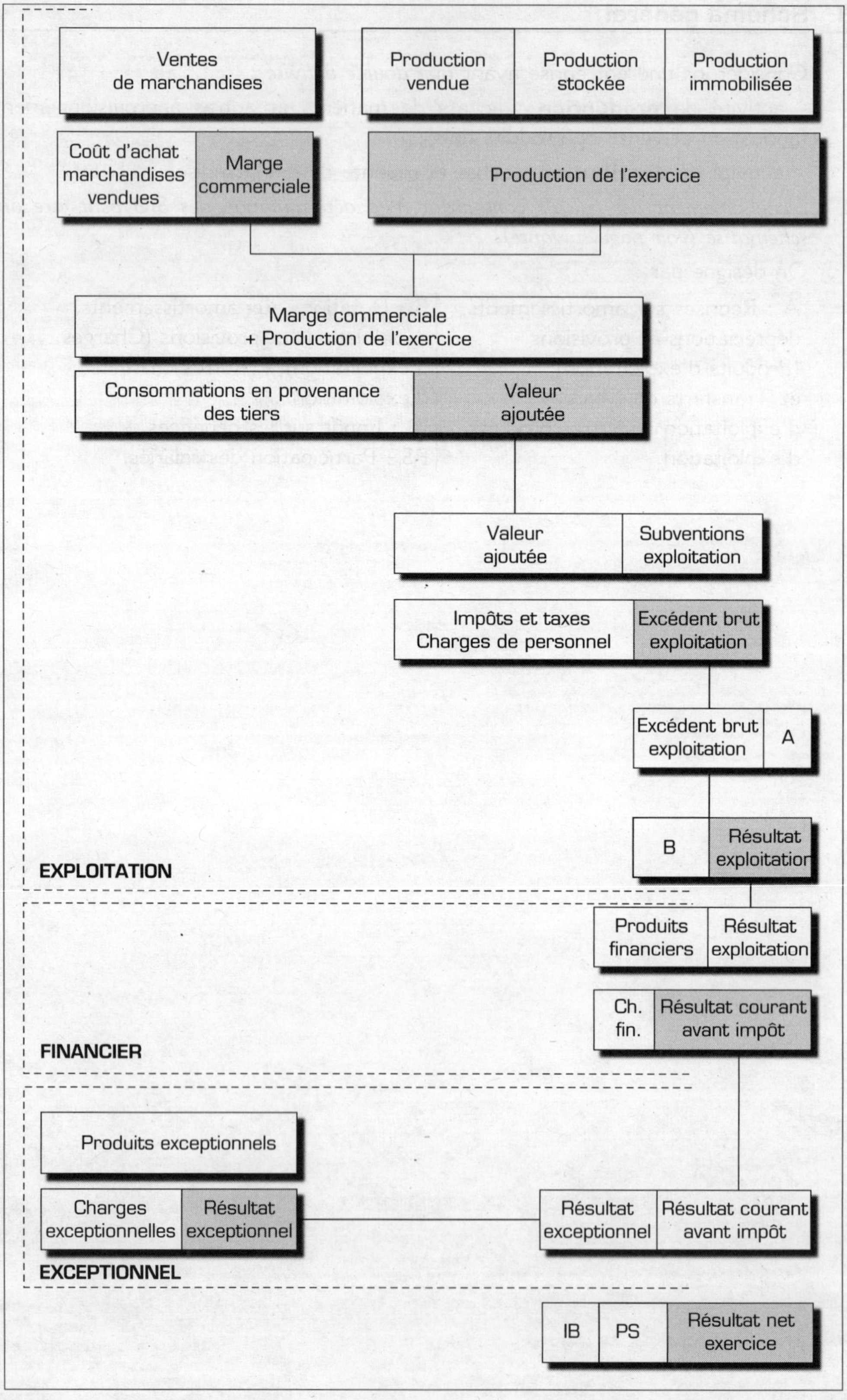
Ventes de marchandises
Production vendue
Production stockée
Production immobilisée
Coût d'achat marchandises vendues
Marge commerciale
Production de l'exercice
Marge commerciale + Production de l'exercice
Consommations en provenance des tiers
Valeur ajoutée
Valeur ajoutée
Subventions exploitation
Impôts et taxes Charges de personnel
Excédent brut exploitation
Excédent brut exploitation
A
B
Résultat exploitation
EXPLOITATION
Produits financiers
Résultat exploitation
Ch. fin.
Résultat courant avant impôt
FINANCIER
Produits exceptionnels
Charges exceptionnelles
Résultat exceptionnel
Résultat exceptionnel
Résultat courant avant impôt
EXCEPTIONNEL
IB
PS
Résultat net exercice

C. Quelques précisions sur les SIG

1. La production de l'exercice

La production de l'exercice est calculée : pour les entreprises *industrielles* à partir des *Ventes de produits finis*, pour les entreprises *de services* à partir des *Prestations de services*. La Production de l'exercice est obtenue en appliquant la relation suivante :

		Comptes
Production de l'exercice =		
Production vendue	+	70
	sauf	707
+ Production stockée		
(si SF Produits finis > SI Produits finis)	+	
ou bien	ou	71
– Déstockage de production	–	
(si SF Produits finis < SI Produits finis)		
+ Production immobilisée	+	72

2. La Marge commerciale

La Marge commerciale est calculée *pour les entreprises qui achètent et revendent les marchandises en l'état*. La Marge commerciale est obtenue en appliquant la relation suivante :

		Comptes
Marge commerciale =		
Ventes de marchandises	+	707
– Coût d'achat des marchandises vendues		
C'est-à-dire		
– Achats marchandises	–	607
± Variation des stocks	+ ou –	6037
– Frais accessoires s/achats marchandises	–	6087

3. La Valeur ajoutée

• **Calcul**. La Valeur ajoutée est obtenue en appliquant la relation suivante :

		Comptes
Valeur ajoutée =		
Marge commerciale		
et/ou		
Production de l'exercice		
– Consommations en provenance de tiers		
C'est-à-dire		
– Achats nets (autres que marchandises)	–	601 à 606
	+	6091 à 6096
± Variations stocks	+ ou –	6031 et 6032
– Autres charges	–	61 et 62

• **Signification. La valeur ajoutée** est obtenue en retranchant tout ce qui est apporté par d'autres entreprises jouant le rôle de fournisseurs de biens et de services. Elle représente donc ce que l'entreprise apporte réellement à l'économie du pays.

Cette signification est très importante au niveau de la Comptabilité Nationale et des **Agrégats. La valeur ajoutée** peut se décomposer ainsi :

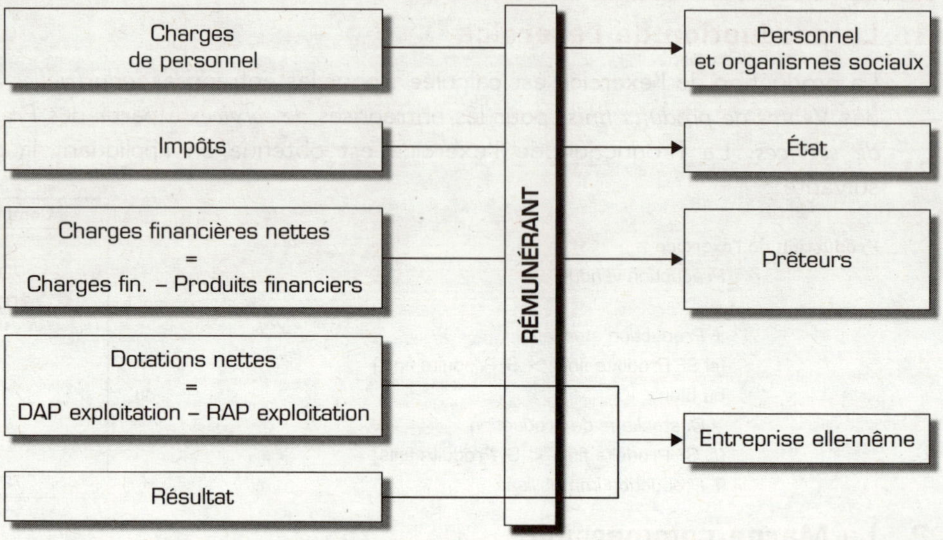

4. L'Excédent brut d'exploitation

• **Calcul.** L'Excédent brut d'exploitation est obtenu en appliquant la relation suivante :

		Comptes
Excédent brut d'exploitation =		
Valeur ajoutée		
+ Subventions d'exploitation	+	74
– Impôts et taxes	–	63
– Charges de personnel	–	64

• **Signification. L'Excédent brut d'exploitation** est un *solde indépendant du système comptable d'amortissement et du mode de financement*. Il est significatif de la **valeur performante** de l'entreprise.

5. Le Résultat d'exploitation

• **Calcul.** Le Résultat d'exploitation est obtenu en appliquant la relation suivante :

		Comptes
Résultat d'exploitation =		
Excédent brut d'exploitation		
+ Autres produits de gestion courante	+	75
+ Reprises sur dépréciations d'exploitation	+	781
+ Transferts de charges d'exploitation	+	791
– Autres charges de gestion courante	–	65
– Dotations aux amortissements, dépréciations et provisions. Charges d'exploitation	–	681

• **Signification. Le Résultat d'exploitation** est obtenu en tenant compte uniquement *du cycle d'exploitation de l'entreprise*.

6. Le Résultat courant avant impôt

• **Calcul.** Le Résultat courant avant impôt est obtenu en appliquant la relation suivante :

		Comptes
Résultat courant avant impôt =		
Résultat d'exploitation		
+ Produits financiers	+	76 et 786
– Charges financières	–	66 et 686

• **Signification.** Le Résultat courant avant impôt est, comme son nom l'indique, calculé *avant imputation de l'Impôt sur les Bénéfices*. Le terme « courant » signifie que le calcul du Résultat *ne tient pas compte des éléments exceptionnels*.

7. Le Résultat net de l'exercice

• **Calcul.** Le Résultat net de l'exercice est obtenu en appliquant la relation suivante :

		Comptes
Résultat net de l'exercice =		
Résultat courant avant impôt		
+ Produits exceptionnels	+	77
– Charges exceptionnelles	–	67
– Participation des salariés	–	691
– Impôt sur les Bénéfices	–	695

• **Signification.** Le Résultat net de l'exercice est le Résultat final : il est égal au solde du compte Résultat.

D. Application

1. Thème

L'entreprise Décoradour exerce une double activité :

– elle fabrique des meubles à partir de matières premières (bois, cuir pour sièges…) et de divers approvisionnements (ferrures, serrures, vitres, etc.) ;

– elle achète et revend en l'état des bibelots et objets de décoration.

Le compte Résultat en système développé pour l'exercice N est donné en annexe ci-après.

ANNEXE

Compte de résultat de l'exercice – Charges

CHARGES (hors taxes)	Exercice N		Exercice (N-1)
		Totaux partiels	Totaux partiels
Charges d'exploitation [1]			
Coût d'achat des marchandises vendues dans l'exercice ..		957 572	
• Achats de marchandises [a]	983 215		
• Variations des stocks de marchandises [b]	- 25 643		
Consommations de l'exercice en provenance des tiers		3 969 154	
• Achats stockés d'approvisionnements [a] :			
Matières premières	1 482 525		
Autres approvisionnements	213 689		
• Variation des stocks d'approvisionnements [b]	82 128		
• Achats sous-traitance			
• Achats non stockés de matières et fournitures	15 923		
• Services extérieurs :			
Personnel extérieur	12 608		
Loyers en crédit bail [c]	25 123		
Autres	2 137 158		
Impôts, taxes et versement assimilés		613 265	
Sur rémunérations	189 155		
Autres	424 110		
Charges de personnel		8 750 576	
Salaires et traitements	6 312 447		
Charges sociales	2 438 129		
Dotations aux amortissements et dépréciations		458 732	
Sur immob. : dotations aux amortissements [d]	437 282		
Sur immob. : dotations aux dépréciations			
Sur actif circulant : dotations aux dépréc.	8 950		
Dotations aux provisions	12 500		
Autres charges		39 137	
Total		14 788 436	
Quotes-parts de résultats sur opérations faites en commun			
Charges financières		419 755	
Dotations aux amortissements, dépréciations et provisions	6 215		
Intérêts et charges assimilées [2]	413 540		
Différences négatives de change			
Charges nettes sur cessions de valeurs mobilières de placement			
Charges exceptionnelles		56 703	
Sur opérations de gestion	6 113		
Sur opérations de capital			
Valeurs comptables des éléments immob. et financiers cédés [e]	45 482		
Autres			

[1] Dont charges afférentes à des exercices antérieurs.

[2] Dont intérêts concernant les entreprises liées.

[a] Y compris frais accessoires.

[b] Stock initial moins stock final : montant de la variation en moins entre parenthèses ou précédé du signe (–).

[c] À ventiler en « mobilier » et « immobilier ».

[d] Y compris éventuellement dotations aux amortissements des charges.

[e] À l'exception des valeurs mobilières de placement.

CHARGES (hors taxes)	Exercice N		Exercice (N-1)
		Totaux partiels	Totaux partiels
Dotations aux amortissements, dépréciations et provisions :	5 108		
Dotat° aux prov. réglementées			
Dotat° aux amor. et aux autres dépréc. et prov. ..			
Participation des salariés aux fruits de l'expansion			
Impôts sur les bénéfices		1 389 750	
Solde créditeur = **bénéfice**		1 674 495	
TOTAL GÉNÉRAL		18 329 139	

Compte de résultat de l'exercice – Produits

PRODUIT (hors taxes)	Exercice N		Exercice (N-1)
		Totaux partiels	Totaux partiels
Produits d'exploitation [1]			
Ventes de marchandises	1 573 144	1 573 144	
Production vendue		16 207 862	
Ventes	16 189 212		
Travaux			
Prestations de services	18 650		
Montant net du chiffre d'affaires	17 781 006	17 781 006	
dont à l'exportation :			
Production stockée [a]		166 152	
En-cours de production de biens [a]			
En-cours de production de services [a]			
Produits [a]	166 152		
Production immobilisée		46 157	
Subventions d'exploitation		250 000	
Reprise sur dépréciations, provisions (et amortissements)		6 125	
Transferts de charges		17 410	
Autres produits		9 142	
Total		18 275 992	
Quotes-parts de résultats sur opérations faites en commun			
Produits financiers		21 083	
De participations [2]			
D'autres valeurs mobilières et créances de l'actif immobilisé [2]			
Autres intérêts et produits assimilés [2]	6 137		
Reprises sur dépréciations et provisions, transferts de charges	2 803		
Différences positives de change			
Produits nets sur cessions de valeurs mobilières de placement	12 143		

[1] Dont produits afférents à des exercices antérieurs.

[2] Dont produits concernant les entreprises liées.

[a] Stock final moins stock initial : montant de la variation en moins entre parenthèses ou précédé du signe (–) dans le cas de stockage de production.

PRODUIT (hors taxes)	Exercice N		Exercice (N-1)
		Totaux partiels	Totaux partiels
Produits exceptionnels		32 064	
Sur opérations de gestion	4 150		
Sur opérations en capital			
Produits des cessions d'éléments d'actif [b]	26 500		
Subventions d'investissement virées aux résultat de l'exercice			
Autres			
Reprises sur dépréciations et provisions, transferts de charges	1 414		
Solde débiteur = **perte**			
TOTAL GÉNÉRAL		18 329 139	

[b] À l'exception des valeurs mobilières de placement.

2. Détermination des soldes intermédiaires de gestion

Ventes marchandises	1 573 144	
Coût d'achat des marchandises vendues	- 957 572	
Marge commerciale	615 572	**615 572**
Production vendue	16 207 862	
Production stockée	166 152	
Production immobilisée	46 157	
Production de l'exercice	16 420 171	**16 420171**
Marge commerciale + Production de l'exercice		17 035 743
Consommations en provenance des tiers		- 3 969 154
Valeur ajoutée		**13 066 589**
Subventions d'exploitation		250 000
		13 316 589
Impôts, taxes, versements assimilés	613 265	
Charges de personnel	8 750 576	
	9 363 841	- 9 363 841
Excédent brut d'exploitation		**3 952 748**
Reprises sur dépréciations, provisions (et amortissements) et transfert de charges d'exploitation		23 535
Autres produits d'exploitation		9 142
		3 985 425
Dotations amortissements, dépréciations et provisions d'exploitation	458 732	
Autres charges d'exploitation	39 137	
	497 869	- 497 869
Résultat d'exploitation (bénéfice)		**3 487 556**
Produits financiers		21 083
Charges financières		- 419 755
Résultat courant avant impôt (bénéfice)		**3 088 884**
Produits exceptionnels	32 064	
Charges exceptionnelles	- 56 703	
Résultat exceptionnel (perte)	- 24 639	**- 24 639**
Impôt sur les Bénéfices		- 1 389 750
Résultat net de l'exercice (bénéfice)		**1 674 495**

Les soldes intermédiaires de gestion peuvent être calculés à partir du compte Résultat établi dans le système de base.
Mais, dans ce cas, certains renseignements, obtenus par simple lecture du compte Résultat dans le Système développé, nécessitent des *calculs préliminaires* :
– coût d'achat des marchandises vendues ;
– consommations en provenance des tiers ;
– etc.

3. Le Tableau des Soldes Intermédiaires de Gestion

Le PCG fournit une présentation *normalisée* du tableau des Soldes intermédiaires de gestion. Présentation générale :

Produits (Colonne 1)	Charges (Colonne 2)	Soldes (Colonne 1) – (Colonne 2)

Une application est donnée avec le tableau en pleine page ci-après.

Tableau des soldes intermédiaires de gestion

Produits (Colonne 1)		Charges (Colonne 2)		Soldes intermédiaires des exercices (Colonne 1 – Colonne 2)	N	(N–1)
Ventes de marchandises	1 573 144	Coût d'achat des marchandises vendues	957 572	• Marge commerciale	615 572	
....	....	....	....	....	....	....
Production vendue	16 207 862					
Production stockée	166 152	ou Destockage de production				
Production immobilisée	46 157					
Total	16 420 171	**Total**		• Production de l'exercice	16 420 171	
• Production de l'exercice	16 420 171					
• Marge commerciale	615 572					
Total	17 035 743	Consommations de l'exercice en provenance de tiers	3 969 154	• Valeur ajoutée	13 066 589	
• Valeur ajoutée	13 066 589	Impôts, taxes et versements assimilés	613 265			
Subventions d'exploitation	250 000	Charges de personnel	8 750 576			
Total	13 316 589	**Total**	9 363 841	• Excédent brut d'exploitation	3 952 748	
• Excédent brut d'exploitation	3 952 748	• ou Insuffisance brute d'exploitation				
Reprises sur charges et transferts de charges	23 535	Dotation aux amortissements, dépréciations et aux provisions	458 732			
Autres produits	9 142	Autres charges	39 137			
Total	3 985 425	**Total**	497 869	• Résultat d'exploitation (bénéfice)	3 487 556	
• Résultat d'exploitation	3 487 556	• ou Résultat d'exploitation				
Quotes-parts de résultat sur opérations faites en commun		Quotes-parts de résultat sur opérations faites en commun				
Produits financiers	21 083	Charges financières	419 755			
Total	3 508 639	**Total**	419 755	• Résultat courant avant impôts (bénéfice)	3 088 884	
....	....	....	....	....	....	....
Produits exceptionnels	32 064	Charges exceptionnelles	56 703	• Résultat exceptionnel (perte)	- 24 639	
• Résultat courant avant impôts	3 088 884	• ou Résultat courant avant impôts				
• Résultat exceptionnel		• ou Résultat exceptionnel	24 639			
		Participation des salariés				
		Impôts sur les bénéfices	1 389 750			
Total	3 088 884	**Total**	1 414 389	Résultat de l'exercice (bénéfice)	1 674 495	
Produit des cessions d'éléments d'actif	26 500	Valeur comptable des éléments cédés	45 482	Moins-values sur cessions d'éléments actifs	- 18 982	

2 La capacité d'autofinancement (ou CAF)

A. Le principe

1. Rappels préliminaires

Il existe deux catégories de charges :

Charges
- *Décaissables*
  exemple : les rémunérations du personnel
- *Non décaissables* (**ou calculées**)
  exemple : les dotations aux amortissements

Il existe **deux catégories de produits** :

Produits
- *Encaissables*
  exemple : une vente
- *Non encaissables*
  exemple : les reprises sur provisions

2. Définition

La Capacité d'Autofinancement est l'***ensemble des ressources nouvelles dégagées en cours d'exercice***. Elle peut être traduite par le schéma suivant :

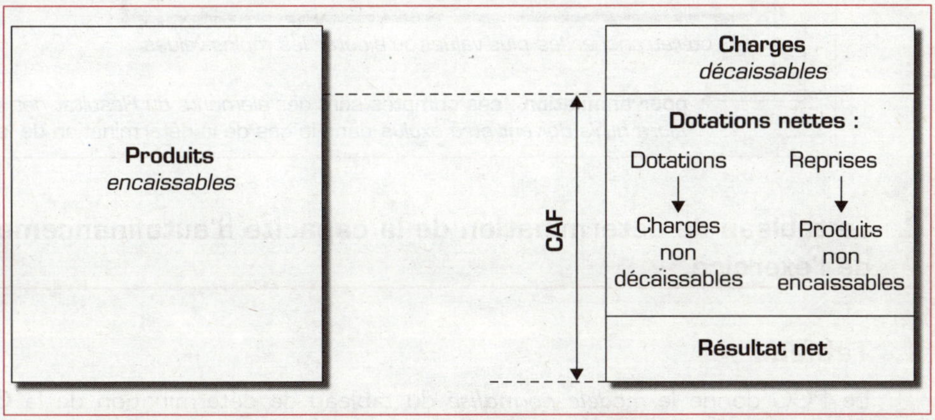

Capacité d'Autofinancement = Produits encaissables – Charges décaissables
Capacité d'Autofinancement = Résultat net + Dotations nettes

B. Les deux approches de la capacité d'autofinancement

D'après le PCG, *les dégagements ou les emplois de ressources constitués par les plus-values ou les moins-values provenant des cessions d'Actif immobilisé ne doivent pas être pris en compte*.

Compte tenu de cette remarque et du schéma du paragraphe précédent, deux approches de la Capacité d'Autofinancement peuvent être mises en évidence.

1. Approche par soustraction

Excédent brut d'exploitation
+ Autres produits encaissables
– Autres charges décaissables

= CAF

→ *Base de départ du calcul* parce qu'il s'agit du dernier SIG pour lequel on ne tient compte que des produits encaissables et des charges décaissables

2. Approche par sommation

Résultat net d'impôt
+ Dotations aux amortissement, dépréciations et provisions
– reprises sur amortissements, dépréciations et provisions
– Compte 775 (1)
+ compte 675 (1)

= CAF

(1) ou *retrancher les plus-values* ou *ajouter les moins-values*

→ **pour annulation** : ces comptes sont des *éléments du Résultat net, alors qu'ils doivent être exclus* dans le cas de la détermination de la CAF

C. Le tableau de détermination de la capacité d'autofinancement de l'exercice

1. Tableau

Le PCG donne le *modèle normalisé* du tableau de détermination de la Capacité d'Autofinancement. Ce tableau découle de l'*approche par soustraction*. C'est un document obligatoire de l'Annexe en système développé.

Détermination de la capacité d'autofinancement de l'exercice

Excédent brut d'exploitation + Transferts de charges (d'exploitation) + Autres produits (d'exploitation) – Autres charges (d'exploitation) ± Quote-part de résultat sur opérations faites en commun + Produits financiers [a] – Charges financières [b] + Produits exceptionnels [c] – Charges exceptionnelles [d] – Participation des salariés aux fruits de l'expansion – Impôts sur les bénéfices = CAPACITÉ D'AUTOFINANCEMENT DE L'EXERCICE	(a) Sauf reprises sur dépréciations et provisions ; (b) Sauf dotations aux amortissements et aux provisions financiers, (c) Sauf : – produits des cessions d'immobilisations ; – quote-part des subventions d'investissement virées au résultat de l'exercice ; – reprises sur dépréciations et provisions (d) Sauf : – Valeur comptable des immobilisations cédées ; – dotations aux amortissements et aux provisions exceptionnels

2. Application

Thème

Reprendre le thème et le tableau des SIG de l'entreprise Décoradour présentés à la Partie 1 de ce chapitre.

Le tableau normalisé : méthode par sommation

Détermination de la capacité d'autofinancement de l'exercice

Détermination de la capacité d'autofinancement de l'exercice

Excédent brut d'exploitation	3 952 748
+ Transferts de charges (d'exploitation)	+ 17 410
+ Autres produits (d'exploitation)	+ 9 142
– Autres charges (d'exploitation)	– 39 137
± Quote-part de résultat sur opérations faites en commun	
+ Produits financiers [1]	+ 18 280
– Charges financières [2]	– 413 540
+ Produits exceptionnels [3]	+ 4 150
– Charges exceptionnelles [4]	– 6 113
– Participation des salariés aux fruits de l'expansion	
– Impôts sur les bénéfices	– 1 389 750
= CAPACITÉ D'AUTOFINANCEMENT DE L'EXERCICE	2 153 190 €

[1] 21 083 – 2 803
[2] 419 755 – 6 215
[3] 32 064 – 26 500 – 1 414
[4] 56 703 – 45 482 – 5 108

Vérification à partir du Résultat Net

Résultat net		1 674 495
+ Dotations aux amor., dépréc. et prov.		
458 732 + 6 215 + 5 108	+	470 055
– Reprises sur amor., dépréc. et prov.		
6 125 + 2 803 + 1 414	–	10 342
+ Valeur comptable des élém. d'actif cédés	+	45 482
– Produits de cession des éléments d'actif	–	26 500
		2 153 190 €

D. Utilisation de la capacité d'autofinancement

1. Principe

La Capacité d'Autofinancement *représente le supplément de ressources dégagées pendant l'exercice*. Elle peut être *utilisée* pour :

• **La distribution de bénéfices** :

– prélèvement de l'exploitant dans le cas d'une entreprise individuelle ;

– dividendes aux associés dans le cas d'une entreprise sociétaire.

• **L'autofinancement** : augmentation du potentiel de l'entreprise *financée par ses moyens propres*.

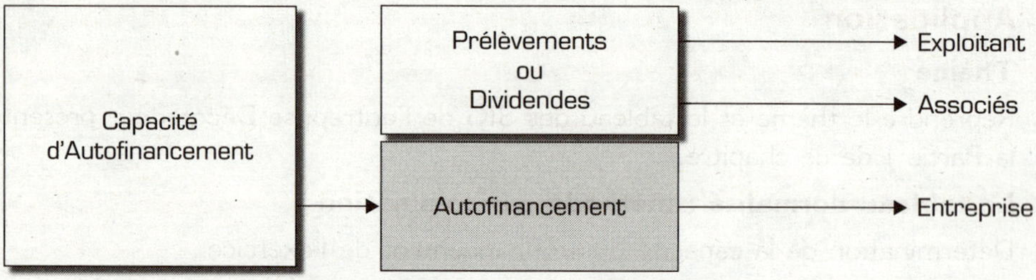

d'où : **Autofinancement = CAF – Bénéfices distribués**

2. Exemple

En supposant, dans l'exemple précédent, que l'entreprise Décoradour a distribué 850 000 € de bénéfices en cours d'année :

Autofinancement = 2 153 190 – 850 000 = 1 303 190 €

À RETENIR

• Les Soldes Intermédiaires de Gestion (SIG) sont des résultats intermédiaires, conduisant au résultat net par étapes successives ; leur détermination facilite et approfondit l'analyse comptable de l'exploitation.

• Les plus intéressants à dégager sont :

– la Marge commerciale = Ventes de marchandises – Coût d'achat des marchandises vendues ;

– la Production de l'exercice = Production vendue ± Production stockée + Production immobilisée ;

– la Valeur Ajoutée = (Marge commerciale + Production de l'exercice) – Consommations en provenance des tiers ;

– l'Excédent brut d'exploitation = Valeur ajoutée – (Impôts et taxes + charges de personnel) ;

- La Capacité d'autofinancement (CAF) est l'ensemble des ressources nouvelles dégagées en cours d'exercice.
- La CAF se détermine en utilisant l'une ou l'autre des relations suivantes :

* CAF = Excédent brut d'exploitation
+ Autres produits encaissables
– Autres charges décaissables

* CAF = Résultat net d'impôt
+ Dotations aux amortissements, dépréciations et provisions
– Reprises sur amortissements, dépréciations et provisions
– Compte **775**
+ Compte **675**

- L'autofinancement est l'augmentation des moyens propres à l'entreprise pour financer ses besoins.

Autofinancement = CAF – Prélèvements et/ou dividendes

Les conseils

1➤ Bien comprendre que la détermination des SIG répond à un souci d'analyse du Résultat.

2➤ Trois cas peuvent se présenter suivant l'activité de l'entreprise :

– entreprise ayant une activité uniquement commerciale : calcul de la Marge commerciale ;

– entreprise ayant une activité exclusivement de production : calcul de la Production de l'exercice ;

– entreprise ayant une double activité, à la fois industrielle et commerciale : calcul de la Marge commerciale ET calcul de la Production de l'exercice.

3➤ Le tracé du Tableau des SIG n'est pas toujours fourni. Il est donc nécessaire de retenir l'enchaînement des calculs en faisant preuve de réflexion et en portant une attention particulière à la terminologie.

Exemple : Cas d'une entreprise commerciale.

Consommations en provenance des tiers : le montant n'est connu directement que si le compte Résultat a été établi en système développé, sinon pour le calculer, réfléchir que : Tiers → fournisseurs de biens et services.

Il faut donc prendre en considération tous les comptes d'achats (comptes **60**, **61**, **62**) sauf les achats de marchandises (compte **607**) déjà intégré à la Marge commerciale.

4➤ Bien noter que :

Production de l'exercice = Production vendue
+ Production immobilisée
+ Production stockée si augmentation du stock, ou bien,
– Production stockée si diminution du stock (déstockage).

5➤ Avant de terminer le tableau des SIG contrôler le montant du Résultat d'exploitation à partir du compte Résultat :

– s'il est présenté en liste : par simple lecture ;

– s'il n'est pas présenté en liste : faire le calcul : Produits d'exploitation – Charges d'exploitation.

6➤ Le solde Résultat courant avant impôt s'obtient à partir du Solde Résultat d'exploitation en tenant compte des éléments financiers.

7➤ Le Résultat net de l'exercice s'obtient en tenant compte des éléments non encore utilisés : Charges et Produits exceptionnels, mais aussi, sans les oublier, l'impôt sur les bénéfices, la Participation des salariés.

8➤ Vérifier que le dernier Solde Résultat net de l'exercice correspond bien au solde du compte Résultat.

9➤ Remarquer qu'à partir du Solde Valeur ajoutée, généralement positif, les autres Soldes peuvent être positifs ou négatifs.

10➤ Dans la présentation normalisée du Tableau des SIG, après la détermination du Résultat net de l'exercice, ne pas oublier de renseigner la dernière ligne :

– Produits de cession d'éléments d'actif – Valeur comptable des éléments d'actif cédés = Plus-value ou Moins-value sur cession d'actif.

– Ces informations sont, en effet, indispensables pour la détermination de la CAF.

11➤ Pour mener à bien le calcul de la CAF, bien distinguer les charges décaissables et les charges non décaissables ou calculées. Même remarque pour les produits.

12➤ La CAF ne doit pas inclure les plus-values et les moins-values sur cession d'éléments d'actif immobilisé, c'est-à-dire les comptes **675** et **775**.

13➤ Bien comprendre les deux approches du calcul de la CAF et leur complémentarité : autrement dit, comment et pourquoi le même montant est obtenu par deux méthodes distinctes.

14➤ Le Tableau de détermination de la CAF du PCG n'est pas toujours fourni lors d'un examen. Il faut donc être en mesure de connaître l'enchaînement des calculs par les deux méthodes. Se limiter à la connaissance d'une seule méthode est insuffisant, les deux méthodes sont souvent demandées.

15➤ Si, dans un sujet d'exercice ou d'examen le calcul de la CAF est demandé par la méthode de votre choix, choisir : en fonction de vos connaissances personnelles, certes, mais aussi en fonction des éléments fournis par le texte.

Exemple : si le montant du Solde Excédent brut d'exploitation n'est pas connu, préférer la méthode par sommation à partir du Résultat net de l'exercice.

De toute façon, il est souhaitable, si le temps imparti le permet, de vérifier, par l'autre méthode, le montant obtenu.

16➤ Ne pas confondre : Capacité d'Autofinancement et Autofinancement.

3 ▶ Applications

VRAI/FAUX

Les affirmations suivantes sont-elles vraies ou fausses ?

1. Marge commerciale = Ventes de marchandises – Achats de marchandises. Vrai Faux

2. En cas de déstockage :
Production de l'exercice = Production vendue – Production stockée + Production immobilisée. Vrai Faux

3. Le calcul de la consommation en provenance des tiers prend en considération le compte **606** Achats non stockés. Vrai Faux

4. Le calcul de la consommation en provenance des tiers ne prend pas en considération le compte **601** Achats de matières premières. Vrai Faux

5. Le compte **74** Subventions d'exploitation est utilisé pour déterminer l'excédent brut d'exploitation. Vrai Faux

6. Résultat d'exploitation = Excédent brut d'exploitation + RAP Produits d'exploitation – DAP Charges d'exploitation. Vrai Faux

7. Résultat courant avant impôt = Résultat d'exploitation + Résultat financier. Vrai Faux

8. Le résultat net de l'exercice est toujours inférieur au résultat d'exploitation. Vrai Faux

9. Une prime d'assurance est une charge calculée. Vrai Faux

10. Une reprise sur dépréciation des VMP est un produit encaissable. Vrai Faux

11. Le compte **791** Transfert de charges d'exploitation est ajouté, parmi d'autres éléments, à l'excédent brut d'exploitation pour obtenir la capacité d'autofinancement. Vrai Faux

12. Pour déterminer la capacité d'autofinancement, à partir de l'excédent brut d'exploitation, le compte **675** Valeur comptable des éléments d'actif cédés et le compte **775** Produits des cessions d'éléments d'actif sont pris en considération. Vrai Faux

13. Pour déterminer la capacité d'autofinancement, à partir de l'excédent brut d'exploitation, le compte **695** Impôt sur les bénéfices est pris en considération. Vrai Faux

14. Capacité d'autofinancement = Dotations aux amortissements, dépréciations et provisions.
Charges d'exploitation – Valeur comptable des éléments d'actif cédés + Produits des cessions d'éléments d'actif. Vrai Faux

15. Autofinancement = Capacité d'autofinancement – Amortissements. Vrai Faux

exos

EXERCICE 25.01

1. Calculer la marge commerciale à partir des éléments suivants :

Ventes de marchandises	2 500 000 €
RRR accordés par l'entreprise	200 000 €
Achats de marchandises	1 600 000 €
Variation de stocks de marchandises	– 400 000 €

2. Calculer le montant des ventes nettes de marchandises à partir des éléments suivants :

Marge commerciale	900 000 €
Coût d'achat des marchandises vendues	1 800 000 €

3. Calculer la production de l'exercice à partir des éléments suivants :

Production vendue	1 800 000 €
Stock initial de produits finis	600 000 €
Stock final de produits finis	700 000 €
Production immobilisée	200 000 €

4. Calculer le montant de la production vendue à partir des éléments suivants :

Déstockage de production	300 000 €
Production immobilisée	200 000 €
Production de l'exercice	2 400 000 €

5. Calculer la consommation en provenance des tiers à partir des éléments suivants :

Marge commerciale	1 800 000 €
Valeur ajoutée	600 000 €

6. Calculer le résultat d'exploitation à partir des éléments suivants :

Excédent brut d'exploitation	800 000 €
Reprises sur amortissements, dépréciations et provisions – Produits d'exploitation	100 000 €
Dotations aux amortissements et dépréciations – Charges d'exploitation	200 000 €

7. À partir des éléments suivants, indiquer la nature et le montant de l'élément manquant :

Résultat courant avant impôt (bénéfice)	750 000 €
Résultat d'exploitation	900 000 €
Charges financières	200 000 €

8. Calculer le montant des charges exceptionnelles à partir des éléments suivants :

Résultat de l'exercice (bénéfice)	500 000 €
Résultat courant avant impôt (bénéfice)	700 000 €
Produits exceptionnels	100 000 €

9. À partir des éléments suivants, calculer l'excédent brut d'exploitation :

Capacité d'autofinancement	450 000 €
Produits encaissables (comptes 75, 76, 77)	240 000 €
Charges décaissables (comptes 65, 66, 67)	850 000 €
Impôt sur les bénéfices	600 000 €

10. À partir des éléments suivants, indiquer si l'entreprise a réalisé une plus-value ou une moins-value sur cession d'actif et pour quel montant :

Résultat de l'exercice (bénéfice)	900 000 €
Dotations aux amortissements et dépréciations	300 000 €
Reprises sur amortissements et dépréciations	500 000 €
Capacité d'autofinancement	800 000 €

11. Déterminer le montant des bénéfices distribués à partir des éléments suivants :

Autofinancement	460 000 €
Capacité d'autofinancement	580 000 €

exos

EXERCICE 25.02

Thème : Détermination de la CAF

Pour faire cet exercice, utiliser les données de l'énoncé de l'exercice suivant 25.03.

Travail à faire

Déterminer par deux méthodes différentes la Capacité d'autofinancement.

EXERCICE 25.03

Thème : Tableau des SIG à partir d'un compte Résultat (système de base). Cas d'une entreprise de distribution

Le compte Résultat N (en système de base) de l'entreprise Léonard se présente ainsi (*cf.* tableau page suivante).

Travail à faire

Présenter le tableau des soldes intermédiaires de gestion.

Téléchargez gratuitement tous les corrigés des exercices, ainsi que les exercices complémentaires sur le site Internet : www.expertisecomptable-foucher.com

CHARGES (hors taxes)	Exercice N	Exercice N-1
Charges d'exploitation :		
Achats de marchandises	458 214	
Variation de stock	- 31 548	
Achats de matières premières et autres approvisionnements		
Variation de stock		
Autres achats et charges externes	39 127	
Impôts, taxes et versements assimilés	24 842	
Salaires et traitements	78 485	
Charges sociales	35 940	
Dotations aux amortissements et dépréciations		
Sur immobilisations : dotations aux amortissements	15 110	
Sur immobilisations : dotations aux dépréciations		
Sur actif circulant : dotations aux dépréciations	5 628	
Dotations aux provisions	2 000	
Autres charges	8 250	
Total I	636 048	
Quotes-parts de résultat sur opérations faites en commun (II)		
Charges financières :		
Dotations aux amortissements et dépréciations et provisions	1 205	
Intérêts et charges assimilées	3 412	
Différences négatives de change		
Charges nettes sur cessions de valeurs mobilières de placement		
Total III	4 617	
Charges exceptionnelles :		
Sur opérations de gestion	2 426	
Sur opérations en capital	34 000	
Dotations aux amortissements, dépréciations et provisions	1 520	
Total IV	37 946	
Participation des salariés aux fruits de l'expansion (V)		
Impôts sur les bénéfices (VI)	110 410	
Total des charges (I + II + III + IV + V + VI)	789 021	
Solde créditeur = **bénéfice**	110 821	
TOTAL GÉNÉRAL	899 842	

PRODUITS (hors taxes)	Exercice N	Exercice N-1
Produits d'exploitation :		
Ventes de marchandises	773 725	
Production vendue (biens et services)		
Sous-total A – Montant net du chiffre d'affaires	773 725	
dont à l'exportation		
Production stockée		
Production immobilisée		
Subventions d'exploitation	50 000	
Reprises sur dépréciations, provisions (et amortissements)		
Transferts de charges	12 124	
Autres produits	5 248	
Sous-total B	67 372	
Total I (A + B)	841 097	
Quotes-parts de résultat sur opérations faites en commun (II)		
Produits financiers :		
De participations		
D'autres valeurs mobilières et créances de l'actif immobilisé		
Autres intérêts et produits assimilés	4 229	
Reprises sur dépréciations, provisions et transferts de charges	1 012	
Différences positives de change		
Produits nets sur cessions de valeurs mobilières de placement	3 145	
Total III	8 386	
Produits exceptionnels :		
Sur opérations de gestion	2 145	
Sur opérations en capital	45 000	
Reprises sur dépréciations, provisions et transferts de charges	3 214	
Total IV	50 359	
Total des produits (I + II + III + IV)	899 842	
Solde débiteur = **perte**		
TOTAL GÉNÉRAL	899 842	

CHAPITRE 26

Le tableau de financement

Plan

► L'étude de la *Capacité d'Autofinancement* a permis de mettre en évidence la notion de *ressources supplémentaires dégagées par l'entreprise au cours de l'exercice*. Ce chapitre va permettre d'étendre cette notion de ressources en *l'associant à la notion d'emplois correspondants*, grâce à la présentation du Bilan fonctionnel conduisant à l'étude du *Fonds de roulement net global* et du *Tableau de Financement*.

1 ► Le fonds de roulement net global (FRNG)

Le Fonds de roulement net global (on dit souvent plus simplement Fonds de roulement) *est obtenu à partir du* ***Bilan fonctionnel*** dont les éléments sont définis par le PCG.

A. Le bilan fonctionnel

1. Présentation générale

• **Les principes**

Le **bilan fonctionnel** est établi en ***valeurs brutes*** :

– **à l'Actif :** *valeur d'origine* des biens d'Actif,

– **au Passif :** *amortissements et dépréciation* concernant ces biens.

Exemple

Un matériel de transport acquis 52 000 € est amorti de 28 000 € à la date de présentation du Bilan.

ACTIF	BILAN NORMALISÉ			PASSIF
..... Matériel de transport	**52 200**	**28 000**	24 000	néant

ACTIF		BILAN FONCTIONNEL	PASSIF
..... Matériel de transport	**52 000**	Amortissement	28 000

Le Bilan fonctionnel est un Bilan ***condensé*** *en grandes masses de comptes*, chaque masse étant caractérisée par son montant et son pourcentage par rapport au total du Bilan.

Le Bilan fonctionnel est un Bilan sans retraitement comptable.

Exemple

Un prêt remboursable dans 3 mois est une immobilisation à moins d'un an qui est maintenue dans l'Actif immobilisé, en haut de Bilan, suivant les critères de classement des postes au bilan normalisé.

• **Les grandes masses. La présentation** et la **terminologie** les plus souvent utilisées **sont présentées ci-dessous à partir d'un exemple chiffré.**

Exemple

ACTIF	BILAN FONCTIONNEL (en centaines d'euros)						PASSIF
	1	2	3		1	2	3
ACTIF IMMOBILISÉ		4 133	53,33	CAPITAUX STABLES		5 465	70,5
ACTIF CIRCULANT		3 621	46,7	Capitaux propres	1 500		
Stocks	2 841			Amortis. Dép. Prov.	2 155		
Créances	653			Dettes financières [4]	1 810		
Disponibilités	127			AUTRES DETTES		2 289	29,5
		7 754	100,0			7 754	100,0

1 Totaux partiels

2 Totaux cumulés

3 Pourcentages

4 Sauf concours bancaires courants et soldes créditeurs de banque à classer dans les autres dettes.

Cette présentation respecte parfaitement le *classement fonctionnel des comptes* suivant les principes d'établissement *du Bilan normalisé*.

Haut de Bilan — Actif immobilisé / Capitaux stables

Opération d'*investissement* et de *financement*

Bas de Bilan — Actif circulant / Autres dettes

Opérations concernant le *cycle d'exploitation*

Dans un esprit de **simplification**, le *Bilan* fonctionnel peut être *réduit* à ses deux grandes masses d'Actif et à ses deux grandes masses de Passif.

Exemple

ACTIF	BILAN FONCTIONNEL (en centaines d'euros)				PASSIF
Actif immobilisé	4133	53,3	Capitaux stables	5465	70,5
Actif circulant	3621	46,7	Dettes d'exploitation	2289	29,5
	7754	**100,0**		**7754**	**100,0**

Une autre terminologie peut être utilisée dans certains cas :

Actif immobilisé ou emplois stables. *Capitaux stables* ou capitaux permanents ou ressources durables ou ressources stables ;

Actif circulant ou emplois circulants. *Dettes financières* ou dettes financières stables

Autres dettes ou dettes non financières ou dettes d'exploitation.

• **Classement particulier de certains comptes.** Les comptes de régularisation doivent être intégrés dans l'une des masses du Bilan fonctionnel.

– **Charges constatées d'avance** : le montant de ce compte peut être considéré comme une *créance* de l'exercice sur l'exercice suivant.

Créance → Actif circulant

– **Produits constatés d'avance** : le montant de ce compte peut être considéré comme une *dette* de l'exercice à l'égard de l'exercice suivant.

Dette → Autres dettes

– **Charges à répartir sur plusieurs exercices** : il s'agit de charges étalées sur plusieurs exercices ; le raisonnement est le même que pour les Frais d'établissement.

Immobilisations incorporelles → Actif immobilisé

À noter, en particulier, que les *Valeurs mobilières de placement* doivent être considérées comme des *Créances diverses*.

2. Exemple

Thème

Le Bilan (en système développé) au 31-12-N de l'entreprise Bolivia est présenté en page suivante.

Bilan fonctionnel

ACTIF		BILAN FONCTIONNEL					PASSIF
Actif immobilisé		4 424 455	46	**Capitaux stables**		6 798 932	71
Actif circulant		5 141 384	54	Capitaux propres	4 500 000		
Stocks	3 983 615			Amortis. Dép. Prov.	1 490 862		
Créances	1 028 132			Dettes financières	808 070		
Disponibilités	129 637			**Autres dettes**		2 766 907	29
		9 565 839	100			9 565 839	100

Justification des calculs

Actif immobilisé : 4 364 455 + 60 000

Créances : 682 973 + 216 129 + 48 437 + 36 415 + 44 178

Amortissements, dépréciations et provisions : 861 182 + 629 680

Dettes financières : 890 245 – 82 175

Autres dettes : 82 175 + 1 212 393 + 905 629 + 38 137 + 450 000 + 49 138 + 29 435

BILAN				
ACTIF	Exercice N			Exercice (N–1)
	Brut	Amor. et dépréc. (à déduire)	Net	Net
Capital souscrit non appelé				
ACTIF IMMOBILISE				
Immobilisations incorporelles :				
Frais d'établissement	426 600	284 400	142 200	
Frais de recherche et de développement				
Concessions, brevets, licences, marques, procédés, droits et valeurs similaires				
Fonds commercial [1]	800 000	–	800 000	
Autres				
Avances et acomptes				
Immobilisations corporelles :				
Terrains	650 000	–	650 000	
Constructions	1 483 537	186 912	1 296 625	
Installations techniques, matériel et outillage industriels				
Autres	682 918	216 323	466 595	
Immobilisations corporelles en cours				
Avances et acomptes				
Immobilisations financières [2] :				
Participations				
TIAP [3]				
Créances rattachées à des participations				
Autres titres immobilisés				
Prêts	300 000		300 000	
Autres	21 400	–	21 400	
Total I	4 364 455	687 635	3 676 820	
ACTIF CIRCULANT				
Stocks et en-cours :				
Matières 1res et autres approvisionnements				
En-cours de production (biens et services)				
Produits intermédiaires et finis				
Marchandises	3 983 615	152 410	3 831 205	
Avances et acomptes versés sur commandes				
Créances d'exploitation [4] :				
Créances Clients et Comptes rattachés	682 973	21 137	661 836	
Autres	216 129		216 129	
Créances diverses	48 437	–	48 437	
Capital souscrit – appelé, non versé				
Valeurs mobilières de placement :				
Actions propres				
Autres titres	36 415		36 415	
Disponibilités	129 637		129 637	
Charges constatées d'avance [1]	44 178		44 178	
Total II	5 141 384	173 547	4 967 837	
Charges à répartir sur plusieurs exercices (III)	60 000		60 000	
Primes de remboursement des obligations (IV)				
Écarts de conversion Actif (V)				
Total général (I + II + III + IV + V)	9 565 839	861 182	8 704 657	

[1] Dont droit au bail

[2] Dont à moins d'un an

[3] Titres immobilisés de l'activité de portefeuille

[4] Dont à plus d'un an

BILAN *(suite)* (après répartition)		
PASSIF	**Exercice N**	**Exercice N-1**
CAPITAUX PROPRES		
Capital (dont versé)	4 500 000	
Primes d'émission, de fusion, d'apport		
Écart de réévaluation		
Réserves :		
Réserve légale		
Réserves statutaires ou contractuelles		
Réserves réglementées		
Autres		
Report à nouveau		
Sous-total : situation nette	4 500 000	
Subvention d'investissement		
Provisions réglementées		
Total I	4 500 000	
Provisions pour risques	450 000	
Provisions pour charges	179 680	
Total II	629 680	
DETTES [1]		
Dettes financières :		
Emprunts obligataires convertibles		
Autres emprunts obligataires		
Emprunts et dettes auprès des établissements de crédits [2]	890 245	
Emprunts et dettes financières divers		
Avances et acomptes reçus sur commandes en cours		
Dettes d'exploitation :		
Dettes Fournisseurs et Comptes rattachés	1 212 393	
Dettes fiscales et sociales	905 629	
Autres	38 137	
Dettes diverses		
Dettes sur immobilisations et Comptes rattachés	450 000	
Dettes fiscales (impôt sur les bénéfices)		
Autres	49 138	
Produits constatés d'avance	29 435	
Total III	3 574 977	
Écarts des conversion Passif (IV)		
Total général (I + II + III + IV)	8 704 657	

[1] Dont à plus d'un an
Dont à moins d'un an

[2] Dont concours bancaires courants et soldes créditeurs de banques : 82 175

B. Le fonds de roulement net global

Le Fonds de roulement net global est une approche de ***l'équilibre de la structure financière de l'entreprise***.

« **Haut de Bilan** » : équilibre entre ACTIF IMMOBILISÉ et CAPITAUX STABLES

« **Bas de Bilan** » : équilibre entre ACTIF CIRCULANT et AUTRES DETTES

1. Détermination

• **Principe**

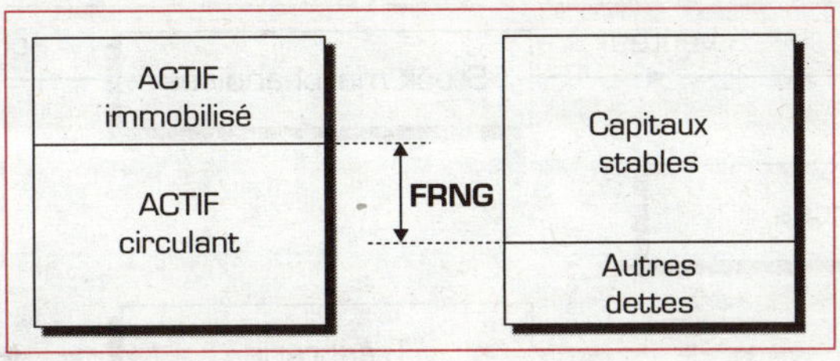

Le Fonds de roulement net global peut être obtenu de *deux façons différentes* :

– **par le haut de Bilan :**

FRNG = Capitaux stables – Actif immobilisé

– **par le bas de Bilan :**

FRNG = Actif circulant – Autres dettes.

• **Signification. L'existence d'un Fonds de roulement net global** *montre que* l'Actif *immobilisé est totalement financé par des ressources stables*, ce qui traduit une *situation correcte* au niveau de l'équilibre financier de l'entreprise. **Dans le cas contraire, lorsque les Capitaux stables sont inférieurs à l'Actif immobilisé**, il n'y a pas de Fonds de roulement net global. L'équilibre financier de l'entreprise est *compromis, dans la mesure où une partie de l'Actif immobilisé doit être financée par des Dettes d'exploitation, ce qui n'est évidemment pas leur destination.*

Exemple

En reprenant le thème du Paragraphe 1.A.2, l'entreprise Bolivia, on obtient :
FRNG = 6 798 932 – 4 424 455 = 2 374 477 €
ou FRNG = 5 141 384 – 2 766 907 = 2 374 477 €

2. Analyse

L'analyse du Fonds de roulement net global s'effectue par le *bas de Bilan* en rappelant que l'entreprise a :

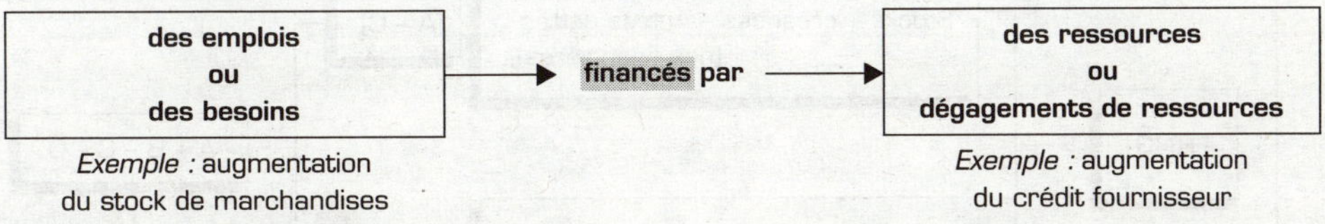

• **Premier niveau d'analyse. Besoin en fonds de roulement et trésorerie.**

Rappel : le cycle d'exploitation peut être schématisé ainsi :

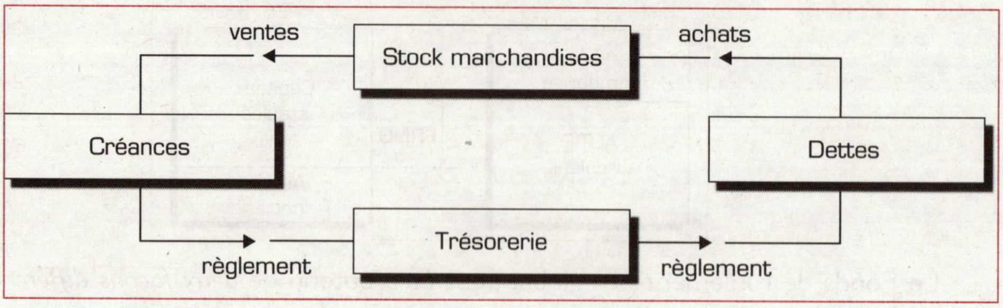

À l'intérieur de ce cycle se produisent des *décalages dans le temps*. Ces décalages entraînent *la constitution des deux masses* mises en évidence par le schéma ci-après :

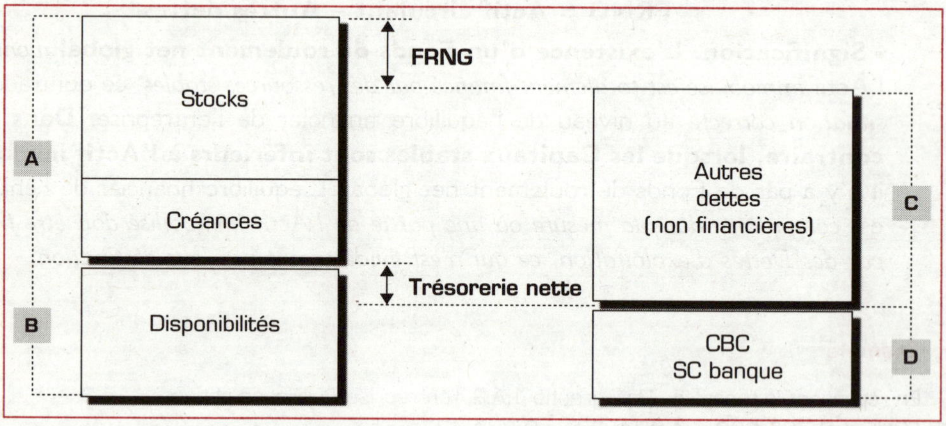

Au point de vue terminologie, on trouve parfois : Trésorerie Actif pour les Disponibilités. Trésorerie Passif pour les Concours bancaires courants (CBC) et les soldes créditeurs de banque (SC banque).

De ce qui précède, il découle :

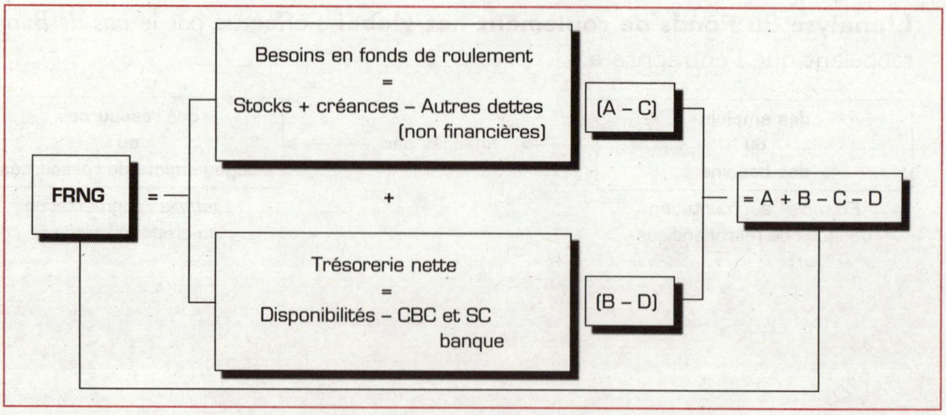

Exemple

En reprenant l'exemple de l'entreprise Bolivia :

Autres dettes (non financières) = 2 766 907 – 82 175 = 2 684 732

Besoins en fonds de roulement :

3 983 615 + 1 028 132 – 2 684 732 = 2 327 015 €

Trésorerie nette :

129 637 – 82 175 = + 47 462 €

Fonds de roulement net global = 2 374 477 €

• **Deuxième niveau d'analyse.** Besoins en fonds de roulement d'exploitation et Besoins en fonds de roulement hors exploitation.

Rappel : les créances et les dettes peuvent s'analyser ainsi :

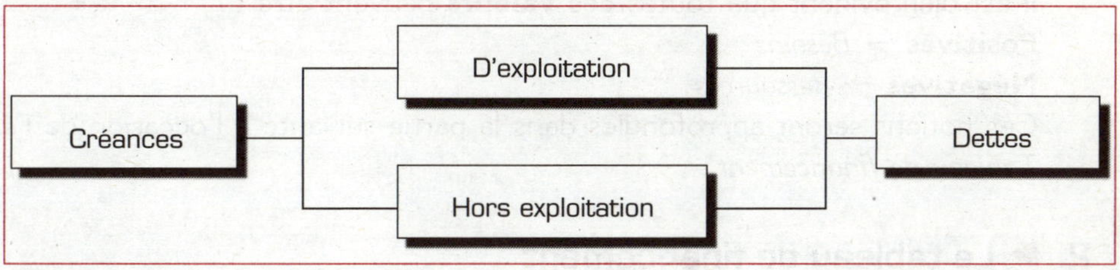

– **L'analyse :**

Besoins en fonds de roulement d'exploitation = Stocks + Créances d'exploitation – Dettes d'exploitation

Besoins en fonds de roulement hors exploitation = Créances hors exploitation – Dettes hors exploitations

Exemple

Reprendre l'exemple de l'entreprise Bolivia et supposer (car d'autres hypothèses peuvent être retenues, voir Entraînement) que les Charges constatées d'avance et les Produits constatés d'avance sont des Charges et des Produits d'exploitation.

Créances d'exploitation :

682 973 + 216 129 + 44 178 = 943 280

Créances hors exploitation :

48 437 + 36 415 = 84 852

Dettes d'exploitations :

1 212 393 + 905 629 + 38 137 + 29 435 = 2 185 594

Dettes diverses :

450 000 + 49 138 = 499 138

Besoins en fonds de roulement d'exploitation

3 983 615 + 943 280 – 2 185 594 = 2 741 301 €

Besoins en fonds de roulement hors exploitation

84 852 - 499 138 = – 414 286 €

Besoins en fonds de roulement = 2 327 015 €

3. Conclusion

L'analyse du fonds de roulement net global peut *se résumer* ainsi :

- **FRNG 2 374 477**
  - **Besoins en fonds de roulement 2 327 015**
    - **Besoins en fonds de roulement d'exploitation 2 741 301**
    - **Besoins en fonds de roulement hors exploitation – 414 286**
  - **Trésorerie nette 47 462**

Il est bien évident que toutes **ces valeurs** peuvent être :
Positives → *Besoins*
Négatives → *Ressources*
Ces notions seront approfondies dans la partie suivante à l'occasion de l'*étude du Tableau de financement*.

2 ▶ Le tableau de financement

L'étude du Fonds de roulement net global est faite à partir du Bilan, donc à une date donnée, généralement en fin d'exercice.

*Le Tableau de financement ou Tableau des Emplois et des Ressources est l'étude de la **variation** du fonds de roulement net global au cours de l'exercice. C'est donc une **étude différentielle portant sur la comparaison de deux Bilans successifs.** Cette variation est la résultante des ressources et des emplois de l'exercice.*

A. Rappels et notions préliminaires

1. Emplois et ressources

- EMPLOIS
  - **Augmentation d'Actif** ex. : acquisition d'immobilisation
  - **Diminution de Passif** ex. : remboursement d'un emprunt
- RESSOURCES
  - **Diminution d'Actif** ex. : remboursement d'un prêt
  - **Augmentation de Passif** ex. : augmentation de capital

2. Augmentation de capital

Sans entrer dans le détail de ces opérations qui ne relèvent pas du programme, il faut néanmoins savoir qu'il existe *deux processus d'augmentation du capital d'une société*.

• **L'augmentation du capital par apport de fonds nouveaux** par les associés. Cette opération se traduit par l'écriture résumée ainsi :

Ressources nouvelles ←	**Banque**		X	
		Capital		X

• **L'augmentation du capital par incorporation de réserves** se traduit par l'écriture résumée ainsi :

Pas de Ressources nouvelles ←	**Réserves**		X	
		Capital		X

B. Principes

Le tableau de financement se décompose en réalité en deux tableaux.

• *1er tableau*

Emplois stables — **Ressources durables**

Opération d'**investissement-financement**

• *2e tableau*

Besoins — **Dégagements**

Opérations du **cycle d'exploitation**

Remarque. On peut assimiler :
à la notion *de besoin*, la notion *d'emploi* : un besoin pour un emploi ;
à la notion *de dégagement*, la notion de *ressource* : un dégagement *de ressources*.

Deux cas peuvent se présenter :

• *1er cas*

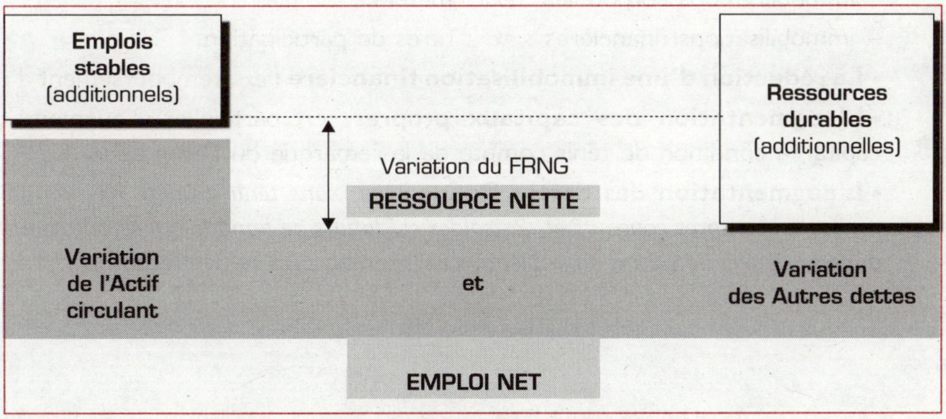

***La ressource nette** dégagée au niveau du **haut de Bilan** a servi à financer l'**emploi net** au niveau du **bas du Bilan**.*

• *2e cas*

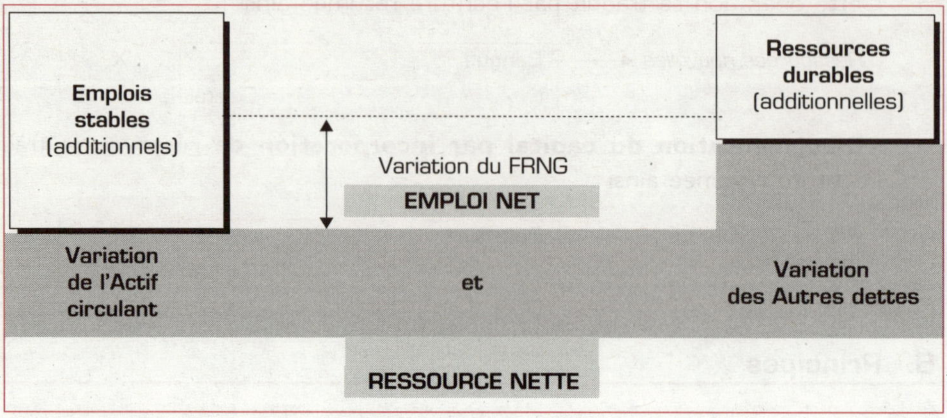

Le **dégagement de ressources** au niveau du **bas de Bilan** a servi à financer **un emploi net** au niveau du **haut du Bilan**.

C. La première partie du tableau : ressources durables et emplois stables

Les ressources durables et les emplois stables sont mis en évidence dans un *tableau normalisé du PCG* qui sera utilisé dans l'application du Paragraphe E.3.

1. Les ressources durables

• **La capacité d'Autofinancement.**

• **Les cessions d'immobilisations au *prix de cession***

– immobilisations incorporelles : *ex.* : fonds de commerce,

– immobilisations corporelles : *ex.* : matériel,

– immobilisations financières : *ex.* : titres de participation.

• **La réduction d'une immobilisation financière :** *ex* : remboursement d'un prêt.

• **L'augmentation des capitaux propres,** en particulier, l'augmentation du capital, à condition de tenir compte de la remarque du Paragraphe A.2.

• **L'augmentation des dettes financières,** *sans tenir compte des variations des concours bancaires courants et des soldes créditeurs de banque qui seront comptabilisés dans la deuxième partie du tableau*, par exemple, un nouvel emprunt.

2. Les emplois stables

• **La distribution de dividendes en cours d'exercice.** À l'occasion de l'établissement du Tableau de financement de l'exercice (N), il s'agit évidemment des *dividendes provenant de l'exercice* (N-1).

• **L'acquisition d'actif immobilisé *au prix d'acquisition* :**

– immobilisations incorporelles,

– immobilisations corporelles,

– immobilisations financières, y compris l'octroi de prêts.

• **Les charges à répartir sur plusieurs exercices :** montant ***brut***.

• **La réduction de capitaux propres et** en particulier de capital.

• **Le remboursement des dettes financières**, *sans tenir compte des variations des concours bancaires courants et des soldes créditeurs de banque qui seront comptabilisés dans la deuxième partie du tableau*.

En aucun cas, il ne faut effectuer de compensation entre une ressource durable et un emploi stable de même nature.

Exemple

Au Passif du	Bilan (N-1)	Bilan (N)
Emprunt auprès d'Éts de crédit	120 000	160 000

Au cours de l'exercice (N), un nouvel emprunt a été contracté : 90 000 €.

Le Tableau de financement de l'exercice (N) doit mettre en évidence les variations suivantes :

Emplois stables	Ressources durables
50 000	**90 000**

Soit
120 000 – (160 000 – 90 000)

Et surtout pas

Emplois stables	Ressources durables
néant	**40 000**

Soit
160 000 – 120 000

D. La deuxième partie du tableau : besoins et dégagements

Ce tableau met en évidence *les variations des postes de l'Actif circulant et des Autres dettes en* ***valeurs brutes*** dans le tableau normalisé du PCG qui sera utilisé dans l'application du Paragraphe E.3.

1. Ventilation des variations correspondant à l'analyse du Fonds de roulement net global

Variation « **Exploitation** »
Variation « **Hors exploitation** » → *Besoins en fonds de roulement ou* ***dégagement*** *de fonds de roulement*

Variation « **Trésorerie** » → *Variation nette Trésorerie*

→ Variation du **FRNG**

2. Besoins et dégagements

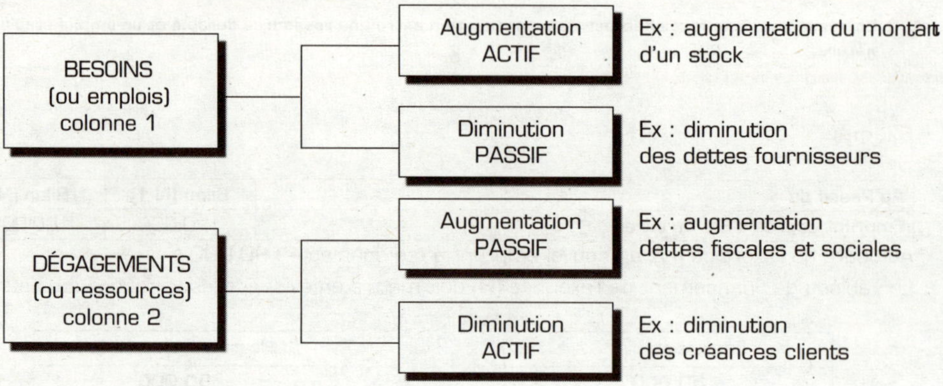

3. Sens des variations

Les variations s'effectuent *dans le sens*

Dégagements – Besoins

C'est-à-dire :

Colonne 2 – Colonne 1

E. Exemple

1. Le thème

Les Bilans (en système développé) de l'entreprise Peguie se présentent ainsi :

BILAN au 31-2-N (après répartition des Résultats)				
ACTIF	Exercice N			Exercice N-1
	Brut	Amor. et dépréc. (à déduire)	Net	Net
Capital souscrit non appelé				
ACTIF IMMOBILISE				
Immobilisations incorporelles :				
Frais d'établissement	30 000	10 000	20 000	
Frais de recherche et de développement				
Concessions, brevets, licences, marques, procédés, droits et valeurs similaires				
Fonds commercial [1]	250 000	-	250 000	
Autres				
Avances et acomptes				
Immobilisations corporelles :				
Terrains	150 000	-	150 000	
Constructions	800 000	40 000	760 000	
Installations techniques, matériel et outillage industriels				
Autres	453 200	55 900	397 300	
Immobilisations corporelles en cours				
Avances et acomptes				
Immobilisations financières [2] :				
Participations				
TIAP [3]				
Créances rattachées à des participations ...				
Autres titres immobilisés				
Prêts				
Autres	12 600		12 600	
Total I	1 695 800	105 900	1 589 900	
ACTIF CIRCULANT				
Stocks et en-cours :				
Matières 1res et autres approvisionnements				
En-cours de prodution (biens et services)				
Produits intermédiaires et finis				
Marchandises	682 500	28 200	654 300	
Avances et acomptes versés sur commandes .	52 000	-	52 000	
Créances d'exploitation [4] :				
Créances Clients et Comptes rattachés	213 600	15 500	198 100	
Autres	49 700		49 700	
Créances diverses	39 800		39 800	
Capital souscrit – appelé, non versé				
Valeurs mobilières de placement :				
Actions propres				
Autres titres	19 400		19 400	
Disponibilités	43 800		43 800	
Charges constatées d'avance	5 100		5 100	
Total II	1 105 900	43 700	1 062 200	
Charges à répartir sur plusieurs exercices (III) ..				
Primes de remboursement des obligations (IV)				
Écarts de conversion Actif (V)				
Total général (I + II + III + IV + V)	2 801 700	149 600	2 652 100	

[1] Dont droit au bail

[2] Dont à moins d'un an

[3] Titres immobilisés de l'activité de portefeuille

[4] Dont à plus d'un an

BILAN *(suite)* (après répartition)		
PASSIF	**Exercice N**	**Exercice N-1**
CAPITAUX PROPRES		
Capital (dont versé)	2 000 000	
Primes d'émission, de fusion, d'apport		
Écart de réévaluation		
Réserves :		
Réserve légale		
Réserves statutaires ou contractuelles		
Réserves réglementées		
Autres	100 000	
Report à nouveau		
Sous-total : situation nette	2 100 000	
Subvention d'investissement		
Provisions réglementées		
Total I	2 100 000	
Provisions pour risques	80 000	
Provisions pour charges		
Total II	80 000	
DETTES [1]		
Dettes financières :		
Emprunts obligataires convertibles		
Autres emprunts obligataires		
Emprunts et dettes auprès des établissements de crédits [2]	140 900	
Emprunts et dettes financières divers		
Avances et acomptes reçus sur commandes en cours		
Dettes d'exploitation :		
Dettes Fournisseurs et Comptes rattachés	245 200	
Dettes fiscales et sociales	29 400	
Autres	15 500	
Dettes diverses		
Dettes sur immobilisations et Comptes rattachés		
Dettes fiscales (impôt sur les bénéfices)		
Autres dettes	34 300	
Produits constatés d'avance	6 800	
Total III	472 100	
Écarts des conversion Passif (IV)		
Total général (I + II + III + IV)	2 652 100	

[1] Dont à plus d'un an
Dont à moins d'un an

[2] Dont concours bancaires courants et soldes créditeurs de banques : 60 900

BILAN au 31-2-N+1 avant répartition des Résultats				
ACTIF	Exercice N+1			Exercice N
	Brut	Amor. et dépréc. (à déduire)	Net	Net
Capital souscrit non appelé				
ACTIF IMMOBILISE				
Immobilisations incorporelles :				
Frais d'établissement	40 000	25 000	15 000	
Frais de recherche et de développement				
Concessions, brevets, licences, marques, procédés, droits et valeurs similaires				
Fonds commercial [1]	250 000	–	250 000	
Autres				
Avances et acomptes				
Immobilisations corporelles :				
Terrains	240 000	–	240 000	
Constructions	800 000	80 000	720 000	
Installations techniques, matériel et outillage industriels				
Autres	556 400	87 800	468 600	
Immobilisations corporelles en cours				
Avances et acomptes				
Immobilisations financières [2] :				
Participations				
TIAP [3]				
Créances rattachées à des participations				
Autres titres immobilisés				
Prêts				
Autres	25 400		25 400	
Total I	1 911 800	192 800	1 719 000	
ACTIF CIRCULANT				
Stocks et en-cours :				
Matières 1res et autres approvisionnements				
En-cours de production (biens et services)				
Produits intermédiaires et finis				
Marchandises	714 800	37 400	677 400	
Avances et acomptes versés sur commandes	55 000		55 000	
Créances d'exploitation :				
Créances Clients et Comptes rattachés	198 200	20 600	177 600	
Autres	36 400		36 400	
Créances diverses	40 300		40 300	
Capital souscrit – appelé, non versé				
Valeurs mobilières de placement :				
Actions propres				
Autres titres	20 300		20 300	
Disponibilités	59 700		59 700	
Charges constatées d'avance	4 400		4 400	
Total II	1 129 100	58 000	1 071 100	
Charges à répartir sur plusieurs exercices (III)				
Primes de remboursement des obligations (IV)				
Écarts de conversion Actif (V)				
Total général (I + II + III + IV + V)	3 040 900	250 800	2 790 100	

[1] Dont à plus d'un an
[2] Dont à moins d'un an
[3] Titres immobilisés de l'activité de portefeuille

BILAN *(suite)* (après répartition)		
PASSIF	**Exercice N+1**	**Exercice N**
CAPITAUX PROPRES		
Capital (dont versé)	2 000 000	
Primes d'émission, de fusion, d'apport		
Écart de réévaluation		
Réserves :		
Réserve légale		
Réserves statutaires ou contractuelles		
Réserves réglementées		
Autres	100 000	
Report à nouveau		
Résultat de l'exercice (bénéfice ou perte)	122 500	
Subvention d'investissement		
Provisions réglementées		
Total I	2 222 500	
Provisions pour risques	90 000	
Provisions pour charges		
Total II	90 000	
DETTES [1]		
Dettes financières :		
Emprunts obligataires convertibles		
Autres emprunts obligataires		
Emprunts et dettes auprès des établissements de crédits [2]	189 900	
Emprunts et dettes financières divers		
Avances et acomptes reçus sur commandes en cours		
Dettes d'exploitation :		
Dettes Fournisseurs et Comptes rattachés	212 300	
Dettes fiscales et sociales	31 600	
Autres	16 800	
Dettes diverses		
Dettes sur immobilisations et Comptes rattachés		
Dettes fiscales (impôt sur les bénéfices)		
Autres dettes	19 700	
Produits constatés d'avance	7 300	
Total III	477 600	
Écarts des conversion Passif (IV)		
Total général (I + II + III + IV)	2 790 100	

[1] Dont à plus d'un an
Dont à moins d'un an

[2] Dont concours bancaires courants et soldes créditeurs de banques : 69 900

• Au cours de l'exercice N+1 :

– un lot de matériels de bureau acheté 150 000 € à la constitution de l'entreprise et amorti de 25 000 € a été revendu 80 000 €. Il n'y a eu aucune autre cession d'immobilisation – corporelle ou incorporelle ;

– un cautionnement a été remboursé à l'entreprise : 10 000 € ;

– l'entreprise a contracté un nouvel emprunt : 60 000 €.

• On sait d'autre part que :

– le poste Autres dettes diverses du Bilan N comporte 18 600 € de dividendes à payer ;

– pour les deux exercices, les Charges constatées d'avance et les Produits constatés d'avance sont à considérer comme étant relatifs à l'exploitation.

2. Calculs préliminaires

Détermination de la Capacité d'autofinancement de l'exercice (N+1) :

le calcul est effectué à *partir du Résultat net*.

Résultat	122 500
+ Dotations nettes	
(250 800 + 90 000) – (149 600 – 25 000 + 80 000)	136 200
+ Moins-value sur matériel cédé	
(150 000 – 25 000) – 80 000	+ 45 000
	303 700 €

3. Le Tableau de financement

1re partie : Tableau des emplois et des ressources de l'exercice

Tableau de financement en compte (I)

Emplois	Exercice N+1	Ex. N	Ressources	Exercice N+1	Ex. N
Distributions mises en paiement au cours de l'exercice	18 600 [4]		Capacité d'autofinancement de l'exercice	303 700	
Acquisition d'éléments de l'actif immobilisé			Cessions ou réductions d'éléments de l'actif immobilisé		
Immobilisations incorporelles	10 000 [5]		Cessions d'immobilisations :		
Immobilisations corporelles	343 200 [6]		– incorporelles		
Immobilisations financières	22 800 [7]		– corporelles	80 000 [1]	
Charges à répartir sur plusieurs exercices			Cessions ou réductions d'immobilisations financières	10 000 [2]	
Réduction des capitaux propres (réduction de capital, retraits)			Augmentation des capitaux propres :		
			Augmentation de capital ou apports		
			Augmentation des autres capitaux propres		
Remboursement de dettes financières	20 000 [8]		Augmentation des dettes financières	60 000 [3]	
Total des emplois	414 600		**Total des ressources**	453 700	
Variation du fonds de roulement net global (ressource nette)	**39 100**		Variation du fonds de roulement net global (emploi net)		

Justification des montants figurants sur ce Tableau :

1 Prix de cession matériel de bureau		80 000
2 Cautionnement remboursé		10 000
3 Montant du nouvel emprunt		60 000
4 Dividendes distribués		18 600
5 Frais d'établissement : 40 000 – 30 000		10 000
6 Terrains : 240 000 – 150 000	90 000	
Autres immobilisations corporelles : 556 400 – (453 200 – 150 000)	253 200	
		343 200
7 Nouveau cautionnement : 25 400 – (12 600 – 10 000)		22 800
8 Emprunts fin N : 140 900 – 60 900	80 000	
Emprunts fins N+1 : 189 900 – 69 900	120 000	
Remboursements au cours de l'exercice N+1 80 000 + 60 000 – 120 000		20 000

2e partie : Modèle de tableau des emplois et des ressources de l'exercice

Tableau de financement en compte (II)

Variation du fonds de roulement net global	Exercice N+1 Besoins 1	Exercice N+1 Dégagement 2	Exercice N+1 Solde 2 – 1	Ex. N Solde
Variations « Exploitation » :				
Variations des actifs d'exploitation :				
Stocks et en-cours	32 300 [1]			
Avances et acomptes versés sur commandes	3 000 [2]			
Créances Clients, Comptes rattachés et autres créances d'exploitation		29 400 [3]		
Variations des dettes d'exploitation :				
Avances et acomptes reçus sur commandes en cours				
Dettes Fournisseurs, Comptes rattachés et autres dettes d'exploitation	28 900 [4]			
Totaux	64 200	29 400		
A. Variation nette « Exploitation »			– 34 800	
Variations « Hors exploitation » :				
Variations des autres débiteurs	1 400 [5]			
Variations des autres créditeurs		4 000 [6]		
Totaux	1 400	4 000		
B. Variation nette « Hors exploitation »			+ 2 600	
TOTAL A + B				
Besoins de l'exercice en fonds de roulement			– 32 200	
ou				
Dégagement net de fonds de roulement dans l'exercice				
Variations « trésorerie »				
Variations des disponibilités	15 900 [7]			
Variations des concours bancaires courants et soldes créditeurs de banques		9 000 [8]		
Totaux	15 900	9 000		
C. Variation nette « Trésorerie »			– 6 900	
Variations du fonds de roulement net global (TOTAL A + B + C) :				
Emploi net			**– 39 100**	
ou				
Ressource nette				

Justification des montants figurants sur ce Tableau :

1 Stocks et en-cours : 714 800 – 682 500	32 300
2 Avances et acomptes versés sur commandes : 55 000 – 52 000	3 000
3 Créances clients et autres créances d'exploitation : (213 600 + 49 700 + 5 100) – (198 200 + 36 400 + 4 400)	29 400
4 Dettes fournisseurs et autres dettes d'exploitation : (245 200 + 29 400 + 15 500 + 6 800) – (212 300 + 31 600 + 16 800 + 7 300)	28 900
5 Variations autres débiteurs : (40 300 + 20 300) – (39 800 + 19 400)	1 400
6 Variation autres créditeurs : 19 700 – (34 300 – 18 600)	4 000
7 Variation des disponibilités : 59 700 – 43 800	15 900
8 Variation CBC et soldes créditeurs de banque : 69 900 – 60 900	9 000

F. Les sources de renseignements pour établir le tableau de financement

Le Tableau de financement du Paragraphe E a été établi à partir de deux Bilans successifs et de renseignements complémentaires. *Ce Tableau de financement aurait pu être établi, avec moins de calculs auxiliaires, à partir d'informations fournies par des États annexes*.

- **Le Tableau des Immobilisations** donne par simple lecture de la colonne B, *le montant des acquisitions d'immobilisations de l'exercice*.
- **Le Tableau des Amortissements et le Tableau des Dépréciations** donnent par simple lecture *le montant des dotations nettes de l'exercice*.
- **L'État des Créances et des Dettes** donne, en particulier par simple lecture de la colonne « Échéances à moins d'un an », *les remboursements des prêts et des emprunts pendant l'exercice*.

À RETENIR

- Le Bilan fonctionnel est un bilan **condensé** établi **en valeurs brutes**.
- **Fonds de roulement net global** = Capitaux stables – Actif immobilisé

  ou

  = Actif circulant – Autres dettes.
- **Fonds de roulement net global** = Besoins en fonds de roulement + Trésorerie nette.•
- **Besoins en fonds de roulement** = Stocks + créances - autres dettes (non financières).
- **Trésorerie nette** = Disponibilités – Concours bancaires courants et soldes créditeurs de banque.
- Le **Tableau de Financement** permet d'analyser les *variations du Fonds de roulement net global au cours de l'exercice.*
- Le tableau de financement se décompose en deux tableaux :

– 1er tableau : Emplois stables — Ressources durables → *investissement-financement*

– 2e tableau : Besoins — Dégagements → *cycle d'exploitation*

- Le Tableau de financement constitue un **contrôle** de l'analyse comptable :

Ressource nette (1er tableau) = *Emploi net* (2e tableau)

ou

Emploi net (1er tableau) = *Ressource nette* (2e tableau)

Les conseils

1➤ Ne jamais oublier qu'un Bilan fonctionnel se présente en valeurs brutes, surtout s'il précède une étude du Fonds de roulement net global.

2➤ Retenir la terminologie et le contenu des grandes masses du Bilan fonctionnel.

3➤ Les concours bancaires courants et les soldes créditeurs de banque doivent être « extraits » des Dettes financières et transférés dans les Autres dettes.

4➤ Pour toutes ces questions avoir toujours en mémoire qu'un Bilan est composé de deux parties :
– haut de Bilan → investissements-financement,
– bas de Bilan → cycle d'exploitation.

5➤ Attention au classement des comptes de régularisation dans les grandes masses du Bilan fonctionnel.

6➤ Retenir les deux approches et les deux modes de calcul du Fonds de roulement net global : un schéma facilite cette démarche.

7➤ Bien comprendre les deux niveaux d'analyse du Fonds de roulement net global.

8➤ En particulier, ne pas confondre : DISPONIBILITÉS et TRÉSORERIE nette. En effet, il peut y avoir des concours bancaires courants et des soldes créditeurs de banque au Passif du Bilan.

9➤ Bien noter l'objectif du Tableau de financement : étude différentielle qui doit dégager les ressources et les emplois faits de ces ressources au cours de l'exercice.

10➤ Toujours se référer au principe fondamental suivant :
– Emplois : augmentation d'Actif ou diminution de Passif,
– Ressources : diminution d'Actif ou augmentation de Passif.

11➤ Pour établir correctement la première partie du Tableau de financement (la plus difficile) :

– attention aux cessions d'immobilisations qui compliquent à la fois la recherche du montant des dotations nettes (nécessaire au calcul de la CAF) et du montant des acquisitions des immobilisations,

– ne jamais compenser nouvel emprunt (ou prêt) et remboursement d'un autre emprunt (ou prêt),

– les dividendes distribués qui doivent être portés au Tableau établi à la fin de l'exercice N, proviennent toujours de l'exercice (N-1).

12➤ L'établissement de la deuxième partie du Tableau de financement est plus facile ; il suffit :

– d'appliquer la règle :

Besoins : augmentation d'Actif ou diminution de Passif,
Dégagements : diminution d'Actif ou augmentation de Passif ;
– de respecter le sens des variations (important pour les signes) :
Dégagements – Besoins ;

– de suivre le classement des comptes utilisés pour l'analyse du FRNG : Variations « Exploitation », Variations « Hors exploitation », Variations « Trésorerie ».

13 De toute façon, suivre le tracé imprimé s'il vous est fourni... Ce qui n'est pas une certitude.

14 S'assurer du contrôle et en comprendre la signification :
– Ressource nette (1er Tableau) = Emploi net (2e Tableau)
– Emploi net (1er Tableau) = Ressource nette (2e Tableau)

15 Utiliser tous les documents qui vous sont proposés. *Exemple* : Tableau des immobilisations → détermination du montant d'acquisition des immobilisations par simple lecture.

3 Applications

VRAI/FAUX

Les affirmations suivantes sont-elles vraies ou fausses ?

1. Un bilan fonctionnel établi pour la détermination du fonds de roulement net global (FRNG) est présenté en valeurs nettes. Vrai Faux

2. Les soldes créditeurs de banque sont classés dans la masse Dettes financières. Vrai Faux

3. Les amortissements et les provisions sont considérés comme des Capitaux propres. Vrai Faux

4. Les Produits constatés d'avance sont classés dans l'actif circulant. Vrai Faux

5. Les Charges à répartir sur plusieurs exercices sont classées dans l'actif immobilisé. Vrai Faux

6. Fonds de roulement net global = Capitaux propres – Actif immobilisé. Vrai Faux

7. Trésorerie nette = Disponibilités – Concours bancaires courants et soldes créditeurs de banque. Vrai Faux

8. Trésorerie nette = Fonds de roulement net global – Besoin en fonds de roulement. Vrai Faux

9. Besoin en fonds de roulement d'exploitation = Stocks + Créances – Autres dettes. Vrai Faux

10. Besoin en fonds de roulement = Besoin en fonds de roulement d'exploitation + Besoin en fonds de roulement hors exploitation. Vrai Faux

exos

EXERCICE 26.01

Thème : Tableau de financement. Rapport sur l'évolution de la situation financière

Depuis quelques années, l'entreprise Duquesnoy a des problèmes de trésorerie alors que son résultat s'améliore.

Nous avons décidé pour répondre à cette interrogation d'établir un tableau de financement.

Vous trouverez en annexe des bilans au 31-12-N-1 et au 31-12-N.

Renseignements complémentaires

1. La répartition du résultat de N-1 a été la suivante :

- mise en réserve : 100 000 €,
- le solde a été distribué.

2. Dotations aux amortissements au 31-12-N : 103 738,86 € (dont 7 000 € pour charges à répartir).

Dotations aux dépréciations et aux provisions au 31-12-N : 1 954 €.

Reprises sur dépréciations et provisions au 31-12-N : 2 224 €.

3. L'entreprise a cédé durant l'année des appareils de levage et de peinture pour 5 700 €. Ce matériel avait été acheté 9 050 €, il était amorti pour 2 000 €. Il s'agit de la seule cession opérée pendant l'exercice.

4. Un nouvel emprunt à moyen terme de 17 000 € a été souscrit courant N.

ANNEXE

Bilan au 31-12-N–1

ACTIF	Brut	Amort. et dépréc.	Net	PASSIF	Net
Immobilisations corporelles :				Capital	700 000
Terrains	111 000		111 000	Réserves	150 000
Constructions	600 000	450 000	150 000	Résultats	126 136
Installations techniques, matériels et outillages industriels	40 125	17 596	22 529	**Total I**	976 136
Autres	242 000	65 133	176 867		
Total I	993 125	532 729	460 396	Emprunts et dettes auprès des Éts de crédit [1]	42 000
Stocks et en-cours, marchandises	545 000	16 350	528 650	Emprunts et dettes financières divers	100 000
Créances clients et comptes rattachés	241 000	4 230	236 770	Dettes fournisseurs et comptes rattachés	224 600
Valeurs mob. de placement	21 000	1 980	19 020	**Total II**	366 600
Disponibilités	97 900	–	97 900		
Total II	904 900	22 560	882 340		
Total général	1 898 025	555 289	1 342 736	**Total général**	1 342 736

[1] Il s'agit d'un découvert bancaire.

Bilan au 31-12-N

ACTIF	Brut	Amort. et dépréc.	Net	PASSIF	Net
Immob. corporelles :				Capital	700 000
Terrains	287 000		287 000	Réserves	250 000
Constructions	600 000	474 000	126 000	Résultats	145 087,14
Installations techniques, matériels et outil. industriels	59 900	17 588,20	42 311,80	**Total I**	1 095 087,14
Autres	242 000	135 879,66	106 120,34		
Total I	1 188 900	627 467,86	561 432,14	Emprunts et dettes auprès des Éts de crédit [1]	21 500
Stock et en-cours, marchandises	510 000	16 700	493 300	Emprunts et dettes financières divers	80 000
Créances clients et comptes rattachés	197 000	3 090	193 910	Dettes fournisseurs et comptes rattachés	147 995
Valeurs mobilières de placement	15 800	2 500	13 300	**Total II**	249 495
Disponibilités	68 640	–	68 640		
Total II	791 440	22 290	769 150		
Charges à répartir sur plusieurs exercices	14 000	–	14 000		
Total général	1 994 340	649 757,86	1 344 582,14	**Total général**	1 344 582,14

[1] Il s'agit d'un découvert bancaire.

Travail à faire

Établissez le tableau de financement ainsi qu'un court rapport sur l'évolution de la situation financière de l'entreprise Duquesnoy.

Téléchargez gratuitement tous les corrigés des exercices, ainsi que les exercices complémentaires sur le site Internet : www.expertisecomptable-foucher.com

Index

Table des matières

Conception graphique : Sylvie Vaillant
Composition Maury
Éditions Foucher – Malakoff – Août 2012 – 01 – MV-CK/JV

Imprimé en France par Normandie roto Impression S.A.S., 61250 Lonrai – Nº d'impression : 122635